황금, 설탕, 이자(金糖利; Gold, Sukkar, Máš)

- 바빌로니아의 수수께끼 編 (下-1) 券 -

Babylonian Enigma

나보니두스 왕(재위, BC 556~539), 新 바빌로니아 제국 마지막 왕

황금, 설탕, 이자(金糖利: Gold, Sukkar, Máš)

바빌로니아의 수수께끼 編 (下-1) 券

초판 1쇄 발행 2024년 8월 12일

지은이: 이원희
펴낸곳: (주)하움출판사
펴낸이: 문현광
출판등록 제 2019-000004호
주소: 전북 군산시 소송로 315, MJ빌딩 3층 하움출판사
전화: 070-4281-7160
블로그: blog.naver.com/haum1007, 인스타: @haum1007

디자인: 이원희
편집: 이원희
교정: 이원희
마케팅, 지원: 김혜지
ISBN 979-11-6440-883-2(03900)
값 22,000원

황금, 설탕, 이자

金糖利

Gold, Sukkar, Mâš

In Memory of My Father, Moonsun Lee

이 원 희 지음

황금, 설탕, 이자를 동시에 장악하는 자가 세상을 지배한다!!!

서양은 왜 동양을 지배하게 되었는가? 세계 질서는 왜 등장했는가?
미국, 중국 대결의 승자는? 황금, 설탕, 이자의 역사 탐구를 통해 그 대답을 찾다!!!

SI VIS PACEM, PARA BELLUM

머리말

황금, 설탕, 이자. 제목이 뭔가 이상하다? 하지만 제목이 상징하는 것은 책을 읽다 보면 자연스럽게 알게 될 것이다. 나아가 황금, 설탕, 이자, 이 세 가지가 결합하면 무슨 일이 일어났는지도 알게 될 것이다. 예컨대 헨리 키신저는 『세계질서』에서 1948년 이후 세계 질서가 등장한 사실은 지적했었지만, 왜 이 질서가 등장했는지는 설명하지 않았다. 하지만 필자는 1948년 이후 세계 질서가 왜 등장했는지 황금, 설탕, 이자의 결합을 통해 설명할 것이다.

특히 책을 읽다 보면 이 세 가지의 결합은 왜 서양이 동양을 지배하게 되었는지, 미국과 중국 충돌의 승자는 누가 될 것인지, 미래 인류의 발전 방향은 어떻게 흘러가야 하는지도 알려 주는 중요한 요인이라는 것을 알게 될 것이라 생각한다. 예컨대 재러드 다이아몬드는 『총, 균, 쇠』가 서양이 동양을 지배한 요인이라고 주장했지만, 필자는 총, 균, 쇠가 아니라 『금, 당, 리^(金, 糖, 利)』의 결합이야말로 서양이 동양을 지배한 원인이라고 감히 주장할 것이다.

이 책은 역사책이다. 하지만 단순히 과거에 무슨 일이 일어났는지를 기록한 역사책은 아니다. 따라서 역사적 사실을 기록하는 과정에서 약간의 오류 가능성은 있을 수 있다. 단지 필자는 황금, 설탕, 이자라는 특정 관점에서 과거 인간 사회의 역사를 추적하고, 이를 통해 현재의 시사점을 찾아내려고 노력했다. 필요한 부분에서는 간단히 미래의 발전 방향까지 제시하려고 하였다. 이제 그 험난하고 오랜 여정을 시작해 볼까 한다.

저자

이원희(李元熙)

서울대학교 경제학과, 서울대학교 행정대학원
JD at University of New Hampshire School of Law, Attorney at Law (N.Y. State)
행정고시 41회, 산업자원부 자원정책과, 투자진흥과,
국무총리실 심사평가심의관실, 지식경제부 부품소재총괄과
대한무역투자진흥공사 파견근무, 우정사업본부 예금사업단 대체투자팀장, 산업통상자원부
수출입과장, 산업통상자원부 무역규범과장, 무역위원회 덤핑조사과장
現 산업통상자원부 서기관

저서

외국인직접투자, 얼마나 알고 계십니까? (2002, 공저)
한일투자협정 해설 (2003, 공저)
대체투자 파헤치기(상) - 세계 경제동향, 헤지펀드 編 (2014)
대체투자 파헤치기(중), 타이타노마키의 서막 - PEF 編 (2015)
대체투자 파헤치기(하), 타이타노마키의 2막 - 주주행동주의, 주요 대기업 그룹 해부 編 (2015)
황금, 설탕, 이자(金糖利; **Gold, Sukkar, Máš**) - 바빌로니아의 수수께끼編 (上-1)券(2024)
황금, 설탕, 이자(金糖利; **Gold, Sukkar, Máš**) - 바빌로니아의 수수께끼編 (上-2)券(2024)
황금, 설탕, 이자(金糖利; **Gold, Sukkar, Máš**) - 바빌로니아의 수수께끼編 (下-1)券(2024)
황금, 설탕, 이자(金糖利; **Gold, Sukkar, Máš**) - 바빌로니아의 수수께끼編 (下-2)券(2024)

차례

〈바빌로니아의 수수께끼 編: (下-1) 券〉

Ⅲ. 뱅킹의 기원 - 이자의 탄생 ················· 1

01 **에누마 엘리쉬(Enuma Elish)** ················· 1

　● *Codex Atlanticus: 에누마 엘리쉬와 태양계 생성* ················· *3*

02 **함무라비 법전** ················· 8

　1) 열려라 참깨! ················· 8

　2) 마스(**máš**), 바빌로니아의 수수께끼 ················· 10

　3) 달러, 바빌로니아의 수수께끼 ② ················· 15

Ⅳ. 황금, 국제교역, 뱅킹의 역사 - 수메르와 메소포타미아 ················· 18

01 **메소포타미아의 금 - 인류 문명의 시작: 황금, 청금석, 철, 구리** ········· 19

　1) 수메르의 황금 ················· 19

　2) 라피스 라줄리와 운철 ················· 27

　● *Codex Atlanticus: 철, 히타이트 민족과 에펠탑* ················· *32*

　3) 닥터 카퍼(Dr. Copper) ················· 47

　● *Codex Atlanticus: 구리, Dr. Copper* ················· *52*

02 **메소포타미아의 국제교역 - 인류 최초의 작물과 식품: 보리, 치즈, 밀** ········· 65

　1) 보리와 맥주, 우유와 치즈 ················· 65

2) 목재 ··· 69

3) 우르남무 법전과 호모 이코노미쿠스(Homo Economicus) ············· 71

● *Codex Atlanticus: 보리, 빵, 맥주, 수파* ······························ 79

03 메소포타미아의 뱅킹1 - 복식부기의 사용 ···························· 91

1) 쿠심 ··· 91

2) 타마리스크(tamarisk)와 엔릴(Enlil) ································· 94

3) 20%의 비밀 ·· 108

04 메소포타미아의 뱅킹2 - 세계 7대 불가사의 바빌론과 뱅킹 ··········· 111

1) Money as Receipt vs Money as Debt ························· 111

2) 뱅커 에기비 가문 ··· 112

V. 황금, 국제교역, 뱅킹의 역사 - 고대 이집트 ···························· 126

01 고대 이집트의 금 - 태양의 금속 ····································· 127

1) 라(Ra)의 피부와 임호텝(ii-m-Htp) ································· 127

2) 하트셉수트(Hatshepsut), 투탕카멘(Tutankhamun), 그리고 아크나톤(Akhenaton) ············· 130

● *Codex Atlanticus: 중국 고대 왕국과 황금* ·························· 135

3) 콥토스-베레니케(Coptos-Berenice)와 누비아(Nubia) ············· 154

4) 너브(nub)와 황소 ··· 155

02 고대 이집트의 국제교역 - 밀, 노예, 유향 ····················· 162

1) 로마의 빵 바구니(Rome's Breadbasket) ····················· 162

2) 노예와 모세의 이집트 탈출, BC 15세기? BC 13세기? ············· 166

3) 유향길(Incense Road) ··· 170

Fun Fun 상식: 출애굽, 홍해 그리고 만잘라 호수 ···························· 174

03 고대 이집트의 뱅킹 - ·· 175

1) 네바문(Nebamun) ··· 175

2) 고대 알렉산드리아 ··· 182

3) 고대 이집트의 이자율 ·· 183

VI. 황금, 국제교역, 뱅킹의 역사 - 크레타, 리디아, 페르시아, 그리스 ······· 186

01 고대 크레타와 트로이의 금 - 트로이 전쟁과 황금 ················ 187

1) 고대 크레타 ·· 187

2) 고대 미케네와 트로이 ·· 190

● *Codex Atlanticus: 수수께끼의 기원전 1200년* ····················· 195

02 고대 리디아의 금 **1** - 기게스의 반란과 최초의 동전 화폐(coin)? ······· 202

1) 칸다울레스(Candaules)와 기게스(Gyges) ····················· 202

2) 기게스의 화폐 개혁 ··· 204

3) 기게스 잉곳의 확산과 아르디스(Ardys)의 화폐 개혁 ········· 208

4) 크로이소스의 순금 동전, 크로에세이드(croeseid) ············· 212

03 고대 리디아의 금 **2** - 크로이소스의 착각과 리디아의 몰락 ········· 218

1) 크로이소스의 델포이 신탁 ··· 218

2) 키루스 대왕(Cyrus the Great)의 반격 ························· 223

● *Codex Atlanticus: 만다네의 소변 꿈과 키루스* ····················· 226

04 고대 페르시아의 금 - 키루스 대왕의 세계 정복과 다리우스 금화 ········· 235

1) 키루스 대왕의 왕도(Royal Road) ······························· 235

2) 다리우스 1세(Darius the Great) 왕의 금화 혁명 ············· 237

05 고대 그리스의 황금 ① - 알렉산더 대왕의 Military Financing ·········· 248

　1) 금화 제국, 마케도니아 ··································· 248

　2) 필리포스 2세의 암살 배후, 알렉산더 대왕? ················· 256

　3) 알렉산더 대왕의 페르시아 정벌 ······················· 260

　4) BC 331년, 가우가멜라(Gaugamela) 전투와 페르시아의 멸망 ········ 263

　5) 알렉산더 대왕의 최후 ······························ 272

　　Fun Fun 상식: 말라리아, 알렉산더와 강희제 ··············· 277

06 고대 그리스의 황금 ② - 스타테르(stater)와 드라큼(drachm) ·········· 279

　1) 고대 그리스 금화, 스타테르(stater) ····················· 279

　2) 알렉산더 대왕의 금화 ······························ 283

07 고대 그리스의 국제무역 - 와인과 지중해: *Oinops Pontos* ·········· 287

　1) 렘노스(Lemnos)섬의 와인 ··························· 287

　● *Codex Atlanticus: In Vino Veritas* ···················· 291

〈바빌로니아의 수수께끼 編: (下-2) 券〉

　● *Codex Atlanticus: In Vino Veritas* ······················ 1

　2) 놋쇠, 노예, 곡물 ································· 8

08 고대 지중해 유역의 국제무역 ① - 황소: 물물교환 가치의 기준 ········· 11

　1) 아베스타(Avesta)와 황소 ··························· 11

　2) Bull Market ································· 14

09 고대 지중해 유역의 국제무역　　-지중해, 국제 해상무역의 Omphalos ········ 18

　1) 지중해 유역 황금, 만물의 척도 ······················ 18

2) 지중해 주변의 국제교역, 세계의 배꼽 ···················· 20

10 고대 페니키아의 국제무역 - 동전 화폐의 확산과 페니키아 해양 제국 ········· 26

1) 기나아니(Kinaani), 페니키아인 ······························ 26

2) 돈에 환장한 부류(To Philochrmaton), 페니키아인 ················· 29

3) 역사상 최초의 탈라소크라시(Thalassocracy), 페니키아 제국 ········· 32

4) 페니키아 뱅킹의 확산과 고대 그리스 철학의 탄생 ················ 35

5) 페니키아와 아테네 ···································· 41

11 고대 그리스의 뱅킹 - 트라페지테(Trapezite)의 등장 ············· 48

1) 아테네의 부상, "아테나이인들의 미래는 바다에 달려 있다!" ········· 48

2) 아테나 파르테노스(Athena Parthenos) ······················· 52

3) 환전상, 트라페지테(Trapezite) ························· 53

4) 토코스(Tokos)와 나우티콘 다네이온(Nautikon Dneion) ············· 56

5) 델로스섬, 지중해 국제금융의 옴파로스 ················· 64

VII. 황금, 국제교역, 뱅킹의 역사 - 고대 로마 ··················· 70

01 Pax Romana의 시작 - 개방 국가·열린 사회·관용 정신 로마 ············· 71

1) 아이네이아스(Aeneas)와 라티움 땅 ························ 71

2) SPQR(Senatus Populusque Romanus)의 탄생 ················ 75

02 Pax Romana의 황금 1 - 1차 포에니 전쟁과 이베리아 반도의 황금 ········· 83

03 Pax Romana의 황금 2 - 2차 포에니 전쟁과 이베리아 반도의 점령 ········· 87

1) 하밀카르 바르카스(Hamilcar Barcas)의 복수전 ·················· 87

2) 한니발, 37마리 코끼리, 알프스 산맥, 그리고 15일 ················ 89

3) 카르타고의 자마(Zama) 전투 ……………………………… 92

● *Codex Atlanticus: 한니발 전쟁의 비용* ……………………… 97

04 Pax Romana의 황금 ③ - 라스 메둘라스(Las Mdulas) 금광과 로마 전성기 ……… 105

1) 라스 메둘라스(Las Mdulas) 금광과 은의 길(Via de la Plata) ………………… 105

2) 황금과 영토의 확장 ……………………………………… 109

3) 이집트 정복과 제국의 완성 ……………………………… 113

4) 이집트를 넘어 인도로 ……………………………………… 118

5) 로마의 Pax? 전쟁이 없는 시기가 아니라 상시 전쟁을 통한 패권 ……… 120

05 Pax Romana의 황금 ④ - 최초의 재정 파탄과 베스파시아누스의 재정 개혁 ……… 125

1) 망나니 네로 황제와 구원투수 베스파시아누스 황제 ……………………… 125

2) 도미티아누스 황제의 담나티오 메모리아이(Damnatio Memoriae) ………… 129

06 Pax Romana의 황금 ⑤ - 다키아 전쟁, 트라야누스 황제의 황금 전쟁 ……… 131

1) 지방 출신으로 황제가 되다! ………………………………… 131

2) 황금 전쟁 ………………………………………………… 133

3) 황금 때문에 옵티무스 프린켑스(Optimus Princeps)가 되다! ……………… 137

07 Pax Romana의 황금 ⑥ - 황금의 부족과 종말의 시작 ……………… 139

1) 대책 없는 현자 아우렐리우스 황제 ………………………… 139

2) 종말의 시작 ……………………………………………… 144

3) 빚더미로 자식을 팔거나 자살하는 농민들 ………………… 149

08 Pax Romana의 황금 ⑦ - 데나리우스 가치의 하락과 제국의 몰락 ……… 153

1) 콤모두스 황제, 제국 최악의 황제 …………………………… 153

2) 사산조 페르시아, 로마 황제를 포로로 잡다! ……………………… 156

3) 설상가상 ··· 158

    4) 데나리우스 은화, 깡통이 되다 ··················· 160

    5) 역사상 최초의 가격 통제까지 ····················· 165

    6) 훈족의 결정타와 서로마의 멸망 ·················· 167

09 Pax Romana의 국제무역 1 - 와인과 소금 ············ 175

    1) 농업 국가 로마, 폼페이 멸망 후 와인에 미치다! ··········· 175

    2) 소금 길, 비아 살라리아(Via Salaria) ············ 181

10 Pax Romana의 국제무역 2 - 비단 ···················· 183

    1) 로마와 한나라 ··· 183

    2) 고대 에르메스, 비단 ································· 184

    3) 비단 = 황금 ··· 188

    4) 비단길(Silk Road) ··································· 193

    5) 소금으로 흥하고, 비단으로 망하다! ············ 201

    ● *Codex Atlanticus: 비단길, 황금길, Homo Aurum* ··· 209

    ● *Codex Atlanticus: 미국 무역수지의 미래* ·········· 222

11 Pax Romana의 국제무역 3 - 향신료 ················· 253

    1) 후추, 알라리크(Alaric)를 미치게 하다! ········· 253

    2) 후추 항로 ·· 254

12 Pax Romana의 뱅킹 1 - 동전 공화국 ··············· 259

    1) 모네타 유노(Moneta Juno) ······················ 259

    2) 리브라 폰도(Libra Pondo) ······················· 261

    3) 카이사르의 화폐 개혁 ······························ 268

13 Pax Romana의 뱅킹 2 - 콘스탄티누스 황제와 솔리더스(solidus) ········· 275

　1) 엔 투토이 니카(En Toúõti Nika) ······························· 275

　● *Codex Atlanticus: 콘스탄티누스 대제, 성군? 폭군?* ············· 278

　2) 세금은 오직 솔리더스와 황금으로, 솔져(Soldier)의 탄생! ········· 284

　3) 솔리더스, 금 본위제의 모태 ································ 290

14 Pax Romana의 뱅킹 3 - 방카리의 등장과 로마 제국의 운명 ········ 293

　1) 운키아룸 파에무스(Unciarum Faemus) ······················· 293

　2) 멘사리(Mensarii) 혹은 방카리(Bancarii)의 등장 ················ 299

　3) 뱅킹의 유럽 전파와 정착 ································· 307

　🏃 *Fun Fun 상식: 무다구치 렌야, 일본군의 돈키호테* ··············· 313

Gold, Sukkar, Mâš

III

뱅킹의 기원

이자의 탄생

01 에누마 엘리쉬(Enuma Elish)

수메르 시대 (B C 2 6 0 0 년경) 라피스 라줄리 인장, 영국박물관 소장

그때 그 높은 곳에는 아무 것도 없었다.[1] 단지 처음부터 존재했던 남자 신 압수(Ap.su), 생명의 처녀이자 물로 가득 찬 거만한 괴물 티아마트(Tiamat), 그리고 둘이 한 몸이 되어 태어난, 압수의 종인 뭄무(Mum.mu)만 있었다. 그 후 압수와 티아마트 사이에서 라흐무(Lahmu)와 라하무(Lahamu)가 태어났다. 그 뒤를 이어 키샤르(Kishar)와 안샤르(Anshar)라는 자식들도 생겼다. 안샤르는 다시 아누(Anu)를 낳았고, 아누는 다시 에아(Ea, 혹은 누디무드, Nudimmud)를 낳았다. 아누는 압수가 뭄무를 거느렸듯이 가가(Gaga)를 종으로 거느렸다.

하지만 압수와 티아마트 사이에 태어난 자식들은 너무나 난폭했다. 압수조차도 자신의 자식들을 길들일 수 없었다. 결국 뭄무가 압수에게 난폭한 자식들을 없애버리라고 조언한다. 이를 눈치챈 에아는 선수를 쳐 증조부인 압수에 마법을 걸어 감옥에 가두면서 압수를 꼼짝 못 하도록 제압했다. 뭄무도 쇠사슬에 묶인

1　　　 Enuma Elish(에누마 엘리쉬), "그때 그 높은 곳에는"이라는 뜻의 바빌로니아 언어. 바빌로니아인들의 우주 창조 이야기를 담은 「창조의 서사시(The Creation Epic)」에 담긴 서사시의 도입부 문장이 에누마 엘리쉬이다. 따라서 에누마 엘리쉬는 창조의 서사시의 별칭이다. 바빌로니아인들의 에누마 엘리쉬는 하늘과 지구의 창조 이야기를 담은 구약성서보다 훨씬 앞선, 태양계 최초의 시간부터 창조되는 세상의 이야기이다. 한편 에누마 엘리쉬는 바빌로니아인들이 수메르 시대부터 전해오는 이야기들을 변형하여 자신들의 뜻에 맞게 다시 조합한 것이다. 따라서 에누마 엘리쉬는 수메르인들이 최초로 만든 창조의 서사시 원형과는 약간 다르다. 필자는 수메르인의 창조론과 바빌로니아인들의 창조론을 조합하여 이야기를 재구성하였다.

신세가 되었다. 증조부를 제압한 이후 특별한 능력을 갖추게 된 에아는 그의 아내 담키나(Damkina)와 함께 마르둑(Marduk)을 낳았다. 마르둑은 신들 중에서 가장 현명하고 유능한 신이었다.[2]

한편 티아마트는 남편인 압수를 제압한 에아를 용서할 수 없었다. 티아마트는 11개의 괴물을 만들었고, 그중 킹구(Kingu)를 우두머리로 삼았다. 당황한 에아와 다른 자식들은 가장 강력했던 마르둑에게 7명의 괴물을 주어 힘을 몰아주었다. 마르둑과 티아마트의 충돌은 불가피했다. 11개의 괴물을 동반한 티아마트는 마르둑을 잡아먹기 위해 입을 벌렸다. 하지만 마르둑이 일으킨 폭풍 같은 신성한 바람 임훌루(Imhullu)가 티아마트의 입으로 돌진했다. 티아마트는 입을 다물지 못했다.

마르둑은 벌어진 그녀의 입으로 활을 쏘았다. 티아마트는 죽었다. 그녀가 죽자 티아마트 부하의 우두머리였던 킹구는 붙잡혔고, 그가 소유한 운명의 태블릿 (Tablet of Destinies)은 마르둑이 차지했다. 킹구가 흘린 붉은 피는 지구의 붉은 진흙과 섞여 인간의 육신을 만드는 데 사용되었다. 킹구와 함께 나머지 10개 괴물도 붙잡혀 감옥에 갇혔다. 마지막으로 마르둑은 티아마트의 후미를 밟고서는 그의 곤봉으로 티아마트의 두개골을 무자비하게 박살 내었다. 마르둑은 티아마트의 혈관도 잘라 내었고, 북풍에 실어 아무도 모르는 곳에 티아마트의 피를 날려 보냈다. 테이아 이론에서 주장하는 행성 충돌 장면과 유사한 티아마트의 이와 같은 살해 결과, 결국 티아마트의 몸은 둘로 쪼개졌다. 마르둑은 티아마트의 상반신 중 갈비뼈를 모아 돔 모양의 하늘을 만들었다.[3]

---

2   에누마 엘리쉬와 그리스 신화는 완벽하게 동일한 이야기 구조를 가지고 있다. 태초 우주의 혼돈, 혼돈에서 탄생한 신, 신의 자식이 먼저 태어난 신들을 제거하고 세상을 지배했다는 점, 신들이 인간과 결혼을 하고 자식을 낳았다는 점 등이 그것이다. 수메르 문명이 그리스 문명보다 최소 2,000년 이상 앞섰다는 점에서 에누마 엘리쉬는 그리스 신화의 창세기, 타이타노마키, 기간토마키의 원형이다. 타이타노마키, 기간토마키의 대략적인 내용은 『대체투자 파헤치기(중)-프롤로그』編 참조.

3   구약성서는 마르둑이 만든 돔을 하늘을 망치로 잘라 길게 늘인 물체를 뜻하는 라키아(Rakia)라는 용어로 불렀다. 영어에서는 이를 Firmament, 창공으로 번역한다. 라키아가 사실은 소행성 띠를 의미한다고 주장하는 이들도 있고, 테이아 가설은 이렇게 쪼개진 행성이 달이 되었다고 주장하기도 한다. 한편 바빌론 태블릿에는 티아마트의 나머지 한쪽 몸인 하반신에 대해서는 언급이 없는데, 나머지 한쪽 몸은 당연히 지구가 되거나 지구와 합쳐졌을 것이라고 주장하는 학자가 있다. A. E. Whatham, 『The Yahweh-Tehom Myth』, The University of Chicago Press, 1910, p. 329

Codex Atlanticus: 에누마 엘리쉬와 태양계 생성

에누마 엘리쉬가 태양계의 생성 스토리를 상징하는 것이라 보는 견해도 있다. 즉 압수는 태양, 티아마트는 지구의 모행성을 의미한다. 어떤 이는 티아마트가 제4호 혹은 제5호 행성을 의미한다고 주장하기도 한다. 제4호 혹은 제5호 행성이란 지구와 화성 사이, 혹은 화성과 목성 사이에 있었던 행성으로, 일부 천문학자에 따르면 이 행성의 이름은 테이아(Theia)이다.

이 주장에 따르면 뭄무(Mummu)는 수성(Mercury), 라흐무(Lahmu)는 금성(Venus), 라하무(Lahamu)는 화성(Mars), 키샤르(Kisahr)는 목성(Jupiter), 안샤르(Anshar)는 토성(Saturn), 아누(Anu)는 천왕성(Uranus), 에아(Ea) 혹은 누디무드(Nudimmud)는 해왕성(Neptune), 가가(Gaga)는 명왕성(Pluto), 킹구(Kingu)는 달(Moon)이다. 다만 마르둑의 정체는 명확히 해석이 안 된다. 지구라는 설도 있고, 제12 행성(Planet X)이라는 설도 있다. 독자 중에 눈치챈 분도 있겠지만, 수메르 문명의 신 이름과 행성의 이름이 매우 유사한 경우가 있어 눈에 띈다. 즉 뭄무와 머큐리(수성), 아누와 우라누스(천왕성), 누디무드와 넵튠(해왕성) 등은 발음과 철자가 매우 유사하다. 과연 사실일까?

이를 사실이라고 가정하고 수메르의 창조 서사시를 태양계 탄생 스토리로 풀어 쓰면 다음과 같다. 태초에는 태양(압수)과 수성(뭄무), 물의 행성(티아마트)이 있었다. 수성은 태양에 가장 가까운 별로, 태양의 위성에 가까웠다. 태양과 수성, 물의 행성(티아마트) 다음으로 금성과 화성이 생성되었고, 그 후 목성(키샤르)과 토성(안샤르)이 생겨났다. 토성에서 다시 천왕성(아누)이, 천왕성에서 다시 해왕성(에아 혹은 누디무드)이 생겨났다. 명왕성(가가)은 최초에는 토성의 위성이었다. 나중에 해왕성에서 제12 행성(마르둑)이 생겨난다. 달과 소행성은 최초에는 없

4   마르둑을 지구로 해석하면 해왕성에서 지구가 태어난 것이 된다. 궤도상 지구가 해왕성에서 생성되기는 논리적으로 지

3

었지만, 제12 행성^(마르둑)과 물의 행성^(티아마트)의 상층부가 충돌^(두개골을 박살)하면서 지구, 달과 소행성이 탄생했다.

요컨대 수메르 신화에 따른 태양계 생성을 순서대로 나타내면 태양·수성 ⇒ 물의 행성 ⇒ 금성 ⇒ 화성 ⇒ 목성 ⇒ 토성^(위성: 명왕성) ⇒ 천왕성 ⇒ 해왕성 ⇒ 제12 행성 ⇒ 지구·달·소행성 순이다. 특히 수메르 신화에 따르면 지구와 달은 물의 행성^(티아마트)과 제12 행성^(마르둑)이 충돌하여 탄생한 것이 된다. 수메르 신화는 더 나아가 마르둑이 지구를 만든 후 북풍을 불어 지금의 위치로 이동시켰다고 하는데, 이는 충돌에 따른 결과 티아마트의 위치가 수성과 금성 사이에서 금성과 화성 사이로 바뀌었음을 묘사한 것이 된다.

나아가 원래 물의 행성인 티아마트는 태양, 수성과 함께 처음부터 존재하고 있었으므로, 필자가 보기에 지구의 모행성은 물의 행성인 티아마트이다. 티아마트는 구약성서 창세기에 테홈^(Tehom), 즉 물의 심연^(watery abyss)으로 표현되어 있다. 즉, 창세기 1장 2절은 "주의 기운이 테홈의 표면을 맴돌았다.^(The spirit of the Lord hovered over the face of the Tehom.)"라고 기술한다. 이 구절만 보면 테홈, 즉 물의 행성인 티아마트에서 주의 기운을 받아 빛이 있게 되고, 땅이 있게 되며, 식물과 동물이 번성하는 등 나중에 지구가 되는 것이라고 해석해도 될 것 같기는 하다.

그렇다면 오늘날 과학자들은 태양계 생성에 대해서 어떤 이야기를 하고 있을까? 일단 태양계 생성 초기에는 대략 20여 개의 원시 행성이 난무했을 것으로 추정한다. 각 원시 행성의 크기, 자전 및 공전 주기, 대기 및 내핵 상태 등은 현저히 달랐고, 행성 간 중력 간섭으로 충돌이 적지 않았을 것이다. 그중 현대의 일부 천체물리학자는 초기 태양계에서 테이아^(Theia)라는 행성이 공전 궤도가 L4 혹은 L5처럼 지구와 비슷한 상태에서, 목성이나 금성의 섭동 현상으로 중력 평형이 깨지면서 궤도를 이탈하여 지구와 충돌했다는 가설을 주장

나치게 비약한 것이므로, 마르둑은 제12 행성이라고 보는 것이 합리적인 것 같다.

한다.[5]

이 설에 따르면 지구와 테이아의 충돌로 테이아의 절반은 지구에 흡수되고, 테이아의 나머지 절반은 달과 소행성이 되었다고 한다. 테이아 가설을 주장하는 이들은 그 증거로 지구의 핵이 지구의 크기보다 상대적으로 큰데, 이는 바로 지구가 다른 행성과 충돌하여 핵과 맨틀이 합쳐졌기 때문이라고 주장한다. 다시 말해 지구는 비슷한 크기의 다른 태양계 행성과 비교해 무겁다.

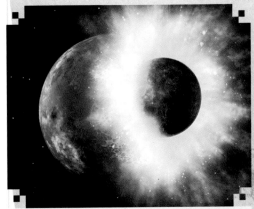

예컨대 태양계 행성 중 지구와 크기가 가장 유사한 행성은 금성으로, 지구 반지름을 1로 했을 때 금성의 반지름은 0.95이다. 즉 지구가 금성보다 약 5% 크다. 그런데 지구의 질량을 1로 했을 때 금성의 질량은 0.815로, 금성보다 지구가 대략 23% 무겁다. 반지름과 질량은 세제

테이아 가설에 따른 행성 충돌 순간을 묘사한 장면. 수메르 신화에 따르면 제12 행성인 마르둑이 물의 행성인 티아마트와 충돌하여 지구와 달이 생성된다. 출처: NASA, Public Domain

곱 관계이므로 원래는 지구가 금성보다 17% 정도 무거워야 하는데, 23% 더 무거운 것이다. 나아가 화성 반지름은 지구 반지름을 1로 했을 때 0.53인데, 화성의 질량은 지구를 1로 했을 때 0.107로 대략 10%에 불과하다. 간략한 수치로 화성의 반지름이 지구의 ½이므로, 지구는 화성보다 8배 무거워야 하는데 실제로는 10배 무거운 것이다. 화성이 지나치게 가벼울 수도 있는데, 금성과 비교해서도 지구는 반지름에 비해 무거운 것은 확실한 사실이다.

아울러 오늘날 지구, 달, 소행성 (탄소질 콘드라이트, carbonaceous chondrite)에서 발견

5   테이아 이론을 주장하는 어떤 학자는 테이아 행성이 L4나 L5에 위치한 행성이 아니라, 태양계 외부에서 왔을 가능성도 제시한다. 이 주장은 태양계 외곽을 공전하는 제12 행성 마르둑이 티아마트와 충돌했다는 수메르 신화의 기본 구도와 일치한다.

에누마 엘리시와 태양계 생성

된 물의 중수소/수소 비율$^{(D/H)}$은 거의 같다고 한다. 즉, 지구의 D/H 비율은 0.00015, 즉 수소 원자 10만개 당 중수소 원자가 15개이다. 이 비율은 달과 소행성에서도 동일하다. 이를 바탕으로 오늘날의 과학자들은 소행성 띠와 지구 및 달의 탄생이 어떻게든 관련이 있을 것이라고 주장한다. 수메르 신화는 물의 심연인 티아마트가 제12 행성과 충돌하면서 지구, 달, 그리고 소행성이 탄생했다고 하는데, 오늘날 일부 천체물리학계의 주장과 유사하여 눈길을 끈다.

필자가 보기에 테이아 가설에 따른 행성 충돌은 수메르 신화에서 티아마트의 파괴 과정과 거의 일치하는 가설이다. 티아마트 파괴 과정을 테이아 이론과 접목하면, 테이아$^{(티아마트)}$의 위쪽 절반$^{(상반신)}$은 지구와 충돌한 후 산산이 부서져 우주 밖으로 튕겨 나가 달과 소행성 띠$^{(돔 모양의 하늘)}$를 만들었고, 아래쪽 절반$^{(하반신)}$은 지구와 충돌한 후 지구와 합쳐졌다!!! 지구는 테이아의 아래쪽 절반에 포함된 물과 철로 이루어진 핵을 흡수하여 종전보다 무게가 무거워졌다. 물론 테이아는 제4 혹은 제5 행성이고, 수메르 신화에 따른 티아마트는 수성 다음에 위치한 제2 행성이라는 점에서, 테이아 이론과 수메르 신화는 다르다. 하지만 지구가 다른 별과 충돌했다는 가설은 테이아 이론과 수메르 신화는 거의 일치한다. 그렇다면 수메르인들은 지구가 다른 행성과 충돌하여 생성되었다는 가설을 도대체 어떻게 알게 되었을까?

마르둑은 신의 모양을 닮은 별자리를 하늘에 만들었다. 마르둑은 지구를 만든 후 북풍을 불어 지금의 위치로 이동시켰으며, 지구의 밤과 낮도 만들었다. 그는 구름을 만들어 비를 내리게 했고, 그 비로 인해 대양이 만들어졌으며, 티그리스와 유프라테스강도 만들어졌다. 티아마트의 침은 지구로 내려와 용암으로 넘쳤으며, 용암이 식으면서 땅도 만들어졌다. 마르둑은 티아마트의 11개 괴물을 본떠 압수의 신전을 지키는 조각상도 만들었다. 새로 태어난 지구의 하늘과 땅은 안샤르의 아들로 마르둑의 조부인 아누^(Anu)가 지배했다. 마르둑은 킹구를 죽이지 않고 지구를 보호하는 별^(Sheshki), 즉 달로 만들었다. 마르둑은 킹구로부터 빼앗은 운명의 태블릿을 아누에게 증정했다.

아누는 왕 중의 왕 엔릴^(Enlil)과 바다의 신 엔키^(Enki)도 낳았다. 아누의 장남인 엔릴은 난나르^(Nannar)와 이쉬쿠르^(Ishkur)를 낳았다.[6] 이 중 난나르는 여아 인안나^(Inanna)와 남아 우투^(Utu)라는 쌍둥이 자매를 자식으로 두었다.[7] 특히 우투는 법과 정의를 다루었다. 우투는 적에게 정의를 베풀고 가난한 자에게 먹을 음식과 음료를 주라고 설파했다.[8] 우투의 진실한 말은 법전으로 전해졌다. 바빌로니아[9]의 함무라비 왕은 "아누와 엔릴이 내게 인간의 복지를 증진하고 이 땅에 정의가 자리 잡게 할 것을 명했다"라면서,[10] 우투의 진실한 말을 석조물에 새겼다. 바로 함무라비 법전의 탄생이었다! 이때가 BC 1776년으로 지금부터 대략 4,500년 전이다.

---

6 난나르는 달의 신으로 아카드 문명에서는 신(Sin)이라 불렀다.

7 인안나는 아카드 문명에서는 이쉬타르(Ishtar), 그리스 문명에서는 아프로디테(Aphrodite), 로마 문명에서는 비너스(Venus)라 불렀다. 모두 금성의 신으로, 태양계 행성 중 유일하게 여성신이다. 우투는 태양을 상징하는 신으로 바빌로니아에서는 샤마시(Shamash), 그리스에서는 아폴론(Apollon), 로마에서는 아폴로(Apollo)라고 불렀다. 수메르 신화와 마찬가지로 그리스, 로마 신화에서도 아프로디테와 아폴론은 쌍둥이 남매로 같이 태어났다. 이를 통해 추정컨대 그리스, 로마 신화는 거의 완벽하게 수메르 신화를 그대로 모방한 것이다.

8 수메르 신들에게는 고유의 숫자가 부여되어 있었다. 즉 최고 신인 아누는 60, 엔릴은 50, 엔키는 40, 난나르는 30, 우투는 20, 인안나는 15이다.

9 고대 그리스인들은 바빌로니아를 칼데아라고 불렀다. 그리스 역사가 헤로도토스는 이집트인들과 칼데아인들의 풍습이 매우 비슷하다고 주장했다.

10 제카리아 시친, 『틸문, 그리고 하늘에 이르는 계단』, 이른아침, 2006, , p.150

02 함무라비 법전

아시리아 궁병(BC 700~692), 영국박물관 소장

(1) 열려라 참깨!

함무라비 법전에는 경제 활동에 대한 법적 규제가 전체의 절반 이상을 차지한다. 특히 상인이 대출 활동을 할 때 이자 수령을 허용하되, 최고 이자율을 제한하는 내용이 담겨 있다. 즉 농지를 담보로 상인에게 대출을 받았을 경우, 농지의 소유주는 해당 농지의 수확물을 소유하되, 원금과 이자를 곡물이나 참깨(grain or sesame)로 대출한 상인에게 갚아야 한다.[1] 상환 당시에 돈이 없을 경우에는 빌려간 돈의 원금과 이자를 국왕이 정한 시장 가격으로 평가한 곡물이나 참깨로 갚아야 한다.[2]

나아가 곡물로 대출을 하였을 때 최고 이자율은 곡물로 상환했을 경우에는 33.3%이고, 은의 경우에는 20%였다.[3] 현대 국가들의 최고 대출 이자율은 얼마일까? World Bank의 2018년 자료에 따르면 가나·케냐·나이지리아 등 중남부

---

1   함무라비 법전 § 50 – If he give (as security) a field planted with [grain] or a field planted with sesame, the owner of the field shall receive the grain or the sesame which is in the field and he shall return the loan and its interest to the merchant.

2   함무라비 법전 § 51 – If he have not the money to return, he shall give to the merchant [grain or] sesame, at their market value according to the scale fixed by the king, for the loan and its interest which he has obtained from the merchant.

3   Roy C. Smith and Ingo Walter, *앞의 책*, p. 4

아프리카 국가의 최고 이자율이 대략 50%로 가장 높다.[4] 아르헨티나·칠레·브라질 등 남미 국가들은 48%, 알제리·이집트·리비아 등의 북부 아프리카 국가는 29%, 그리고 폴란드·아르메니아·슬로베니아 등 중동부 유럽의 최고 이자율은 23%로 낮은 편이다.

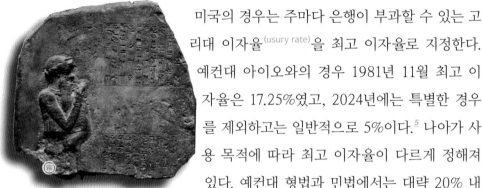

오른손을 들어 신에게 경배하는 함무라비 왕. 설형문자에는 함무라비 왕을 대신하여 여신 아쉬라툼(Ashratum)의 신전에 보호 석상을 바친다는 내용이 기록되어 있다. 함무라비 왕을 대신하여 석상을 바치는 이의 이름은 이투르-아쉬둠(Itur-Ashdum). 이투르-아쉬둠은 시리아 지방에 위치한 왕국 마리의 왕인 짐리-림(King Zimri-Lim of Mari)의 고위 관료로 추정된다. 마리는 함무라비 왕의 정복전쟁으로 그에게 복속된 왕국이다. 함무라비 왕의 맞은편에는 아쉬라툼 신이 묘사되어 있었을 것으로 추정된다. 아쉬라툼은 하늘과 땅을 지배하던 신 아누(Anu)의 부인이다. BC 1792~1750년경, 시파르(Sippar) 출토. 영국박물관 소장

미국의 경우는 주마다 은행이 부과할 수 있는 고리대 이자율(usury rate)을 최고 이자율로 지정한다. 예컨대 아이오와의 경우 1981년 11월 최고 이자율은 17.25%였고, 2024년에는 특별한 경우를 제외하고는 일반적으로 5%이다.[5] 나아가 사용 목적에 따라 최고 이자율이 다르게 정해져 있다. 예컨대 형법과 민법에서는 대략 20% 내외의 징벌적인 이자율을 허용하고, 소비자 신용에서는 대략 10~15%의 이자율, 서민층 대출(Microfiance)의 경우에는 10% 미만의 최고 이자율이 정해져 있다. 한 연구에 따르면 서민 대출의 최고 이자율 전 세계 중간값은 2006년 26%, 2008년 35%, 2011년에 27%였다.[6] 우리나라는 「이자제한법」 제2조①항에 따라 금전소비대차의 경우는 연 25% 이내에서 시행령이 정하는데, 2017년에는 시행령에서 24%로 제한되어 있었으나, 2021년에 시행령을 개정하여 금전소비대차의 법정 최고 이자율은 모든

4   Crispen Mawadza, 『Interest Rates Caps』, World Bank Group, 2018.

5   Iowa Code Section 535.2

6   Dirk A. Zetzsche* & Tsany Ratna Dewi, 『The Paradoxical Case Against Interest Rate Caps for Microfinance』, p. 2

비용을 감안^(All-in-cost 기준)했을 때 20%이다. 대부업의 경우에는 「대부업 등의 등록 및 금융이용자 보호에 관한 법률」 제8조①항에 따라 27.9%를 최고 한도로 하여 시행령에서 정한다. 2024년 기준으로 동법 시행령 5조②항은 최고 이자율을 함무라비 법전과 동일한 20%로 설정하고 있다.

요약하면 현대 국가들의 최고 이자율은 대략 20%~50% 사이에 있다. 이를 감안할 경우 바빌로니아인들이 20~33.3%로 지정한 최고 이자율은 놀라울 정도로 정교하다. 바빌로니아인들은 어떻게 시간이 화폐가치를 가진다는 것을 알게 되었을까? 더구나 시간의 화폐가치인 적정 이자율을 도대체 어떻게 계산했을까?

(2) 마스(máš), 바빌로니아의 수수께끼

기독교 교리를 집대성한 토마스 아퀴나스는 시간은 신의 영역에 속한다고 생각했다. 따라서 시간을 대상으로 경제적 이득을 취하는 것은 신에 대한 도전이다. 대출 이자는 결코 허용될 수 없다. 이들 기독교인들의 세계관으로 인해 메소포타미아 문명에서 시작하여 이집트, 페니키아, 그리스, 로마 시대로 전파된 이자율의 개념은 유럽 상업 활동에서 철저히 배척당하였다. 유럽 상업 활동에서 이자율의 개념은 성전 기사단과 이탈리아의 롬바르드 상인들이 등장하기 전까지 거의 1,000년을 기다려야 했다.

BC 1792~1750년 사이에 제작된 함무라비 법전. 이 법전은 수사에서 다른 바빌로니아의 걸작들과 같이 전시되어 있었다. 이 유물은 프랑스 고고학자들이 1901~1902년 사이에 수사에서 발굴하였다. 루브르 박물관 소장

바빌로니아인들이 은을 대출하고 체결한 계약서. 고대 바빌로니아에서는 이처럼 은을 대출하는 뱅킹 활동이 매우 보편적이었다. 대출 활동이 지나치게 활발하자, 최고 이자율을 성문법으로 정하는 조치까지 취하게 된다. BC 1745년경, 쿠탈라(Kutalla, 별칭 텔 시프르; Tell Sifr) 출토. 영국박물관 소장

하지만 바빌로니아인들은 문명이 시작된 처음부터 시간의 가치를 화폐로 환산했다. 함무라비 법전이 그 이전에 존재했던 수메르, 아카드 문명의 규범들을 집대성했다는 점에서, 메소포타미아 지방에서는 인류 문명이 시작된 때부터 대출 이자 개념을 도입한 것이 거의 확실하다. 그런데 이들은 어떻게 시간에 대한 화폐가치 개념을 설계하고, 이 적정 화폐가치를 백분율로 환산하였을까?

어떤 이는 바빌로니아의 이자율은 농업 활동에서 파생된 자연스러운 개념이라고 주장한다. 예컨대 밀이나 보리 씨를 뿌린 후 토지와 노동을 투입하면, 처음에 파종한 양보다 수확량이 늘어난다. 이처럼 농산물의 경우는 처음보다 절대량이 늘어나므로, 사용하는 자본의 대가 또한 처음보다 늘어난 양을 수확 후에 부과하는 것은 매우 자연스러운 개념이었다는 것이다. 실제로 이자(利子)의 한자에 있는 "리(利)"는 "쌀(米)"을 "낫(刂)"으로 베어 수확하는 모습을 형상화한 것이다. 즉, 동양 문화에서도 쌀을 파종한 후 수확할 경우 최초 파종량보다 늘어나는 모습을 이자라고 생각하였다.

동양의 이자 개념과 유사하게 메소포타미아 지방의 수메르인들은 이자를 마스(máš)라고 불렀다. 마스는 송아지라는 뜻도 있었다. 소가 새로운 생명인 송아지를 낳듯이, 농업 활동에 투입된 자금 또한 창조 활동을 통해 이전에는 없었던 새로운 수확을 만드는 것이다. 혹은 농작물 경작 과정에서 왕실과 신전이 소 자체를 빌려 주었을 수도 있다. 따라서 이에 대한 사용 대가인 이자는 매우 자연스러

운 현상이었을 것이다.

하지만 반론도 있다. 수메르를 비롯한 메소포타미아 지역에서는 농업 활동에 한정하지 않고, 국제무역을 비롯한 상업 활동에도 이자를 붙였다. 농업 활동은 창조 활동이지만, 상업 활동은 창조 활동이 아니다. 상업은 서로 다른 지역에서 이미 창조된 물건을 옮겨서, 이윤을 붙여서 파는 행위이다. 해상교역에는 위험이 수반되므로 이에 대한 대가로 이자를 부과했다면, 창조 활동인 농업에서 이자가 파생되었다는 주장과 상반된다. 더 나아가 상업 활동에 이자를 부과했다는 것은 이자를 자본 사용 시간 동안의 리스크에 대한 대가로 인식했다는 것이다. 이는 시간과 리스크에 대한 정교한 개념을 가지고 있었다는 뜻이다.

바빌로니아에서는 농업과 상업에 종사하던 민간인만 이자율 개념을 가지고 있었던 것은 아니었다. 바빌로니아에서는 국가나 왕들도 이자율 개념을 인식하고 있었다. 심지어 바빌로니아의 국왕들은 단순 이율이 아니라 복리의 개념도 알고 있었다. 예컨대 BC 2402년, 라가쉬의 왕이었던 엔메테나(Enmetena, c.BC 2430~?)는 우마의 왕(King of Umma)인 일(II, BC 2400년경)이 라가쉬에 속한 농지를 수십 년간 불법으로 점유하고 있다고 불평했다. 엔메테나는 더 나아가 이 기간에 라가쉬에게 귀속되었어야 할 지대를 복리 이자율을 감안해 계산하면 4.5조 리터의 보리가 된다고 선언하였다.[7] 물론 과장된 계산이긴 하지만, 복리 이자율을 계산하여 자신의 통치 정당성을 과시하는 모습이 매우 인상적이다. 결국 엔메테나는 복리로 계산한 과장된 피해액을 명분으로 삼아 우마의 일을 상대로 전쟁을 일으켜 결국 승리한다.

수메르 문명을 비롯한 아카드, 아시리아, 바빌로니아 문명은 아직도 대부분이 베일에 가려져 있지만, 필자가 보기엔 시간에 화폐가치를 부여하고 적정 이자율을 정의한 이들의 계산법은 인류 문명 최대의 수수께끼 중 하나이다. 마치 2008년 금융위기 때 인쇄기로 무려 4조 달러를 찍어도 그 가치가 하락하지 않

---

7 David Graeber, *Ibid*, p. 216

는 달러와 같이 왜, 어떻게 이런 일이 벌어졌는지 아무도 모른다. 특히 이자는 결코 자연 현상이 아니다. 소가 송아지를 낳고, 소량의 보리 씨를 뿌려 대량의 보리를 수확하는 것은 자연 현상이다. 하지만 자금이 자금을 낳는 것은 어떤 경우에도 결코 자연 현상이 아니다. 오늘날 우리는 이자를 매우 당연한 것으로 간주하고 있지만, 중세 유럽에서는 이자로 돈놀이를 하는 이들은 지옥 불 아래로 떨어져야 할 저주의 대상이었다. 현재의 이슬람 문명에서도 이자는 부과할 수 없다.

따지고 보면 다른 사람의 돈인 예금으로, 이자를 붙여 대출 장사를 하는 오늘날의 뱅킹 비즈니스 자체도 모순 덩어리이다. 왜 자기 돈도 아닌 남의 돈에 필요 이상의 이자를 받아서 뱅커 자신들의 배를 불리는가? 다른 사람의 돈을 관리하기 위한 비용이면, 필요 최소한의 이자만 받으면 된다. 하지만 자기 소유도 아닌 다른 사람 소유의 예금을 바탕으로, 관리 비용 이상의 불필요한 이자를 붙여서 대출하는 것이 정말로 정의로운 비즈니스인 것인가? 대출 이자가 다른 사람의 주식을 빌려서 매도하여, 주가가 하락하면 이득을 보는 공매도와 도대체 무엇이 다른가?

나아가 기원전 2,000년 전후이면 신석기 시대이다. 수메르, 바빌로니아, 아시리아를 제외하고는 전 세계 어느 곳에도 자금에 대한 이자를 붙였다는 기록은 없다. 후술하겠지만, 기원전 1500년 전후로 번영했던 그리스 3대 문명인 크레타, 미케네, 트로이 문명에도 이자를 붙였다는 기록이 없다. 페니키아인들조차도 바빌로니아인들보다 수 천 년 후인 기원전 1200년 이후에나 이자율 개념을 도입했다. 고대 중국은 뱅킹 활동 자체에 대한 개념도 없었고, 그나마 뱅킹 중 가장 기초적인 예금 활동은 8세기 양세법[兩稅法]을 도입한 당나라 이후부터나 생긴 것이다.

고려할 것은 또 있다. 이자는 원금에 추가하여 지급하는 새로운 개념이고, 월 단위로 일정 간격을 두고 정기적으로 적정 이자율을 계산하고 지급해야 하며, 이자 지급을 계약서를 통해 사전에 확정한 후 늦거나 갚지 않으면 담보 자산을 몰수[forfeit]하는 법률 시스템을 가지고 있어야 한다. 이자 계산 자체도 결코 쉬운 일이 아니다. 중세 유럽에 유대인이 전당포 사업을 전담한 이유 중의 하나도, 유대인들이 복잡한 거래에서 적정 이자율을 정확히 계산하는 고도의 능력이 있었기 때문이다. 요컨대 이자 지급은 단순한 의무가 아니라 고도의 경제적, 법적 시스템이 있어야만 시행이 가능한 제도이다. 씨족 사회를 기반으로 하는 신석기 시대에 빌려주는 자금에 이자를 부과했다는 것은 인식의 퀀텀 점프이면서, 동시에 법적·경제적·사회적 퀀텀 점프인 것이다.

결론적으로 메소포타미아 지역에서 이자를 붙인 것은 어떤 인위적인 인식 과정을 통해 창조된 독특한 메카니즘이 있었다는 뜻이다. 차라리 수메르와 바빌로니아인들의 이자 부과는 시공간을 초월한 초현실주의적인 조치라고 평가하는 것이 나을지도 모르겠다. 왜냐하면 이자는 생물학적으로 DNA를 인위적으로 조작해서 탄생한 일종의 "이단적 돌연변이"와 같은 개념이기 때문이다.

따라서 천 년이 넘는 기간에 서유럽의 수많은 지식인들과 종교인들이 이단아 같은 이자율 개념에 대해서 맹렬하게 공격하고 반발한 것은 너무나도 당연한 일이었다. 유럽 지식인들의 관점에서는 다행히도 이자율 개념은 그들이 발명한 것이 아니라, 페니키아인들이 수메르 문명으로부터 수입한 개념이다. 오히려 이자율 개념이 기독교적 전통과는 거리가 한참 먼 메소포타미아 지역에서 발명되어 유입되었다는 이유로 서유럽의 지식인과 종교인으로부터 더 심각한 공격을 받았는지도 모르겠다.

그렇다면 이들 수메르인과 바빌로니아인들은 도대체 이자율 개념을 어떻게 만들었던 것일까? 대답은 아무도 모른다. 이 점에서 필자는 시간에 화폐가치를 부여하고 적정 이자율을 계산했던 수메르인과 바빌로니아인들의 혁명적인 시도를 「**바빌로니아의 수수께끼**(Babylonian Enigma)」라고 부를 것이다. 수수께끼라고 이름 붙인 이유는 수메르인들과 이를 계승했던 바빌로니아인들이 이자율 개념을 왜, 그리고 어떻게 만들었는지 지금까지도 알려져 있지 않기 때문이다.

(3) 달러, 바빌로니아의 수수께끼 ②

「바빌로니아의 수수께끼」 같은 현상은 고대에만 있었던 현상일까? 아니다. 바빌로니아의 수수께끼는 오늘날 바로 우리 눈앞에서도 벌어지고 있다. 다시 말해 수메르인과 바빌로니아인들의 이자율 발명 개념과 함께, 베일에 가려진 고대 문명의 수수께끼와 같은 일이 현재도 벌어지고 있는 믿을 수 없는 현상이 있다. 그것은 바로 달러에 대한 무조건적인 숭배이다.

과거에 달러는 금과 교환해 주는 딱딱한 돈, 즉 경화^(硬貨, hard currency)였다. 하지만 금 태환이 정지되면서 이제는 한낱 종잇조각에 불과하다. 그럼에도 불구하고 이 종잇조각 하나로 전 세계의 옷과 빵과 집을 살 수 있다. 쿠빌라이 칸의 교초처럼 사용하지 않으면 사형에 처하지도 않는데 말이다. 교초보다 더 한 것은 인쇄기로 남발해도 그 가치가 하락하지 않는다는 것이다. 대표적인 사례가 2008년 금융위기 때 양적 완화이다. 즉, 달러는 2008년 금융위기 때 인쇄기로 4조 달러를 찍어서 공중에 뿌려졌다. 이 조치로 인해 화폐의 승수효과를 고려하면 최소 30조 달러의 신용이 공중에서 그냥 만들어졌다. 당시 글로벌 GDP 70조 달러의 40%를 넘는 엄청난 규모다. 하지만 달러 가치는 하락하지 않았다. 이 현상을 어떻게 설명할 것인가?

필자는 단언컨대 이 현상은 논리적으로도, 경제학적으로도 절대 설명할 수 없으며, 그 어떤 정교한 금융이론으로도 해독할 수 없다고 확신한다. 어떤 경제학자들은 국가 간 조약이나 국제협약 없이 시장의 힘에 따라 자연스럽게 형성된 암묵적 합의에 의한 달러 추종을 "젤리 시스템^(jelly system)"이라고 부른다. 필자가 보기엔 헛소리다. 현재 달러가 보유한 권력은 고대 종교에서 비밀리에 거행된 집단 컬트 의식과도 같은 무조건적인 경배가 아니면 설명이 불가능하다. 좋게 말하면 현재 달러의 힘은 전 세계인들의 "집단 신뢰^(collective confidence)"에 기반하고 있다. 물론 달러에 대한 경배나 집단 신뢰의 근저에는 2차 대전 후 확립된 미국의 기술 및 산업 패권과 무역 패권, 이에 기반한 황금과의 태환이 자리 잡고 있기는 하

다.

불행히도 1980년대 이후 독일과 일본이 미국의 기술 및 산업 패권과 무역 패권을 붕괴시켰다. 그 때문에 금 태환도 정지되었다. 2000년대 이후에는 중국이 미국을 뒤쫓기 시작했고, 2020년대 이후에는 중국이 미국을 추월할 가능성이 있으며, 미국이 특별한 조치를 취하지 않는 한 중국이 전 세계의 기술 및 산업 패권과 무역 패권을 장악할 수도 있다. 따라서 달러 패권은 실질적으로는 실체가 없는 신기루에 불과하다.

그럼에도 불구하고 달러에 대한 경배심은 결코 식을 줄 모른다. 사람들을 사로잡는 보이는 힘도 없는데 무조건적인 집단 신뢰가 유지되는 것이다. 하지만 그리스도의 말씀에 대한 사람들의 맹목적인 집단 신뢰는 그가 행한 "눈에 보이는 기적" 때문이었다. 그리스도가 물을 와인으로 바꾸고, 장님을 눈뜨게 만들며, 앞

티아마트(좌측)를 물리치는 마르둑(우측). 또 다른 설은 좌측은 괴물 안주(Anzu)이고 우측은 이를 물리치는 님루드의 수호신 닌루르타(Ninurta)라고 한다. 아슈르나시르팔 2세(Ashurnasirpal II, BC ?~859) 통치 시대 아시리아의 니네베 기념석. 출처: Wikipedia. BC 865~860. 영국박물관 소장. Public Domain

나보니두스(Nabodinus, BC 620~615)는 新 바빌로니아 제국(수메르, 아카드, 바빌론 지역 통일)의 마지막 왕(재위 BC 556~539)이다. 태생에 대해서는 설이 분분한데, 그가 아시리아 출신이라는 설이 있다. 이 때문인지 몰라도 나보니두스는 바빌론의 전통 신인 마르둑(Marduk)을 숭배하지 않고, 달의 신인 신(Sin)을 미친 듯이 숭배했다. 일설에 따르면 바빌론 제1신을 마르둑에서 신으로 교체하기까지 하였다고 한다. 재위 말년에는 영토 전체를 순행하면서 달의 신 신전을 수리하고 경배하면서 동시에 고고학 유물을 탐사 및 발굴하느라, 국정을 아예 아들인 벨샤자르(Belshazzar, BC 580~539)에게 사실상 맡겨 두기까지 하였다. 어떤 학자들은 나보니두스를 역사상 최초의 고고학자라고 평가하기도 한다. 실제로 나보니두스는 아카드의 사르곤 동상을 시파르(Sippar)에서 발견하기도 하였다. 바빌론 사람들은 나보니두스의 이런 행태에 많은 불만을 가지고 있었고, 키루스가 벨샤자르를 퇴치하고 바빌로니아를 멸망시켰을 때 키루스를 해방자로 열렬히 환영했다고 한다. 나보니두스에 가장 가까운 행성이 초승달 모양의 달이고, 가운데는 태양, 가장 오른쪽 육각형 모양의 별은 금성이다. 영국박물관 소장

은뱅이를 일어서게 만들지 않았다면, 혹은 그가 죽음에서 부활하지 않았다면 얼마나 많은 사람이 그의 말을 집단으로 신뢰할 수 있을까?

이 점에서 눈에 보이는 힘이 하나도 남아 있지 않은 달러에 대한 집단 신뢰는 마치 달의 신(神)인 신(Sin)에 미쳐 수도 바빌론을 비우고 10년 동안 타이마(Tayma)에 머물렀던 新 바빌로니아 제국의 마지막 황제 나보니두스(Nabonidus, 재위 BC 556~539)의 설명하기 어려운 맹목적 복종심, 독실하지만 상식적으로는 도저히 납득하기 어려운 그 종교적 경배심이 아니고서는 설명이 안 된다. 이 점에서 필자는 인쇄기로 찍어도 달러 가치가 하락하지 않는 믿을 수 없는 고대의 이 마법 같은 현상에 대해서도 「**바빌로니아의 수수께끼** (Babylonian Enigma)」라고 부를 것이다. 필자가 보기에는 나보니두스를 비롯한 바빌로니아인들이 무덤에서 부활하지 않는 한, 그리고 미국이 기술 및 산업 패권과 무역 패권을 점차로 상실하고 있음에도 불구하고 달러가 기축통화로 군림하는 한, 「**바빌로니아의 수수께끼**(Babylonian Enigma)」는 앞으로도 영원히 풀리지 않을 것이다.

바빌로니아의 수수께끼 鎰(금)

Gold, Sukkar, Mâš

IV

황금, 국제교역, 뱅킹의 역사

수메르와 메소포타미아

메소포타미아의 황금
인류 문명의 시작: 황금, 청금석, 철, 구리

아시리아 왕의 사자 사냥(BC 645~635경), 니네베 출토, 영국박물관 소장

(1) 수메르의 황금

인류 문명은 수메르에서 시작했다. 수메르 문명은 BC 5000년경에 인류 역사에서 갑자기 등장하였다. 수메르족은 메소포타미아 지역의 토착민도 아니다. 어디서 왔는지 현재까지도 정확히 알려져 있지 않다. 19세기, 영국인이 설형문자를 정확히 해독하기 전까지 수메르에 대해서는 존재조차도 알려져 있지 않았다.[1] 구약성서에 "시날(Shinar)"로 알려진 문명이 실제로 존재했는지 여부 역시 설형 문자가 해독된 19세기 이전까지는 전혀 알려지지 않았다. 수메르 문명이 상세히 알려지기 시작한 것도 100년 남짓밖에 되지 않는다. 하지만 수메르 문명에서는 법률, 의학, 과학, 문학, 철학, 윤리학, 정치 제도, 경제 제도 등 현재의 인류 문명이 향유하는 모든 요소가 존재했다.[2]

인류 최초의 문명인 수메르 문명에서 특이할 만한 것은 바로 황금이다. 왜냐

---

1 수메르 문명의 설형문자를 해독한 이는 대영박물관 연구원 조지 스미스(George Smith, 1840~1876)였다. 그는 1872년 12월 3일, 런던 성서 고고학회에서 길가메시 서사시를 번역하여 발표하였다. 이때 성서보다 오래된 대홍수 이야기가 있었음이 알려지면서 기독교계가 발칵 뒤집힌다. 조지 스미스는 지폐 조판공 출신으로 독학으로 아카드어를 익혀 수메르 문명의 전문가가 되었다. 대홍수 이야기가 전해져 오는 신화는 수메르 신화, 구약성서, 힌두 신화, 그리스 신화 등이다. 그리스 신화에서는 제우스 신이 대홍수를 일으키려 하였고, 프로메테우스가 이 사실을 그의 아들인 데우칼리온에 알려 주어 방주를 만들게 한다. 데우칼리온은 그의 아내인 퓌라(프로메테우스 동생인 에피메테우스와 제우스가 헤파이스토스를 시켜서 만든 최초의 인간인 판도라의 딸)와 함께 방주를 타고 대홍수에서 살아남은 유일한 인간이 된다.

2 인류 역사에서 최초로 도입된 수메르 문명의 모든 요소에 대한 상세한 내용은 다음 서적 참조. 새뮤얼 노아 크레이머, 『역사는 수메르에서 시작되었다』, 가람기획, 2014

하면 인류 문명사에서 황금을 최초로 사용한 이들이 바로 이들 수메르인이기 때문이다. 다시 말해 황금은 인류 문명이 가장 먼저 사용한 금속이다. 얼마나 중요했기에 인류 문명은 황금을 가장 먼저 사용했던 것일까? 그 대답은 수메르의 신화에서 찾을 수 있다. 즉, 수메르 신화에 따르면 황금은 단순한 장신구가 아니었다.

수메르인의 신화는 445,000년 전으로 거슬러 올라간다. 수메르 신화에 따르면 445,000년 전에 니비루(Nibiru) 행성에서 "창조자 신들(Creator Gods)," 다른 명칭으로 "아눈나키(Anunnaki)"가 지구를 찾아왔다.[3] 이들이 지구를 방문한 목적은 자신들의 행성인 니비루가 태양으로부터의 자외선과 태양풍의 영향으로 대기 상태가 악화되면서 더 이상 생명체가 살 수 없게 되자, 이를 방어하기 위한 물질을 찾기 위해서였다. 그 물질은 바로 황금이었다. 그런데 태양 자외선으로 인한 대기 악화가 금과 무슨 상관이냐고?

금은 빛나는 성질로 인해, 태양으로부터의 자외선을 막아 준다. 우주선에도 중요한 부분에는 금박(gold foil)을 입히는데, 이는 금이 자외선을 튕겨 내어 우주선의 주요 부분이 과열되지 않도록 막아 주기 때문이다. 나아가 금 나노입자(gold nano-particles)는 태양의 자외선을 막아 주는 오존층을 줄이는 물질들을 흡수하거나 오존 표면에 방어막을 형성하여 오존층의 감소를 막아 준다.[4] 황금이 태양으로부터의 대기를 보호할 수 있는 생명유지 장치 역할을 할 수 있는 셈이다. 수메르인들이 이러한 금의 성질을 어떻게 알았는지 모르지만, 수메르인들의 신화가 과학과 그리 멀지 않다고 이야기하면 지나친 과장일까?

---

3 이 신화는 1849년 영국인들이 발견한 14개의 태블릿에 기록된 수메르인들의 신화를 요약한 것이다. 이 태블릿은 BC 24세기에 기록된 것이다. 순서상 첫 번째, 두 번째 태블릿에는 인간이 어떻게 창조되었는지 기록되어 있다. 세 번째 태블릿에는 지구에 그들이 정착한 6일간의 과정이 기록되어 있다.

4 S.D. Puckett, J.A.Heuser, J.D.Keith, W.U.Spendel, G.E.Pacey, 『Interaction of ozone with gold nanoparticles』, Talanta, June 2005, pp. 1242~1246, 한편 금이 나노 입자로 바뀌면 색깔과 성질이 모두 바뀐다. 금 나노입자에 대한 연구는 2000년대 초부터 본격적으로 진행되고 있는데, 아직도 확실한 성과가 없고 연구 중인 영역이다. 하지만 엄청난 잠재력을 지니고 있는 영역임에는 틀림이 없다. 예컨대 금 나노 입자는 세포벽을 손상 없이 통과할 수 있어서, 암 치료 등 바이오 산업에도 엄청난 잠재력이 있다고 한다.

태양신 샤마시(Shamash, 오른편 의자에 앉은 이)가 새겨진 바빌로니아 태블릿. 이 태블릿은 바빌로니아 왕인 나부-아플라-이디나(Nabu-apla-iddina, BC c.888~c.855)가 황금과 청금석으로 만든 샤마시 조각상을 완성한 이후의 모습을 묘사한 것이다. "정의의 막대 고리(rod and ring of justice)"를 들고 앉아 있는 샤마시는 신전에 안치되어 있고, 그의 앞에는 동그란 모양의 태양이 테이블 위에 올려져 있다. 테이블 옆에는 인간들이 샤마시보다 작게 조각되어 있는데, 이는 아눈나키가 몸집이 매우 큰 거인이었다는 전설과도 일치한다. BC 860~850년경, 남부 이라크 시파르(Sippar) 출토, 영국박물관 소장

하여튼 "하늘에서 지구로 온 사람"이라는 뜻인 아눈나키는 지구에 정착하여 금을 캐기 시작했다. 그들이 금을 캐기 위해 건설한 정착지는 "에리둑(Eriduk)" 혹은 "에리두(Eridu)"라고 불렀다. 수메르 신화에 따르면 에리둑 혹은 에리두는 "하늘에서 내려온 고상한 왕권"이 지구상에 처음으로 세운 도시이다. 에리두는 "먼 곳에 지어진 집"이라는 뜻으로, 오늘날 지구(earth)라는 말의 어원이 된다. 두 번째로 세운 도시가 후술하게 될 바드-티비라((Bad-tibira)이고, 세 번째 도시가 라라크(Lalark), 네 번째 도시가 시파르(Sippar), 다섯 번째 도시가 슈루파크(Shuruppak)이다. 수메르인들은 하늘에서 고상한 왕권이 내려와 5개의 도시를 건설하고, 그곳을 본부로 삼아 임무를 완수했다고 한다.

하여튼 에리두를 비롯한 5개의 정착지를 이끈 이는 아눈나키의 지도자 "엔키(Enki)"였다. 한편 아눈나키는 그들을 보좌하는 하인으로 또 다른 종족인 "이지지(Igigi)"를 지구로 데려왔는데, 황금을 캐는 이들이 바로 이지지였다. 그런데 이지지의 금광 채굴은 너무나 힘든 작업이었다. 바빌로니아에서 발견된 18세기 태블릿에는 "인간 형상을 한 신이 금 채굴 노동을 부여했을 때, 이 노동은 극도의 고통스러운 고역과 심각한 통증이 수반되는 너무나도 힘든 작업이었다." 하지만 "위대한 아눈나키는 이 고역을 이지지가 모두 감수하도록 명령했다."[5]

3,600년 동안 금을 캐던 이지지는 금광 채굴의 고역을 견디지 못하고 결국

---

5 "When the Gods, man-like, bore the labor, carried the load. The God's load was great. The toil, grievous, the trouble excessive... The great Anunnaki made the Igigi undertake the toil"

반란을 일으켰다.[6] 아눈나키는 이 반란을 진압했지만, 이지지를 제거하면서 금광을 채굴할 노동력을 거의 모두 잃어버렸다. 니비루 행성의 지도자 아누(Anu)는 그의 아들 엔키에게 금광을 채굴할 새로운 노동력을 담당할 "노예 종족"을 유전적으로 창조할 것을 명령했다. 금광 채굴을 담당할 만큼 지능이 있는 고도의 종족이지만, 반드시 아눈나키에게 복종해야 하는 새로운 생명체. 바로 인간이었다!!!

우르의 왕 슐지(Shulgi, BC c.2094~c.1999) 시대의 인장 실린더. 인장의 소유자는 가장 왼쪽에 서 있고, 독수리 머리와 날개, 그리고 사자 모양을 한 그리핀(Griffin)이 언덕을 사이에 두고 신과 마주 서 있다. 이 신의 이름은 엔릴(Enlil)의 아들로 전투의 신인 메슬람타에아(Meslamtaea)이고, 우르의 왕으로 사면(四面) 왕인 슐지를 위하여 헌정한다고 기록되어 있다. BC 2075년경, 우르 출토. 영국박물관 소장

아눈나키가 인간을 유전적으로 조작하는 과정은 수메르 문명을 계승한 아카드인의 창세기 기록인 "아트라하시스(Atrahasis)"에 상세히 기록되어 있다.[7] 아트라하시스에 따르면 인간을 만든 아눈나키는 닌투(Nintu, 수메르 신화에서는 닌마, Ninmah)이며, 그는 신 중 하나를 죽여 진흙을 그의 피와 살과 섞어 14개의 덩어리를 만들었다. 신의 피와 땅의 흙이 섞인 14개의 덩어리를 임신이 가능한 여성 아눈나키가 잉태하였고, 마침내 7명의 남성과 7명의 여성 인간이 태어났다. 인간 중 처음으로 탄생한 남자의 이름은 아다무(Adamu)라고 이름 붙였다. 닌투는 인간을 만든 이후에는 이름이 마미(Mami)로도 불리었다. 처음에 태어난 인간은 생식 기능이 없었

---

6 어떤 버전에서는 아눈나키가 반란을 일으키고 엔릴이 이를 진압했으며, 이후 엔키가 아눈나키와 엔릴을 중재하여 원시 인간을 만들어 아눈나키의 고된 노동을 대신하게 만든다고 되어 있다.s

7 수메르인들은 BC 2,300~2,400년경, 아카드인에게 갑자기 정복당한다. 아카드인은 수메르인과 달리 이 지역에 최초의 통일 국가를 이룩한 민족이다. 하지만 뛰어난 문명을 누렸던 수메르인들이 왜 아카드인에게 갑자기 정복당했는지에 대해서는 설이 분분하다. 필자가 보기에는 수메르인들이 치명적인 바이러스에 의한 역병으로 멸망했을 가능성이 높다고 생각한다. 실제로 이 지역에서는 주요 시기별로 알 수 없는 역병이 종종 창궐했다. 역병이 얼마나 파괴적이었는지, 길가메쉬 서사시도 역신을 대홍수에 버금가는 재앙으로 묘사할 정도였다. 역사상 가장 유명한 역병은 출애굽기에서 마지막 열 번째 재앙으로서 파라오의 맏아들부터 맷돌 앞에 있는 여종의 맏아들까지 장남만 골라서 죽였다는 이집트의 대역병이다. 이 역병의 발생 시기는 BC 15세기 혹은 BC 13세기경으로 추정된다. 모세의 출애굽 시기에 대한 다양한 설에 대해서는 『황금, 설탕, 이자 - 바빌로니아의 수수께끼(下)』編에서 상세히 서술한다. 이사야 書에도 단 하룻밤에 역병으로 아시리아인 18만 5천 명이 사망했다는 기록이 있다. 이사야 書 37장 36절은 이 역병을 "주님의 천사"로 묘사했다. 이때가 아시리아 왕 세나체리브 (Sennacherib, the king of Assyria) 시대였으므로, BC 705~681년 시기이다.

으나, 황금 채굴을 위한 노동력이 더 필요하게 되자 아눈나키는 인간에게 생식 기능도 부여했다. 나중에 생식 기능이 부여된 인간과 아눈나키가 교배하는 경우가 있었는데, 이들의 자손을 수메르인들은 네필림 (Nephilim)이라고 불렀다.[8]

이처럼 수메르인의 신화에 따르면 인간은 금을 캐기 위해 창조된 생명체이다. 금은 그들이 복종해야 하는 아눈나키를 상징하는 신성한 물질로, 황금은 곧 인간을 지배할 수 있는 신의 절대 권력과 동일했다. 이후 신을 상징하는 황금은 수메르 문명에서 최고 권력층의 표상이 되었다. 금을 많이 보유할수록 더 큰 권력을 가진 상징이 된 것이다. 따라서 수메르 지배층은 금을 엄청나게 사용했다. 수메르 문명의 지배층이 금을 얼마나 많이 사용하였는지는 수메르 문명에서 가장 번성했던 도시 우르(Ur)에서 발견된 유적에서 쉽게 확인할 수 있다.

우르는 대홍수 이전부터 존재했던 도시로 인류 역사상 가장 오래된 도시이다. 나아가 수메르 신화에 따르면 대홍수 이전에 이 지역에서 가장 번영하던 도시가 바로 우르였다. 하지만 아눈나키가 창조한 인간이 아눈나키와 교배하고 신에 대항하기 시작하자, 아눈나키는 대홍수를 일으켜 인간을 멸족시킨다. 다만 아눈나키 중 엔키(Enki)가 그의 창조물인 인간에 연민을 느끼고, 자이우수드라(Ziusudra)에게 방주를 만들어 대피할 것을 권고하면서, 다행히도 인간은 멸족을 면한다. 자이우수드라의 대홍수 이야기는 이후 모든 문명이 기록한 대홍수 이야기의 모티브가 된다.

대홍수 이후에는 키쉬(Kish, 구약성서의 기시)라는 도시가 가장 먼저 건설되었고, 후에 우루크(Uruk, 구약성서의 에렉)가 키쉬를 이어 패권 도시로 등장한다. 수메르 신화에 따르

BC 713~706년경, 현재 이라크 북부의 두르샤르킨(Dur-Sharrukin)에 있던 아시리아 궁전 파사드에 새겨진 길가메쉬 추정 조각상. 길가메쉬는 반신반인의 수메르 신화 인물로, 대홍수에서 살아남아 영생을 누리고 있던 우트나피쉬팀(Utnapishtim)을 만나 영생의 비밀을 듣게 된다. 왼손에는 사자를 안고 있고, 오른손에는 뱀을 들고 있다. 루브르 박물관 소장

---

8   아트라하시스에 관심 있는 이는 다음 웹 사이트 참조. http://www.piney.com/Atrahasis.html

면 대홍수 이후에 절대 신인 안(An)을 모시던 제단의 제사장은 태양의 신 샤마시(Shamash)와 인간 여인 사이에서 태어난 아들이었다. 샤마시의 아들이 324년을 통치하고, 샤마시의 손자가 우루크(Uruk)를 건설한 후 이를 420년간 통치했다. 이 왕조의 5번째 왕이 길가메시 서사시의 주인공인 길가메시(Gilgamesh) 왕이다. 일설에 따르면 오늘날 이라크(Iraq)라는 이름은 우루크(Uruk)에서 파생되었다고 한다.

하여튼 이와 같은 고대 도시 우르에서 발견된 대표적인 유적이 바로 영국박물관에 보관되어 전시되고 있는 우르의 푸아비 여왕(Queen Puabi)이다. 이 유적은 BC 2,600년경의 유물로 추정된다.

푸아비 여왕

푸아비 여왕은 글자 그대로 머리부터 발끝까지 금으로 장식했다. 머리 장식은 대부분 금으로 만든 꽃과 잎사귀로 뒤덮여 있고, 장식물을 지탱하는 부분은 은과 라피스 라줄리(lapis lazuli, 청금석)를 사용했다.[9] 그녀의 귀고리는 금덩이 그 자체였고, 발견된 반지 10개 중 8개가 모두 순금 반지이었다. 목걸이 역시 라피스 라줄리를 기본으로 곳곳에 금 구슬을 꿰어 이었다.

푸아비와 같이 발견된 황금으로 된 염소도 마찬가지이다. 이 황금 염소는 라피스 라줄리를 기본 골격으로 하고 곳곳에 황금을 둘러 최상의 화려함을 자랑한다. 푸아비 유적 말고도 우르의 「사자의 궁전」에서 발견된 그릇은 모두 황금이었고, 우르의 왕이었던 메스칼람둑(Meskalamdug) 왕의 투구 역시 모두 황금이었다.[10] 푸아비 유적 말고도 황금 하프, 황금으로 장식

이름 푸아비는 그녀 옆에서 발견된 실린더 모양의 인장을 통해 알려졌다. 이 그림은 1934년 발굴팀의 캐더린(Katherine Woolley)이 푸아비 여왕을 재현한 모습. BC 2500년경, 우르 출토. 영국박물관 소장

---

9   라피스 라줄리(lapus lazuli), 청금석(靑金石)은 강렬한 푸른색의 원석이다. 메소포타미아와 이집트에서 최고 지배층이 자신들의 영생을 상징하기 위해 즐겨 사용했다. 대표적으로 투탕카멘의 얼굴 마스크는 금과 라피스 라줄리로만 이루어져 있다. 고대에는 라피스 라줄리가 금과 가치가 거의 같았다. 청금석을 잘게 빻은 파우더를 사용한 푸른색은 이후 지오토의 스크로베니 예배당, 베르메르의 「진주 귀걸이를 한 소녀」, 티치아노의 「바쿠스와 아리아드네」, 고흐의 「별이 빛나는 밤에」 등의 명화에도 널리 사용되었다. 이에 대해서는 『황금, 설탕, 이자 - 성전기사단의 비밀 (上)』 編에서 상술한다.

10   메스칼람둑이란 말은 "좋은 땅의 영웅"이라는 뜻이다. 하지만 수메르 왕의 리스트에는 올라와 있지 않다. 학자들 사이에서는 메스칼람둑이 수메르의 왕이 아니라 귀족이었을 것이라 주장하는 이들도 있다. 하지만 메스칼람둑이 수메르 왕의

푸아비 여왕의 무덤에서 발견된 라피스 라줄리 인장. 수메르 시대에 라피스 라줄리는 황금만큼 귀한 물질이었는데, 라피스 라줄리 인장이 2개나 발견되었다는 것은 푸아비 여왕의 권력이 얼마나 강력했는지 보여 주는 증거이다. 우르 출토, 영국박물관 소장

된 검, 황금 술잔 등이 우르에서 출토되었다.

수메르인의 신화를 별개로 하더라도, 이 유적을 통해 보건대 수메르 지역에서 지배층들은 금을 대단히 중요하게 생각했음에 틀림이 없다. 지배층이 금을 애용하면서 수메르 지역에서는 상당한 양의 금이 유통되고 있었을 것으로 추정된다. 특히 우르는 구약성서에서 아브라함의 고향으로, 구약성서에서도 매우 부유한 도시로 묘사되어 있다. 구약성서 창세기에는 아브라함이 소와 금, 은을 많이 소유한 부자라고 기록되어 있기도 하다.[11] 추정컨대 우르는 아마 현대의 뉴욕, 북경, 런던이나 파리에 버금갈 정도로 당시 세계에서 가장 번성한 도시였을 것이다. 따라서 금 역시 우르에서 매우 활발하게 거래되었음이 거의 확실하다.

하지만 수메르가 발흥한 메소포타미아 지방에서는 금이 거의 나지 않는다. 라피스 라줄리 역시 전 세계에서 아프가니스탄과 칠레 두 곳에서만 발굴되는 파란색 돌이다. 수메르 문명은 도대체 어디서 그 많은 금과 희귀한 청금석을 가져 온 것일까? 수메르인들은 금광석의 원산지를 "아라리(A, RA, LI)"라고 불렀다. 아라리는 빛나는 광석, 물, 장소 등이 합친 단어로 "빛나는 광석이 있는 물의 장소"라는 뜻으로 추정된다.[12] 수메르인들의 신화에 따르면 인안나 여신이 아프리카 남부를 여행하면서 금을 발견한 장소를 아라리라고 불렀다고 한다. 이 아라리가 수메르인이 금광석을 채굴한 장소로 추정된다.

이 아라리는 정확히 위치가 어디일까? 혹자는 아라리가 로디지아(Rhodesia)로 오늘날 남부 아프리카의 잠비아(북 로디지아)와 짐바브웨(남 로디지아) 지역이라고 주장한

리스트에 포함된 메사네파다(mesannepada)의 부친이라는 기록이 발견되면서, 수메르 왕이 틀림없다는 주장도 있다.

11 창세기 13장 2절

12 혹은 금을 캐기 위해 파들어 간 지하갱도를 뜻하며, 이 세상이 아닌 저승이라는 뜻도 있다.

다.[13] 하지만 메소포타미아 지역과 로디지아 사이의 육로 거리는 거의 1만㎞에 이를 정도로 멀리 떨어져 있다. 수메르인들은 어떻게 지구의 ¼ 바퀴를 돌아 금을 캤던 것일까?

혹자는 수메르 문명의 금이 아라리와 발음이 비슷한 메소포타미아 동쪽 지방의 아라타(Aratta)에서 채굴되었을 것이라 추정한다. 수메르 문명에서 아라타는 금, 은, 청금석이 풍부한 매우 부유한 도시로 묘사되어 있다. 아라타의 위치에 대해서는 설이 분분하다. 카스피해 부근이라는 설과 아르메니아라는 설 등이 난무하고 있다. 문제는 이 지역이 메소포타미아와 지리적으로는 가깝지만, 수메르인들이 사용했던 만큼 많은 양의 금은 산출되지 않는다는 점이다. 어떤 이는 아나톨리아 반도 내 팍톨로스(Pactolus) 강 유역이 수메르 문명의 금 공급지였을 것이라고 주장한다. 하지만 이 지역에 금이 발견된 것은 거의 2000년 이후이다. 결론적으로 필자는 수메르 문명이 그 많은 금을 어디서 채굴했는지는 여전히 베일에 가려져 있다고 생각한다.

바빌로니아의 여신 인안나로 추정되는 밤의 여왕(Queen of the Night). 머리에는 가발을, 목에는 목걸이를, 양손에는 정의의 막대 고리를 들고 있다. 그녀의 다리는 마치 날고 있는 듯 새의 발을 하고 있고, 그녀의 몸에는 날개가 붙어 있다. 그녀의 가슴, 배, 무릎 등 신체 묘사는 마치 여성을 실제로 해부한 후에 조각한 듯 매우 정교하다. 그녀의 양발 옆에는 갈기가 달린 사자 두 마리가 앉아서 그녀를 지키고 있고, 그 옆에는 올빼미가 서 있다. 혹자는 인안나가 아니라 인안나의 언니로 죽은 이들의 세상을 지배하는 여신 에레쉬키갈(Ereshkigal) 혹은 밤의 악마로 매혹적인 몸매를 가진 여신 릴트(Lilth)라고 주장하기도 한다. BC 1800~1750년경, 남부 메소포타미아 출토(정확한 출토 위치는 알려져 있지 않음). 영국박물관 소장.

의문은 또 있다. 금은 채굴하고 제련을 거쳐야 순금 상태로 만들 수 있다. 금은 사금이 아니면 거의 순금 상태로 발견되지 않고 광석에 포함되어 발견되기 때문이다. 금과 은은 화학적 성질이 비슷하므로 금과 은이 섞여서 발견되는

13　대표적인 학자가 허먼(R, Z, Heman) 교수이다. 이 주장에 따르면 이집트 역시 수메르와 마찬가지로 로디지아에서 대량의 금을 채굴했다고 한다.

경우도 많다.[14] 따라서 어떻게든 순금을 추출하기 위해서는 높은 온도에서 금광석을 녹여서(smelting) 다른 물질과 분리해야 한다.

금은 녹는 온도가 섭씨 1,064°로 구리가 녹는 점인 1,085°와 거의 같다. 달리 말하면 수메르인들은 섭씨 1,000도 이상으로 가열할 수 있는 기술이 있었다는 뜻이다. 고대의 경우 온도를 올리는 방법은 지금처럼 석탄이 아니라, 나무를 활용하는 방법밖에 없었을 것이다. 나무를 목탄으로 만들어 온도를 섭씨 1,000도 이상 올리려면 엄청난 양의 나무가 필요했을 것이다.

문제는 수메르 문명이 위치했던 곳에는 야자수를 제외하고는 나무가 그렇게 많지 않다는 것이다. 하지만 수메르인들이 사용한 금 장식품들로 보건대, 수메르인들은 황금 제련 기술이 상당히 발달해 있었다. 이들은 금 제련 기술을 도대체 어떻게 습득하였을까? 제련을 위한 고온 상태는 무엇을 재료로 사용했을까? 혹시 다른 원료를 사용하여 고온 상태로 만든 것은 아니었을까? 그리고 제련을 했다면 어디에서 제련한 것일까? 혹자는 이 제련 시설이 티그리스와 유프라테스강 하구에 있었다고 주장한다. 대표적인 도시가 이라크 남부의 바드-티비라(Bad-tibira)라는 도시다.[15] 바드-티비라는 금속 노동자의 요새(Fortress of Metal Workers)라는 뜻으로, 이름에서 비추어 보았을 때 금, 철, 구리를 가공하는 도시였을 것으로 추정된다.

(2) 라피스 라줄리와 운철

청금석(라피스 라줄리, Lapis Lazuli) 또한 미스테리이다. 청금석 광산은 전 세계 두 군데밖에 없다. 즉 칠레와 아프가니스탄이다. 우선 칠레는 남미 대륙의 중북부 3,600미터에 위치한 '안데스의 꽃(Las Flores de Los Andes)'이라고 불리는 광산에서 청금석이 채굴된다. 칠레는 메소포타미아에서 직선거리로 10,000㎞가 넘고, 태평양

---

14   금과 은이 섞여서 발견되는 광물 중 은의 비율이 20% 이상이면 일렉트럼(electrum)이라고 부른다.

15   아비데누스(Abydenus)나 아폴로도루스(Apollodorus)와 같은 그리스 학자들은 이 도시를 판티비블로스(Pantibiblos)라고 불렀다. 이 도시는 에리두(Eridu)에 이어 두 번째로 수메르 신의 위탁을 받아 왕권(kingship)을 행사한 도시라고 한다.

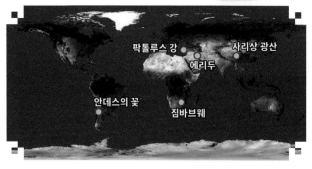

이든 대서양이든 망망대해를 건너야 한다. 당연히 수메르 문명의 접근이 어려웠을 것이다. 아프가니스탄의 청금석은 바다흐샨^(Badakhshan)의 고도 3,000미터에 위치한 "사-리-상^(Sar-e-Sang)" 광산이 유럽·아시아·아프리카 3대륙에서 유일한 청금석 채굴지이다. 하지만 사-리-상 광산으로 가려면 판지시르 계곡^(Panjishir Valley)의 힌두 쿠시^(Hindu Kush) 산맥에서 6,000미터가 넘는 험준한 산들을 여러 개 넘어야 한다.[16] 메소포타미아 지역에서 접근은 가능했겠지만, 결코 쉬운 경로는 아니었을 것이다. 수메르인들은 도대체 청금석을 어떻게 구할 수 있었을까?

철의 경우도 마찬가지이다. 메소포타미아 지역에서는 기원전 5,000년경 주조된 작은 철제품이 출토되었다.[17] 히타이트인들이 철기를 본격 사용한 기원전 1,400년보다 무려 3,500년 전에 수메르인들이 철기 제품을 사용한 것이다. 철은 녹는 온도가 1,538℃이다. 금보다 훨씬 높다. 달리 말해 철을 얻기 위해서는 철광석을 이 온도 이상으로 올려서 철을 확보해야 한다.

일반적으로 고대에는 철광석이 아니라 자연에 존재하는 그대로의 철을 사용했다. 이 시기에는 자연에 존재하는 철의 대부분은 하늘에서 떨어지는 운석에서 수집했다. 우연의 일치인지는 몰라도 수메르인들은 철을 '안-바르^(An-Bar),' 즉 '하늘의 불'이라고 불렀다.[18] 수메르인들과 함께 메소포타미아 지역에 살았던 유대인들도 철을 '바르-질^(Bar-Zel),' 즉 '하늘의 금속'으로 불렀다. 요컨대 수메르인들에게는 철과 운석은 같은 개념이었다.

운석을 통해 철을 얻었다면, 철을 일정 모양의 제품으로 만들기 위해서는 두 가지 방법이 있다. 즉, 운석으로부터의 철을 그대로 깎아서 제품을 만들거나, 철

---

16 알레산드로 지로도, *앞의 책*, p. 87
17 알레산드로 지로도, *앞의 책*, p. 23
18   길가메시 서사시에는 "아누의 물건(하늘의 물건)"이 하늘에서 떨어졌다고 기록되어 있는데, 이 역시 운석일 가능성이 있다.

황금, 설탕, 이자(金糖利: Gold, Sukkar, Máš)

바빌로니아의 수수께끼 編 (下-1) 券 - 이원희 著

우르의 왕 슐지(Shulgi, BC c.2094~c.1999) 시대의 또 다른 인장 실린더. 인장 소유자는 가운데 서서 우측 전투의 신인 메슬람타에아(Meslamtaea)를 마주 보고 있다. 위 실린더와 마찬가지로 우르의 왕으로 사면(四面) 왕인 슐지를 위하여 헌정한다고 기록되어 있다. BC 2075년경, 우르 출토. 영국박물관 소장

을 섭씨 1,500도 이상 온도에서 가열해서 녹여야 한다. 다만 자연 상태에 존재하는 산화철은 섭씨 700~800도 정도만 되어도 환원이 시작되어 물렁해지기 시작하므로, 이 정도 온도만 되어도 철의 모양을 다듬을 수는 있다.[19] 만약 수메르 문명이 섭씨 1,500도 이상으로 온도를 올렸다면 금 제련 때보다 훨씬 많은 엄청난 양의 목탄이 필요했을 것이다. 목탄의 양은 별론으로 하더라도, 기원전 5,000년경에 섭씨 1,500도 이상 높은 온도를 유지해서 철 제품을 만드는 것이 과연 가능한 일인가?

하여튼 수메르인을 비롯한 고대인들은 하늘에서 떨어지는 불, 운석을 경배했다. 이러한 전통은 수메르 문명이 전파된 이집트, 그리스 등도 마찬가지다. 예컨대 투탕가멘은 황금 마스크로도 유명하지만, 운석으로 만든 단검, 이른바 운철검(運鐵劍) 2자루로도 매우 잘 알려져 있다. 이 운철검 2자루는 철로 만든 단검임에도 불구하고 그의 무덤 안에서 3000년이 넘도록 전혀 녹슬지 않았는데, 학자들은 이 수수께끼 같은 현상의 원인을 밝히려고 오랫동안 매달렸다. 그 결과 이

라피스 라줄리로 만든 실린더 인장. 인장에 사용된 청금석의 질이 매우 높은 것으로 보아 왕에 버금가는 권력이나 재력을 지닌 인물이 소유했던 것으로 추정된다. 인장에 새겨진 이름은 "부르-다간(Bur-Dagan)"인데, 인장의 소유자 이름으로 보인다. 인장이 찍힌 가장 우측의 인물은 정의의 막대 고리를 들고 있는 샤마시 신이다. 샤마시 신에게 재물을 헌정하는 이가 부르-다간으로 가운데 있는 인물이다. BC 1900년경, 우르 출토. 영국박물관 소장

단검이 운석에 포함된 철, 이른바 운철(meteoric iron)로 만들었다는 결론에 도달했다. 운철은 대기권을 통과하면서 고열로 불순물이 제거되어 철의 순도가 매우 높고, 니켈이나 코발트와 같은 합금 성분이 표면화되면서 거의 녹슬지 않기 때문이다.[20] 리디아 금융제국의 황금

---

19 이 철을 해면철 혹은 스폰지 철이라고 부른다.

20 전국시대 오나라 왕이었던 합려가 대장장이 간장(干將)을 시켜 만들었다는 최고의 명검 2자루 "간장막야(干將莫耶, 막야는 간장의 아내 이름)"도 운철로 만들었을 가능성이 매우 높다. 조조

카바의 검은 돌. 이 돌은 지름 30㎝로 작은 돌이 아니다. 원래는 깨지지 않았으나, 930년에 메카를 침공한 급진 시아파인 까라미타(Qaramita)파가 가져가면서 깨져 버렸다. 현재는 은으로 만든 끈으로 묶고 못으로 고정해 두었다. 기록상으로는 400년 전후에 등장하며, 카바가 새로 지어질 때 원래 있던 자리에서 옮겨졌다. 이때 각 부족 별로 검은 돌의 위치에 대해서 의견이 달라 논쟁이 벌어졌는데, 무함마드는 검은 돌은 천위에 두고 각 부족들로 하여금 천을 들게 하여, 현재의 위치로 옮겼다고 한다. 필자는 이 돌이 운석이라고 확신한다. 출처: 라시드 앗 딘(Rashid-al-Din Hamadani, 1247-1318)의 1307년 역사책인 『집사(集史, The Jāmi al-tawārīkh)』. (Wikipedia). Licensed under the Creative Commons Attribution-Share Alike 4.0 International license. Author: Taha b. Wasiq b. Hussain. https://commons.wikimedia.org/wiki/File:One_of_the_oldest_depictions_of_the_Kaaba,_from_1307.jpg

왕 크로이소스가 만든 세계 7대 불가사의의 하나였던 에페소스의 아르테미스 신전 또한 운석이 떨어진 곳에 지었다. 메카에 위치한 이슬람인들의 최고 성지인 카바(Kaaba)라는 정육면체 건물의 동쪽 측면에 박힌 검은 돌(al-hajar, al-haswad) 역시 운석임이 거의 확실하다.

이에 따라 철은 금과 함께 지배자의 상징이었다. 수메르 시대에는 지배자가 신의 위탁을 받아 인간을 지배하는 자였으므로, 신을 모시는 신전에도 왕을 상징하는 금과 철이 같이 전시되었다.[21] 철은 어떻게 보면 금보다 더 비싼 품목이었을 가능성이 있다. 한 기록에 따르면 수메르 문명의 후예인 아시리아인들의 시장에서 철은 금보다 8배 정도 비싼 가격에 거래되었다고 한다.[22] 수메르처럼 철이 지배자의 상징으로서 매우 귀한 물품이었음은 중국에서도 마찬가지였다. 사기 『효무본기(孝武本紀)』에 따르면 BC 21세기경 하나라의 지방 조직인 9주(九州)에서 철을 공물로 바쳐, 우왕이 거대한 솥 9개를 만들었다는 기록이 있다.[23] 이는 철이 수메르 시대와 마찬가지로 고대 중국에서도 지배자의 상징이었음을 간접적으로 보여 주는 일화이다.

가 동탁을 살해하기 위해 사도 왕윤으로부터 받았다는 칠성검(七星劍) 또한 그 명칭과 생김새 등으로 비추어 볼 때 운철검이라고 필자는 확신한다. 천자문에 등장하는 문구인 검호거궐(劍號巨闕, 칼이라고 하면 누구라도 거궐을 말한다.)의 거궐(巨闕)도 월나라의 장인인 구야자(毆冶子)가 만든 명검인데, 무쇠솥을 절단하면 절단면의 기포들이 쌀알처럼 남을 정도로 예리했다고 한다. 이 거궐도 운철검일 가능성이 높다고 본다.

21　알레산드로 지로도, 앞의 책, p. 22

22　알레산드로 지로도, 앞의 책, p. 21

23　우수구목지금(禹收九牧之金) 주구정(鑄九鼎): 우왕이 구목으로부터 철을 징수하여 9개의 솥은 만들었다.

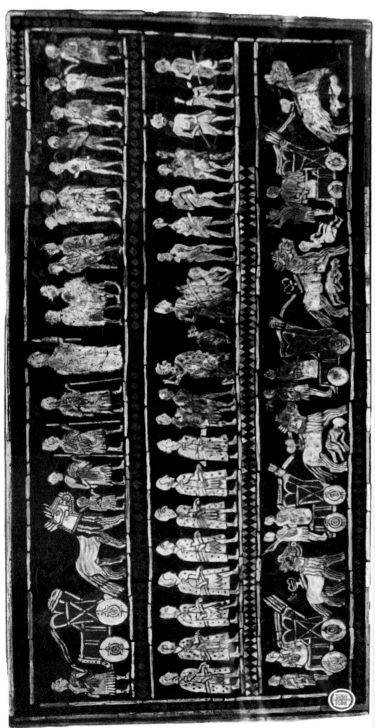

우리의 표준(Standard of Ur)은 상자다. 발견 당시 상자는 형체를 알아보기 어려울 정도로 해체되어 있었고, 상자 안은 비어 있었으며, 무덤 도굴된 상태였다. 복원 결과 상자의 장식은 라피스 라줄리, 조개껍질, 붉은 석회석으로 만들어진 것임이 밝혀졌다. 사진은 우리의 표준 4면 중 수메르 왕의 전사들과 지위를 묘사한 장면이다. 가장 상단은 좌측에 군사를 거느리고, 우측에는 포로들을 묘사하고 있다. 좌측에 왕이 군대가 일서 정연하게 행진하고 우측에는 몰려가는 포로들, 그리고 가장 하단에는 전차를 몰고 있는 군대와 그 밑에 깔려서 피를 흘리다는 적들을 묘사를 묘사했다. 이 상자의 맞은편 사진은 신과 인간의 융제자로서의 왕의 역할이 묘사되어 있는데, 그 장면은 이 책 어딘가에 수록해 두었다. BC 2500년경, 우르 출토, 영국박물관 소장

Codex Atlanticus: 철, 히타이트 민족과 에펠탑

철은 지구상에서 가장 흔한 금속이다. 즉, 철은 알루미늄 원광석인 보크사이트에 이어 매장량 제2위 금속이다. 고대 수메르나 하 왕조와 달리 당나라 이후 중국에서도 철은 매우 흔하여 그 출신이 비천하다고까지 평가하였다. 예컨대 철전은 국가가 쇠락했을 때, 혹은 구리가 부족할 때 일시적으로 만드는 동전에 불과하였다. 1637년 명나라의 송응성(宋應星, c. 1590~c. 1666)은 일종의 산업과 기술의 백과사전인 『천공개물(天工開物)』을 저술하였는데, 그에 따르면 "철의 질은 대단히 천해서 예로부터 전을 주조하는 데는 사용하지 않았다."[24]

그럼에도 불구하고 인류가 철을 채굴하고 사용하는 데는 시간이 매우 오래 걸렸다. 우선 인류는 불을 이용해서 광석이 함유된 돌에서 금속을 분리할 수 있다는 사실을 BC 7000~5000년경에 알게 되었다고 한다.[25] 이때 구리가 철보다 녹는 점이 낮았으므로, 인류는 철기 시대보다 청동기 시대를 먼저 겪었다. 본문에서 언급한 대로 고대 수메르, 고대 이집트, 고대 중국이 철을 사용한 흔적도 지구상의 철이 아니라 운석에서 나온 철이었다.

역사학자는 인류가 철을 사용한 최초 시점이 아마도 대략 BC 4000년경 고대 이집트라고 추측한다. 물론 필자는 철을 최초로 사용한 이들은 BC 5000년경 수메르인이라고 생각한다. 하여튼 매장량이 풍부한 철은 구리보다 사용 시기가 훨씬 늦다. 왜 그런 것일까? 이유는 철의 녹는 점이 1,538°C로 구리의 녹는 점인 1,085°C보다 높기 때문이다. 나아가 철은 자연 상태에서 산화철로만 존재한다. 즉, 순수한 철은 지구상에 없다. 왜냐하면 철은 산소와 결합한 상태(Fe_3O_4, Fe_2O_3)에서만 가장 안정적인 상태이기 때문이다. 따라서 사람

---

24 송응성 지음, 최주 주역, 『천공개물』, 전통문화사, 1997, p. 197
25 제러미 블랙, 앞의 책, p. 24

Codex Atlanticus

이 철을 사용하기 위해선 반드시 산소를 먼저 제거해야 한다. 산소를 가장 효과적으로 제거하는 방법은 산소와 탄소를 결합시켜 CO 혹은 CO_2 형태로 제거하는 것이다. [26]

인류는 언제 이 방법을 발견했을까? 완전히 합의된 설은 없지만 이와 같은 방법을 대규모로 적용한 시기와 주체는 BC 16세기 전후의 히타이트 민족임은 거의 확실하다. [27] 히타이트 민족은 탄소 함유량이 가장 많은 재료가 나무라는 것을 깨닫고 목탄을 이용해서 철을 뽑아낸 것으로 보인다. 구약성서의 열왕기에 햇(Hittites)족으로도 알려진 이 민족은 이집트나 아시리아에서 최약체 야만족으로 묘사되었던 민족이다. [28] 고대 이집트인들은 이 민족을 HT라고 기록했고, 하티로 읽었던 것으로 추정된다. [29]

하티(Hatti)라고 알려진 원래의 히타이트 원주민은 BC 3000년경에 소아시에 거주하고 있었다. 그러다가 BC 2000년경에 하티를 정복하고 몇 개의 소국을 형성한 히타이트(Hittite)족이 출몰한다. 하티를 정복한 히타이트 민족은 BC 16세기 전후부터 산화철에서 순수 철을 추출하는 방법을 터득하여 철제 무기를 만들기 시작했다. 일설에 따르면 히타이트 민족이 철광석을 녹이기 위해 필요한 높은 온도를 자연풍에서 얻었다는 설이 있다. 실제로 목탄만을 사용해서는

---

26 이 방법을 사용하면 녹인 쇳물에 탄소가 불가피하게 들어간다. 철(iron)을 품질이 좋은 강(steel)으로 만들기 위해서는 탄소 이외에도 실리콘, 망간, 인, 황 등 5대 불순물을 제거해야 한다. 불순물을 제거하여 철을 강으로 만드는 과정을 제강(製鋼)이라고 한다. 강철의 강도와 탄도는 탄소 함량에 따라 결정되므로, 제강 기술의 핵심은 쇳물에서 탄소 함량을 자유자재로 조절할 수 있는 능력이다.

27 철광석을 녹여 쇳물을 만드는 과정을 제선(製銑) 공정이라고 부른다. 목탄과 철광석을 섞어 쇳물로 만들어서 만든 철이 선철(銑鐵)이므로, 제선이란 말은 선철을 만든다는 뜻도 된다. 오늘날 제선 과정은 내부 온도가 1,700도까지 오르는 고로에서 주로 이루어진다. 2023년 기준 세계 최대 고로는 용적이 6,000㎥인 우리나라 광양제철소의 1고로이다. 고로를 가동하기 위해서는 철광석을 분쇄하여 소결광을 만드는 공장과 10~50mm 크기의 석탄인 괴탄을 만드는 코크스 공장이 반드시 같이 있어야 한다. 제선 공정, 소결 공정, 코크스 공정 등을 모두 합하여 제선 공정이라고 부른다.

28 열왕기 하, 7장 6절: "큰일났다. 이스라엘 왕이 햇의 왕들과 이집트 왕들에게 돈을 주고 군대를 사다가 우리를 치는구나." 성서에는 히타이트족의 이야기가 여러 번 등장한다. 아브라함이 그의 부인 사라가 죽자 헷 족속으로부터 헤브론의 막벨라 동산을 사서 그곳의 동굴에 사라를 장사지냈다는 이야기, 그리고 다윗이 예루살렘에 살던 헷 사람 우리아의 아내 밧세바를 불러다 동침하여 솔로몬을 낳았다는 이야기, 그리고 다윗이 헷 상인으로부터 철제 2륜 전차를 구입하였다는 이야기 등이 그것이다.

29 고대 이집트인들은 모음을 기록하지 않기 때문에 발음이 정확히 무엇인지는 알 수가 없다.

철광석에서 쇳물을 추출하기 위한 1,500°C 내외의 온도를 만들어내기 매우 어렵다. 따라서 히타이트인들은 그들의 수도였던 하튜사 근처의 광야에서 일정 기간에 불어오는 강력한 자연풍을 이용하여, 넓은 광야에 용광로를 설치해서 엄청난 바람과 목탄으로 높은 온도를 만들어 철기를 만들었다고 한다.[30]

또 다른 설은 히타이트인들이 철광석을 녹인(주조) 것이 아니라, 불순물이 섞여 있는 형태의 쇠를 계속 두드려서(단조) 철을 만들었다는 주장이다. 예컨대 투탕카멘의 무덤에서 발견된 운석검은 이집트인들이 만든 것이 아니라, 히타이트인들이 만들어서 이집트에 선물한 것으로 알려져 있다. 이 운석검은 히타이트인들이 쇳물을 녹여서 만들었다기 보다는 자연 상태에 존재하는 운석을 가열하여 물렁한 상태에서 두들기고 다듬어서 모양을 만들었을 것으로 추정된다.

즉, 이 설에 따르면 히타이트인들은 철광석을 반쯤 녹인 후 물렁해진 이후에 이 스폰지 철(sponge iron)을 다시 두드려서 철을 만들었을 가능성이 있다. 자연 상태에 존재하는 산화철은 700~800°C에도 환원이 시작되어 물렁해지기 시작하는 해면철 혹은 스폰지 철로 바뀌므로, 질이 높지는 않지만 1,500°C 이상의 높은 온도가 아니어도 이 상태에서 철제 제품을 만들 수는 있다. 목탄이든 자연풍이든 BC 15~14세기경에 철광석을 완전히 녹이는 것은 불가능했으므로, 필자가 보기에는 이 주장이 매우 설득력이 있다. 즉, 히타이트인들은 하튜샤 근처의 자연풍을 이용해서 철광석을 700~1,000°C 내외의 온도에서 반쯤 녹인 후, 주변에서 다시 이를 두들기고 다듬어서 철기 제품을 만든 것으로 보인다.

이처럼 히타이트인들이 어떤 방식을 사용해서 어느 정도 품질의 강철을 생산하였는지는 정확히 알려져 있지 않다. 그러나 히타이트인들이 다른 문명보다 철을 자유자재로, 그리고 적극적으로 사용하였음은 거의 확실하다. 히타이

---

30 실제로 히타이트인들의 신 중 최고의 신은 바람의 신이었다.

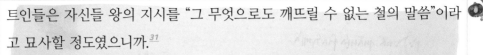

트인들은 자신들 왕의 지시를 "그 무엇으로도 깨뜨릴 수 없는 철의 말씀"이라고 묘사할 정도였으니까.[31]

하여튼 그 무엇으로도 깨뜨릴 수 없는 철을 만든 히타이트족이 청동기가 주력이었던 당시로서는 획기적인 발명을 하였음은 의심할 여지가 없다. 이 강력한 철제 무기를 바탕으로 히타이트인들은 당시 아나톨리아 반도를 중심으로 북부 아프리카의 이집트, 메소포타미아 지방의 바빌로니아나 아시리아와 국력이 대등한 제국을 형성할 수 있었다.

가장 대표적으로 BC 1350년경 히타이트의 수필룰라우마[Suppiluliuma I, BC 1350년경]가 이집트 지배 하의 시리아를 점령하자, 이집트는 히타이트를 대상으로 전쟁을 선포했다. 하지만 고대 이집트의 4만 대군은 히타이트 4천 군사에 거의 완전히 몰살당했다. 청동기로 된 창과 방패는 철제 무기와 철제 수레바퀴로 무장한 히타이트 기갑부대에 적수가 되지 못했던 것이다.

아부 심벨에 그려진 카데쉬 전투. 창을 들고 있는 람세스 2세가 히타이트의 무와탈리스 2세 혹은 리비아 지도자를 잡아 참살하는 장면이다. 하지만 이 전투에서 누가 승리했는지는 이집트 역사와 히타이트 역사가 완전히 다르다. Licensed under the Creative Commons Attribution-Share Alike 3.0 Unported license and GNU Free Documentation License. https://commons.wikimedia.org/wiki/File:Egypt_Abou_Simbel6.jpg

히타이트와 이집트는 이후에도 대규모 전쟁을 벌이는데, 가장 대표적인 전투가 BC 1274년경 히타이트의 무와탈리스 2세[Muwatallis II] 와 이집트의 람세스 2세간의 카데쉬[Cadesh] 전투이다.[32] 이 전투의 승자는 이집트 기록은 이집트가, 히타이트 기록은 히타이트

31 히타이트인들보다 더 체계적으로 철기를 무기로 사용한 최초의 민족은 아시리아 민족이다.

32 람세스 2세는 그리스어 발음으로는 오지만디아스(Ozymandias)이다.

가 승리했다고 기술되어 있다. 하지만 필자가 보기엔 철제 무기를 사용한 히타이트가 승리했을 가능성이 매우 높다. 예컨대 이집트 기록에 따르면 카데쉬 전투에서 람세스 2세가 수세에 몰려 거의 혼자 남게 되는데, 람세스 2세가 갑자기 신으로 변해 히타이트 군을 몰살시켰다고 기록되어 있다. 하지만 필자가 보기엔 람세스 2세가 간신히 살아남아 이집트로 도주한 것으로 보이며, 이집트인들이 이를 미화해서 기록한 것으로 추정된다.

철제 무기로 주변을 제압하면서 히타이트는 전성기 시절에 동시대의 이집트와 아시리아를 능가하는 패권국가로 발돋움한다. 1986년 유네스코 세계문화유산으로 지정된 히타이트의 수도인 하투샤(Hattusa)는 히타이트 문명의 최전성기가 얼마나 화려했는지 보여 준다. 하투샤는 167만㎡(대략 50만 평)에 이르는 두 개의 도시(Büyük Kale, 뷔윅칼레) 형태를 갖추고 있었다. 즉 이 도시는 히타이트가 철제 무기를 바탕으로 제국으로 확장한 시기에 건설된 것이다.

상부 도시에는 점토나 금속으로 만든 인장이 3,000여 개가 출토된 곳으로, 뷔윅칼레의 핵심 왕궁이 위치한 곳이다. 상부 도시에서 가장 유명한 유적지는 3개의 성문 가운데 서쪽 성벽으로 난 문으로 "사자문(Lion Gate)"으로 알려진 문이다. 상부 도시의 동서 길이는 대략 1.3㎞, 남북으로는 약 2.1㎞에 이르렀고, 높이 8m에 둘레는 8㎞에 이르는 이중 성벽으로 둘러싸여 있었다. 70개의 방으로 이루어진 大 신전, 80여 개의 방을 갖춘 大 저장고, 지하터널, 인공저수지, 아시리아인들의 시장인 카룸까지 갖춘 이 도시가 왜 건물을 세우기 힘든 가파른 절벽에 자리 잡았는지는 여전히 알려져 있지 않다.

히타이트의 철기 제조법은 후술하게 될 "수수께끼의 BC 1200년" 이후부터 가속화되어 주변 국가로 빠르게 전파되었고, 결국 서쪽으로는 유럽으로도 전파된다.[33] 히타이트의 철기 문화를 계승한 대표적인 민족이 바로 기원전 8세기경 아시리아 민족이다. 히타이트 민족과 마찬가지로 아시리아 민족도 철

---

33 철기를 최초로 사용한 민족이 히타이트 민족이 아니라는 설도 있다.

Codex Atlanticus

황금, 설탕, 이자(金糖利: Gold, Sukkar, Máš)

바빌로니아의 **수수께끼** 編 〔下-1〕 券 - 이원희 著

金糖

하튜사의 사자문. 원래 이 문의 양옆에는 거대한 탑이 둘 있었다. 밤에는 성문을 닫고 봉인을 하였으며, 아침에는 관리들이 여러 사람이 보는 앞에서 봉인을 뜯어 밤사이에 출입이 없었음을 확인했다고 한다. 양 사자상 사이가 2~3 사람이 들어갈 정도로 좁아서 이 문이 출입을 통제할 목적으로 지어진 것은 확실해 보인다. 왜 하필 사자를 조각하였는지에 대해서는 설이 분분하다. 필자가 보기에는 아마 당시에 가장 무서운 동물이 사자였고, 입을 벌리고 갈기가 치렁치렁한 수사자를 새겨 넣어 범죄자나 악귀를 쫓아내는 기능을 하였을 것으로 본다. 정문 우측의 사자상은 원본이 그대로 남아 있는 것이고, 좌측 사자상은 파괴되어 2011년에 복원한 것이다. 조각상의 디테일이 너무 정교하여, 당시 발달한 히타이트인들의 문화 수준을 가늠할 수 있다. Licensed under the Creative Commons Attribution-Share Alike 2.0 Generic license. Author: Carole Raddato from Frankfurt, Germany. https://commons.wikimedia.org/wiki/File:Lion _Gate,_Hattusa_13_(cropped).jpg

기 문화를 바탕으로 메소포타미아 지역은 물론이고 이집트까지 지배한 패권국가가 된다.

그렇다면 동양은 언제부터 철기를 사용했을까? 송응성은 일종의 백과 서적 격인 자신의 저서 『천공개물(天工開物)』에서 중국 철기 제조의 시초가 중국 황제 헌원이라고 기록했다.[34] 황제 헌원이 BC 28세기경의 인물이므로, 송응성의 주장이 맞다면 중국은 서양의 히타이트보다 무려 1,000년 이상 앞서 철기를 제조

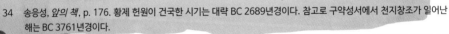

한 셈이 된다. 송응성은 이어 BC 21세기 인물인 하나라의 우왕 때 거대한 솥(大鼎) 9개를 만들었고, 이후 날마다 주조 기술이 발전했다고 적었다. 그의 말이 정확한지 모르겠지만, BC 6세기경 주나라 시대의 주철 유적을 보면 주나라의 제철기술이 상당했음을 알 수 있다. 중국 철기 문화는 전쟁이 상시화된 춘추전국시대에 들어가서 본격적으로 발달한다.

---

34 송응성, 앞의 책, p. 176. 황제 헌원이 건국한 시기는 대략 BC 2689년경이다. 참고로 구약성서에서 천지창조가 일어난 해는 BC 3761년경이다.

37

철, 히타이트민족과 에펠탑

고대 중국 철기 문화의 정점은 한나라 시대였다. 한나라는 강철의 탄소 함량을 최적화하는 초강법(抄鋼法)이라는 기술을 보유하고 있었다. 원래 강철은 탄소 함량이 높으면 부러지기 쉽고, 너무 낮으면 강하지 않다. 예컨대 탄소 함량이 높아 강도가 강한 철을 단조를 하기 위해 쇠망치로 때리면 바로 깨져 버린다. 따라서 품질이 좋은 강철제품을 만들기 위해서 탄소 함량을 적절하게 조절할 수 있어야 한다.

송응성은 그의 책에서 생철(生鐵)을 노에서 한 번 녹여 제작한 숙철(熟鐵) 위에 두고 짚과 진흙물을 발라 같이 녹인 후, 단조하는 과정을 여러 번 반복하면 강철이 만들어진다고 설명했다. 이때 연료는 석탄이 70%, 숯이 30%였다고 한다.[35] 이로 보건대 한나라 이후 중국은 탄소 함량을 조절하여 단단하면서도 유연성이 있는 철제 무기를 제조하는 독자 기술을 보유하고 있었던 것으로 추정된다.

쇳물의 탄소 성분을 조절하는 기술이 제강 기술인데, 『천공개물(天工開物)』이 기술한 것처럼 제강 기술은 서양보다 동양이 먼저 앞서 있었다.[36] 서양의 경우 쇳물의 탄소 함량을 조절하는 기술은 1856년 영국의 헨리 베세머(Henry Bessemer, 1813~1898)가 처음 발명한 것으로 알려져 있다. 즉,

모공정(毛公鼎). 서주의 주왕(周王)이 모공(毛公)에게 정사를 맡기고, 그 보답으로 내린 선물이 이 정(鼎, tripod)이다. 정 안에는 글이 새겨져 있는데, 중국 청동기 명문 중 가장 긴 문장을 이루며 장엄하고 화려한 문체로 널리 알려져 있다. BC 9세기경에 이 정도 물건을 만들었다는 것은 고대 중국이 매우 뛰어난 철제 제조 기술을 가지고 있었다는 뜻이다. 대만 고궁박물관 3대 보물 중 하나. BC 827~BC 782년경, 기산(岐山) 출토, 대만 고궁박물관 소장

35 송응성, 앞의 책, p. 230
36 현대 제강법은 로(爐)가 지지축을 중심으로 완전히 회전하는 전로(轉爐)법, 철 스크랩을 원료로 전력을 사용하는 전기로법, 19세기 유럽과 미국에서 사용되었으나 현재는 사용하지 않는 평로(平爐)법 등 3가지가 있다. 제강공정을 거치면 철이 비로소 강으로 탈바꿈한다. 전로법도 순수한 산소를 사용해 불순물 제거 효율을 올린 LD 전로법, 산소를 상부에서 삽입하는 상취 전로법, 황, 인, 규소는 전로의 전 단계인 토페도카에서 처리하는 TDS (Torpedo Desulphurization System) 등이 있다. 전기로는 전로법에 비해 생산성이 ⅓~½ 수준으로 낮고, 전기료가 많이 든다는 단점이 있지만, 최근에는 에너지 효율을 높이고 환경 오염물질 배출을 최소화하는 방향으로 기술 발전이 이루어지고 있다.

Codex Atlanticus

그는 용광로 밑에서 공기를 불어 넣으면 선철 내의 탄소를 연소시킨다는 사실을 발견하고, 주입하는 공기량을 조절하여 탄소 성분이 많은 선철, 탄소 성분이 적절한 강철, 그리고 탄소 성분이 적은 연철을 자유자재로 만들 수 있게 하였다.[37] 하지만 한 나라는 베세머보다 무려 대략 2,000년이나 앞서 이 비법을 알아낸 것이다. 한 나라는 이처럼 발달한 제선, 제강 기술로 만든 철제 무기를 앞세워 주변국을 제압하는 제국을 건설할 수 있었다. 이 과정에서 대한민국의 고조선도 멸망했다.

중국의 제선, 제강 등의 제철 기술은 송나라 때 절정을 이룬다. 송나라는 마르코 폴로가 "검은 돌(black stone)"이라고 부른 석탄을 보편적으로 사용하였다. 송나라 때 석탄 매장지인 탄전(炭田)은 황허강 중류와 양쯔강 상류 지방에 넘치도록 있었다. 특히 북송의 수도 카이펑 주변에는 엄청난 규모의 석탄 매장지가 두 곳이나 있었다. 이 때문에 카이펑의 성곽 외벽에는 석탄을 활용한 제철소가 밤낮없이 철을 토해 내었다. 1078년, 송나라의 철 생산량은 12만 5천 톤으로 800년경보다 6배나 폭증하였다.[38] 이는 1700년대 유럽 전체의 철 생산량과 맞먹는 규모이다.[39]

유럽에서도 14세기경 독일 지역을 중심으로 소규모 용광로가 만들어졌다. 이 시기는 철광석에 목탄을 섞고, 수차를 이용해서 바람을 불어 넣어 온도를 높이는 방식으로 철을 만들었다. 하지만 목탄의 탄소 성분이 지나치게 많아 주로 선철이 생산되었고, 이에 따라 주조는 가능했으나 깨지기가 쉬워 단조는 어려웠다. 그 결과 나중에는 처음 생산된 선철을 정련로에서 다시 연소시켜 탄

---

37  철의 종류는 탄소 함유량에 따라 연철(0.035% 이하), 강철(0.035~1.7%), 주철(1.7~4.5%, 선철)로 구분한다. 강철도 철과 탄소로만 이루어진 탄소강과 니켈, 크롬, 망간 등의 혼합물을 섞은 합금강(혹은 특수강)으로 구분할 수 있다. 탄소, 규소, 망간, 인, 황 등 5대 불순물의 함유량이 0.01% 이하이고 철의 함유량이 99.9% 이상이면 순철이라고 부른다. 탄소 함량이 가장 높은 주철은 강도가 높지만 잘 깨지므로 주조용 주물로 주로 사용한다. 이 때문에 이름이 주철로 불린다.

38 afe.easia.columbia.edu/songdynastay-module

39 이안 모리스, 「왜 서양이 지배하는가?」, 글항아리, 2013, p. 531

소를 일정 부분 제거하는 2단계 제철법이 사용된다.

이 제철법은 영국으로 건너갔고, 수차를 쉽게 건설할 수 있는 강가를 따라 제철소가 주로 건설되었다. 가장 대표적인 도시가 바로 쉐필드^(Sheffield)였다. 우연히도 쉐필드 근방에는 석탄이 풍부했는데, 목탄 사용 급증으로 나무가 줄면서 16세기경부터는 목탄 대신 석탄을 넣어서 철을 만들기 시작했다. 불행히도 석탄은 목탄보다 잘 타지 않고, 연소 후에 석탄 가루가 고로 내부를 막아버리는 문제점이 있었다. 이 문제점은 1709년 에이브러햄 다비 1세^(Abraham Darby I, 1678~1717)가 점결성 석탄을 특정로에 넣고 밀폐한 후 가열해서 연소가 잘되면서 불순물이 적은 코크스^(cokes)를 발명해 냄으로써 해결되었다. 코크스의 발명으로 영국은 철 대량 생산의 획기적 계기를 마련하게 된다.

철강 생산을 위한 코크스의 발명으로 영국에서는 철을 생산하기 위한 엄청난 규모의 석탄 개발이 진행되었다. 영국인들은 석탄을 검은 다이아몬드라고 불렀고, 주변 석탄 광산을 닥치는 대로 개발하기 시작했다. 대규모 석탄 생산을 위해 석탄 광산 갱도에 차는 물을 빼내기 위한 증기기관이 1776년에 발견되었는데, 이 증기기관이 코크스 고로에 강한 열 바람을 넣어주는 용도로 전용되기도 하였다.

1784년에는 로 내부에 별도의 열원 장소를 만들어 열을 반사하여 철을 녹이되, 쇳물을 휘저어서 반응을 촉진하는 퍼들링^(Puddling) 법도 개발되었다. 1856년에는 전술한 베세머 공법이 개발되면서, 철강 생산은 그야말로 날개를 달고 급증하였다. 예컨대 19세기 초 영국의 철강 생산량이 100만 톤, 독일의 철강 생산량은 200만 톤으로 급격히 증가한다.

철강 생산의 중심지는 독일과 영국에서 19세기 말 미국으로 바뀌게 된다. 미국을 철강 생산의 메카로 바꾼 핵심 인물은 바로 카네기^(Andrew Carnegie, 1835~1919)이다. 당시 벤처 산업이었던 철강 산업을 키운 핵심 전략은 베세머 공법을 자본 투자를 활용해 대규모로 키우고, 경쟁 철강 회사를 매입하여 독점

Codex
Atlanticus

앤드루 카네기. 스코틀랜드 귀족 출신이나 너무 가난하여, 1848년 펜실베이니아의 피츠버그로 이주한다. 그곳에서 공장 노동자, 전보 배달원, 기관사 조수 등 닥치는 대로 일을 하며 돈을 모았다. 남북전쟁 당시 급증하는 철강 수요를 직접 지켜본 그는 베세머 공법을 활용한 대량 생산 체제와 수직 계열화를 미국 철강산업에 도입하여 엄청난 돈을 벌었다. 이후 그가 은퇴할 무렵 제이피 모건과 찰스 슈왑은 카네기 회사를 모태로 하여 기존 철강회사들을 합병한 거대 괴물 회사인 US Steel을 만들게 된다. 즉 그는 미국 철강산업 자존심의 상징으로 통하는 인물이다. 미국 사진작가 시어도 마르코(Theodore C. Marceau, 1859~1922)의 1913년 작품. 출처: Wikepedia. Public Domain

체제를 구축하는 것이었다. 이후 철강 산업 상황을 지켜보던 금융왕 JP 모건(John Pierpont Morgan, 1837~1913)은 카네기 스틸 소속 직원인 찰스 슈왑(Charles M. Schwab, 1862~1939)의 도움을 받아 카네기 스틸, 페드럴 스틸(Federal Steel Company), 내셔널 스틸(National Steel Company)을 합병하여 1901년 철강 리바이어던 회사인 US Steel을 만들었다.

US Steel은 1901년 미국 연방 정부 예산이 5.17억 불이던 시절, 자본금 14억 달러로 역사상 최초로 자본금이 10억 달러를 넘어선 골리앗 회사였다. US Steel은 뉴욕 엠파이어 스테이트 빌딩에 본부를 두었는데, 75년 동안 엠파이어 스테이트 빌딩의 최대 임차인이었다. 이후 US Steel은 인수 합병을 추가로 진행하여 1910년에는 미국 전체 철강생산량의 ⅔를 생산하는 괴물 같은 회사로 부상한다. 스탠다드 오일 해체에 성공했던 1911년 미국 법무부가 반독점법으로 이 회사 분할을 시도했지만, 이마저도 실패했다. 그 결과 1889년 영국의 철강 생산량을 넘어선 미국은 결국 1913년에 세계 최대 철강 생산국으로 변모하였다.

유럽을 중심으로 한 철강 생산 정점의 상징은 에펠탑이다. 프랑스는 프랑스 대혁명 100주기를 기념하여 세계 최초로 만국박람회 개최를 1889년에 기획했는데, "철의 시대" 개막을 상징하는 볼거리를 만들기 위한 공모전에 돌입했다. 700여 점이 공모

에 응했는데, 공학자로 수많은 철교를 디자인했던 구스타브 에펠(Alexandre Gustave Eiffel, 1832~1923)의 작품이 당선되었다. 에펠은 뉴욕의 명물인 자유의 여신상을 세우기 위한 철골 구조물도 만든 경험이 있는 당대 최고의 실력자였다.

이 탑은 미식 축구장 크기만한 직사각형 바닥에 4개 기둥을 세우고 그 위에 탑을 조립하는 방식으로 건설되었다. 이 탑을 세우기 위해 당시 정련 기술을 총동원하여 만든 7,300여 톤의 연철(練鐵), 18,038개의 철판, 250여만 개의 리벳이 사용되었다. 기중기를 사용하여 대규모 철재를 25개월 만에 조립하여 1889년 5월 6일 완성된 에펠탑의 무게는 9,000여 톤, 높이는 81층 높이의 건물과 맞먹는 324미터에 달했다.

에펠탑은 1930년 뉴욕의 크라이슬러 빌딩이 완공되기 전까지 전 세계에서 가장 높은 인공 구조물이었다. 만국박람회 개막 이후 거대한 에펠탑을 보기 위해 전 세계 관광객들이 몰려와서, 성공적인 만국박람회 개최에 가장 결정적으로 기여한다. 1889년 9월 10일에는 미국 발명가 토마스 에디슨이 방문하여 현대 공학의 위대한 상징이라는 평가를 방명록에 남기기도 했다.

하지만 오늘날 파리의 명물로 전 세계에 잘 알려진 에펠탑은 설치 당시에는 파리의 경관을 해친다는 이유로 파리 시민들이 격렬하게 반대했었다. 이 때문에 에펠탑은 오직 20년 동안만 세울 수 있도록 허가되었다. 1909년 소유권이 파리시로 넘어가고 허가 기간이 만료하여 철거 논란이 일자, 파리 시민들은 이번에는 철거를 격렬히 반대했다. 이 시기에 이미 에펠탑은 전 세계에 파리의 상징물로 확실하게 자리를 잡았기 때문이다. 우여곡절 끝에 유지된 에펠탑은 1918년에는 라디오 송신장치, 1957년에는 텔레비전 송신장치가 설치되었다. 1991년에는 세계문화유산으로 등재되어, 오늘날까지도 프랑스 시민과 전 세계인들의 사랑을 받고 있다.

이처럼 철은 인류 문명 발전에 결코 없어서는 안 될 가장 핵심 소재 중의 하나이다. 현대에 와서 철강은 자동차, 조선, 건설, 기계, 반도체 등 문명 전반

에 필수적으로 들어간다. 이처럼 전방 산업이 넓고 깊으므로, 철강은 대규모 생산체제가 불가피하다. 예컨대 일관 제철소 생산라인 하나를 기준으로 건설비만 최소 50억 불이 소요된다. US Steel처럼 괴물같이 거대한 회사가 탄생하였던 이유도 바로 이것이다. 2024년 기준 세계 최대 철강 회사는 중국 정부가 소유하고 있는 "중국 바오우 그룹(China Bawou Group)"으로 조강 생산량이 세계에서 유일하게 1억 톤을 넘는 1억 3,184톤에 이른다.[40] 2위는 인도의 아르셀로미탈(Arcelor Metal) 그룹으로 6,889만 톤의 조강 생산량을 자랑한다. 3위도 중국 기업인 "안산 강철 그룹(Ansteel Group)"으로 5,565만 톤이다. 포스코는 3,864만 톤을 생산하는 세계 7위 회사이다.

한편 전통적인 철강 생산방식인 고로를 사용하는 철강 산업은 24시간 가동을 해야 하므로, 철강 생산은 시장 상황에 탄력적으로 대응할 수가 없다. 생각해 보라. 쇳물이 녹아 있던 고로를 멈추면 고로에 남아 있던 철강과 코크스가 단단하게 굳어 버린다. 예컨대 닷새 이상 멈춘 고로를 재가동하려면 최소 2~3개월은 걸린다. 따라서 수요가 감소하더라도 공급을 줄일 수가 없다. 철강 산업이 반덤핑 조치와 상계 관세 조치의 최대 타겟인 이유도 이것이다. 한국, 중국, 일본은 수출 비중도 높고, 전기로보다 고로 비중까지 높아 이들 국가의 철강 회사는 반덤핑, 상계관세 조사의 거의 단골 손님이다.

< 주요국 고로, 전기로 비중 >

	미국	독일	인도	중국	일본	한국
고로	30.8	69.8	44.8	89.4	74.7	68.2
전기로	69.2	30.2	55.2	10.6	25.3	31.8

* 단위: %, 출처: OECD(2023), 한국 철강협회, 2021년 기준

---

40 조강(crude steel)이란 표면이 거친 강철을 뜻하는데, 철광석을 녹여서 처음으로 생산되는 반제품인 슬라브(slab), 블룸(bloom), 빌렛(billet), 빔(beam) 등을 의미한다. 슬라브는 두께가 45mm 이상의 직사각형 모양의 강판이고, 이를 차례대로 자르면 크기가 작아지는 블룸, 빌렛이 된다. 고로와 전기로에서 슬라브, 블룸, 빌렛, 빔 등을 생산하는 과정을 상(上) 공정이라고 한다.

반면 미국은 전기로 생산 비중이 훨씬 높다. 따라서 미국은 수요가 감소하면, 신속하게 철강 생산을 줄인다. 그런데 한중일 철강은 이 시기에도 고로 비중이 높기 때문에 생산량을 줄이지 못해 미국으로 물밀듯이 밀려 들어온다. 이 때문에 미국은 사활을 걸고 한중일 철강에 수입 규제 조치를 부과하는 것이다. 미국은 고로에서 생산된 철강의 강력한 수입 규제를 통해, 전기로를 사용하여 전기차에 사용하는 전기강판 등의 고급 철강재를 만들기 위한 산업 전략을 구사할 수 있는 여력을 확보하게 된다.

철을 만들기 위한 철광석은 주요 국가 대부분이 100% 수입한다. 2021년 기준으로 독일, 영국, 일본, 프랑스, 이탈리아, 한국은 철광석을 100% 수입한다. 중국은 수입 의존도가 82%, 캐나다는 69%이다. 반면 미국과 인도는 자국의 철광석을 많이 활용하여 수입 의존도가 미국 14%, 인도 3%에 불과하다. 생산된 철강 중 수출하는 비중의 지표인 무역의존도는 독일이 가장 높다. 그러나 독일 수출은 주로 EU 역내 수출이므로 통상 마찰이 거의 없다. 반면 베트남, 일본, 한국은 수출 비중이 높아 통상 마찰의 제1순위가 철강이다. 중국은 수출 비중이 6.4%로 낮아 보이지만, 조강 생산량이 10억 톤이 넘는 전 세계 유일의 국가이기 때문에 모든 국가 철강 수입 규제의 타겟 0순위이다.

< 주요국 철강의 수출 비중 >

	독일	베트남	영국	대만	한국	일본	브라질	인도	미국	중국
수출/조강	59.5	49.2	47.8	46.6	38.0	35.0	31.9	17.2	9.6	6.4

* 단위: %, 출처: World Steel Association[2023], 2021년 기준

수입 의존도를 보면 EU의 수입 의존도가 가장 높다. 이는 EU의 철강 수요보다 철강 공급능력이 부족하기 때문에 생기는 현상이다. 미국도 마찬가지다. 따라서 미국과 EU는 전 세계에서 가장 강도 높게 철강 수입을 규제한다. 미국

過 EU와는 반대로 전 세계 철강 산업은 2012년부터 수요 감소와 중국의 생산능력 확대로 만성적인 글로벌 공급 과잉 상태이다. 예컨대 2022년 기준으로 철강의 글로벌 공급능력은 약 18억 톤, 수요는 13억 톤 내외로 과잉설비 규모는 대략 5억 톤 내외이다. 중국은 이 때문에 자체 구조조정을 통해 자국의 과잉 공급능력을 해소하는 중인데, 오히려 일대일로 사업의 일환으로 아세안과 아프리카 국가에서는 철강 공장을 새로 지어주고 있다. 인도 또한 경제가 활황이 되면서 오히려 철강의 생산능력을 더 늘리고 있다. 그 결과 철강 생산의 글로벌 공급 과잉은 향후 최소한 2030년까지는 해소될 기미가 거의 없어 보인다.

< 주요국 철강의 수입 비중 >

	EU	미국	한국	일본	인도	중국
수입/내수	34.7	30.6	26.8	9.6	5.9	1.9

* 단위: %, 출처: 한국철강협회, 수입/내수 비중, 2021년 기준

World Steel Association에 따르면 2024년 기준으로 글로벌 조강 생산량 세계 1위 국가는 단연 중국이다. 중국은 전 세계에서 유일하게 10억 톤이 넘는 10억 1,800만 톤의 조강 생산량을 자랑한다. 전 세계 공급능력이 약 18억 톤이므로, 중국의 비중이 약 55%에 이른다. 2위 인도는 1억 2,530만 톤으로 중국에 비할 바가 못 된다. 3위는 일본으로 8,920만 톤, 4위는 미국으로 8,005만 톤이다. 한국은 6,580만 톤으로 러시아와 5위 다툼 중이다.

마지막으로 철강은 제조 과정상 불가피하게 탄소를 사용하는데, 이 때문에 오늘날 저탄소 경제에 걸림돌이 되는 공공의 적 1호가 되었다. 이 때문에 EU는 2023년 5월 16일부터 철강 생산에 소요된 탄소의 직간접 배출량과 지급해야 할 탄소 가격 금액을 보고해야 하는 규정, 이른바 탄소국경조정제도 (Carbon

45

철, 히타이트민족과 에펠탑

Border Adjustment Mechanism; CBAM)를 새로 만들었다. 배출량만큼 탄소 가격을 지급하지 않으면 2026년부터 EU에서 탄소배출권을 구매해야 수출할 수 있다. 나아가 미국과 EU는 지속가능한 철강·알루미늄 협정(Global Arrangement on Sustainable Steel and Aluminum, GSSA)을 체결하여, 미가입국에 대해서는 징벌적 관세나 세이프 가드와 같은 무지막지한 수입 규제를 실시한다는 계획이다. 한국에서는 철강 산업이 탄소중립 달성에 가장 걸림돌로 치부되면서 천덕꾸러기 신세로 전락했는데, 오늘날까지도 여전히 자국의 철강 생산 보호를 위해 온갖 조치를 마다하지 않는 미국과 EU를 보면 필자가 보기엔 참으로 안타깝기만 하다.

철강 산업의 상징, 파리 에펠탑

(3) 닥터 카퍼(Dr. Copper)

철과 함께 수메르인들이 거래한 대표적인 금속이 구리이다. 구리를 의미하는 "쿠이브르(cuivre)"라는 단어는 그리스인들이 키프로스섬에 붙인 쿠프로스(Kupros)라는 이름에서 유래했다. 왜냐하면 키프로스섬에는 엄청난 양의 구리가 매장되어 있었기 때문이다. 이에 따라 지중해에서는 구리를 키프리움(cyprium), 즉 '키프로스의 금속'이라고 불렀다.

하지만 구리를 최초로 생산하고 거래한 이들은 그리스인들보다 훨씬 전인 기원전 3000년경의 수메르인이다. BC 18세기 시리아에서 발견된 설형문자 서판에는 "알라시야섬"에 구리산이 존재했다고 적혀 있다. 이 알라시야섬이 바로 오늘날의 키프로스이다. 수메르인 역시 구리를 키프로스섬에서 채굴한 것이다. BC 14세기, 알라시야 왕이 이집트의 파라오에 보냈다는 9통의 편지에도 키프로스섬에는 구리가 풍부하여 이집트 상인들의 관심을 끌었다고 한다. 9통 중 3통의 편지에는 구리 113 탈란트(talent)가 이집트로 수출되었다고 기록되어 있다.[41] 고대 이집트나 바빌론에서 1 탈란트는 약 50㎏ 내외였으므로, 약 5.7톤 정도 되는 규모이다.[42]

고대 키프로스인의 모습. 헤로도토스는 살라미스 해전에 참여한 키프로스인을 그리스 옷을 걸치면서도 동양식 터번을 둘렀다고 묘사했다. 이 키프로스 조각상은 헤로도토스가 묘사한 것과 정확히 일치한다. 키프로스는 지리적 위치 상 동서양의 중간에 위치해 있었으므로, 동양과 서양의 문화가 절묘하게 혼합된 지역이었다. BC 570~540년경, 키프로스 출토. 영국박물관 소장

---

41 알레산드로 지로도, 앞의 책, p. 25

42 ▊▊ 탈란트(talent) 혹은 달란트는 메소포타미아 지역의 무게 단위 혹은 화폐 단위였다. 가장 무거운 단위로 통용되었으며 지역과 시대에 따라 무게가 달랐다. 기원전 메소포타미아 지역에서 탈란트는 성인 1인의 몸무게인 50~60㎏ 내외라는 설도 있다. 다수설은 바빌로니아 지역에서는 30.3㎏, 로마에서는 32.3㎏, 이집트에서는 27㎏, 아테네에서는 26㎏이었다고 한다. 탈란트는 화폐 단위이기도 했지만 재능을 뜻하는 의미이기도 했다. 마태복음에 금화 탈란트를 재능에 따라 종들에게

한편 BC 1,300년 청동기 시대 침몰한 것으로 추정되는 난파선이 튀르키예 남부 안탈리아(Antalya) 만에 위치한 울루부룬(Ulu Burun)에서 발견되었는데, 이 난파선이 실었던 구리의 양은 무려 10톤이었다.[43] 안탈리아는 키프로스에서 항로 직선거리로 300km가 되지 않는 곳에 위치해 있다. 아마도 이 난파선은 키프로스의 엄청난 구리 생산량을 보여 준 가장 단적인 사례가 아닌가 생각한다.

키프로스의 엄청난 구리 생산량으로 인해 키프로스의 구리 가격은 당시 지중해와 메소포타미아 지역, 그리고 이집트 구리 거래의 표준가격이었다. 구리는 특히 청동기 시대의 주요 물품 생산에 사용되었으므로,[44] 청동기 시대 말기인 BC 1,650~1,100 사이에 키프로스 섬의 번영은 절정에 이르렀다. 이는 당시 최고급 사치품이었

수메르인들이 구리를 거래했음을 보여 주는 태블릿. 이 태블릿에서는 잘못된 등급의 구리가 배송되었다고 불평하는 내용이 기록되어 있다. 추정컨대 구리 등급을 부여할 정도로 구리 거래가 매우 활성화되었던 것으로 보인다. BC 1750년경, 우르(Ur) 출토. 영국박물관 소장

키프로스에서 발굴된 금반지. 좌측에는 이집트의 상형문자가 새겨져 있어 키프로스가 이집트의 영향을 받았거나 정복되었음을 의미한다. 좌측 금반지에는 "두 개의 땅 중에서, 마아트 여신의 황금(Maat the golden one, of the two lands)"이라고 새겨져 있다. 이 반지가 기원전 13세기 전후의 것임을 고려하건대, 람세스 3세가 구리 광산 확보를 위해 군대를 파견한 곳이 키프로스일 가능성이 매우 높다. 우측 반지는 키프로스의 글씨(Cypro-Minoan)가 장식용으로 새겨져 있다. BC 1550~1200년경, 엔코미(Enkomi) 출토. 영국박물관 소장

나눠주는 주인 이야기가 나오는데, 이 때문에 탈란트는 오늘날 영어에서 재능이라는 의미로도 사용된다.

43 우루부룬 난파선은 세계에서 가장 오래된 난파선이다.

44 청동기는 구리 90%, 주석 10%의 합금이다. 주석의 녹는 점은 섭씨 231.93도로 구리나 금보다 훨씬 낮다. 주석은 메소포타미아 동쪽에 바로 인접한 오늘날의 이란에 위치한 자그로스(Zagros) 산맥에서 쉽게 채굴할 수 있었다. 자그로스 산맥은 페르시아만 해안선에서 시작해서 튀르키예까지 뻗은 장장 1,500km에 이르는 대산맥이다. 자그로스 산맥은 오늘날 이란의 서쪽 국경에 위치해 있어, 동쪽에서 이란으로 침략할 때 반드시 넘어야 하는 산맥이다. 이 때문에 자그로스 산맥은 이란의 서쪽에서 천연 방어선 역할을 하고 있다. 오늘날에도 자그로스 산맥 곳곳에는 주석 광산이 위치해 있다. 청동은 그릇, 장신구 등 일상 용품 외에도 검과 같은 무기에도 사용되었다. 하지만 청동으로 만든 무기는 강도가 약해 무기로서가 아니라 장신구로서의 역할이 더 컸을 것이다.

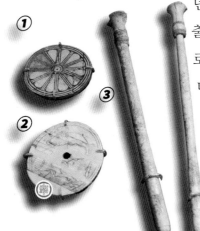

키프로스에서 출토된 상아 제품. 청동기 시대 말기 상아는 코끼리나 하마와 같은 위험한 동물에게서만 얻을 수 있었고 내구성이 좋아 가격이 매우 비싼 최고급 사치품이었다. ① 왼쪽은 화장품 용기의 뚜껑이다. ② 아래쪽 뚜껑에는 황소가 그려져 있는데, 마치 예술작품 같다. ③ 오른쪽은 특별한 용도로 사용한 막대기인데, 정확한 용도는 알려져 있지 않다. 다만 화장품이나 약품을 찍어서 바르는 용도로 사용되었을 것으로 추정된다. BC 1450~1100년경, 키프로스 엔코미(Enkomi) 출토. 영국박물관 소장.

던 상아로 만든 제품이 키프로스에서 대량으로 출토되는 것만 보아도 알 수 있다. 심지어 키프로스인들은 보드 게임 상자까지 상아로 만들었다.

후술하겠지만 이집트의 람세스 3세(Ramses III, 재위 BC c.1187~c.1156)는 고대 국가의 구리 광산을 점령하기 위해 군대까지 보내었다고 자랑삼아 기록했다. 람세스 3세는 이 고대 국가가 어디인지는 기록하지 않았다. 하지만 단서는 있다. 즉, 그는 자신의 군사들이 "범선"으로 1만 개의 구리를 날랐다고 기록하였는데, 이는 이 고대 국가가 해상에 위치했다는 뜻이다. 키프로스 문명의 절정기와 람세스 3세의 통치 기간이 일치하므로, 필자는 이 고대 국가가 구리가 풍부했던 키프로스섬에 위치한 고대 국가일 가능성이 높다고 확신한다. 이집트뿐만 아니라 메

소포타미아 지역의 강국이었던 아시리아도 BC 709~600년경 약 100년 동안 키프로스를 무력으로 점령했다. 키프로스섬에 풍부한 구리 때문이었다.

한편 로마 시대에도 키프로스에서 생산된 구리가 로마 제국 전역의 수요를 만족시키기도 했다. 후술하겠지만 로마 시대의 화폐 중 가장 먼저 만들어진 화폐는 BC 7~8세기경 청동을 소재로 주조한 아사리우스(assarius)였다. 은화 데나리우스가 보편적인 화폐 역할을 하긴 하였지만, 아사리우스도 필수 통화 중의 하나였다. 아사리우스 화폐 제작에 필요한 구리 또한 거의가 키프로스의 구리 광산에서 나온 것이다.

이처럼 키프로스의 구리 생산량은 중국의 송나라가 등장하기 전까지 전 세

계 최고였다.[45] 하지만 구리를 제련하기 위해 키프로스섬은 막대한 양의 목탄용 나무가 필수적이었다. 레반트로부터 막대한 양의 목재를 수입했으나 구리 생산에 충분하지 않았고, 이에 따라 키프로스섬 전체의 숲이 구리 생산으로 인해 남벌되는 비극도 있었다.

키프로스섬 주요 도시와 주변 국가(BC 30세기경~BC 6세기경)

한편 수메르 문명 최고의 도시 우르는 지금은 강가에서 약간 떨어져 이라크의 내륙 지방에 위치해 있지만, 도시 생성 당시에는 유프라테스강 하구에 위치한 해안 도시였다.[46] 따라서 우르는 유프라테스강을 통해 페르시아만과 연결되어 바다를 통한 교역이 가능한 도시였다. 특히 우르는 운하를 뚫어 도시

---

45   알레산드로 지로도, *앞의 책*, p. 25

46   현재는 티그리스와 유프라테스강 하구가 합쳐지면서 페르시아만으로 흘러들어가는 새로운 강인 "샤트 알 아랍 (Shatt al-Arab)" 강이 새로 생겼다. 샤트 알 아랍 강은 이란의 자그로스 산맥 끝단으로 이란에서 보면 서쪽으로 나가는 유일한 관문이다. 자그로스 산맥은 튀르키예에서 페르시아 해안까지 뻗어 있는 험준한 산맥인데, 유독 샤트 알 아랍 강 부근만 이 산맥이 없다. 따라서 샤트 알 아랍 강은 수비하는 측에서는 천혜의 요새가 되고, 공격하는 측에서는 반드시 뚫어야 할 관문이 된다. 이 때문에 페르시아 시절 페르시아가 서쪽으로 영토확장을 위해서는 반드시 샤트 알 아랍 강을 통과해야 했다. 1980년 이라크-이란 전쟁의 주요 격전지 또한 샤트 알 아랍 강이었다. 이 전쟁으로 샤트 알 아랍 강 유역에 있던 아바단의 대규모 정유시설이 거의 파괴되었다.

내로 배가 진입할 수 있었다. 라가쉬의 초대 왕인 우르-난세(Ur-Nanshe)의 손자 에안나툼(Eanatum) 또한 닝기르수(Ningirsu) 신을 위해 운하를 팠다고 기록하고 있다.[47] 라가쉬의 위치 역시 우르 보다 동쪽에 있었지만 페르시아만과 가까이 있었다. 이들 수메르인들은 도시 내에 운하를 뚫어 통행하는 배를 통해 도대체 무엇을 한 것일까?

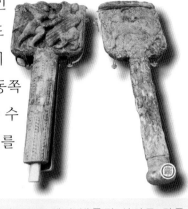

키프로스에서 발굴된 상아로 만든 손거울. 왼쪽은 그리핀과 싸우는 영웅을, 오른쪽은 황소를 공격하는 사자를 조각했다. 손거울 위쪽의 사각형 모양에 청동으로 만든 거울을 달아서 사용했다. 양 조각 모두 수메르와 바빌로니아 문화의 영향을 받은 것이다. BC 1450~1100년경, 키프로스 엔코미(Enkomi) 출토. 영국박물관 소장.

키프로스에서 출토된 상아로 만든 게임 박스. 키프로스인들은 계층을 막론하고 게임을 즐겼다. 이 게임 박스는 구리 제조와 교역의 중심지였던 엔코미(Enkomi) 근방의 마을에서 살았던 부유한 상인의 무덤에서 발견된 것이다. 조각은 수메르와 바빌로니아, 가나안, 에게해, 이집트 스타일이 섞여 있어 키프로스섬의 독특한 융합 문화를 잘 보여 준다. 우측에 전차를 타고 활을 쏘며 사냥을 하는 모습은 수메르와 바빌로니아 문화의 영향을 받은 것이다. BC 1250~1050년경, 키프로스 엔코미(Enkomi) 출토. 영국박물관 소장.

---

47   에안나툼의 유적은 라가쉬에서 발견되었는데 독수리 비문(Vulture Stele)과 에안나툼의 돌(Eanatum Boulder)이 대표적이다. 독수리 비문은 상당 부분이 훼손되었으나, 에안나툼의 돌은 거의 완벽하게 보존되어 발견되었다. 독수리 비문에는 에안나툼이 닝기르수 신을 위해 운하를 팠고, 운하 근처에는 3,600 구르(3,600 gur-measures=64,800 ㎥(톤), 1 gur cube=6m×6m×0.5m=18㎥)의 규모에 이르는 저수지가 있었다고 기록했다. BC 2450년경. www.sumerianshakespeare.com

Codex Atlanticus: 구리, Dr. Copper!!!

구리는 전 세계 제조업 경기와 가장 밀접한 금속이다. 예컨대 제조업의 활황 정도를 나타내는 구매자 관리지수(Purchasing Managers' Index, PMI)와 가장 상관관계가 높은 지표가 바로 구리 가격이다.[48] 이 때문에 구리 가격은 전 세계 제조업 경기를 진단하는 지표로 주로 사용되며, IB 업계에서는 구리를 "닥터 구리(Dr. Copper)"라고 부른다. 특히 구리 가격은 중국의 경제 상황을 가장 잘 나타내는 지표이기도 하다. 예컨대 구리 가격은 특히 중국의 PMI와 가장 상관관계가 높다. 대체로 중국의 PMI가 먼저 오르고, 뒤이어 구리 가격이 상승하는 패턴이다.

구리의 최대 소비국은 2001년까지 미국이었다. 2001년에는 전 세계 구리 생산량의 16%인 240만 톤을 미국이 소비했다. 하지만 2002년부터 전 세계 1위 소비국이 중국으로 바뀌었다. 구리 가격도 중국이 본격적인 성장 궤도에 오르기 시작한 2004년부터 톤당 2,000달러 밴드를 넘어서 2005년에는 1995년 이후 10년 만에 3,000달러 궤도에 처음 진입했다.

중국 경제가 활황이었던 2006년에는 구리의 최고가가 톤당 8,800불이었다. 2004년보다 무려 4배 이상 오른 것이다. 2000년대 중반 구리 가격의 상승은 중국의 도시화가 가장 큰 원인이었다. 중국의 도시화는 전력선 증설, 근대적인 빌딩 건설 붐과 자동차 수요의 급증으로 연결되었고, 이 때문에 전 세계 구리 가격이 급등한 것이다.

대표적으로 8층 높이의 빌딩을 건설하는데, 대략 20톤의 구리가 소요된다. 중국은 이 시기에 매년 수천 ~ 수만 개의 빌딩을 건설한 것으로 추정되는

---

48 구매자 관리지수는 기업의 구매 부서에 대한 설문 조사를 바탕으로 향후 경기를 예측하는 지표이다. 50을 넘으면 경기 확장 국면, 50을 밑돌면 경기 하강 국면으로 진단한다.

데, 매년 부동산에만 최소 수십만 톤의 구리를 소비한 것으로 추정된다. 차 한 대에도 대략 22.5kg의 구리가 필요한데, 전성기인 2000년대 중반 중국에서는 매일 1,500대의 차량이 쉴 새 없이 쏟아져 나왔다. 이는 매년 중국 시장에서만 매년 12,592.5톤의 구리를 소비했다는 뜻이다. 이쯤 되면 구리 가격이 3년 만에 4배가 된 것도 이해가 될 만하다.

구리 가격이 가장 극적으로 요동친 시점은 2008년 글로벌 금융위기 때였다. 즉, 2008년 구리의 최고가는 8,940불이었지만, 최저가는 금융위기 직후인 2008년 12월로 월평균이 3,105불이었다. 2008년 금융위기 이후 중국이 4조 위안으로 적극적인 중국 경기 부양에 나서면서, 구리 가격은 2011년에 톤당 1만 불을 넘은 적도 있다. 이와 같은 구리 가격의 상승은 중국 소비량의 증가가 가장 큰 원인이다. 중국의 구리 소비량은 2000년부터 2012년까지 약 4배 증가하였다. 현재도 전 세계 구리 생산량의 약 40~50%를 중국이 소비한다.

중국이 대규모로 구리를 소비하면서 기상천외한 일들도 많다. 보통 비철금속 거래소는 런던(LME)이나 뉴욕(COMEX)에 있다.[49] 구리를 포함한 비철금속 선물 거래의 80%는 런던에서 담당한다. 하지만 구리는 중국의 수요가 많다 보니, 상하이에도 구리 거래소(Shanghai Futures Exchange)가 있다. 골드만 삭스는 한 때 중국 해안지역의 도시에 구리를 보관할 수 있는 창고(warehouse)를 건설해서, 임대료를 받고 빌려주는 부동산 사업을 한 적도 있다.

또 다른 사례는 "구리 융자(copper financing)"이다. 즉, 보세 구역에 보관된 대량의 구리를 담보로 자금을 빌리는 것이다. 이와 같은 형태의 융자는 원유나 밀 등의 대량 거래에도 종종 사용되어 왔다. 사람들은 이를 보통 "상품 파이낸싱(commodity financing)"이라고 부른다. 상품 파이낸싱은 주로 유럽계 은행, 특히 프랑

---

49   원래 명칭은 NYMEX였으나 2007년에 시카고상업거래소(Chicago Mercantile Exchange, CME)에 인수되면서 COMEX로 명칭이 바뀐다.

스나 스위스계 은행이 주로 수행했다. 하지만 구리를 대상으로 파이낸싱 하는 기법은 아마 중국인을 대상으로 한 것이 처음일 것이다. 중국의 구리 융자가 만연하면서, 구리 가격이 제조업의 경기 상황을 제대로 반영하지 못한다는 주장도 있다. 예컨대 돈을 빌려 간 사람이 원리금을 갚지 못하면, 구리를 담보로 잡은 은행은 구리를 조속히 매각하게 된다. 이 경우 구리 가격이 하락하는데, 이는 제조업 경기와 직접 관련이 있는 것이 아니다.

문제는 또 있다. 이중 담보가 그것이다. 보세 창고에 보관된 구리는 거래소가 이를 확인하여 발급된 공식 증명서도 없고, 소유권을 증명하는 공인된 국가 기관도 없다. 이를 악용해서 몇몇 중국인들이 보세 창고의 구리를 담보로 두 번 이상 돈을 빌리는 경우(double dipping)도 있다. 구리 파이낸싱을 통해 조달한 자금이 부동산 투자로 몰렸다는 주장도 있다. 중국 경제 최대의 아킬레스건인 그림자 금융(shadow banking) 중 하나가 바로 구리 파이낸싱인 것이다.

전술한 대로 구리 가격은 2000년대 중국 때문에 가격이 급등한 기록을 가지고 있다. 하지만 역사적으로 구리 가격은 2011년이 최고가 아니다. 구리 가격의 역사적 고점은 나폴레옹 전쟁 때였다. 아이러니하게도 18~19세기 나폴레옹 전쟁 당시 구리 수요가 집중된 곳은 다름 아닌 선박이었다.

즉, 바닷물과 접촉하는 군함 아래쪽을 구리로 도금하면 선체가 부식되지 않아, 훨씬 오랫동안 해상에 머물 수 있었고 전쟁 수행 능력도 올라갔다. (오늘날에는 구리 100%가 아니라 구리 50%, 니켈 50%의 합금으로 도금한다.) 이에 따라 영국 해군(Royal Navy)은 1780년대 군함의 아래 부분을 구리로 도금하기 시작했다. 군함의 구리 도금은 나폴레옹과의 결전이 진행되면서 전체 군함으로 확대되었고, 이 과정에서 엄청난 구리 수요가 발생했다. 결국 1785년 구리 가격은 톤당 78파운드에서 1807년 200파운드를 넘었다. 200 파운드이면 오늘날 실질 가치로 2만 파운드가 넘는다. 달러로는 3만 달러가 넘는 가격이다. 2011년 중국의 초과 수요로 발생한 1만 달러 수준의 3배 가까이 가격이 치솟은 것이다.

이 시기 영국 구리 생산의 중심도시는 오늘날 남부 웨일즈의 항구 도시 스완지^(Swansea)였다. 한때는 축구 선수 기성용의 소속팀이었던 스완지 씨티 A.F.C. 정도로만 우리에게 알려져 있는데, 산업혁명 시대 스완지는 전 세계 구리 생산의 중심도시였다. 즉, 스완지는 웨일즈에서 생산된 석탄을 원료로 하여 미주 대륙에서 수입된 동광을 녹여 구리를 공급한 영국 최대, 전 세계 최대의 구리 생산 도시였다.

특히 미국은 엄청난 양의 동광을 생산했지만, 이를 녹이는 기술이 부족해서 거의 모든 동광을 스완지로 보냈어야 했다. 스완지의 구리 생산이 극대화되자, 사람들은 스완지를 구리 도시, 즉 "카퍼로폴리스^(Copperolpolis)"라고 부르기도 하였다. 스완지가 제2의 키프로스가 된 셈이다. 스완지의 구리 생산이 증가하자, 스완지의 제련 업자들은 자신들만의 독특한 기술을 발전시켰다. 사람들은 구리를 추출하고, 제련하고, 이를 녹이는 스완지만의 독특한 기술을 "웨일즈 공법^(Welsh Process)"이라고 불렀다. 스완지는 웨일즈 공법을 바탕으로 사실상 전 세계 구리를 독점적으로 제련하는

키프로스에서 발견된 수수께끼 같은 글씨. 이 글씨가 회계 기호인지, 종교 주술인지, 마술 주문인지 전혀 알 수 없다. BC 1550~1200년경, 엔코미(Enkomi) 출토. 영국박물관 소장

명실상부한 구리 생산의 글로벌 메카로 부상했다. 이때부터 스완지는 전 세계 구리 가격을 통제하기 시작했고, 스완지 제련 연합^(Associated Smelters of Swansea)은 구리의 국제 가격을 통제하는 구리 국제무역 역사상 최초의 국제 구리 카르텔로 등장했다.

나폴레옹 전쟁이 끝난 이후에도 구리 수요는 이벤트에 따라 등락을 반복하였다. 예컨대 1840년대 영국에서 철도 건설 붐이 일어나자, 구리 수요는 폭발적으로 늘었다. 아무리 스완지라 하더라도 이들 수요까지 감당하기는 어려웠다. 이때 개발된 곳이 바로 미국의 오대호 주변과 칠레이다. 칠레는 오늘날에도 최대의 구리 생산지인데, 미국과 칠레가 구리를 생산하면서 구리 가격은

다소 하락하기 시작했다.

하지만 1850년대 러시아와 영국·프랑스가 맞붙은 크림 전쟁(Crimean War, 1853~1856)이 터지면서, 구리 가격은 다시 급등했다. 크림 전쟁이 끝나면서 구리 가격의 상승은 주춤했지만, 또 하나의 전쟁이 구리 가격을 다시 올렸다. 바로 미국의 남북전쟁(1861~1865)이었다. 당시 미군은 북부군이든, 남부군이든 구리로 제작한 대포, 놋쇠 단추, 구리로 만든 수통 등이 반드시 필요했다. 남북전쟁이 지속되면서 전쟁물자 수요가 계속되자 구리 가격이 천정부지로 치솟았다. 미국 남북전쟁 당시 구리광산은 오늘날 오대호 주변이었고, 이 지역에서는 1840년대 중반에 구리가 발견되어 상업적으로 생산되고 있었다. 남북전쟁 개전 초기인 1861년, 오대호 중 슈피리어 호수(Lake Superior) 주변에서 채굴된 구리 가격은 톤당 3,700불 정도였다. 하지만 전쟁이 한창인 1865년 구리 가격은 톤당 이보다 4배 치솟은 12,000불이었다.

가격이 높으면 생산을 더 해야 자연스러운데, 오히려 슈피리어 호수 주변의 구리 노동자들은 임금을 올려 달라며 태업에 돌입했다. 미국 구리광산 소유주들은 갖은 방법을 동원해 노동자들을 설득해 구리를 증산하고자 했지만, 쉽지 않았다. 할 수 없이 그들은 높은 임금을 주고 해외 노동자들을 수입했다. 이 과정에서 웨일즈의 영국 노동자들이 오대호 주변으로 몰려들었고, 웨일즈 공법이 미국으로 전해졌다. 역설적이게도 웨일즈 공법 때문에 미국의 구리 생산은 오히려 더 늘기 시작했다.

구리 가격이 급등락을 반복하면서, 금융기관들도 구리 가격에 관심을 가지기 시작했다. 2000년대 중국인들이 그림자 금융의 일환으로 구리 투기에 몰두한 것이 역사적으로 최초의 사례가 아닌 것이다. 구리 투기는 19세기 프랑스인이 최초였다. 19세기는 자본주의가 극도의 붐을 일으키는 시기였지만 반독점에 대한 규제가 없었으므로, 미국이든 유럽이든 가리지 않고 시장마다 독점적 폐해가 만연한 시기였다. 특히 1873년은 근대적 자본주의 출범 이후

구리, Dr. Copper!!!

최초의 세계 공황이 발생한 해였다. 1873년 공황의 원인에 대해서는 설이 분분하지만, 필자가 보기에 1873년 세계 공황의 원인은 전술한 대로 금본위제 이행에 따른 부작용이었다.

하여튼 미국, 유럽, 오토만 제국 등 글로벌 전체로 공황이 확산하자 상품 가격도 하락하기 시작했다. 미국은 1880년 초반에 공황이 대략 마무리되었지만, 영국과 프랑스는 달랐다. 영국과 프랑스 등 주요 국가의 공황이 계속되면서 상품 생산업자, 특히 구리 생산업자들이 가격하락으로 엄청난 피해를 입었다. 그 가운데 한 사람이 프랑스의 놋쇠 생산업자 세크레탕^(Pierre-Eugne Secrtan, 1836~1899)이었다. 그는 1887년, 당시 런던 비철금속시장^(LME)에서 구리 가격하락과 칠레산 구리에 대한 계약이 감소하는 것을 보고, 언젠가는 가격이 오를 것이라 판단했다. 당시 발명되어 보급되기 시작한 전구와 전신 산업에 구리 수요가 점진적으로 증가하면서, 그의 판단은 나름대로 일리가 있었다. 이에 따라 그는 그해 가을부터 칠레산 구리를 막대한 자금을 들여 사들이기 시작했다.

그의 칠레산 구리 매집에는 프랑스의 거대 뱅커 로쉴드와 후일 BNP Paribas 설립에 참여하는 은행 CEP^(Comptoir d'Escompte de Paris) 등이 참여하였다. 이들 13개 은행은 세크레탕에게 구리 가격 조작을 위한 작전 자금을 빌려주었다. 동시에 그는 전 세계 구리 생산업자들에게 생산을 동결할 것을 요청했다. 그 대가로 자신이 구리 가격을 3년 동안 톤당 £68 이상으로 유지할 것을 약속했다. 세크레탕의 이 작전에 전 세계 구리 생산업자의 80%가 참여했다고 한다.

1888년 1월, 세크레탕의 작전대로 칠레산 구리 가격은 톤당 £85로 치솟았다. 이때까지만 해도 그의 작전은 대성공이었다. 하지만 문제는 다른 곳에서 터졌다. 가격이 상승하자 1차로 구리를 공급하는 생산업자가 아니라, 구리를 사용한 그릇, 주방용품, 심지어 교회의 종 등 중고 구리 제품이 구리로 바뀌면서 시장에 쏟아지기 시작한 것이다. 이 때문에 구리 중고 거래상들이 갑

자기 돈방석에 앉았다.

2차 시장을 통해 구리가 쏟아져 들어오면서, 구리 가격도 하락 압박을 받기 시작했다. 세크레탕은 뱅커들의 자금으로 구리 가격 하락을 막기 위해 막대한 자금을 추가로 동원하여 LME 시장에서 구리를 사들였다. 한 기록에 따르면 그는 1889년 2월에, 전 세계 구리 생산의 9개월 치인 18만 톤의 구리를 보유하고 있었다고 한다. 당시 명목 가치로 약 6백만 파운드, 오늘날 가치로 무려 9억 불에 가까운 천문학적인 금액이었다. 하여튼 이와 같은 각고의 노력으로 당시 칠레산 구리 가격은 톤당 100파운드 내외를 유지할 수 있었다.

불행히도 세크레탕 혼자서 감당하기는 구리 시장이 너무 컸다. 1889년 3월, 구리 가격을 유지하기 위한 세크레탕의 자금이 바닥났다는 사실이 시장에 알려졌다. 이 소식이 시장에 알려지자마자 구리 가격이 단 하루 만에 65% 하락한 35파운드로 폭락했다. 구리 가격이 폭락하자, 세크레탕의 작전에 참여한 은행들은 담보로 잡았던 구리를 서둘러 매각했다. 세크레탕도 자신이 보유한 유명 작가들의 그림을 처분하면서까지 빌린 돈을 갚아야 했다. 이후 구리 가격은 6년 동안 35 파운드 내외를 벗어나질 못했다. 사람들은 이를 "구리 대폭락(Copper Crash)"이라고 불렀다. 이렇게 세크레탕의 작전은 실패로 돌아갔다.

세크레탕처럼 구리 가격을 조작한 이는 또 있었다. 바로 미국의 스탠다드 오일이었다. 스탠다드 오일은 이미 미국 시장에서 원유에 대한 독점력을 확보한 후, 눈을 구리 시장으로 돌리고 있었다. 스탠다드 오일의 작전은 세크레탕과 반대였다. 즉, 구리 가격을 원가 밑으로 떨어뜨려 전 세계 구리 회사를 몰락시켜 자신들의 독점력을 공고히 하는 것이었다. 이른바 약탈적 가격 정책(predatory pricing)이었다.

이를 위해 세계에서 가장 큰 구리 회사인 아나콘다(Anaconda Copper Mining Company)의 경영권 지분을 확보한 뒤, 1901년 10월부터 구리 가격을 급격히 내려 팔기 시작했다. 아나콘다의 가격 정책으로 당시 톤당 3,000불 내외였던 구리 가격은 불과 두 달 만에 2,000불 수준으로 하락했다. 불행히도 구리 생산 업자들이 원가 이하의 판매에 저항하여 생산을 중단하면서, 구리 가격은 불과 두 달 만에 다시 3,000불 내외로 복귀했다. 스탠다드 오일은 혹독한 대가를 치르고, 약탈적 가격 작전을 접어야 했다.

세크레탕과 스탠다드 오일의 구리 가격 작전은 구리 시장이 얼마나 경쟁적인 시장인지 보여 준다. 개별 기업이나 개인의 힘으로 가격을 올리려는 시도도 가격을 내리려는 시도도, 무용지물임을 보여 주는 역사적 사례인 것이다. 이는 구리 공급과 수요가 개인이 좌우하지 못할 만큼, 시장이 넓고 깊다는 것을 의미하기도 한다.

구리라고 하면 중국이나 해외 사람들만 관심사일 것 같지만, 실상은 그렇지 않다. 우리나라에도 구리왕이라고 불리는 인물이 있었다. 바로 차용규 (c.1956~) 씨이다. 그는 삼성물산 직원이었다. 그는 서강대학교를 졸업하고 1995년, 삼성물산의 인사 발령으로 카자흐스탄의 알마티(현재의 아스타나)로 갔다. 이 당시 카자흐스탄 정부는 구리 채굴 및 제련업체인 카작무스가 파산상태에 몰리자 위탁경영을 공개입찰에 붙인 상태였다. 구리 판매에 관심을 갖고 있던 삼성물산이 응찰하였고, 낙찰되면서 차용규 씨 등을 포함한 이들이 알마티로 인사 발령이 났다.

삼성물산은 2억 불이 넘는 금액을 투자하여 생산과정 혁신, 경영 근대화, 고용 승계 보장, 밀린 임금 지급 등 회사 전반을 완전히 뜯어고쳤다. 이 과정에서 삼성물산의 카자흐스탄 파견 직원 16명, 특히 차용규 씨가 매우 큰 역할을 한 것으로 알려져 있다. 삼성물산 인수 2~3년 만에 카작무스는 환골탈태했다. 특히 카작무스는 2000년에 구리 생산 9위의 세계적 업체로 부상했다. 이당시 카작무스는 매출액 7억 불, 영업이익 3억 불로 영업이익률이 40%를 넘는 괴물 같은 회사로 변신한 후였다. 차용규 씨는 1999년에는 이 회사의 상무보, 2000년에는 카작무스 대표이사가 되었다.

시간이 흘러 2004년, 삼성물산은 42.55%를 소유한 카작무스의 최대 주주가 되어 있었다. 삼성물산은 이 지분의 매각을 결정하고 2004년 8월, 이 지분을 버진 아일랜드 소재의 서류상 회사에 매각했다. 서류상 회사의 주인은 차용규 씨였다. 차용규 씨와 함께 카자흐스탄 교민으로 구소련의 재벌인 올리가르히로 알려진 블라디미르 김도 지분을 공동 인수한 것으로 알려져 있다. 서류상 회사의 실제 주인이 누구인지, 삼성물산이 이 지분을 왜 헐값에 매각했는지, 매각 가격이 정확히 얼마인지, 차용규 씨가 인수 자금을 어떻게 마련했는지 등은 알려져 있지 않다. 소문에는 러시아 마피아가 개입했다는 설이 있는데, 진실은 아무도 모른다.

이듬해인 2005년, 카작무스는 런던 증시에 상장되었다. 2000년대 중반은 중국의 급성장으로 구리 가격이 천정부지로 치솟던 때이다. 하필 구리 시황이 초호황일 때 상장된 것이다. 이보다 더 운이 좋을 수 있을까? 카작무스는 상장되자마자 시총 100억 불을 간단히 넘었다.

차용규 씨는 자신의 지분을 처분하여 최소 10억 불, 우리 돈으로 1조 원이 넘는 엄청난 돈을 번 것으로 추정된다. 국세청에서도 그의 자본 소득을 알고 과세를 시도했지만, 실패했다. 2007년 3월, 전 세계 거부 명단을 발표하는 포브스 지에 차용규 씨가 이름을 올렸다. 평범한 샐러리맨이 이건희, 정몽구 등과 재벌과 함께 어깨를 나란히 한 것이다.

구리는 대략 33%가 건축물, 대략 33%가 전기 및 전자제품, 나머지가 합금용으로 사용된다. 대표적인 전기·전자 제품인 반도체에도 반드시 구리가 들어간다. 우리가 일상적으로 타고 다니는 차량에도 구리가 반드시 사용된다. 베어링, 엔진, 브레이크 등 차량 부품을 제작하기 위해 작은 차에는 약 20kg, 럭셔리와 하이브리드 카에는 45kg의 구리가 사용된다. 핸드폰에도 약 0.014 kg, PC에도 약 6kg의 구리가 들어간다. 인공지능 개발에 필수적인 데이터 센터 건설 또한 막대한 양의 구리가 필요하다. 예컨대 마이크로소프트사가 인공

지능 개발을 위해 시카고에 2009년에 완공한 65,000㎡ 크기의 초대형 데이터 센터에 2,177톤의 구리가 사용되었다. 2024년 S&P 글로벌은 인공지능 개발 특수로 인해 세계 구리 수요가 2025년 2,500만 톤에서 2035년 5,000만 톤으로 급증할 것이라고 예상하기도 했다.

구리는 다른 금속과 합금 상태로도 광범위하게 사용된다. 신석기 시대를 종식하고 청동기 시대를 개막한 청동기는 구리와 주석의 합금이다. 구리와 니켈 합금은 바닷물에 부식되지 않기 때문에 선박이 바닷물과 접촉하는 표면에도 도금 형태로 사용된다. 주방 용구나 그릇을 만드는 놋쇠도 구리와 아연의 합금이다. 잘 알려져 있다시피 구리는 동전 주조에도 사용된다. 로마는 기원전 715년 전후 로물루스 초대 황제의 후계자인 로마 제국 2대 황제 누마 폼필리우스 ^(Numa Pompilius, BC 753~673) 시대에 구리와 주석의 합금인 청동을 소재로 만든 동전을 만들었다. 폼필리우스 황제 이후 아우구스투스 황제의 화폐 개혁

로마 시대 청동 동전 세미스(semis). 청동 동전의 기본은 아스(as)였는데, 아스를 기준으로 절반의 아스는 사진처럼 세미스라고 불렀다. BC 210년경, 로마 출토. 영국박물관 소장

시절에는 청동이 아니라 순수한 구리로 동전을 만들었다. 이 동전은 아사리온 ^(assarion) 이라고 불리었는데, 별칭이 페니 ^(penny) 였다. 은화 데나리우스와 함께 아사리온은 로마의 기본적인 통화 역할을 하였다. 로마 시대에는 공식 금고 ^(treasury) 를 "아에라리움 ^(Aerarium)"이라 불렀는데, 이는 "구리를 보관하는 장소"라는 뜻이다. 아에라리움은 사람들이 가장 많이 왕래하는 포로 로마노 ^(Roman Forum) 의 새턴 신전 ^(Temple of Saturn) 안에 위치해 있었다.

중국에서도 구리 합금으로 만든 동전이 오래

포로 로마노의 새턴 신전. BC 500년경 건설된 건물로, 포로 로마노에서 가장 오래된 건물이다. 본문에서 언급한 대로 새턴 신전 내부에는 금과 은을 보관하던 로마 정부의 공식 금고인 아에라리움이 위치하고 있었다. 아에라리움은 원래 구리를 보관하는 장소라는 뜻이다. Author: Andreas Tille, Licensed under the Creative Commons Attribution-Share Alike 4.0 International license. https://commons.wikimedia.org/wiki/File:ForumRomanum.jpg

전부터 사용되었다. 전국 7웅 가운데 법정 화폐를 사용한 나라는 진(秦) 나라가 유일했는데, 진나라가 법정 화폐로 공인한 화폐 반량전(半兩錢)은 구리와 주석의 합금인 청동으로 만들어진 것이다. 서쪽의 최변방에 위치하였지만 중국 최초의 통일 왕조가 진나라가 된 이유는 여러 가지이다. 즉, 출신을 가리지 않는 인재의 등용, 지방 호족 세력 억제, 쇠뇌·연노 등 강력한 신무기, 엄청난 규모의 궁병을 전방에 배치하는 병법, 엄격한 법의 집행, 개혁적인 성향 등 진나라는 다른 나라와 여러 면에서 달랐다.

하지만 필자는 통일 화폐의 사용과 경제 발전, 그리고 실용적인 묵가 사상의 숭상이 중원 통일의 가장 중요한 원동력이었다고 생각한다. 사마천은 사기에서 진나라의 국력이 "군사 100만, 전차 1,000대, 군마가 1만 필"에 이를 정도로 막강하다고 기록했는데, 이 모두 구리를 활용한 통일 화폐를 사용하면서 경제와 상업 활동이 7웅 가운데 가장 활발했기 때문이다.

진시황은 동전뿐 아니라 자신의 관도 구리로 만들 만큼, 구리에 대해서 관심이 매우 많았다. 진나라 군대의 검도 철과 함께 구리와 납, 주석의 합금으로 만들어져 단번에 20장의 종이를 벨 수 있을 만큼 예리했다고 한다. 나아가 사마천은 천하의 죄수 70만 명을 동원해 만든 진시황릉의 가장 대표적인 유물인 병마용(兵馬俑)이 실제 산 사람에게 끓는 구리 물을 부어서 만든 경우도 있었다고 기록했다.

청동 동전이 아니라 구리로 만든 동전을 아시아의 표준으로 확립한 국가는 다름 아닌 송나라이다. 비록 구리 동전을 처음 공식 결제 수단으로 지정한 나라는 당나라였지만, 당시까지 인류 역사상 전례가 없던 폭발적인 규모로 진행된 상업혁명과 산업혁명은 송나라에서 일어났다. 송나라의 국제교역 활동이 당나라를 능가하면서, 구리 동전이 동양 동전의 표준 모델이 된 것이다. 따라서 동전을 아시아 표준으로 만든 나라는 당나라가 아니라 송나라라고 하는 것이 정확한 평가이다. 지금도 coin은 구리로 만든 돈인 동전(銅錢)이라고 부를

정도로, 송나라의 영향력은 오늘날까지 남아 있다.

특히 송나라는 당시 세계 최고의 생산력을 보유하고 있었고, 이에 따라 구리 동전 유통량도 청나라를 제외하고 중국 역사상 최고였다. 송나라와 교역하던 주변국인 한국, 일본, 동남아시아 등지에서 송나라의 동전은 오늘날 달러와 같은 기축통화였다. 심지어 일본인들은 송나라의 구리를 녹여, 자신들의 구리 동전 제조의 원료로 사용하기도 하였다. 불행히도 송나라는 구리가 풍부했던 중국 대륙 북부 지방을 여진족에게 점령당하면서, 우량 동전 주조를 사실상 중단했다. 이후 폭증하는 상업 활동을 지지하는 우량 동전의 부족으로 송나라의 산업혁명은 직전 단계에서 좌절되었다.

동전은 송나라 이후 명나라에서는 구리 60%, 아연 40%로 표준화된다. 송응성의 『천공개물』에는 명나라에서는 동전 10문이 은 1푼의 가치와 같고 기술했다.[50] 나아가 그는 명나라 동전 가운데 가장 귀한 것은 북경 보원국(寶源局)의 황전(黃錢)으로, 이 동전 1문은 남경 조강국(操江局)의 동전 2문과 같다고 기록했다. 이는 북경 주조국이 만든 동전의 구리의 함유량이 남경 주조국의 동전보다 많았음을 보여 준다.

한편 잘 알려져 있지 않지만, 구리는 우리 몸의 필수 영양소이기도 하다. 적혈구 생성의 필수 요소인 헤모글로빈은 구리가 없으면 몸속에서 합성이 안 된다. 피부와 연골을 구성하는 콜라겐(collagen) 생성에도 구리가 간여하는 것으로 알려져 있다. 뼈 건강, 신경 및 면역 기능 유지에도 구리는 필수 영양소이다. 나아가 구리는 인간의 장기 중 두뇌, 간, 심장, 신장 등 중요 장기에서 발견된다. 구리의 과다나 부족은 특히 두뇌 활동에 심각한 영향을 미치는데, 알츠하이머병은 체내 구리 분포의 불균형에서 생기는 병으로 알려져 있다. 따라서 구리 성분은 반드시 음식을 통해 외부에서 섭취해야 한다. 구리가 가장 풍부한 음식은 동물의 간이다. 그다음으로 굴, 너트, 랍스터 등이 구리가 풍부한 음식이다.

---

50 송응성, 앞의 책, p. 192

마지막으로 구리의 이름이 유래한 키프로스섬이 고대 최대의 구리 생산지였다고 하더라도, 오늘날 구리 생산량에 비할 바는 못 된다. 전술한 대로 기원전 14세기의 울룬부룬 난파선에서 발견된 구리의 양은 약 10톤이었다. 이 정도면 고대 사회 기준에서는 어마어마한 양일 것이다. 실제로도 키프로스에서 고대부터 최대의 구리광산이었던 스쿠리오티사(Skouriotissa) 광산은 근대적 생산이 시작된 1921년부터 1974년까지 53년 동안 약 780만 톤의 구리를 생산했다. 이는 연평균 약 15만 톤 정도 생산했다는 의미인데, 2016년 전 세계 구리 생산량은 이보다 약 150배나 더 큰 2,229만 톤이었다.[51] 2023년도 이와 비슷한 2,200만 톤이 생산되었는데, 구리 생산량의 증가 배수인 150배는 아마도 1920년대 무렵과 2024년 전 세계 산업 생산능력의 차이를 그대로 나타내는 것이라고 봐도 무난하다.

오늘날 구리의 최대 산지는 남미의 안데스 산맥이다. 전 세계 생산량의 약 절반이 이 지역에서 생산된다. 최대 생산국은 2016년에 전 세계 구리의 27.5%, 2024년 기준으로는 약 23%를 생산한 칠레이다. 전 세계에서 구리를 가장 많이 채굴하는 기업도 칠레의 공기업인 코델코(Codelco) 이다. 2016년에 코델코는 183만 톤, 2023년에는 142만 톤을 생산했다. 매년 100만 톤 이상을 생산하는 국가는 2016년 기준으로는 칠레(612.1만 톤), 페루(259.5만 톤), 중국(209만 톤), 미국(157.5만 톤), 호주(104.5만 톤) 등 5개국이었고, 2023년 기준으로는 칠레(500만 톤), 페루(260만 톤), 콩고(250만 톤), 중국(170만 톤), 미국(110만 톤) 등 5개 국가이다. 이 5개 국가는 "Copper Five"라고 불러도 좋을 만큼 다른 나라의 생산량을 압도한다.[52]

키프로스에서 발견된 진흙 조각상. 수염을 기른 모습은 아시리아 문화의 영향을 그대로 받은 것이다. 키프로스는 기원전 8세기경, 아시리아가 정복하면서 아시리아 문화의 지배를 직접 받는다. B C 709~600년경, 키프로스 타마소스(Tamassos) 인근 페라 프란기사(Pera Frangissa) 출토. 영국박물관 소장

---

51 Copper Development Association, Inc., 『Annual Data 2017』, Table I, Item 1a

52 https://www.nasdaq.com/articles/top-10-copper-producers-by-country-updated-2024

(1) 보리와 맥주, 우유와 치즈

기원전 2500년경의 한 수메르 문명의 비문에는 "밀, 치즈와 껍질을 깐 보리를 라가쉬(Lagash)에서 틸문(Tilmun)으로 선적해 갔다"라는 기록이 있다.[1] 우선 보리는 인류가 재배한 작물 중 가장 오래된 작물로, 보리의 원산지에 대해서는 티베트, 카스피해 남부 등 설이 분분하다. 하지만

우르의 아마르-수엔(Amar-Suen) 왕 시절, 11개의 보리 경작지를 측량하고 그 수확물을 기록한 바빌로니아 유물. 이처럼 보리는 수메르 농작물의 핵심 작물이었다. BC 2039년경, 우르 출토. 영국박물관 소장

그 어떤 지역에서도 수메르의 비문처럼 오래되지 않았다. 보리를 발효시켜 만든 음료인 맥주도 수메르인이 역사상 가장 처음 만들었다. 수메르인들은 노동자들에게 매일 보리로 만든 맥주를 배급하였고, 심지어는 어린아이까지도 맥주를 마실 정도였다. 따라서 필자는 보리의 원산지가 메소포타미아 지역이라고 확신한다. 쾨스트리처(Köstritzer)라는 흑맥주에 미쳐 있었던 독일의 괴테나 비스마르크는 수메르인들에게 감사해야 하지 않을까?

---

1   제카리아 시친, 『틸문, 그리고 하늘에 이르는 계단』, 이른아침, 2006, p. 365

치즈 또한 우유를 활용해 수메르인들이 인류 역사상 가장 처음으로 만든 식품이다. 치즈는 구약성서에도 기록되어 있다. 즉, 수메르 최고의 번영 도시 우르에서 살았던 아브라함은 자신의 집을 방문한 천사 세 명에게 "엉긴 젖"을 대접했다고 한다.[2] 치즈가 무엇 그리 대단한 상품이냐고, 별것 아니라고 치부할지도 모르겠다. 하지만 오늘날 전 세계 상품 선물 시장의 대명사인 뉴욕 상품거래소(NYMEX, New York Mercantile Exchange, 2007년 이후 현재 명칭은 COMEX)의 1872년 설립 당시 명

맥주 배급 쿠폰. 수메르인들은 신전에서 노동자들에게 매일 매일 맥주를 배급하고, 그 증서로 쿠폰을 지급했다. 수메르인들은 어린아이까지 맥주를 마실 정도로 맥주 인기가 대단했다. 후기 우루크(Uruk) 시대. BC 3300~3100년경, 영국박물관 소장

칭은 "버터와 치즈 거래소(Butter and Cheese Exchange of New York)"였다.[3] 즉, 버터와 치즈와 같은 낙농 상품 거래를 위해 62명의 뉴욕 상인들이 설립한 상품 거래소가 바로 NYMEX의 시초인 것이다.

밀 역시 티그리스, 유프라테스강 사이의 메소포타미아 유역, 이른바 비옥한 초승달(fertile crescent) 지역에서 인류 역사상 처음 재배되었다.[4] 밀을 재배했다는 것은 인류가 농경을 위해 정착 생활을 했다는 뜻이다. 나아가 정착된 농경사회는 잉여 농산물이 있었다는 뜻이고, 잉여 농산물로 인해 인간 사회 계층의 분화가 진전되었을 것이다. 특히 밀의 재배로 인해 인류는 빵을 만들 수 있었고, 이 빵이야말로 수메르 문명이 지속적으로 발전할 수 있는 주요한 원동력이 되었다. 요컨대 보리, 치즈, 밀은 메소포타미아 수메르 문명의 3대 교역 물품이었다.

---

2   우유의 단백질을 응고시킨 것이 치즈이고, 우유의 지방질을 응고시킨 것이 버터이다. 마가린은 1869년 프랑스의 나폴레옹 3세가 군대에 변질되지 않는 버터를 공급하기 위한 아이디어 공모전을 개최했는데, 이때 채택된 아이디어로 만든 음식이 바로 마가린이다.

3 8년 후인 1880년에는 "버터와 치즈, 계란 거래소(Butter, Cheese and Egg Exchange)"로 이름이 바뀌고, 1882년에야 NYMEX를 사용한다.

4 인류가 최초로 재배하여 먹기 시작한 밀은 엠머 밀(emmer wheat)과 아인콘 밀(einkorn wheat)이다. 최초의 밀은 야생 1립계 밀이고 자연 교배된 종이 2립계 밀, 보통계 밀이다. 보통계 밀이 현재의 밀로 전 세계 생산량의 90%를 차지한다.

한편 라가쉬는 우르, 우르크와 함께 수메르 문명의 대표적인 도시로 티그리스와 유프라테스강 사이에 위치하고 있었다. 이에 따라 라가쉬에서는 선박을 활용한 교역이 매우 활발하였다. 이 지역에서 배를 통한 교역이 활발했음은 다른 기록을 통해서도 확인된다. 라가쉬의 왕인 우르-난세^(Ur-Nanshe, BC 2500년경)는 자신의 비문에 "틸문의 배들이 ... 나에게 나무를 공물로 가져왔다."라고 기록했다. 아카드 왕조를 창시한 사르곤 왕 또한 "내가 아카드의 선창에 멜루하^(Meluhha)와 마간^(Magan), 그리고 틸문^(Tilmun)에서 온 배들을 정박시켰다"고 기록했다.[5] 여기서 틸문이 정확히 어디인지 알려져 있지는 않으나, 시나이 반도라는 설이 있다.[6] 틸문이 시나이 반도가 맞다고 가정하

우르의 입비신(Ibbi-Sin, 재위 BC c.2028~c.2004) 시대 딜문으로 향하는 선박에 실을 의복을 받았다는 영수증. 딜문 혹은 틸문은 수메르와 아카드 시대 가장 활발한 교역 항구 중의 하나였다. BC 2028년경, 우르 출토. 영국박물관 소장

면, 수메르인들은 메소포타미아 지역에서 생산된 밀, 치즈, 보리 등을 페르시아만을 통해 아라비아 반도를 돌아 시나이 반도로 배를 통해 운반한 것으로 보인다.

해상 선박을 통한 수송비용은 강을 통한 비용의 1/7, 육상을 통한 수송비용의 1/30에 불과하다.[7] 숫자로는 직관적이지 않은데, 구체적인 사례를 통한 선박의 수송 능력은 도대체 어느 정도나 될까? 2021년 3월 23일 대만의 에버그린 마린^(Evergreen Marine) 선사가 용선한 22만 톤 에버기븐^(Evergiven)호가 중국을 떠나 네덜란드의 로테르담으로 향하던 중 수에즈 운하에 좌초되면서 수에즈 운하가 폐쇄

---

5 제카리아 시친, 앞의 책, p. 365. 마간은 오늘날 UAE의 동북쪽 지명이었다.

6 페르시아만의 중간에 위치한 바레인은 페르시아만의 중간 교역지로서 매우 활발한 국제 상업 도시였다. 따라서 어떤 이들은 바레인이 틸문이라는 주장을 하기도 한다. 바레인을 틸문으로 보는 이는 『틸문의 위치에 대하여(On the Location of the Dilmun)』를 쓴 콘월(Peter B. Cornwal)이다. 제카리아 시친, 앞의 책, p. 362

7 레이철 로던, 『탐식의 시대』, 다른 세상, 2015, p. 56

된 적이 있었다.[8] 예인선으로도 선박을 움직이는 것이 쉽지 않아 준설과 선박 부양 등 다양한 방안이 검토되었다. 그중의 하나가 항공기 수송이었다. 그런데 이 선박이 실은 2만 개의 컨테이너를 항공기로 운송하려면 보잉 747 화물기 2,500대가 필요했다고 한다. 요컨대 22만 톤 선박 1척이 화물 항공기 2,500대와 맞먹는 수송 능력을 가지고 있는 셈이다.

따라서 선박을 통한 해상 수송은 매우 효율적인 교역 수단이다. 따라서 수메르 문명이 교역을 위해 선박을 통해 해상교역을 했다는 것은 논리적으로는 설명이 가능하다. 하지만 규모가 작으면 선박을 이용할 필요가 없으므로, 선박 교역

은 대상 물품이 대규모이어야 한다. 만약 수메르 문명이 선박을 통해 해상교역을 했다면 상당한 양의 물품을 대상으로 국제교역을 했다는 뜻이다. 문제는 선박을 통해 장거리 항해를 하려면, 선박의 위치를 파악하고 방향을 잡기 위한 고난도의 장비와 기술이 요구된다는 점이다.

특히 라가시와 시나이 반도는 직선거리로 1,000㎞가 넘는다. 라가시와 시나이 반도 사이를 배로 운항했다면 아라비아 반도를 완전히 돌아야 하므로 항로가 3,000㎞가 넘는다!! 나침반도 없었던 5,000년 전에 이렇게 먼 거리를 대규모 선박으로 항해를 할 수 있었을까? 다만 항로가 바다 한가운데인 망망대해가 아니고 아라비아 반도와 같은 육지를 육안으로 확인하면서 항해할 수 있으므로, 그리 어렵지 않았을 수도 있다.

바빌로니아인들이 페르시아만까지 배를 타고 무역 거래를 했다는 기록을 담은 태블릿. 이 기록에 따르면 무사히 무역 거래를 마친 후 닌갈(Ningal) 여신에 각종 선물을 헌상했다고 한다. BC 1887년경, 우르 출토. 영국박물관 소장

---

8 이 선박은 길이 400m, 폭 59m로 세로로 세우면 에펠탑보다 높고 엠파이어 스테이트 빌딩 높이와 비슷하다. 소유주는 일본 쇼에이 기센(Shoei Kisen)社였으며, 대만 선사 에버그린에게 배를 용선했다. 동 선박은 2021년 기준 세계 최대 규모 컨테이너 선 중의 하나였다.

(2) 목재

밀, 보리, 치즈 이외에도 수메르 문명의 교역 품목은 매우 다양했다. 목재가 대표적이다. 목재는 집을 짓기 위해서 반드시 필요한 물자였다. 하지만 이 시기 메소포타미아 지역에서는 목재가 매우 귀한 물품이었다. 라가쉬의 우르-난세(Ur-Nanshe) 왕은 나무를 공물로 받을 정도였다.

당시 목재로서 활용 가치가 높았던 품목은 대추야자 나무(Date Palm)였다.[9] 대추 야자 나무는 특별한 관리가 없어도 잘 자랐고, 건축 자재 이

외에도 대추야자의 열매와 씨는 당도가 높아 고급 식용으로도 활용도가 높았기 때문이다. 특히 대추야자 나무는 최고 30m까지 자라면서도, 그루터기에 불을 지펴도 다시 싹이 돋을 만큼 생명력이 엄청난 나무이다. 사람들은 이 나무를 그래서 생명의 나무라고도 불렀다. 예루살렘 북동쪽 24km 떨어진 곳에 있는 도시 예리코(Jericho)는 오아시스와 그 주변의 우거진 대추야자 나무로 인해 '대추야자의 도시'라고 불리기까지 했다. 예리코의 대추야자가 얼마나 품질이 좋았는지, 헤롯 대왕은 안토니우스의 환심을 사기 위해 그의 연인이었던 클레오파트라 여왕에게 예리코의 종려나무 농장을 헌정하기도 하

자신의 정치적 생명을 걸고 클레오파트라 여왕과 사랑에 빠졌던 안토니우스(Marus Antonius, BC 83~30). 수염이 없이 깔끔한 모습이 인상적이다. 이 동전은 은화 드라큼으로 안티오크에서 주조된 것이다. BC 40~31년경, 안티오크 출토. 영국박물관 소장

였다.[10] 특히 틸문의 대추야자는 질이 매우 좋아, 우루크에서는 신들의 식사에도

---

9   일부에서는 이 나무를 종려나무로 번역하기도 한다. 하지만 종려나무는 중국 쓰촨성에서 자라는 나무로 중동의 대추야자 나무와 다르다. 칸 영화제의 황금종려상은 생명력이 강한 대추야자 나무의 잎사귀를 본떠서 만든 상인데, 정확히 말하면 황금종려상이 아니라 황금야자상이라고 불러야 한다. 한편 대추야자 나무가 속한 팜(Palm) 나무 중, 일명 기름 야자나무의 열매는 현대의 식용유를 만드는 주원료가 된다. 현재 전 세계 팜유 생산량의 87%를 인도네시아와 말레이시아, 2개 국가가 담당한다.

10   클라비우스 요세푸스, 『유대 전쟁사 1』, 나남, 2008, p. 98

아시리아 왕의 방에 조각된 대추야자 나무(가운데). 가운데 대추야자 열매처럼 생긴 것은 생명을 상징하는 것으로 추정된다. 오른편에 곤봉(mace), 왼편에 지휘봉을 들고 있는 이(정면에서 보아 오른편에 있는 이)는 아시리아의 아슈르나시르팔(Ashurnasirpal II, BC ?~859) 왕. 가운데 위쪽에 새 모양의 원반 안에 있는 이는 샤마시(Shamashi)로 추정되는 태양의 신. 왕의 뒤편에는 왕을 수호하는 이들로, 그들의 한 손에는 대추야자 열매가, 다른 손에는 물통이 들려져 있다. 어떤 이는 대추야자 열매가 아니라 인간 두뇌의 pineal gland, 즉 송과선을 상징하는 것이라고 주장하기도 한다. 송과선은 제3의 눈으로 불리는 뇌의 조직으로, 인간의 생성에 관련된 모든 정보를 담고 있다고 한다. 실제로 송과선은 태아에서 가장 먼저 생겨, 거의 모든 인간의 장기가 마치 송과선의 지시에 따라 만들어지는 것처럼 보인다. 뇌 조직의 일부이지만 시각 세포를 가지고 있어, 두피를 통해 들어오는 빛의 양을 통해 밤과 낮의 구분도 할 수 있다. 따라서 수면과 관련된 호르몬인 멜라토닌은 송과선이 어둠을 인식하면 분비한다. 나아가 눈을 감고도 볼 수 있는 꿈이나 환상, 영적인 체험은 모두 송과선과 관련되어 있다. 이 신비한 인체 기관에 대해 프랑스 철학자 데카르트(Ren Descartes, 1596~1650)는 송과선이 인간의 영혼과 육체가 만나는 접점이라고 주장했다. 이들의 손목에는 오늘날 손목시계로 추정되는 장신구도 채워져 있다. BC 865~860년경, 님루드(Nimrud) 북서쪽 궁 출토. 영국박물관 소장

사용되었다고 한다.[11]

목재 중에서도 레바논 지역의 백향목은 그 장대함으로 인해 특산물로 매우 인기가 높았다. 구약성서에도 왕(독수리)이 백향목 가지에서 얻은 햇순을 '상인들의

---

11 제카리아 시친, 앞의 책, p. 369

땅으로 가지고 가서' '상인들의 성읍'에 두었다는 구절
이 있다. 나아가 백향목은 이집트의 파라오가 죽은
뒤에 사용하는 관과 그가 저승에서 타는 선박을 제
조하는 원료로 사용되기도 하였고, 솔로몬 왕이
성전을 지을 때도 대량으로 사용한 레바
논 최고 특산물이었다. 백향목 교역으로
인해 레바논 지역의 도시들은 해운과 국제
무역항으로 매우 번성했다. 구약성서에
도 등장하는 티레^(Tyre, 두로), 시돈^(Sidon)과
비블로스^(Biblos, 게발) 등이 백향목으로 잘

솔로몬 성전의 모형. 이 거대한 건축물을 지을 때
레바논의 백향목이 대량으로 사용되었다. 런던
프리메이슨 홀 소장

알려진 국제교역항이었다. 이들 도시는 모두 배후지에 거대한 백향목 숲을 보유
하고 있었다.

(3) 우르남무 법전과 호모 이코노미쿠스(Homo Economicus)

수메르인들의 활발한 국제교역을 보여 주는 또 다른 단면은 바로 법률의 제
정이다. 수메르인들의 법률로 가장 대표적인 법률은 우르남무^(Ur-Nammu) 법전이다.
우르남무 법전은 우르남무 왕의 이름을 따라 붙인 것으로, 우르남무 왕^{(Ur-Nammu,}
^{재위 c. 2112~2094 혹은 c. 2048~2030)}은 수메르 이후 등장한 아카드^(Akkad) 왕조 시대 남부 수
메르에 위치해 있던 도시 우르의 왕이었다. 우르남무 왕의 이야기를 하기 위해서
는 우선 아카드의 사르곤 왕부터 설명해야 한다.

아카드의 사르곤^(Sargon) 왕은 수메르 도시 국가를 차례로 정벌하여 기원전
2334년에 왕에 오른 인물이다. 이 과정에서 아카드 왕조는 수메르 문명을 군사
적으로 점령했다. 하지만 사르곤은 수메르 문명을 파괴하지 않고 대부분 그대로
계승하였다. 즉, 수메르 문명의 설형문자를 셈족인 아카드어로 변형하여 수메르
문명을 문자로 보존한 것이다. 아카드어는 이후 등장한 아시리아 왕조에서도 사

용할 만큼 메소포타미아 지배층이 선호하는 언어였다. 예컨대 수메르 문명의 길가메시 서사시도 아시리아 왕 아슈르바니팔(Ashurbanipal, BC 685~627)의 왕실 도서관에서 아카드어로 기록되어 현재까지 전해지고 있는 것이다.[12]

이에 따라 아카드 시대에도 메소포타미아 남부는 여전히 수메르로 불렸다. 아카드의 지배가 느슨한 시점인 기원전 2100년경에는 아카드 남부의 수메르 도시들이 아카드로부터 사실상 독립되어 운영되었다. 이즈음에 수메르 도시 우르에서 우르남무 법전이 제정된 것이다. 우르남무 법전은 함무라비 법전보다 최소 300년 앞선 인류 최초의 성문법전이다.

이 성문법전은 당시 수메르 문명의 상업 활동이 얼마나 중요했는지를 잘 보여 준다. 우르남무 법전의 1조는 "살인한 자는 사형에 처한다."로 함무라비 법전의 1조와 같다. 주목할 조항은 우르남무 법전

길가메시 서사시 중 대홍수 이야기가 새겨진 아시리아 점토판(Tablet 11). 이 점토판에 따르면 에아(Ea) 신이 우트-나피쉬팀(Ut-napishitim, 별칭 아트라하시스 Atrahasis)에게 대홍수를 피해 방주를 만들 것을 명한다. 6일 밤낮 동안 쏟아진 폭풍우로 인한 대홍수 후 비둘기, 제비, 까마귀를 날려 보내 까마귀가 돌아오지 않자 물이 빠진 것을 확인하고 방주는 북부 아시리아 지방의 니트시르(Nitsir) 산에 안착한다. 이를 가장 먼저 해독하여 1872년에 결과를 발표한 영국 고고학자 조지 스미스(George Smith, 1840~1876)는 길가메쉬를 구약성서의 니므롯이라고 주장하였다. 그는 이 서사시를 '니므롯 서사시(Nimrod Epos)'로 불렀다. 물론 길가메시 서사시는 구약성서보다 훨씬 오래된 서사시로 그의 주장은 사실이 아니었다. 하여튼 길가메시 서사시로 인해 구약성서의 대홍수 이야기보다 훨씬 오랜 대홍수 이야기가 있었다는 사실이 알려지면서, 유럽 기독교계가 발칵 뒤집혔다. 아시리아의 왕 아슈르바니팔이 설립한 니네베의 도서관에서 아카드어로 적힌 BC 7세기경 열두 개의 점토판 중 열한 번째 점토판. 니네베(Nineveh) 출토, 영국박물관 소장

---

12   길가메시(Gilgamesh)는 수메르인으로 BC 2,900년경 도시 국가 우루크(Uruk)의 왕이다. $\frac{2}{3}$는 神이고 $\frac{1}{3}$은 사람인 그는 죽음의 공포에 떨면 서 낮에는 방탕하고 밤에는 불안한 생활을 하였다. 이처럼 불안에 떠는 길가 메시를 벌주기 위해 수메르의 신들은 엔키두(Enkidu, 엔키의 피조물)를 길 가메시에게 보내 그와 대결을 펼치게 한다. 하지만 대결을 펼치는 과정에서 길가메시와 엔키두는 서로 친한 친구가 된다. 하지만 길가메시와 엔키두가 함께 케도로스 산(山)의 왕 훔바바(Humbaba)를 퇴치하는 과정에서, 엔키 두가 신의 저주를 받아 병이 들어 길가메시에게 안긴 채 죽었다. 엔키두가 죽 자 길가메시는 끊임없이 죽음에 대해 생각하게 되고, 마침내 영생을 얻기 위 한 여행을 떠난다. 이때 길가메시가 만난 이가 영생을 누리고 있는 우트나피 쉬팀(Utnapishtim)이다. 길가메시는 우트나피쉬팀에게 영생의 비결을 묻 는데, 우트나피쉬팀은 길가메시에게 대홍수 이야기를 들려주고, 그 과정에 서 자신이 살아남아서 영생을 얻게 되었다는 이야기를 들려준다. 길가메시 서사시는 동, 서양 역사를 통틀어 인류 역사에 최초로 등장하는 서사시이다. 길가메시 서사시는 이후 유대교의 구약성서(대홍수와 방주), 그리스 신화 (반신반인과 대홍수, 영웅 투쟁) 등에도 영향을 미치게 된다.

우르남무(재위 B C c.2112~c.2095) 시대 인장 실린더. 인장의 소유주는 왼쪽에서 두 번째로 양 측에 두 여신이 그를 인도하고 있다. 가장 우측은 우르남무 왕으로 추정된다. 가장 우측에는 "우르-남무, 강인한 왕, 우르의 왕: 이쉬쿤-신(Ishkun-Sin)의 지배자 하쉬-하메르(Hash-hamer)는 그의 종"이라고 기록되어 있다. BC 2100년경, 바빌론 출토. 영국박물관 소장

의 2조이다. 즉, "절도를 하면 사형에 처한다." 이 조항은 수메르 문명이 철저하게 사유 재산에 기반한 사회였으며, 당시 수메르 문명에서 상업 활동이 얼마나 중요하고 활발하였는지도 보여 주는 조항이다. 나아가서 상해와 같은 경범죄에 대해서는 함무라비 법전과 달리 금전적인 보상을 원칙으로 제시했다. 예컨대 다른 이의 코를 구리 칼로 심하게 치면 은 ⅔ 미나(333그램), 다른 이의 눈을 상해하면 은 ½미나(250그램)[13], 다른 이의 다리를 상해하면 10 쉐켈(약 100그램 내외)의 은을 지급하게 했다.[14]

활발한 상업 활동은 종종 물자를 확보하기 위한 전쟁으로 연결되었다. 이 시기 상업 활동과 정복 활동은 사실상 동의어였다.[15] 수메르, 아카드에 이어 메소포타미아의

지배자로 등장한 북부의 아시리아와 중부의 바빌로니아도 정복 전쟁을 통해 활발한 상업 활동을 전개했다. 일례로 북부 메소포타미아에 위치한 아슈르(Ashur)에서 활동한 아시리아 상인들은 소아시아(아나톨리아, Anatolia. 오늘날 튀르키예에 내륙) 지방의 카파도키아(Cappadocia) 지역에 전쟁을 통해 수많은 식민 도시들을 세웠다.

특히 아시리아인들은 튀르키예 내륙을 정복한 후에 수많은 상업거점을 세웠는데, 이를 카룸(Karum)이라고 불렀다. 카룸이 설치된 도시 중 카네쉬(Kanesh)는 네사(Nesa, 오늘날 튀르키예의 쿨테페 Kltepe)에 위치하였는데, 이 도시는 기원전 1840년경에 불타고 그 후 재건되었다가 기원전 1740년경에 다시 파괴되었다. 카네쉬의 카룸에서 발견된 점토판에는 그들의 활발한 상업 활동에 대한 상세한 기록이 있다.

이 기록에 따르면 이 당시 아시리아 상인들은 옷감과 주석을 아나톨리아 지

---

13 2020년 기준, 은 1그램의 가격은 대략 0.5불로 250그램이면 약 125,000원이다.

14 1 쉐켈(shekel)은 대략 10그램, 1 미나(mina)는 대략 500그램이다. 쉐켈과 미나는 지역에 따라 편차가 있었다. 예컨대 바빌로니아에서 1 쉐켈은 8.7그램이었고, 레반트 지방에서 1 쉐켈은 11.4그램이었다.

15 이는 17세기 서유럽의 세계 정복 전쟁을 관통하는 가장 중요한 원칙이기도 했다.

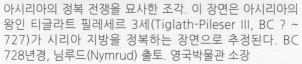

아시리아의 정복 전쟁을 묘사한 조각. 이 장면은 아시리아의 왕인 티글라트 필레세르 3세(Tiglath-Pileser III, BC ? ~ 727)가 시리아 지방을 정복하는 장면으로 추정된다. BC 728년경, 님루드(Nymrud) 출토. 영국박물관 소장

역을 통치하는 이들의 궁궐로 가지고 와서 당시 이 지역의 화폐였던 금과 은으로 교환하였다. 아시리아인들은 옷감을 수메르 지역에서, 주석은 이란 지방의 자그로스 산맥에서 가져왔다. 반대로 아나톨리아에 거주하던 상인들은 주로 키프로스에 생산된 구리와 지중해 유역의 양모를 아시리아 상인들에게 팔았다. 양모는 후술하겠지만 지중해 유역 유럽의 전통적인 특산품이었다. 양모는 중세 이후 유럽 전역의 산업구조를 재편하기도 한 유럽의 핵심 산업이기도 했다.

아울러 아나톨리아 반도 중앙에서 생산되는 흑요석(obsidian)도 주요한 교역 물품 중의 하나였다. 흑요석은 화산 폭발 때 만들어지는 반들반들한 검정색 돌인데, 보석을 다듬거나 도구를 만드는 연장이나 칼로 사용된 귀한 물품이었다. 흑요석은 아나톨리아 반도 중앙에서 생산되었지만, 레반트와 메소포타미아 거의 전역에서 발견된다. 이는 이 지역에서 흑요석을 사고파는 상인들의 활동이 매우 활발했다는 뜻이다.

이를 종합해 보면 아시리아 상인들은 수메르·이란 지역과 아나톨리아 지역의

이라크에서 발견된 흑요석. 특별한 연장 끝에 끼워서 사용한 것으로 추정된다. BC 5500~5000년경, 이라크 아르파키아(Arpachiyah) 출토. 영국박물관 소장

특산품을 대상으로 일종의 중개무역 활동을 하였다. 이들의 국제무역 결제 수단은 금과 은이었다. 아시리아 상인들은 금을 주로 대량의 물품 거래에, 은을 주로 소량의 물품 거래에 사용하였다. 당시 금의 가치는 은 가치의 대략 8배 정도 되었다고 한다.[16]

즉 아시리아에서는 은의 가치가 상대적으로 높았는데, 이는 아시리아의 금이 은보다 상대적으로 풍부했음을 의미한다.

수메르, 아시리아, 바빌로니아인들의 활발한 상업 활동에 대한 증거는 그리스 시대의 기록물에서도 발견된다. 대표적인 그리스 역사학자 헤로도토스(Herodotus, BC 484~425)는 모든 바빌로니아인들이 상업 활동 과정에서 개인적인 용도로 인장(seal)을 사용했다고 기록하고 있다.[17] 인장은 최초에는 찍힌 물건이 자신의 소유물임을 증명하는 일조의 소유권 증서였다. 문자가 등장하면서 인장은 영수증, 계약서, 편지, 지시서, 심지어는 도시 국가 간 조약 등 거의 모든 법률 문서에 사용되었다.[18]

인장은 물리적으로 개인이 갈 수 없는 곳에 개인이 존재하는 것과 같은 법률적 힘을 나타냈다. 말하자면 인장은 법률적 인간을 표상하는 물리적 서명이었다. 통상적으로 인장에는 인장을 사용하는 사람의 이름을 새기거나, 자신이 속한 가족의 성(姓)을 새겨 넣기도 했다. 이는 인장이 가족 구성원에게 대를 이어 전

---

16   『황금의 지배』를 저술한 번스타인은 역사적으로 금의 가치가 은 가치의 12~20배 사이라고 주장했다. Peter L. Bernstein, *Ibid*, p. 25. 하지만 현재로 올수록 금의 은에 대한 상대적 가치는 폭발적으로 증가한다. 2023년 기준으로 양 금속의 가격은 대략 100배 차이가 난다. 예컨대 2023년 5월 기준 금 가격은 그램당 63불 내외(트로이 온스당 1,994불)로, 그램당 0.64불 하는 은의 약 100배에 이른다.

17   J. J. Cater, *Ibid*, p 31

18   Richard Seaford, *Ibid*, p. 115

해졌다는 것을 의미한다. 왕국을 위해 일하는 공무원인 경우에는 인장에 자신의 직위를 새겨 넣었다. 나아가 인장에는 앉아 있는 왕의 이미지나 거룩한 신의 모습이 새겨져 있었다. 이는 인장의 권위를 만인에게 확인시켜 주는 일종의 법률적 힘으로 작용했다. 따라서 인장을 요구하는 법률 문서에 인장이 없으면 해당 문서는 법률적 효력이 없었다.

개인적인 용도뿐만 아니라 상업적 활동에도 인장은 광범위하게 사용되었다. 아시리아, 바빌로니아 상인들 역시 교역 품목이 자신의 소유임을 증명하고, 나아가 교역 과정에서 도난을 방지하기 위해 인장^(seal)을 사용하였다. 이렇게 사용된

인장은 대상 품목이 개인적인 용도가 아니라, 국제교역의 대상 품목임을 증명하기 위한 증표로도 활용되었다. 아시리아인들의 인장은 주로 철이나 적철광으로 만든 원통형 인장으로 점토판에 길게 눌러 찍어서 사용했다. 이 또한 활발한 국제교역 활동에 대한 강력한 증거이며, 메소포타미아 지역에서 국제교역 활동에 대한 상업 및 뱅킹 활

카네쉬에서 발견된 아시리아의 적철광 인장. 가장 왼쪽에는 황소 위에 서 있는 폭풍의 신 하다드(Hadad, 혹은 아다드 Adad)가 번개 모양의 막대를 들고 있다. 그 다음 신은 달의 신인 신(Sin)으로 초승달 모양의 기다란 막대를 들고 있다. 그 오른편에는 금성을 앞에 두고 있는 이쉬타르(Ishtar) 신이 앉아 있는 왕의 앞에 서 있다. 맨 오른편에는 나체로 서 있는 여성의 모습이 보인다. BC 1920~1740년경, 카파도키아 출토. 영국박물관 소장

동이 상당한 정도로 발전했을 가능성이 매우 높음을 보여 준다. 이때가 기원전 1920~1740년경이니, 지금부터 4,000년 전이다.

이처럼 메소포타미아에서 발흥한 수메르, 아카드, 아시리아, 바빌로니아의 활발한 상업 및 국제무역 활동은 주변 국가인 키프로스, 아나톨리아, 그리스 도시국가 등 지중해, 이집트, 북아프리카, 페니키아, 가나안 등 중근동 지역에 엄청

우르의 달 신전 저장고에서 발견된 2미나(약 1kg)에 해당하는 공식 무게 추. 이 추는 우르남무의 아들로 우르의 왕이었던 수메르의 슐지(Shulgi) 왕 치하에서 사용된 것으로 추정된다. BC 2094~2047년경, 우르 출토. 영국박물관 소장

난 영향을 끼쳤다.[19] 필자가 보기에 이 지역은 최소한 교역이라는 관점에서는 하나의 거대한 동일 제국이라고 단정해도 좋다고 생각한다. 오늘날 용어로 이야기하면 이들 지역은 동일한 국제무역권으로 통합되어 있었던 것이다. 메소포타미아 지역에서 발흥한 수메르 문명 신화가 그리스 및 페니키아의 신화나 구약성서와 비슷한 이유도 바로 이 때문이었을 것이다.

메소포타미아 지역의 통합된 국제무역 활동은 서쪽 지역 외에도 메소포타미아 동쪽에 위치한 인도의 인더스 문명에도 영향을 미쳤다. 일례로 수메르인들은 인더스강 유역에 위치한 도시인 하라파(Harappa)와 모헨조다로(Mohenjo Daro)에 거주하는 인도인들과도 상거래를 수행했다.[20] 아카드의 사르곤 왕의 기록에 따르면 사르곤 왕은 멜루하(Meluhha), 마간(Magan), 딜문(Dilmun)에서 들어온 선박들을 아카드의 항구에 정박시켰다고 하는데, 여기서 멜루하가 인더스의 하라파이다.[21]

이 지역에서 온 선박들은 라피스 라줄리·홍옥(carnelian) 등의 귀금속, 목재, 금, 구리, 하라파 양식의 가구 등을 싣고 와서 메소포타미아에 팔았다.[22] 이때가 기원전 2500년경이다. 필자가 보기에는 인류 역사상 이슬람, 당·송시대나 서유럽 자본주의 등장 이전에 상업 활동이 가장 활발한 시대와 장소가 바로 기원전 30

---

19 수메르를 비롯한 메소포타미아의 상업 문명에 대한 상세한 기록은 수메르 문명의 설형문자뿐만 아니라 구약성서에도 상세히 기록되어 있다.

20 하라파 문명은 기원전 3000~2000년경 인더스강가에서 번영하였던 고대 인도 문명이다. 메소포타미아에서는 하라파를 멜루하(Meluhha)라고 불렀다.

21 V.N. Prabhakar, 『Harappans and their Mesopotamian Contacts』, India International Center, 2013, p. 17. 마간(Magan)은 오늘날 오만(Oman) 혹은 호르무즈 해협 맞은편의 이란 지역으로 추정된다.

22 V.N. Prabhakar, Ibid, p. 17.

세기 전후의 메소포타미아 문명과
그 주변 지역이었다고 이야기해도
무리한 주장은 아니라고 생각한
다. 최초의 지혜로운 인간인 호모
사피엔스는 아프리카에서 태동했
지만 최초의 경제적 동물, 호모
이코노미쿠스 $^{(Homo\ Economicus)}$ 는
다름 아닌 수메르, 아카드, 아
시리아, 바빌로니아 등 고대 메
소포타미아에서 출현한 것이다.

수메르 시대 인장. 헤로도토스는 인장이 바빌로니아 사람들의 특징이라고 기술하였으나, 아시리아나 바빌로니아 사람들의 인장은 모두 수메르 시대의 전통을 그대로 계승한 것이다. 사진의 인장은 수메르 시대 인장으로 머리띠를 두르고 양에게 꽃을 주는 왕의 모습을 묘사한 것이다. BC 3300~3000, 우루크 출토 추정. 영국박물관 소장

이처럼 정복 활동과 왕성한 국제교역 활동으로 물자가 풍부한 사람과 풍부하지 않은 사람의 계층 분화가 가속화되었다. 농경사회가 가진 자와 가지지 않은 자의 분화를 "형성"하였다면, 상업과 국제교역 활동은 이와 같은 계층 분화를 더욱 "촉진"한 것이다. 나아가 풍부한 물자 교역으로 당장에 금과 은 등의 자금이 부족한 사람과 자금이 넘쳐나는 사람이 자연스럽게 형성되었다. 그렇다면 물자의 인도와 자금 결제의 시간 간격이 생기면 이들은 이를 어떻게 해결하였을까?

페르시아인(가장 좌측의 낙타 뒤에 모자를 쓰고 있는 이)과 그를 뒤따르는 인도인. 우측의 동물은 당나귀. 이 시기 육상 교통의 주요 수단은 낙타와 당나귀였다. 페르세폴리스 아파다나 궁전의 정문인 "만천하의 문(Gate of All Lands)"으로 오르기 위한 계단 옆 부조, 영국박물관 소장

Codex Atlanticus: 보리, 빵, 맥주, 수파

길가메시 서사시에는 문명이 시작되기 전, 인간은 풀을 먹었다고 기록되어 있다. 수메르의 신인 엔릴^(Enlil)은 우리 인류에게 풀이 아닌 곡식인 보리를 수메르인들에게 선물한다. 즉, 수메르 신화에 따르면 보리가 인류 최초의 곡식이다. 수메르 문명의 주요 재배 작물 또한 보리였다. 후술하는 쿠심^(Kushim) 태블릿에 기록된 거래도 보리와 관련된 것이었다. 인류 최초의 곡물인 보리로, 수메르인들은 빵을 만들어 먹었다. 빵을 먹

수메르인들이 보리를 거래하고 기록으로 남긴 영수증. BC 2050년경. 영국박물관 소장

으면서부터 농경문화가 시작되었고, 인간은 정착을 하기 시작했다. 빵은 서양에서 곧 인간의 생명과 같은 존재였다. 인류 최초의 서사시 길가메시 서사시에도 빵을 "생명의 양식^(staff of life)"이라고 묘사한다.²³ 보리로 인해 인류의 문명이 시작된 것이다.

한편 수메르인들은 보리로 만든 빵을 발효시켜 맥주도 만들었다. 수메르인들은 처음에는 보리를 껍질을 벗기지 않고 물에 적신 후 햇볕에 말렸다가, 다시 물에 끓여 보리를 발효를 시켜 맥주를 만들었다. 하지만 발효에 시간이 너무 걸리

운반해야 할 보리와 빵의 배급량을 기록한 바빌로니아의 편지. BC 2030년경, 움마(Umma) 출토. 영국박물관 소장

자 보리로 빵을 만든 후 그 빵을 다시 발효시켜 맥주를 만들었다. 하지만 말이

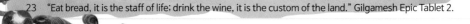

23 "Eat bread, it is the staff of life; drink the wine, it is the custom of the land." Gilgamesh Epic Tablet 2.

맥주이지, 걸쭉한 상태가 심해 거의 죽과 같았다. 이 때문에 이집트에서는 맥주를 "마시는 빵"이라고 불렀다. 사실상 음료가 아니라 식사와도 같았던 셈이다.

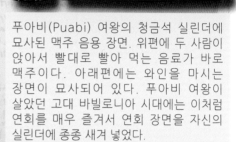

푸아비(Puabi) 여왕의 청금석 실린더에 묘사된 맥주 음용 장면. 위편에 두 사람이 앉아서 빨대로 빨아 먹는 음료가 바로 맥주이다. 아래편에는 와인을 마시는 장면이 묘사되어 있다. 푸아비 여왕이 살았던 고대 바빌로니아 시대에는 이처럼 연회를 매우 즐겨서 연회 장면을 자신의 실린더에 종종 새겨 넣었다.

시원한 맥주 캔을 떠올리는 오늘날 관점에서 보면 걸쭉한 맥주가 역겨울지는 모르나, 당시 마시는 빵인 맥주의 인기는 대단했다. 수메르인들은 맥주의 신인 닌카시(Ninkasi)가 그들의 삶을 행복하게 하고 즐거움을 제공하며, 삶을 경이롭게 만든다고까지 칭송했다. 길가메시 서사시에 등장하는 우트나피시팀(Utnapishtim)도 방주를 만드는 노동자에게 엄청난 양의 맥주를 대접했다고 한다. 이 때문에 수메르에서는 성인 노동자들에게 매달 1.5~2리터의 맥주를 배급하였으며, 심지어 어린아이들에게까지도 매달 1리터의 맥주를 배급하였다.

이집트에서도 피라미드를 건설하는 노동자들에게 주는 일당이 바로 마시는 빵인 맥주였다.[24] 배급 시간은 아침, 늦은 오후, 밤으로 하루에 세 번이었다. 수메르와 마찬가지로 이집트에서도 맥주는 노동자들에게 대인기였다. 완벽하게 만족한 사람의 입

시리아 상인이 빨대를 이용해 맥주를 마시는 모습. 이집트 18왕조 BC 1300년경. 베를린 이집트 박물관 소장. Public Domain

---

24   고대 이집트인들은 피라미드 건설 노동자들에게 빵과 맥주 외에 양파도 지급했다. 양파의 원산지가 이란 등 중동이었고, 양파는 건조한 환경에서 오히려 보관이 더 잘 되었기 때문이다. 우리가 먹는 양파 알뿌리는 뿌리도 아니고, 열매도 아니다. 바로 잎이다. 알뿌리의 가장 안쪽에 위치한 심이 줄기이고, 그 줄기에 양파 이파리가 차곡차곡 쌓여서 양파 알뿌리가 되는 것이다.

Codex
Atlanticus

맥주를 배급한 기록을 남긴 수메르인들의 정교한 회계 장부. 이 기록에 따르면 어른은 매월 30~40 파인트, 어린이는 매월 20 파인트의 맥주를 배급받았다. 1파인트가 대략 0.5 리터이므로 어른들은 매월 1.5~2 리터, 어린이들은 매월 1리터에 해당하는 맥주를 배급받아 마신 셈이다. BC 2350년경 우루이님기나(Uruinimgina, 일명 우루카기나 Urukagina) 왕 시절, 라가시(Lagash) 도시의 중심지 기르수(Girsu) 출토. 영국박물관 소장

은 맥주로 가득 채워져 있다는 고대 이집트의 속담도 이 때문에 유래했다. 이집트인들은 맥주를 제조하는 양조법을 부활의 신인 오시리스(Osris)가 가르쳐 주었다고 믿었다. 오시리스가 보리죽을 불에 올려놓고 끓이다가 잠시 후 돌아와 보니 보리죽이 맥주로 변했다는 것이다.

맥주와 관련된 이집트 신화 이야기는 또 있다. 예컨대 전쟁과 파괴의 여신으로 사자 머리를 한 세크메트(Sekmet)가 인간을 무참하게 학살하자, 태양의 신 라(Ra)는 맥주 항아리 7천 개를 땅에 뿌렸다. 세크메트가 맥주에 취해 잠이 들면서 인간은 간신히 살아날 수 있었다.[25] 인류 최초의 동서 제국을 건설한 키루스 대왕은 중앙아시아의 마사게타이(Massagetae)족을 격파할 때 와인을 적국에 남겨 먹게 한 후 공격하여 승리하였는데, 아마도 키루스 대왕이 세크메트의 전설을 듣고 실행한 전략인지도 모르겠다.

고대 이집트의 맥주 양조 중심지는 통일 왕조 이전부터 이집트의 수도였던 아비도스(Abydos)로 밝혀졌는데, 이는 2021년 2월 이곳에서 맥주의 대량생산 시설이 발견되었기 때문이다.[26] 투탕카멘의 이모인 네페르티티(Nefertiti, BC.1370~ c.1330)의 사원에도 맥주 항아리가 1천 병가량이 발견되었는데, 이 발견으로 고대 이집트인들이 다섯 종류의 맥주를 만들 수 있었던 것으로 밝혀졌다. 하여

---

25   도현신, 『전쟁이 요리한 음식의 역사』, 시대의창, 2015, pp. 15~17

26   ▨▨▨ 아비도스는 그리스식 발음이다. 이집트식 발음은 아비주라고 한다. 한편 아비도스에 있는 세티 1세(Seti I, BC ? ~1279) 신전(Temple of Seti I)에는 헬리콥터와 비행선 모양의 부조가 새겨져 있어, 종종 외계인과 UFO 음모론을 주장하는 이들의 증거로 사용된다.

튼 이집트의 맥주 양조 기술은 그리스로 전해졌고, 로마를 거쳐 전 유럽으로 확산하였다. 맥주 양조법의 보존과 발달은 와인과 마찬가지로 중세의 수도원이 매우 중요한 역할을 하였다.

특히 유럽 전역이 석회수 암반에 위치한 터라 물을 그대로 마시기에 그다지 적합하지 않았고, 포도와 달리 보리는 유럽의 서늘한 기후에서도 잘 자라므로 유럽의 맥주 문화가 크게 발달했다. 그중에서 독일은 유럽 맥주 생산의 메카였다. 예컨대 1400년 기록을 보면 함부르크 상인들 중 45%가 맥주 산업에 종사하고 있었다. 맥주 1리터에는 단백질 5g과 탄수화물 50g이 들어 있는데, 이 때문에 맥주를 많이 마시면 뚱뚱해진다. 그 결과 북부 독일 사람들이 전반적으로 뚱뚱해졌다는 주장도 있다. 독일 맥주의 인기는 사람들의 이름에도 영향을 미쳤다. 즉, 비어머(Biermer), 비어만(Biermann), 비어슈발레(Bierschwale), 비어할스(Bierhals) 등 맥주 관련 성들이 15세기에 급증하였다는 것이다.[27]

맥주 인기가 치솟자 바이에른 공국의 빌헬름 4세(Wilhelm VI, 1493~1550)는 통일된 맥주 제조법을 1514년 공국 전역에 공포하고 이를 시행하였다. 원래 통일된 맥주 제조법의 아이디어는 그의 부친인 알베르흐트 4세(Albercht IV, 1447~1508) 공작이 1487년 처음으로 만든 것이다. 「맥주 순수령(Reinheightsgebot, 라인하이츠게보트)」이라고 부르는 이 칙령으로 독일의 바이에른 공국에서 맥주를 만들 때는 오

빌헬름 4세. 그는 바바리아-뮌헨 공작인 알베르흐트 4세(Albercht IV, 1447~1508)의 아들이다. 당시 유행하던 종교개혁 운동에 처음에는 찬성하였으나, 나중에는 개신교도들을 억압하게 된다. 그는 음악, 미술에 대한 적극적인 후원자였으며, 바바리안 맥주에 대해서는 맥주 순수령을 반포하여 여타 지역 매주와의 차별성을 추구하기도 했다. 독일 화가인 한스 베르팅거(Hans Wertinger, c.1465~1533)의 1526년 작품. 바바리아 미술관(Bavarian State Painting Collections) 소장. 출처: Wikipedia. Public Domain

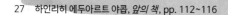

27 하인리히 에두아르트 야콥, 앞의 책, pp. 112~116

네바문(Nebamun) 벽화에 묘사된 빵과 와인. 빵은 중간에 둥근 모양 혹은 기다란 모양으로 음식들 중간중간에 섞여 있다. 음식 중간의 새까만 과일은 와인의 원료인 포도이고, 그 외 구워진 오리 고기와 이집트가 원산지인 무화과 나무(Ficus sycomorus)의 열매가 가득 담긴 그릇이 보인다. 아래쪽에는 와인을 담은 항아리인 암포라(amphora) 4병이 포도나무에 덮여 보관되어 있다. BC 1350년경, 테베 출토. 영국박물관 소장

직 물, 맥아(싹 틔운 보리), 효모, 홉만을 써야 했다. 맥주 순수령은 현재의 독일에서도 여전히 지켜지는 고난도 맥주 제조법이다. 더운 여름날 혹은 식사 때 필수적으로 맥주를 마시는 오늘날 독일인들과 독일의 맥주를 즐기는 전 세계 사람들은 맥주를 발명한 수메르인들에게 고마워해야 하지 않을까?

한편 빵을 만드는데 더 적합한 곡물은 보리가 아니라 밀이라는 것을 발견한 이들은 다름 아닌 고대 이집트인들이다. 이집트인들의 빵은 효모를 첨가하여 부풀려진 빵(loaf bread)으로, 메소포타미아 지방의 평평한 빵(flat bread)과는 차원이 달랐다. 이 때문에 이집트인들의 빵 굽는 기술은 당시 지중해 유역에서 최고였다. 빵의 모양도 기다랗거나 둥글거나 각양각색이었다. 기원전 5세기에 이집트를 방문한 그리스인 헤로도토스는 "이집트인은 빵을 먹는 사람이다"라고 놀랄 정도였다. 이집트 파피루스 문서에는 피라미드 건설에 동원된 노동자들이 빵을 배부르게 먹고 맥주를 실컷 마셨다는 기록이 있다.

이집트의 빵 굽는 기술은 이집트와 활발한 국제교역을 벌였던 그리스로 전해졌다. 그리스인들 또한 빵 애호가였다. 호메로스는 인간을 밀가루를 먹는 자라고 정의할 정도였다. 반면 로마인은 빵보다는 죽을 즐겼다. 그리스인은 로마인을 가리켜 죽 먹는 놈들이라고 모욕적으로 부르기도 했다. 왜냐하면 초

기 로마 시대에는 빵을 만드는 기술이 로마인에게 없었기 때문이다. 로마가 그리스를 정벌하자 그리스의 빵 굽는 기술이 결국 로마로 전해졌다.

로마로 전해진 그리스의 빵 굽는 기술은 로마가 유럽 전역을 정복하면서 갈리아, 브리타니아 등 유럽 전역으로 전해졌다. 이후 프랑스의 브리오슈(Brioche)·쿠겔홉프(Kugelhopf), 영국의 몰트 로프(Mold Loaf)·잉글리쉬 머핀(English Muffin), 웨일즈의 바라 브리스(Bara Brith), 아일랜드의 소다 브레드(Soda Bread), 헝가리의 크로아상(Croissant), 덴마크의 데니쉬 패스트리(Danish Pastry), 스칸디나비아 반도와 동유럽의 림파 브레드(Limpa Bread), 스웨덴의 카브링

로마의 최대 향락 도시에서 빵을 파는 상인과 이를 사려는 폼페이 시민들. 나폴리 국립미술관 소장. 사진: Marie-Lan Nguyen (2011), 출처: Wikipedia. Public Domain

(Kavring), 아이슬란드의 룩브라우트(Rgbradud), 스위스의 버터촙프(Butterzopf) 등 셀수 없이 많은 부푼 빵이 유럽에서 우후죽순처럼 생겨났다. 수메르인들이 시작한 빵과 이를 계승한 이집트의 빵 굽는 기술이 그리스, 로마를 거쳐 유럽 전역으로 확산한 것이다.

하지만 로마인들은 여전히 죽을 즐겨 먹었다. 로마가 유럽 전역을 통일하면서 로마의 죽 문화 또한 유럽 전역으로 전파되었다. 영국의 오트밀 또한 로마인들의 죽 문화에서 유래한 것이다. 이집트의 빵 문화와 로마의 죽 문화가 융합된 식품이 바로 수파(suppa)이다. 딱딱한 빵에 뜨거운 국물이나 와인 등의 액체를 부은 것(bread soaked in broth or wine)을 수파라고 한다. 이 수파는 영어의 수프(soup)로 변형되어 전해졌다. 나중에는 불린 빵이 아니라 빵을 불리기 위한 국물을 가리키는 뜻으로 변형되었다. 오늘날 수프에 띄운 주사위 모양의 조그만

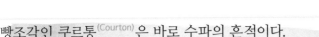
빵조각인 쿠르통(Courton)은 바로 수파의 흔적이다.

로마가 멸망한 이후 유럽이 중세로 접어들면서 빵을 제분하는 제분소와 화덕은 영주의 차지가 되었다. 영주는 제분소와 화덕을 거주민에게 사용하게 하고 돈을 받았다. 심지어 화덕을 영지의 주민이 자신의 집에 만드는 것조차 금지하였다. 화덕에 사용하는 나무가 존재하는 숲도 대부분 영주의 소유였기 때문에, 제분소 사용과는 별도의 사용료를 받았다.

밀은 껍질을 벗기기 쉽지 않기 때문에, 밀 껍질을 제분 후에 분리하지 않으면 빵의 색깔은 갈색이 된다. 특히 하얀색 밀알만 분리하면 거의 50%에 해당하는 밀가루가 사라진다. 이 때문에 평민들은 껍질째로 제분한 밀가루로 만든 빵인 갈색 빵을 주로 먹었다. 하지만 봉건 영주 등 귀족들은 밀 껍질을 분리해서 하얀색 속살의 밀가루로 만든 빵을 먹었다.

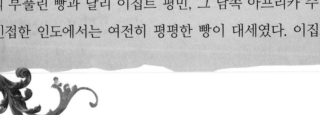

빵을 굽고 있는 중세 제빵사와 그의 제자. 중세에 빵을 굽는 화덕은 모두 영주의 소유였고, 이를 사용하려면 사용료를 내야 했다. 옥스퍼드 보드리안 도서관 소장. Public Domain

이 때문에 흰색 빵 색깔은 중세 시대에는 권력과 부의 상징이었다. 유럽인들은 부푼 빵 제조에서 더 나아가 부푼 빵에 건과일이나 과자 등을 첨가하거나 장식하는 특별한 빵을 만들어 식탁을 풍성하게 만들기도 했다. 3대 크리스마스 디저트 케이크라고 불리는 프랑스의 부쉬 드 노엘(Bûche de Noël), 이탈리아의 파네토네(panettone), 독일의 슈톨렌(stollen) 등이 바로 고급화된 부풀린 빵의 정형이다.

유럽의 부풀린 빵과 달리 이집트 평민, 그 남쪽 아프리카 주민과 메소포타미아와 인접한 인도에서는 여전히 평평한 빵이 대세였다. 이집트에서는 평평

한 빵을 아이쉬^(Aish)라고 불렀고, 이집트 남부 에티오피아와 에리트리아에서는 인제라^(Injera), 인도에서는 난^(Naan), 페르시아는 바르바리^(Barbari), 남아시아는 평평한 빵을 차파티^(Chapati)라고 불렀다. [28] 멕시코에서는 주식이 옥수수였는데, 이를 사용해서 만든 평평한 빵이 토르티야 혹은 또띠아^(Tortilla)라고 부른다.

유럽인들도 부푼 빵 외에 평평한 빵도 만들었다. 가장 대표적인 것이 유럽 전역에서 만들어진 비스켓^(Biscuit)이다. 비스켓은 중세 유럽인들이 빵을 어떻게 하면 오래 보관할지 고민하다가 만든 발명품이다. 비스켓의 뜻은 두 번이라는 뜻의 라틴어 "비스^(bis)"와 굽다라는 뜻의 "콕터스^(coctus)"가 결합한 말로, 두 번 구웠다는 뜻이다. 비스켓은 오래 보관해도 맛이 변하지 않았으므로, 유럽 여행객의 필수품이었다.

빵을 나눠 먹는 중세 프랑스 농민들. 작자 미상. 『모두스 왕과 라시오 여왕에 관한 책(*Livre du roi Modus et de la reine Ratio*)』, 1354~1377년경. Public Domain

중세 유럽에 향신료가 전해지면서 비스켓을 구울 때 향신료를 섞어서 만든 고급 비스켓도 있었다. 루이 11세는 연회에서 겹으로 쌓여 있는 비스켓을 치즈와 같이 즐겨 먹었다고 한다. 비스켓은 또한 대항해 시대 선원들에게도 필수품이었다. 오래 보관할 수 있고, 휴대가 편해서 비스켓이 없으면 장기 항해가 불가능했을 정도였으니까.

비스켓은 신대륙으로 건너가면서 이름이 쿠키^(cookie) 혹은 크래커^(Cracker)로 명칭이 바뀐다. 비스켓이나 크래커 이외에도 유럽 전역의 팬케이크^(Pancake)가

---

28   원래 난(Nan)은 페르시아어로 빵이란 뜻이다. 하지만 현재는 인도, 파키스탄 등의 빵을 지칭하는 용어로 더 알려져 있다.

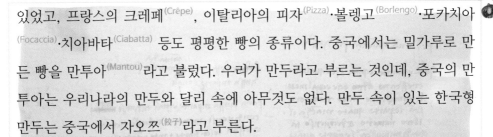

Codex
Atlanticus

있었고, 프랑스의 크레페^(Crêpe), 이탈리아의 피자^(Pizza)·볼렝고^(Borlengo)·포카치아^(Focaccia)·치아바타^(Ciabatta) 등도 평평한 빵의 종류이다. 중국에서는 밀가루로 만든 빵을 만투아^(Mantou)라고 불렀다. 우리가 만두라고 부르는 것인데, 중국의 만투아는 우리나라의 만두와 달리 속에 아무것도 없다. 만두 속이 있는 한국형 만두는 중국에서 자오쯔^(餃子)라고 부른다.

오늘날은 개량 밀을 사용해서 빵을 만든다. 현재의 개량 밀은 자연에 존재하는 밀이 아니라, 인류가 DNA를 조작해서 인위적으로 만든 밀이다. 예컨대 밀과 쌀 등은 종족 번식을 위해 알이 영글게 되면 낱알을 땅바닥 전체로 떨어뜨린다. 이를 "탈립"이라고 한다. 탈립이 생기면 이를 주워서 먹기 어렵다. 바로 식물의 자연적인 생존 전략이다. 그러다가 돌연변이 밀이 우연히 생겨 탈립이 되지 않고 그대로 매달려 있는 "非 탈립형" 밀이 나타났다. 아마도 어떤 인류인지 이 非 탈립형 밀을 우연히 발견하고, 이를 계속 보존하고 개량해서 식량 자원으로 활용한 것이다. 非 탈립형 밀의 발견은 아마도 인류 역사상 가장 위대한 우연적 발견이라고 해도 큰 무리가 없다고 본다.

이 때문에 현재의 보통 밀은 2n 염색체가 42개로, 24개인 벼와 33개의 바나나를 압도한다. 이는 오랜 세월 동안 인류가 밀에 대해서 엄청난 개량 활동을 했다는 증거이다. 쌀 문화에 익숙한 동양인이 개량 밀로 만든 빵을 소화하기 힘든 이유가 이처럼 밀의 복잡한 DNA 구조 때문이다. 이처럼 밀은 복잡한 유전자 조작 과정을 거치면서, 유전자 수가 12만 4천여 개로 늘어났다. 사람의 유전자 수가 2만 개 내외이므로, 밀의 유전자 수가 6배 이상 많은 것이다.

세계 3대 곡식은 쌀, 밀, 옥수수이다. 전통적으로 쌀은 아시아, 밀은 유럽과 아프리카, 옥수수는 미주 대륙의 주식이었다. 이는 쌀은 양자강 유역 혹은 동남아시아^(혹은 갠지스강 유역), 밀은 메소포타미아, 옥수수는 중미 대륙이 원산지이기 때문이다. 이들 식물의 씨앗에는 줄기와 몸체를 만들기 위한 단백질, 씨앗의 싹을 틔우기 위한 에너지원인 탄수화물과 지질^(기름)이 공통적으로 포함되어

있다. 단백질은 밀에 가장 많이 들어 있어서, 빵을 먹는 서양인들의 체격이 동
양인이나 남미 사람들보다 크다. 지질은 옥수수에 가장 많다. 이 때문에 옥수
수는 식용유나 바이오 에탄올과 같은 기름 생산을 위해서도 사용한다. 탄수
화물은 쌀에 가장 많다. 쌀은 단백질과 지질이 상대적으로 부족한데, 이 때문
에 단백질과 지질이 풍부한 콩을 같이 먹는 것이 좋다. 이 점에서 필자가 보기
엔 한국인의 대표 식단인 밥과 된장국은 그야말로 최상의 조합이다.

생산량은 옥수수가 가장 많다. 식용으로 먹는 옥수수는 스위트 콘이 대세
다. 스위트 콘은 옥수수 중에서 당분이 전분으로 변하지 않는 특수한 돌연변
이 종이다. 그런데 옥수수는 식용보다 가축용 사료에 더 많이 사용된다. 하지
만 옥수수는 지력 소모가 엄청나다. 한 번 옥수수를 심으면 그 땅에 다른 작
물을 재배하는 것은 거의 불가능하다. 잉카인들은 이 때문에 가마우지 새의
똥으로 만들어진 후아노 (huano)라는 엄청나게 효과가 좋은 천연 비료를 사용하
여, 인구를 먹여 살렸다. 혹자는 중남미 문명 몰락의 근본 원인이 주식인 옥
수수의 엄청난 지력 소모 때문이라고 주장하는 이들도 있다. 북한의 김일성이
1950년대 말부터 산의 나무를 모두 베어내고 옥수수를 전 국토에 도배한 이
른 바, 주체 농법 또한 엄청난 지력 소모를 초래하여 1996~1999년 3년 사이
에 대략 50만 명이 굶어죽는 고난의 행군을 초래하는 근본 원인이 되기도 한
다. 다만 콩(대두)은 땅속이 아니라 공기 중에서 질소를 흡수하여 자라기 때문
에, 옥수수를 재배한 후에 콩을 심으면 지력이 회복된다.[29] 이 때문에 미국 중

29　생명의 4가지 기본요소는 탄소, 수소, 산소, 질소(CHON)이다. 이 중 질소는 토양에서 식물의 잎을 성장시키
는 핵심 원소이다. 질소가 부족하면 잎이 부실하고 씨앗의 단백질도 부족해진다. 그러나 공기 중의 질소를 이용할 수 있
는 식물은 콩을 비롯해서 몇 안 된다. 나머지는 토지에서 질소를 흡수해야 한다. 토지에 질소를 인위적으로 보충하는 방
법이 바로 비료이다. 1909년 독일 화학자 프리츠 하버(Fritz Haber, 1868~1934)가 공기 중의 질소를 이용하여 암
모니아를 합성하기 전까지는, 새똥의 일종인 구아노(guano, 해조분)가 최고의 비료였다. 구아노는 페루 앞바다 친차
(Chincha) 제도 등 무인도 섬에 엄청나게 많았는데, 영국과 페루가 이를 독점하면서 구아노 전쟁이 벌어지기도 했다.
하지만 독일 화학자 프리츠 하버 덕택에 무한대의 비료가 만들어지면서, 구아노 전쟁은 막을 내린다. 한편 프리츠 하버는
인류 발전에 엄청나게 기여했지만, 유대인을 살해하기 위한 각종 살인 가스 제조에도 관여하였다는 의혹도 동시에 받는
다.

부에서 옥수수를 대량으로 재배하는 "콘 벨트 ^(Corn Belt)"에서는 콩과 옥수수를 교대로 재배한다. 옥수수 최대 생산국과 콩의 최대 생산국 또한 미국으로 동일하다.[30]

옥수수는 처음부터 탈립이 되지 않는 식물이다. 낱알이 단단히 붙어 있는 데다가, 옥수수 수염이 거기를 또 감싸고 있기 때문이다. 따라서 옥수수는 사람의 손길이 없으면 번식이 어렵다. 식물학적으로 보았을 때 옥수수는 전혀 상식적이지 않다. 종족 번식이 불가능한 식물이 자연계에 어떻게 자연스럽게 존재할 수 있단 말인가? 특히 쌀은 야생 쌀, 밀은 야생 염소 풀이 원 조상인데 반해, 옥수수는 원 조상이 없다. 옥수수를 주식으로 삼은 문명인 마야 문명에 따르면 신이 옥수수로 인간을 만들었다고 한다. 이 때문에 옥수수는 외계에서 온 식물이라는 설이 있다.

가격은 쌀이 가장 비싸다. 쌀은 국제 시세 거래 단위가 100파운드 ^(centum weight, cwt)로, 약 50.8㎏이다. 2018년 4월 기준, 쌀은 100파운드당 12.8불이었다. 소맥과 옥수수의 단위는 부셸 ^(bushel)인데 같은 기간 부셸 당 밀은 492센트, 옥수수는 389센트이다. 이를 톤으로 환산하면 쌀은 톤당 251.5불, 밀은 180.9불, 옥수수는 153.2불이다.[31] 철광석이 2018년 4월 기준 톤당 60불 내외이므로, 이들 모두 철보다 2~4배가량 비싼 셈이다. 2024년에는 전 세계적인 인플레이션 영향으로 원자재 가격이 대략 2배 내외로 오른 상태이다.

쌀은 볍씨 한 톨로 700~1,000톨의 쌀을 얻을 수 있다. 오늘날 단순 생산력만 비교해도 쌀은 밀보다 종자 대비 생산력이 훨씬 뛰어나다. 즉, 쌀의 경우

---

30  콩은 효율성이 매우 높다. 덩굴은 돼지 사료로, 껍질은 난방 연료로, 기름은 요리나 난방용으로 사용한다. 중국인의 돼지고기 소비량은 세계 1위인데 콩 또한 소비량이 전 세계 대두 생산량의 32%로 세계 최고이다. 그러나 중국의 대두 생산량은 자국 소비량의 1/10에 불과하다. 미중 무역전쟁 당시 중국은 미국산 대두에 관세 25%를 부과하고 브라질산 대두를 수입했는데, 브라질 대두 또한 미국 다국적기업인 몬산토, 카길 곡물회사의 통제하에 있었다. 감자, 옥수수, 담배와 마찬가지로 콩도 중남미가 원산지이다.

31 부셸 단위도 서로 달라서, 콩과 밀은 27.2㎏, 옥수수는 25.4㎏이다.

보리, 맥주, 빵, 수파

는 종자 대비 120~140배, 밀의 경우에는 20배이다.[32] 나아가 논은 물을 머금고 있기 때문에, 지력 소모가 거의 없다. 중국 남부 지방에서 중세 온난기 시절 일 년에 3번의 벼농사를 지을 수 있었던 이유도 이 때문이다. 그 결과 섬나라 일본은 16세기 섬나라 영국보다 6배 많은 인구를 부양할 수 있었다.[33]

그런데도 불구하고 오늘날 쌀의 생산력이 밀에 뒤지고 쌀 가격이 가장 비싼 이유는 무엇인가? 우선 쌀은 엄청난 양의 물을 소비한다. 따라서 쌀농사를 지으려면 물을 우선 대량으로 가두어야 한다. 즉, 논이 반드시 필요하다.[34] 하지만 논은 보기와 달리 만들기 쉽지 않다. 큰 강에서 작은 개울로, 다시 논으로 물을 옮기고 이를 다시 논에 가두어야 한다. 다행히 인도양에서 5월쯤 북쪽으로 부는 계절풍이 시작되고, 이 계절풍이 히말라야 산맥에 막히면 수분을 머금은 공기가 인도차이나 반도, 중국 남부, 한반도, 일본 열도 등에 많은 양의 비를 뿌린다.[35] 비가 많이 오는 이 시기에 물을 적절히 논에 보관하고 논 농사에 활용해야만 벼를 수확할 수 있다. 동양에서 통치자들이 치수(治水)에 힘쓴 이유가 바로 이것이다.

나아가 쌀은 기계화가 쉽지 않다. 쌀을 재배하기 위해서는 논이 필요한 데 과거부터 구획이 확정되어 물을 머금은 소규모 논에 자동화 기계를 부리기는 말처럼 쉽지 않다. 기계화가 진전되었다고는 하지만 오늘날에도 여전히 벼농사에는 사람의 손도 많이 간다. 이처럼 까다로운 물 관리와 필수적인 사람의 노동력 때문에 전 세계적으로 보면 쌀의 생산량이 밀보다 적게 되고 생산비가 치솟는 것이다.

---

32   미나가키 히데히로, *앞의 책*, p. 232

33   미나가키 히데히로, *앞의 책*, p. 240

34   따라서 논은 일종의 댐이다. 쌀 개방 협상을 할 때 신중해야 하는 이유는 쌀 생산량이 줄면 논의 면적도 줄고, 그만큼 땅에 보관된 물의 양도 줄게 된다는 점이다. 다시 말해 쌀 생산에 필요한 논은 국토의 물을 보존하는 엄청난 환경적 효과를 발휘한다.

35   우리나라에 여름에 비가 집중해서 내리는 이유가 바로 이 때문이다.

03 메소포타미아의 뱅킹 1
복식부기의 사용과 20%의 비밀

페르세폴리스 아파다나 궁전의 정문 계단 옆 부조, 영국박물관 소장

(1) 쿠심

기원전 3400~3000년경 전후에 제작된 것으로 추정되는 점토판 10여 개가 수메르 도시 우루크의 지구라트에서 발견되었다. 이 점토판 중 하나에는 23,521 단위, 보리, 37개월, 쿠심(Kushim) 등 5개의 해독된 단어와 해독되지 않은 1개의 쐐기 문자가 기록되어 있다.

23,521은 어떻게 나온 숫자일까? 수메르 사람들이 사용한 숫자는 다음과 같다. 가장 작은 단위는 "▽"로 1, 다음은 "●"로 10, "▽"은 60, "◉"은 600, "◯"은 3,600, "◎"은 수메르인들이 사용한 가장 큰 숫자로 36,000이다.[1] 이를 위 쿠심 점토판에 적용하면 왼쪽부터 "◉" 3개는 1,800, "▽" 1개는 60, "◯" 6개는 21,600, "▽" 1개는 1, "▽" 1개는 60이다. 이를 모두 더하면 총 23,521이다.

23,521 단위는 현재 기준으로 얼마일까? 기원전 3,000년경 수메르에서 가장 널리 사용되던 부피 단위는 실라(Sila)였다. 1 실라는 0.97리터이다. 즉 고대 수메르인들이 보리를 거래할 때는 보통 1 실라에 해당하는 그릇을 사용하여

---

1 3,600을 나타내는 타원형 모양은 수메르인들이 아눈나키가 내려온 별인 니비루 행성의 태양 공전 형태이며, 이 공전 주기가 3,600년이기 때문에 3,600이라는 숫자를 의미한다는 설이 있다. 수메르인들은 3,600년을 1 샤르(Shar)라고 부르기도 했다.

보리를 담아 거래했다. 보리 1리터가 대략 600그램이므로, 23,521의 단위를 실라라고 가정하면 13,689kg이다. 우리나라의 경우 한 가마니라고 부르는 한 섬이 대략 80kg 내외이므로 23,521 실라는 약 171섬이다.

한편 쿠심은 일반적인 사물을 지칭하는 보통명사가 아니고, 특정 사물, 사람이나 기관, 혹은 직함의 이름을 가리키는 고유명사라는 설이 다수설이다. 하지만 아직까지도 무슨 뜻인지 정확히 알려진 바는 없다. 다수설이 사실이라고 가정하면 쿠심이라는 사람이 이 거래에 관련된 것으로 추정된다. 쿠심이라는 사람이 기록을 했거나, 쿠심이 빌렸거나 아니면 쿠심에게 빌려주었거나 등 다양한 해석이 가능하다. 쿠심이 사람 이름이 아니라 공공기관의 이름일 수도 있다. 구약성서에도 쿠심이라는 단어가 여러 번 등장하는데, 아프리카의 에티오피아 지역 혹은 그 지역의 흑인을 지칭한다는 설이 있다. 그리고 23,521 단위라는 숫자는 복잡하면서도 규모가 크다. 특히 이 숫자는 정형화된 숫자가 아니므로 특정량을 대상으로 특정 거래 건을 기록한 것일 가능성이 매우 높다.

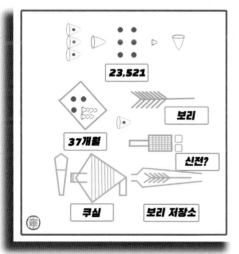

37개월은 어떻게 나온 숫자일까? 마름모 모양의 사각형 안에는 ●가 3개 새겨져 있어 30, ▽가 7개 새겨져 있어 7이다. 즉 37이다. 이 37개월이라는 수치도 정형화된 숫자가 아니다. 따라서 특정 거래에 수반된 기간일 가능성이 높다. 필자가 보기에 뱅킹이라는 관점에서 가장 중요한 단어는 37개월이다. 171섬의 보리에 시간 단위인 37개월이 개입되어 있는 거래는 과연 무엇이었을까?

가장 자연스러운 추론은 보관증이다. 예컨대 이 점토판은 37개월 동안 171섬의 보리를 받아 보관했다는 증명서이다. 이 점토판이 발견된 곳이 거대 신전이었던 지구라트였다는 점을 감안하면, 신전을 관리하는 기관의 공무원 혹은 신관이 171섬의 보리를 37개월 동안 보관했다는 뜻일 가능성이 있다.

하지만 이 점토판이 보관증을 의미하는 것이라면 가장 문제는 37개월이다. 우선 메소포타미아 지역의 기후를 고려했을 때 37개월 동안 보리를 보관하는 것이 가능한가? 당시 메소포타미아는 매우 더운 곳이었다. 3년 넘는 기간에 보리를 보관하는 것이 물리적으로 가능했을까?

보관증이 아니라면 도대체 이 점토판은 무엇을 기록한 것일까? 전술한 쿠심의 점토판들 중에는 앞면에 여러 개의 선으로 구분된 칸에 다양한 수치와 이름이 적혀 있고, 뒷면에는 이 수치를 합한 수치가 적힌 점토판도 발견되었다. 뒷면에는 여러 개 선으로 구분되어 있지 않고, 오직 수치 하나와 쿠심, 그리고 또 다른 이름 니사[Nisa]가 적혀 있었다. 뒷면 수치는 앞면에 기록된 여러 수치의 합이었다.

이를 근거로 혹자는 앞면의 여러 숫자는 누군가에게 빌려준 혹은 배분한 보리 수치를 적은 것이고, 뒷면에는 이 보리를 빌렸거나 배분받은 후 수치를 합한 것이라는 해석을 하기도 한다.[2] 만약 이 해석이 맞다면 이 점토판은 앞면은 대변(credit)이고 뒷면은 차변(debit) 기능을 하는 일종의 복식부기 원장이 된다. 지금으로부터 5,000년 전에 수메르인들이 복식부기를 사용한 것이다!!!

이를 바탕으로 전술한 쿠심의 점토판에 적용하면, 이 점토판은 쿠심이 171섬의 보리를 37개월 동안 빌려주었거나 배분한 거래를 기록한 증서가 된다. 추정컨대 쿠심은 보리를 이용해 맥주를 만드는 사람 혹은 기관에게 보리를 37개월 동안 빌려주었거나 배분한 것으로 보인다. 보리를 가지고 있었던 쿠심과 맥주를 만드는 이들이 동일한 기관에 소속되어 있었다면, 이 점토판은 보리를 내부에서 배분한 것을 기록한 것이 된다. 만약 쿠심과 맥주를 만드는 이들의 소속 기관이 달랐다면, 이 점토판은 쿠심이 보유한 보리를 외부 기관에 빌려준 것을 기록한 것이다. 후자의 경우 쿠심은 인류 역사상 최초로 등장하는 뱅커의 이름이 되는

---

2 Hans J. Nissen, Peter Damerow, Robert K. Englund, 『*Archaic Bookkeeping: Early Writing and Techniques of Economic Administration in the Ancient Near East*』, University of Chicago Press, 1993, p. 39

것이다!

만약 이 점토판이 대차거래를 기록한 것이라면 37개월은 어떻게 나온 것일까? 수메르 문명은 인류 최초로 60진법을 사용한 문명이었다. 따라서 수메르 문명의 1년은 오늘날과 마찬가지로 12개월이었다.[3] 37개월이면 3년도 아니고 3년 1개월이다. 쿠심이 뱅커였다면 자연스러운 대출 기간인 3년이 아닌 왜 37개월을 사용한 것일까? 어떤 이는 양력과 음력의 차이를 보정하기 위한 것이었다고 주장한다.[4] 즉, 3년에 한 달은 음력 윤달을 넣어서 양력과 음력의 날짜 차이를 보정하게 되므로, 이를 감안하여 37개월로 했다는 것이다. 이 주장이 사실이라면 이 점토판의 37개월은 양력으로 계산한 것이 아니라 음력으로 계산한 3년인 것이다.[5]

(2) 타마리스크(tamarisk)와 엔릴(Enlil)

이 점토판이 대출을 기록한 것일 가능성이 높다는 가설은 약 500년 뒤에 발견된 함무라비 법전에서도 증명된다. 함무라비 법전은 '눈에는 눈, 이에는 이'라는 복수법으로 유명하다. 가장 대표적인 사례가 함무라비 법전의 1조이다. 즉, 함무라비 법전의 1조는 우르남무 법전과 마찬가지로 살인한 자는 사형에 처한다는 조항이다. 혹자는 함무라비 법전의 기본 구조인 복수법이 비합리적이라고 매도할지 모르겠다.[6] 하지만 수메르 문명 당시에는 과잉 복수가 일반적이었다. 상

---

3 시간을 10진법으로 구분하려는 시도가 있긴 했었다. 바로 프랑스 대혁명 이후인 1793년 프랑스다. 프랑스는 하루를 10개의 시간으로 나누고, 그 시간을 다시 100등분(십진 분)하였고, 그 십진 분을 다시 10개의 초(십진 초)로 나누었다. 이 시간 방식은 1794.9~1795.4까지 실제로 프랑스에서 사용하였다. 하지만 아무도 그 시간을 사용하지 않았고, 결국 폐기되었다. 앤드류 엘리엇, 『숫자로 읽는 세상의 모든 것』, 미래의 창, 2021, p. 124

4 Hans J. Nissen, Peter Damerow, Robert K. Englund, *Ibid*, p. 36

5 오늘날에는 양력과 음력의 차이를 보정하기 위해 19년에 7번의 윤달이 있다. 따라서 3년 혹은 4년마다 윤달이 불규칙하게 들게 된다. 수메르인들이 19/7 윤달의 규칙을 사용했는지는 정확하지 않으나 윤달의 개념을 사용한 것은 확실한 사실이다. 수메르인들은 현재의 3월이 제1신 아누(Anu)에게 헌정된 달로 1년의 첫 번째 달이었다.

6 복수법에 담긴 원칙을 '렉스탈리오니스(lextalionis)'라고 부르기도 한다.

해를 받은 자가 상대를 살해하는 일이 비일비재하였고, 개인적 살인이 도시 국가 전체의 전쟁으로 비화하는 경우도 적지 않았다. 함무라비 법전은 상해와 살인 등의 죄는 비례의 원칙에 따라 처벌되어야 한다는 점에서 당시의 관점에서는 매우 진보적이고 혁명적인 규율이었다.

뱅킹의 관점에서 함무라비 법전에서 가장 주목할 만한 조항은 바로 대출과 이자 조항이다. 함무라비 법전에 따르면 농지를 담보로 상인에게 대출을 받았을 경우, 수확이 생기면 원금과 이자를 곡물이나 참깨^(grain or sesame)로 갚아야 한다.[7] 상환 당시에 돈이 없을 경우에는 빌려 간 돈의 원금과 이자를 국왕이 정한 시장 가격으로 평가한 곡물이나 참깨로 갚아야 한다는 조항도 있다.[8]

나아가 곡물로 대출을 하였을 경우 최고 이자율은 곡물로 상환했을 경우에는 33.3%이고 은의 경우에는 20%라는 기록도 있다.[9] 이 조항들은 기원전 20세기를 전후한 시기에 농산물을 중심으로 한 대출 활동이 매우 활발하였음을 보여 주는 증거이다. 함무라비 법전이 당시 바빌로니아 전역의 생활상을 규율하는 법전임을 감안할 때 수메르, 아카드, 아시리아, 바빌로니아 등의 메소포타미아 문명에서는 농산물 대출을 중심으로 한 뱅킹 활동이 매우 활발했음을 알 수 있다.

함무라비 법전으로부터 추론되는 메소포타미아인들 뱅킹의 중요한 특징은 다음과 같다. 첫째, 농업 활동에서 대출이 매우 활발했던 것으로 보인다. 활발한 대출 활동은 메소포타미아 경제의 여유 자금이 농업처럼 자금이 필요한 시기와 생산물의 산출 시기가 다른 곳으로 효율적으로 이동하게 함으로써 농업 생산 전반의 생산력을 높였을 것이다. 이는 메소포타미아인들의 농업 생산력이 우리가

---

7 함무라비 법전 § 50 - If he give (as security) a field planted with [grain] or a field planted with sesame, the owner of the field shall receive the grain or the sesame which is in the field and he shall return the loan and its interest to the merchant.

8 함무라비 법전 § 51 - If he have not the money to return, he shall give to the merchant [grain or] sesame, at their market value according to the scale fixed by the king, for the loan and its interest which he has obtained from the merchant.

9 Roy C. Smith and Ingo Walter, *Ibid*, p 4

생각하는 것 이상으로 높았을 가능성이 높다는 뜻이다.

농업은 농산물의 생산에 시간이 소요되고 날씨 등의 위험 요소에 영향을 많이 받는 전형적인 위험 수반 프로젝트이다. 따라서 농산물 대출은 전형적인 프로젝트 파이낸싱의 특징을 갖게 된다. 프로젝트 파이낸싱은 프로젝트의 시작과 끝에 위치한 매 기간별 현금흐름과 최종 산출물의 가치를 현가로 계산하고, 대출자가 어느 정도 위험을 수용할 수 있는지 결정하는 과정을 거쳐야 한다. 달리 말해 수메르인들은 밀이든 보리든 씨를 뿌리는 시점에서부터 수확하는 시점까지의 기간과 최종 산출물, 그 사이의 위험 요소 등을 파악하고 이를 현재가치로 환산하여 자신의 리스크 부담을 바탕으로 대출금과 적정 이자율을 계산할 수 있었다는 뜻이다.

이처럼 함무라비 법전의 이자율 규정은 "농업 활동"에 대한 이자율 규정이다. 농업 활동은 위험 부담을 안고 무에서 유를 창조하는 행위이다. 오늘날 관점에서 농업은 일종의 투자인 것이다. 특히 농업은 씨를 뿌리는 시기와 수확 시기가 다르므로, 자금이 필요한 시점과 자금을 회수하는 시점에 시간 간격이 있다. 당연히 이 시간 간격을 메우기 위한 대출이 필요했을 것이다.

후술하겠지만 농업 활동 이외에 국제무역을 하는 선박도 일종의 투자 개념이므로 이에 대한 대출에도 이자율은 적용되었다. 농업 활동에 대한 최고 이자율을 규정한 함무라비 법전의 규정을 유추 해석하면, 국제무역에 대한 대출에는 최고 이자율 규정이 적용되지 않았을 것이다. 실제로 메소포타미아의 왕들이 부채를 탕감할 때에도, 국제무역에 대한 대출과 이자는 탕감 대상에서 제외하기도 했다. 다만 농업이나 선박과 같은 투자가 아닌 단순한 소비자 대출에도 이자율 개념이 적용되었는지는 명확하지 않다.

하지만 바빌로니아 시대의 왕들이 주기적으로 부채를 탕감해 준 것으로 보아, 대출에 이자를 붙이는 관행은 매우 광범위하게 만연하였던 것으로 보인다. 빚을 탕감하는 수메르 용어도 별도로 있었다. 즉, "안두라룸(andurarum)"은 빚이 없는 상태로 원상 복귀한다는 뜻이고, "미스하룸(misharum)"은 곧게 펴다는 뜻으로 빚을 탕감한다는 뜻이다. 이와는 별도로 부채의 원금이나 이자 탕감은 "자유"를 의미하는 "아마르기(amargi)"와 같이 사용하기도 하였다. 오직 투자와 같은 위험 행위에만 이자를 붙였다면, 왕이 선의를 베풀어 빚을 탕감했다는 것은 앞뒤가 안 맞다. 즉, 수메르인들과 바빌로니아인들은 투자행위 뿐만 아니라 단순히 돈을 빌려주는 행위에도 이자를 붙였고, 이 과정에서 가난한 자들의 억울함을 풀어 주기 위해 왕이 시혜를 베풀었을 가능성이 높다. 함무라비 법전이 최고 이자율에 대한 규정을 둔 것도 이자 부과가 메소포타미아에 만연했다는 뜻이다.

농업 활동에 대한 대출은 미국의 3대 상업은행 중 하나인 Bank of America(현재의 BoA Merrill Lynch)의 전통적인 주력 영역이었다. BoA는 미국에서 가장 활발하게 농민에게 대출을 해주는 기관으로도 알려져 있다.[10] 특히 아이오와주는 州 전체의 뱅킹 활동 중 농민 대출이 전체의 60%에 이른 적도 있었다.[11] 광활한 지역에 밀을 심고 수확하는 과정에서 뱅커들이 자금을 대는 오늘날의 아이오와주를 보면 고대 메소포타미아도 이와 비슷한 풍경이 아니었을까?

함무라비 법전 제정 당시뿐만 아니라 그 이전인 BC 2400~BC 1700 기간에도 메소포타미아의 왕들은 농업 대출에 대한 원금과 이자 탕감을 주기적으로 실시했다. 예컨대 라가쉬의 왕이었던 우르-이님-기나(Uru-inim-gina, 혹은 Urukagina, BC ?~2371)는 BC 2350년 새해에 농업 활동과 관련된 모든 이자를 즉시 탕감해 주었다.[12] 다만 우르-이님-기나가 부채의 원금까지 탕감해 주었는지는 명확하지 않다. 바빌로니아의 함무라비 왕(Hammurabi, BC?~1750)도 BC 1761년, 바빌론에서 강자가 약자를 탄압하지 않도록 부채를 탕감했다. 부채를 탕감하기 위해 함무라비 왕은 여러 사람들이 보는 앞에서 채무가 기록된 진흙 태블릿을 부숴 버렸다. 이는 함무라비 왕이 부채의 원금과 이자 모두를 탕감해 주었다는 뜻이다.

---

10 Martin Mayer, *Ibid*, p. 242

11 Martin Mayer, *Ibid*, p. 243. 다만 미국의 농민 대출은 바빌로니아인들과는 달리 농토를 담보로 하고 빌려 주기보다는, 일반적으로 수확될 농산물을 담보로 하고 대출한다.

12 David Graeber, Ibid, p. 216

바빌로니아에서는 농업 활동에 대한 이자뿐만 아니라, 상업 활동에 대한 이자도 있었다. 상업 활동에 대한 이자는 국제무역에 소요되는 자금을 빌려주고, 이에 대한 대가를 받는 형식이었다. 상업 활동에 대한 이자의 증거는 명확하지 않다. 그러나 메소포타미아의 왕들은 상인인 타마리스크나 탐카루의 원리금은 탕감 대상에 제외했다고 한다.[13] 이는 상업 활동에 대한 이자도 명백히 존재했다는 뜻이다.

　　둘째, 메소포타미아인들은 토지를 담보로 대출 활동을 하였다. 이를 통해 추정컨대 메소포타미아인들은 토지 그 자체에 대한 거래가 매우 활발했던 것으로 보인다. 실제로 바빌로니아인들은 토지들의 경계를 기록하거나 토지 거래 그 자체를 기록하는 돌, 일명 "쿠두루(kudurru)"를 매우 활발하게 사용했다. 쿠두루에는 거래에 대한 상세 기록뿐 아니라, 거래를 증명하는 증인들 이름도 기록하고, 이 거래 자체를 부인하는 경우에는 저주를 받는다는 문구도 있었다. 나아가 거래 자체에 신성을 부여하기 위해 샤마시(Shamash), 신(Sin), 이시타르(Ishtar)의 상징인 태양, 달, 금성을 새겨 넣기도 하였다. 어떻게 보면 쿠두루가 오늘날 토지의 소유권을 보장하는 신성한 토지 소유문서인 셈이다.

매매 쿠두루 윗부분. 거래의 신성함을 상징하는 금성, 거북이, 송과선(?) 등이 그려져 있다.

　　쿠두루는 일반인들뿐 아니라 왕들도 사용했다. 이는 왕 또한 최소한 토지 거래에서는 법률의 지배를 받았다는 뜻이다. 예컨대 기원전 11세기 바빌로니아의 왕이었던 마르둑-나딘-아헤(Marduk-nadin-ahhe, 재위 BC 1099~1082)는 왕실 관리를 시켜 5 구르(GUR)에 해당하는 땅을 구입하고는 1,700 은 쉐켈(shekels)에 해당하는 현물을 지급했다는 기록을 돌에 남겼다. 바빌로니아 지방에서 1 쉐켈은 대략 8.7그램이므로, 14.7kg의 은에 해당하는 대규모 토지이다. 이 돌 쿠두루에는 활과 화살을 들고 있는 마르둑-나딘-아헤의

13　David Graeber, *Ibid*, p. 216

조각상이 그대로 그려져 있다.

마르둑-나딘-아헤 왕은 토지를 구매한 기록뿐 아니라 증여한 기록도 남겼다. 영국박물관이 소장하고 있는 쿠두루에 따르면 아시리아 정벌에 따른 보상으로 아헤 왕은 자신의 신하에게 포상으로 토지를 증여한다. 그 증거로 남겨진 쿠두루에는 이 증여를 의심하는 자에게는 저주가 내린다는 문장과 이 토지의 소유자는 각종 세금과 의무로부터 면제된다는 내용도 기록되어 있다.

마르둑-나딘-아헤(Marduk-nadin-ahhe, 재위 BC 1099~1082)의 쿠두루. 돌은 거래의 신성함을 상징하기 위해 조각된 뱀으로 둘러싸여 있고, 돌 위에는 거래를 부인하는 경우 저주의 상징들이 그려져 있다. 왕의 오른쪽 활 바로 아래쪽에는 "영원한 경계석의 설립(Establishment of Boundary Forever)"이라는 글씨가 새겨져 있다. 바빌론 출토. 영국박물관 소장

나아가 토지에 대한 담보가 이루어졌다는 것은 담보를 평가할 수 있는 능력이 있었고, 담보권을 실행할 수 있는 법규가 구비되어 있었다는 뜻이다. 나아가 농업 활동 대출에서 위험을 헤징할 수 있는 적절한 수단이 뱅커에게 갖추어져 있었다는 뜻이다. 이는 오늘날 모기지(mortgage) 개념과 본질적으로 같다. 달리 말하면 바빌로니아에서는 토지에 대한 모기지 개념이 통용되고 있었다.

한편 담보는 돈을 빌려주는 이와 돈을 빌리는 이 사이에 일종의 파트너쉽이 결성되었다는 뜻이다. 이 파트너쉽에서 돈을 빌려주는 이는 소극적인 투자자이고, 돈을 빌리는 이는 적극적인 투자자이다. 왜냐하면 돈을 빌려주는 이는 투자가 성공할 경우에는 단순히 이자만을 받으려고 하고, 실패하면 수동적으로 담보권을 실행하면 되기 때문이다. 돈을 빌리는 사람은 자신의 노동과 기술을 동원하여 어떻게든 투자에 성공하려고 하기 때문에 적극적인 투자자이다. 오늘날 PEF 용어로 하면 돈을 빌려주는 이는 재무적 투자자(Limited Partner: LP)이고 돈을 투자받는 이는 적극적 운용자(General Partner: GP)인 것이다.

메소포타미아인들의 담보 관행과 구조는 이들의 뱅킹 기법을 도입한 페니키

아인들의 장기 운송계약(contract of affreightment, contrat d'affrètement)으로 발전한다.[14] 네덜란드 해양 법학자 크루이트(Jolien Kruit)도 BC 1200~800년경 동지중해의 고대 페니키아에서는 오늘날의 장기 운송계약과 같은 형태의 관습 해양법이 적용되었으며, 이 관습법은 페니키아 이전 BC 2000년경의 바빌로니아인들, 혹은 그보다 오래된 이들의 상거래 관행에서 유래한 것일 수 있다고 주장했다.[15] 필자도 100% 동의한다. 즉 페니키아 뱅커들은 BC 2000년 이전 수메르나 바빌로니아 문명의 영향을 받아 선박과 선박에 실린 물건을 담보로 하여 돈을 빌려 주거나 투자하고, 선박 소유주나 항해사들은 그 물건을 국제교역을 통해 해외에 팔아 이득을 남겼다. 남겨진 이득은 뱅커, 선박 소유주와 항해사가 나누어 가졌다. 묘하게도 페니키아의 용선 계약은 메소포타미아 지방에 번성하였던 수메르와 바빌로니아 문명의 토지 담보와 이를 바탕으로 돈을 빌려주는 구조와 본질적으로 같다.

후술하겠지만 페니키아인들은 이와 같은 용선 계약을 통해 지중해 해상무역을 약 1,000년 동안 제패했다. 페니키아인들의 용선 계약은 그리스인들의 항해 대출인 나우티콘 다네이온(nautikon daneion)으로 계승되었다.[16] 나우티콘 다네이온은 로마의 나우티쿰 포에누스(nauticum foenus) 혹은 나우티쿰 피큐니아(nauticum pecunia)로 좀 더 정치하게 발전하게 되고, 이 형태가 발전된 중세 이탈리아의 코멘다(commenda)를 통해 상업 혁명 시기 서유럽 전체로 확산하였다.[17] 17~18세기에는

---

14 용선 계약(contrat d'affrètement)이란 배의 주인이 항해를 전문으로 하는 이에게 배를 빌려주는 계약(charter contract)이다. 본문에서 필자가 주장한대로 용선 계약은 고대 수메르와 바빌로니아 문명에서 비롯되었고, 페니키아인들이 이를 계승하여 즐겨 사용하였다.

15 Jolien Kruit, 『General average, legal basis and applicable law』, Paris Legal Publisher, 2017, p. 23. "It is commonly accepted that in ancient times the whole sector of maritime law was almost exclusively ruled by the customary law of the sea. It is likely that the law of the sea used in the Mediterranean was a mixture of legal systems. These rules had probably been existing for centuries and would have developed gradually around the Eastern Mediterranean coast. It is likely that at least some of these rules date back to the period of Phoenician supremacy, i.e., between 1200~800 B.C. Possibly (some of) the rules were already applied at the time of the Babylonians, i.e., around 2000 B.C., or even before."

16 그리스인들의 히포테케(hypotheke)는 자금을 빌려줄 때 담보로 잡는 선박이나 토지 담보를 의미한다.

17 이탈리아의 코멘다(commenda)는 자금을 대는 이와 기술·서비스·지식을 대고 회사를 운영하는 유한책임 회사를 의미한

네덜란드와 영국의 동인도 회사가 이탈리아의 코멘다 형태를 발전시켜 투자자와 경영진이라는 개념으로 이를 근대화하여 주식회사라는 개념을 정립하였다. 마침내 서유럽인들은 바빌로니아의 모기지 개념을 발전시킨 주식회사를 통해 원거리 항해에 자금을 집중 투자하였다. 그 결과 서유럽 국가는 향신료와 설탕 무역을 독점하면서 세계 3대 제국인 오토만 제국, 무굴 제국, 청나라를 차례로 쓰러뜨려 세계를 정복했다.

셋째, 메소포타미아 경제에서는 대출의 주체가 상인이었다. 즉, 뱅커가 독자적인 세력이나 계층을 형성한 것이 아니라 상인이 대출 활동을 한 것이다. 전술한 대로 수메르 문명을 비롯한 메소포타미아 지역은 국제교역 활동이 매우 활발했다. 따라서 상인들에게 부가 집중되는 것은 자연스러운 결과였을 것이다. 추정컨대 부유한 상인들은 왕실 혹은 사제나 장군들 다음으로 높은 계층을 형성했을 것이다.

마르둑-나딘-아헤(Marduk-nadin-ahhe, 재위 BC 1099~1082) 시절 토지를 증여한다는 내용이 담긴 쿠두루. 쿠두루 위에는 거래의 신성함을 상징하는 뱀이 그려져 있고, 가장 꼭대기에는 태양과 달이 새겨져 있는데 이는 태양의 신 샤마시(Shamash)와 달의 신 신(Sin)을 상징한다. 뱀과 함께 이 토지 증여의 신성함을 재차 강조한 것이다. 바빌론 출토. 영국박물관 소장

나아가 대출을 하는 상인과 국제교역은 매우 밀접한 관련이 있다. 예컨대 가을에 수확할 작물을 다른 나라로 수출할 목적이 있는 상인이라면, 농토를 담보로 대출을 하고 산출물이 나오면 이를 대출금으로 갚는 방식으로 수출 물품을 확보했을 것이다. 이처럼 활발한 국제교역과 뱅킹은 서로 떨어질 수 없는 불가분의 관계이다. 『황금, 설탕, 이자 - 바빌로니아의 수수께끼(상)』編에서도 언급했지만, 18~19세기에 미국에서 대거 설립된 셀리그만 앤 코(J. & W. Seligman & Co.), 쿤 뢰브(Kuhn Loeb & Co.), 리먼 브라더스(Lehman Brothers), 라

다.

자드(Lazard) 등의 뱅커들도 출발은 모두 무역상이었다. 오늘날 투자은행의 개념인 머천트 뱅킹(merchant banking)이라는 용어도 바로 이 때문에 나온 것이다.

바빌로니아에서는 상인을 "타마리스크(tamarisk)" 혹은 "탐카루(tamkaru)"라고 불렀다.[18] 타마리스크의 수호신은 왕 중의 왕 엔릴(Enlil)이었다. 함무라비 왕도 엔릴을 자신의 수호신으로 거론했는데, 이는 그만큼 상업 활동이 바빌로니아에서 매우 중요했음을 보여 주는 증거이다. 어떤 이들은 타마리스크가 국가를 대신해 상업 활동에 종사했던 공무원이라고 주장하기도 한다. 이는 바빌로니아가 국가 차원에서 상업 활동을 매우 중시했기 때문에 어느 정도 설득력 있는 주장이다. 다시 말해 바빌로니아에서는 최소한 최초의 계층 생성 단계에서는 상인이 곧 국가 공무원이었을 가능성이 매우 높다. 아마도 상업이 발달하면서 국가 공무원이 아니라, 민간인 중에서도 활발한 상업 활동을 전개하는 독자적인 민간 상인 계층이 등장했을 것으로 보인다. 나아가 상인들은 동시에 뱅킹 활동에도 종사했으므로, 타마리스크는 금융가(financier) 혹은 뱅커라는 의미도 동시에 가지고 있었을 것이다.

넷째, 메소포타미아인들이 화폐를 사용했을 가능성이다. 메소포타미아 경제에는 화폐가 없었다는 것이 일반적인 견해이다. 하지만 함무라비 법전에는 돈이 없으면 물건으로 갚으라고 기술되어 있다. 이는 화폐라고 부르는 그 무언가가 존재했다는 뜻이다. 특히 수메르 언어에는 화폐(currency) 혹은 돈(money)이라는 단어가 존재했다. 수메르어로 화폐는 "카스팜(kaspam)"이다. 단어가 있었다는 것은 단어가 지칭하는 그 무엇인가가 있었다는 뜻이다. 수메르 언어와 함무라비 법전으로만 추정했을 때 메소포타미아 경제에서는 화폐가 존재했을 가능성이 매우 높다.

그렇다면 고대 메소포타미아인들은 어떤 물품으로 화폐를 사용했을까? 혹자

18 　수메르어로는 담가르(DAM.GAR) 혹은 담가라(DAM.GARA)이고, 아카드어로는 탐카루(tamkāru)이다. 아나톨리아 지방에서 실제로 활동했던 타마리스크의 이름은 다음과 같다. 마눔-발룸-아수르(Mannum-balum-Aššur), 다미크-피-아수르(Damiq-pī-Aššur), 일리-바니(Ilī-bāni), 이나야(Innāja), 임딜룸(Imdīlum), 에남-벨룸(Ennam-Bēlum), 푸수-켄(Pūšu-kēn), 쿠라(Kura), 이슈-라브(Ilshu-rab). 출처 https://translate.google.co.kr/translate?hl=en&sl=hu&u=https://hu.wikipedia.org/wiki/Tamk%25C3%25A1rum&prev=search

는 메소포타미아인은 진흙 토큰(clay tokens)을 화폐로 사용했다고 주장하는데, 필자도 이에 동의한다. 예컨대 황소 10마리를 팔았다면, 황소를 상징하는 글씨와 숫자 10을 진흙 토큰에 새기는 것이다. 이 경우 진흙 토큰은 화폐라기보다는 일종의 약속어음이나 거래를 기록한 원장이었을 것이다. 특히 진흙 토큰은 거래 원장을 기록한 진성 어음이므로, 화폐 역할을 하는데 결코 부족함이 없었을 것이라고 확신한다.

어떤 이들은 고대 메소포타미아의 여인들이 착용하는 금이나 은 귀고리가 화폐 대용으로 사용되었을 것이라고 주장한다. 필자가 보기에는 함무라비 법전의 문구로 보았을 때는 은이 모든 이들에게 통용되는 일반적인 화폐 역할을 했을 가능성이 매우 높다.[19] 은은 금보다 상대적으로 풍부한 금속이었고, 소량으로 높은 가치를 표시할 수 있었기 때문이다. 물론 금 또한 은과 마찬가지로 화폐 기능을 했을 것이다. 다만 금은 왕권의 상징이었고 가치가 높았으므로, 일반인들이 화폐로 사용하기는 제한이 많았을 것으로 추정된다. 실제로 은은 수메르어로 "카스품(kaspum)"인데, 화폐를 의미하는 "카스팜(kaspam)"과 철자나 발음이 매우 비슷하다.

시리아에서 발견된 적철광(haematite) 표준 무게 추. 이와 같은 무게 추의 모양은 바빌로니아 시대 때 처음 만들어진 것이다. 가운데 가장 큰 무게 추는 1 미나, 가장 가장자리에 있는 추는 3 쉐켈. 영국박물관 소장

이 시기의 금과 은은 동전 형태가 아니라, 덩어리 형태(잉곳, ingot)로 무게를 기준으로 거래되었다. 메소포타미아의 무게 단위 중 가장 최소 단위는 쉐켈(shekel)이다. 이를 통해 추정컨대 고대 메소포타미아에서는 무게 단위와 화폐 단위가 같았다. 이는 황금이나 은이 무게로 통용되면서 동시에 화폐로서의 기능

---

19 역사학자 Marvin Powell (Northern Illinois in De Kalb), "Silver in Mesopotamia functions like our money today. It's a means of exchange. People use it for storage of wealth, and the use it for defining value." 출처: http://factsanddetails.com/world/cat56/sub363/item1514.html

도 같이 하였음을 보여 준다. 쉐켈은 이스라엘인들이 현재까지도 사용하는 화폐 단위이다.

12진법을 사용하는 수메르인들의 영향으로 메소포타미아에서는 무게 단위도 12진법을 사용했다. 즉 60 쉐켈이 1 미나[mina]였고, 60 미나가 1 탈란트[talent]였다.[20] 오늘날 도량형으로 1 미나는 대략 500그램이고, 1 탈란트는 대략 30킬로그램이다. 무게가 화폐 단위와 같았으므로, 메소포타미아인들은 공식 무게 추를 만들어 전역에 배포했다. 공식 무게 추는 때로는 둥그런 비석 모양이기도 하고, 때로는 오리와 같은 동물 문양을 사용했다. 이 공식 무게 추를 사용하여 황금과 은의 무게를 재고, 화폐 단위를 결정했던 것이다.

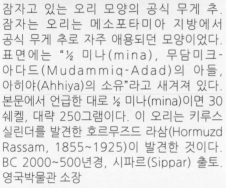

잠자고 있는 오리 모양의 공식 무게 추. 잠자는 오리는 메소포타미아 지방에서 공식 무게 추로 자주 애용되던 모양이었다. 표면에는 "½ 미나(mina), 무담미크-아다드(Mudammiq-Adad)의 아들, 아히야(Ahhiya)의 소유"라고 새겨져 있다. 본문에서 언급한 대로 ½ 미나(mina)이면 30 쉐켈, 대략 250그램이다. 이 오리는 키루스 실린더를 발견한 호르무즈드 라삼(Hormuzd Rassam, 1855~1925)이 발견한 것이다. BC 2000~500년경, 시파르(Sippar) 출토. 영국박물관 소장

다섯째, 바빌로니아인들은 대출에 이자를 붙였고, 이 이자율에 상한을 설정했다. 즉, 은과 같은 화폐의 경우에는 상한 이자율이 20% 이었고, 보리와 같은 물품으로 이자를 받는 경우에는 상한 이자율이 33.3%였다.[21] 이는 화폐가 물품보다 통용 가능성이 높다는 점에서 매우 합리적인 규정이다. 아울러 이자율에 상한을 설정했다는 것은 당시 대출 활동이 매우 활발했고, 경우에 따라서는 이자율이 법률로 상한을 규정할 만큼

---

20 1 mina = 60 shekels, 1 Talent = 60 minas = 3,600 shekels이다.

21 우리나라 법정 최고 금리는 주로 대부업체에 적용되는 금리인데, 2014년 4월 이전에는 법정 최고 금리가 39%이었고, 2014년 4월부터는 34.9%, 2016년 3월부터는 27.9%, 2018년 1월부터는 24%, 2021년 7월부터는 20%이다. 고대 바빌로니아 사람들이 2021년 7월 이전 우리나라 사람보다 이자율에 대해 관대했다는 점은 시사하는 바가 매우 크다. 2024년 기준 우리나라 법정 최고 이자율은 고대 바빌로니아의 최고 이자율과 같은 20%인데, 이는 고대 바빌로니아의 이자율 개념이 매우 발달되어 있음을 보여 주는 것이다.

매우 높았음을 의미하는 것이기도 하다.

흥미로운 것은 바빌로니아의 선조격인 수메르인들이 이자를 "마스(máš)"라고 불렀다는 점이다. 마스는 송아지라는 뜻도 가지고 있었다. 부를 상징하는 소가 잉태하여 송아지를 낳듯이, 자금이 조그만 자금을 낳은 것을 이자라고 부른 것이 참으로 창의적이다. 자금이 자금을 스스로 생식할 수 있다는 이 황금 같은 비밀을 수메르인들은 도대체 어떻게 알았을까?

바빌로니아의 이자 관행은 동시대의 아시리아에도 있었다. 아시리아가 점령했던 카파도키아(Cappadocia)의 카네쉬(Kanesh)

마노(agate)로 제작된 바빌로니아의 무게 추. 모양은 오리 모양으로 우측의 가장 작은 것은 8.7그램, 좌측의 가장 큰 것은 24.7그램이다. 8.7그램은 바빌로니아 지역에서 1 쉐켈에 해당하는 무게였다. 오리 모양의 무게 추는 BC 2000년을 전후한 바빌로니아에서 매우 광범위하게 사용되었다. BC 700~500년경, 남부 이라크 출토. 영국박물관

식민지에는 기원전 2000년경 아시리아 무역상들이 이자가 발생하는 대출을 소개했다는 기록이 있다.[22] 함무라비 법전 이외에도 수메르, 아시리아, 바빌로니아의 설형문자 기록에는 보리를 빌려주고 이후에 은으로 이자를 붙여서 갚는다는 식의 거래를 기록한 점토판이 수도 없이 발견된다.

하지만 이 카파도키아 지역에 히타이트 세력이 진출했을 때는 이자율에 대한 상거래 기록이 없다. 비슷한 시기 발칸 반도와 크레타섬에 위치했던 에게 문명과 크레타 문명에도 상거래 과정에서 이자를 붙였다는 기록이 없다. 이는 수메르, 아카드, 바빌로니아, 아시리아 국가들만 상거래 활동 과정의 대출에 이자를 붙이는 관행이 있었다는 뜻이다.

수메르, 아카드, 아시리아, 바빌로니아인들이 이자 개념을 어떻게 처음으로 만들었는지는 뱅킹 역사상 최대의 미스테리이다. 왜냐하면 오늘날 우리가 당연

---

22 http://michael-hudson.com/1992/03/did-the-phoenicians-introduce-the-idea-of-interest-to-greece-and-italy-and-if-so-when/

하다고 생각하는 대출 이자는 사실은 당연한 개념
이 절대 아니기 때문이다. 단순히 시간이 지난다
고 해서 자금이 스스로 증식되는 이자라는 개념
은 고대부터 일반적으로 자연스러운 개념이 결코
아니었다. 예컨대 미케네, 크레타, 트로이, 히타이
트 등에서는 이자율 개념이 없었다. BC 4세기에
활동한 그리스 철학자 아리스토텔레스도 돈은 교
환의 도구로서 자연적으로 존재하는 물체가 아니
므로, 자금이 자금을 낳는다는 것은 자연 철학적
모순이라고 단언했다.

중세 기독교 사회와 이슬람 사회도 이자라는
개념을 철저히 억압했다. 고리대금업자는 사회
적으로 매도되었고, 고리대금으로 번 돈은 교회
에 기부해서 면죄부를 받아야 했다. 4~5세기에
활동했던 중세 최고의 지성
제롬(St. Jerome, c.345~c.419)은 기

독교인뿐 아니라 이방인에
게도 고리를 부과하는 것을
금지했다. 4~5세기 기독교

토마스 아퀴나스.
프라 앤젤리코(Fra
Angelico,
c.1395~1455)의
1441년 프레스코화.
피렌체의 산마르코
미술관 소장. 출처:
Wikipedia. Public
Domain

참회하는 제롬(347경~420).
제롬(혹은 히에로니무스)은
중세의 대표적 지성으로
신학자이면서 역사학자였다.
신약성서와 구약성서 모두를
원어로 읽고 라틴어로
처음 번역하여 로마 제국에
소개하였다. 그는 성경의 정확한
번역을 위해 예루살렘으로
이사하기까지 하였다고 한다.
필리피노 리피(Filippino Lippi,
1457~1504)의 1493~1495년
作, 피렌체 우피치 미술관 소장

인 최고의 교부 철학자였던 아우구스티누스(Aurelius Augustinus,
354~430)는 "처음에 빌려줬던 것보다 더 많이 받기를 기대하
는 것은 정신적 고리대금"이므로, 이자는 아예 생각조차 하
지 말라고 가르쳤다.

중세뿐 아니라 근현대에 이르기까지도 이자라는 개념은
서유럽 사회에서 기회 있을 때마다 집요한 공격을 받았다.
13세기에 기독교 교리를 집대성한 토마스 아퀴나스(Thomas

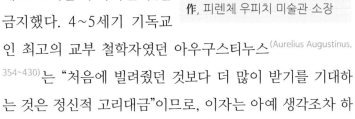

Aquinas, c.1224~1274)는 시간은 신의 영역에 속하므로, 시간을 대상으로 경제적 이득을 취하는 이자는 신에 대한 도전이었다. 13~14세기 유럽 최고의 문호 단테는 그의 걸작 『신곡』에서 고리대금업자는 살인자와 그 죄의 무게가 비슷하다고 묘사하였다. 14~15세기 프란체스코 수도회 소속 가톨릭 성인 베르나르디누스 (Bernadinus Senesis, 1380~1444) 또한 그의 설교에서 "천국에 있는 모든 성인과 천사들이 고리대금업자에게 '지옥으로, 지옥으로, 지옥으로'라고 고함쳤다."라고 설파했다.

16~17세기 활동했던 셰익스피어의 베네치아 뱅커 샤일록 또한 사람의 살덩어리를 이자 대신 받으려고 했던 파렴치한 고리대금업자였다. 20세기의 히틀러도 정권을 잡은 후에 고리대금업자는 출신 성분에 상관없이 사형에 처한다는 규정을 반포하기도 했다.[23] 이 점에서 수메르, 아카드, 아시리아, 바빌로니아인들이 이자라는 개념을 창조했다는 것은 이후 인류 역사상 가장 논란이 많은 개념을 독자적으로 발명했다는 점에서 앞으로도 영원히 풀리지 않을 「바빌로니아의 수수께끼(Babylonian Enigma)」이다.

수메르, 아카드, 아시리아, 바빌로니아인 이후 이들로부터 이자율 개념을 도입하여 적극 활용한 이들은 페니키아인들이 유일하였다. 즉, 「바빌로니아의 수수께끼(Babylonian Enigma)」를 계승하여 이자율 개념을 서유럽에 전해 준 이가 바로 페니키아인들이었다. 페니키아와 비슷한 시기의 문명인 크레타, 미케네, 트로이, 히타이트 문명에서는 이자율 개념이 아예 발견조차 되지 않는다. 다만 페니키아인들도 기원전 1200년 이후에나 이자율 개념을 도입했고, 그 이전에는 이자율 관행이 일반적이지 않았다.

예컨대 기원전 1200년 이전 페니키아 최대의 상업 도시 우가리트 (Ugarit)에서는 이자를 갚지 못해 농지가 압류당하는 사례가 종종 발견되었다고 한다. 하지만 압류주체는 주로 외국인이었고, 그마저도 압류 권한을 우가리트 왕에게 양도

---

23 PROGRAM OF THE NATIONAL SOCIALIST GERMAN WORKERS' PARTY, Principle 18: We demand ruthless war upon all those whose activities are injurious to the common interest. Sordid criminals against the nation, usurers, profiteers, etc., must be punished with death, whatever their creed or race.

하고 금전으로 보상받아야 했다. 이는 기원전 1200년 이전에는 이자라는 개념과 압류가 우가리트의 페니키아인들에게도 생소한 개념이었고, 법적으로 이를 집행할 근거 또한 없었음을 의미하는 것이다.

따라서 필자가 보기에 페니키아인들은 수수께끼의 BC 1200년 이전이 아니라, 그 시기를 지난 어느 시점부터 수메르, 아카드, 아시리아, 바빌로니아 문명이 탄생한 메소포타미아 지역으로부터 이자율 개념을 수입했을 가능성이 높다. 페니키아인들의 전성기는 기원전 10세기경인데, 메소포타미아 문명으로부터 BC 1200년 이후부터 도입한 이자율 개념과 뱅킹 기법의 적극적인 활용이 페니키아의 전성기 시절과 결코 무관치 않을 것이라 추정해 본다.

한편 페니키아 문명은 서양의 그리스에 막대한 영향을 끼친 문명이므로, 그리스 문명도 페니키아의 이자율 관행을 수입하였을 가능성이 매우 높다. 하지만 그리스 문명에 트라페지테가 나타나고 이자율이 부과된 상업적 대출 관행이 확산한 것은 BC 5세기경에나 와서부터이다. 예컨대 『고대 그리스 시대 은행과 은행가들』을 저술한 보가에르[R. Bogaert, 1920~2009]는 고대 그리스에서 신용을 제공하고 이자율을 받았다는 최초 기록은 BC 435~430년경 아테네 서쪽에 위치한 엘레우시스[Eleusis]에서 발견되었다고 주장했다.[24] 물론 이자율 개념과 뱅킹 기법이 그리스로 전해진 시기는 기원전 5세기보다 이전이겠지만, 기록에 남을 정도로 활발했던 시기는 BC 5세기 전후인 셈이다. 고대 그리스의 전성기 또한 BC 5세기 전후였는데, 페니키아와 마찬가지로 고대 그리스의 전성기도 활발한 뱅킹 활동과 결코 무관하지 않을 것이다.

(3) 20%의 비밀

마지막으로 스스로 증가하는 돈의 증식 비율에 연율 33.3%나 20%의 상한

---

24 R. Bogaert, 『Banques et Banquiers dans les cités grecques』. Leiden, A. W. Sijthoff, 1968, p, 92

바빌론의 세계 지도. 바빌로니아 사람들은 자신들이 세계의 중심에 있다고 믿었고, 자신의 영토 주변에는 커다란 바다가 에워싸고 있다고 믿었다. BC 700~500년경, 남부 이라크 시파르(Sippar) 출토. 영국박물관 소장

은 어떤 기준으로 설정한 것일까? 특히 화폐로 대출했을 때 비율 20%는 수메르, 바빌로니아인들이 상거래 활동에서 대출을 할 때 일반적인 최고 이자율로 매우 광범위하게 사용되었다. 바빌로니아의 이자율 개념을 차용한 페니키아인들 또한 자금을 모집하여 국제무역 선박에 투자하여 수익이 발행하였을 때 초과 수익의 20%를 가져갔다. 7세기 이슬람의 정복 과정에서 획득한 전리품 분배의 기준 역시 20%였다. 즉, 전리품의 20%는 칼리프에게 바쳐야 했다.

포르투갈과 스페인의 대항해 시대 왕실 또한 탐험가들을 후원하면서, 발견된 금의 20%를 요구했다. 포르투갈과 스페인인은 이를 "왕의 1/5(Royal Fifth)"이라고 불렀다. 실제로 잉카 문명을 약탈한 스페인의 피사로(Pizzaro)는 잉카 황제 아타우알파(Atahualpa)의 몸값으로 받은 엄청난 양의 황금과 은의 20%를 스페인 왕실에 바쳤다. 나아가 오늘날 PEF의 초과 수익과 헤지펀드의 성과보수도 그 기준이 20%이다. 이처럼 오늘날까지도 살아 있는 금융시장의 20% 기준은 수메르인들이 만든 것이다. 왜 20%였을까?

바빌로니아인들은 수메르인들의 사회, 경제, 문화의 전통을 그대로 계승한 민족들이다. 전술한 대로 수메르인들은 60진법을 사용했다. 무게와 화폐 단위도 60진법이었다. 즉, 60 쉐켈이 1 미나(mina)였고, 60 미나가 1 탈란트였다. 이를 통해 추정하면 1 미나의 금과 은을 빌리면 1 쉐켈, 1 탈란트의 금과 은을 빌리면 한 달에 1 미나가 최고 이자였던 것으로 보인다. 이 최고 이자 계산법은 계산하기 쉽고 누구나 수용 가능했을 것이다. 이 관행이 맞다면 매달 이자율은 1/60%이다. 이를 연율화하면 1년이 12개월이므로 12/60$^{(1/5=20\%)}$이다. 이것이 바로 20%로 정한 이유이다.

요약컨대 고대에서 상업 활동이 가장 활발했던 수메르, 아카드, 아시리아, 바빌로니아 문명에서만 대출 활동과 이자가 있었다. 왜 이들 문명에서만 이자가 있었는지는 아무도 모른다. 필자는 이 「바빌로니아의 수수께끼(Babylonian Enigma)」가 뱅킹 역사에서 가장 주목해야 할 부분이라고 생각한다. 왜냐하면 바빌로니아의 대출 및 이자율 관행을 계승한 페니키아가 지중해 해상무역의 패권을 장악하고 그리스, 로마로 이를 전해 준 것은 인류 역사상 거의 유일하게 서유럽에서만 뱅킹 산업이 유지되고 선진화될 수 있는 가장 결정적인 단초가 되었기 때문이다.

아울러 이자의 탄생을 가져온 이 「바빌로니아의 수수께끼(Babylonian Enigma)」야말로 상업 활동의 대출 과정에서 이자를 붙이는 것을 직업으로 삼는 독자적인 계층인 뱅커들의 출현을 가져왔다는 점, 십자군 전쟁 과정에서 독자 뱅커로 성장한 성전기사단, 제노바·베네치아 뱅커나 교황청의 자금을 처리하는 과정에

바빌론 세계 지도에는 바빌론의 동쪽에는 우라루트(Urartu), 아시리아(Assyria), 서쪽으로는 하반(Habban), 비트 야킨(Bit Yakin), 남쪽으로는 수사(Susa)를 그려 넣었다. 바빌론 시내에는 유프라테스강이 가로지르고 있었는데, 바빌론 사람들은 이 또한 지도에 새겨 넣었다. 특히 이 지도에 따르면 바빌로니아 남쪽의 수사와 유프라테스강 사이에는 커다란 해협이 있었다고 하는데, 이에 대해서는 더 연구가 필요할 것 같다. 필자가 보기에는 인공적으로 만든 운하처럼 보인다. 바빌론 우측에는 우라르투(Urartu) 산이 표시되어 있는데, 이는 바빌론의 방주가 대홍수 후 처음 안착한 산 이름이다. 구약성서에는 노아의 방주가 대홍수 후 처음 안착한 산이 아라라트(Ararat) 산이라고 되어 있다. (이 때문에 필자가 보기에는 구약성서가 바빌론의 이야기를 모방했을 가능성이 높다.)

서 성장한 시에나, 피렌체, 루카 등 롬바르드 뱅커들의 활약을 통해 해상무역이 대형화되었다는 점, 롬바르드 뱅커들이 처음으로 만든 유럽의 국공채 시장과 왕실과의 긴밀한 관계를 통해 독일과 영국의 대형 뱅커들이 부상했다는 점, 이 대형 뱅커들이 댐 역할을 하면서 전 유럽의 여유 자금이 한 곳에 저장되는 역사상 가장 거대한 규모의 "자금 저수지(Capital Reservoir)"가 만들어졌다는 점, 이 자금 저수지가 산업혁명 과정에서 뱅킹과 과학 혁명을 화학적으로 결합하면서 서유럽 인들의 세계 지배를 가능하게 했다는 점에서 인류 역사상 가장 비극적인 祕技라고 생각한다.

메소포타미아의 뱅킹 2
세계 7대 불가사의 바빌론과 뱅킹

페르세폴리스 아파다나 궁전의 정문 계단 옆 부조, 영국박물관 소장

(1) Money as Receipt vs Money as Debt

수메르, 아카드, 아시리아, 바빌로니아 시대는 도시 간 국제무역이 매우 활발하였다. 국내 및 국제무역을 수행하는 주체는 타마리스크 혹은 탐카루^(tamkaru)라는 상인이었다. 가장 원시적인 형태의 타마리스크는 왕실 혹은 신전에 소속되었을 가능성이 매우 높다. 왜냐하면 도시 국가 형성 초기에는 국제무역을 수행하기 위한 선박이나 자금이 왕실 혹은 신전에 소속되어 있었기 때문이다. 수메르나 바빌로니아 국가와 마찬가지로, 후술하겠지만 고대 이집트의 신전도 뱅크 역할을 하였다.

특히 바빌로니아의 신전이 은행 역할을 하면서 신전에서는 사람들로부터 곡물을 받아 보관하는 역할도 하였다. 이 경우 바빌로니아의 신전은 곡물을 보관했다는 내용을 기록한 소형 점토판을 발행하였다. 쿠쉼의 점토판도 바빌로니아인들의 신전인 지구라트에서 발행된 일종의 보관증일 가능성이 있다. 이 점토판은 곡물을 보관했다는 영수증이면서, 동시에 상거래에서 화폐 역할을 하기도 하였다. 달리 말하면 이 소형 점토판은 인류 역사 최초의 지폐인 셈이다.

바빌로니아의 신전이 발행한 소형 점토판은 실물 상품을 보관했다는 "영수증으로서의 화폐^(Money as Receipt)"이다. 따라서 이 소형 점토판은 이자가 수반되지 않는다. 발행 주체도 바빌로니아의 왕실 혹은 신전이었다. 즉, 바빌로니아인들은

주권 행사의 일환으로서 발권력을 가지고 있었다. 이 소형 점토판은 후일 잉글랜드 은행이나 미국 연방준비은행이 발행하는 "부채로서의 화폐(Money as Debt)"와 완전히 다르다. 영수증으로서의 화폐와 달리 부채로서의 화폐는 부채이기 때문에 이자가 수반된다. 발행 주체도 국가나 왕실이 아니라, 민간인 뱅커이다. 부채로서의 화폐는 국가나 왕실이 민간 뱅커에게 이자를 지급해야만, 즉 국채를 발행해야만 화폐를 발행할 수 있는 기형적인 구조이다. 이 점에서 바빌로니아의 뱅킹 시스템은 국가를 운영하는 주권을 바탕으로 운영되었다는 관점에서 오늘날 미국보다 선진적인 형태라고 평가할 수 있겠다.

(2) 뱅커 에기비 가문

하여튼 메소포타미아 지역에서 국제무역이 지속적으로 성행하면서 왕실이나 신전에 소속되지 않은, 새로운 상인 계층이 등장하였다. 이 상인 계층은 초기 왕실이나 신전의 뱅커들과 마찬가지로 실질적인 뱅커 역할을 하였다. 이들 상인들 중에서 바빌로니아에서 역사에 남아 있는 가장 유명한 상인이자 뱅커는 에기비(Egibi) 가문이다. 혹자는 에기비가 구약성서의 야곱(Jacob)이라는 주장을 하기도 한다. 만약 이 주장이 사실이라면 에기비 가문은 유대인 가문이다.

하지만 에기비가 야곱이라는 근거는 설득력이 거의 없다. 실제로 에기비 가문은 후술하는 네부카드네자르 2세(Nebuchadnezzar II, BC 604~562)를 적극 도와 유대인의 성지인 예루살렘을 철저히 파괴하고, 유대인들을 바빌론에 가두는 데 큰 역할을 한다.

네부카드네자르 2세는 신바빌로니아 제국의 2대 왕으로 제국의 전성기를 이끈 왕이다. 특히 그는 정복 전쟁을 매우 활발히 전개했는데, 이 과정에서 유대인들의 성전을 파괴하고, 유대 왕인 시드기야의 눈을 멀게 하였으며, 그의 아들을 모두 살해했다. 예루살렘에 거주하던 유대인들 또한 모두 바빌론으로 이주시켜 가두었다. 나아가 바벨탑과 공중정원을 건설하는 등 제국의 위상을 높이는 데도 전력을 기울였다. 오닉스 광석에 새겨진 네부카드네자르 2세의 얼굴. BC 604~562년경. 출처: Wikipedia, Public Domain

만약 에기비가 유대인이라면 이와 같은 일이 어떻게 가능하겠는가? 따라서 에기비는 유대인이 아니라 수메르인이거나 바빌로니아인이라는 결론이 합리적이다. 이는 많은 학자들이 동의하는 다수설이기도 하다.

에기비 가문이 아주 오래된 가문인 것은 틀림이 없지만 정확히 언제부터 역사의 무대에 나타났는지는 알 수가 없다. 분명한 것은 에기비는 新 바빌로니아 시대 은행인 "에기비 은행(House of Egibi)"을 만들었다고 기록된 역사상 최초의 뱅커라는 점이다.[1] 에기비 은행은 기원전 8세기경에 처음으로 문헌에 등장한다.[2] 그들은 곡식, 토지, 집, 노예를 사고파는 상인이었다. 상인 활동을 하면서 여유 자금이 생겼고, 이 여유 자금을 이자를 붙여 대출하였다. 말하자면 이들은 역사상 최초로 등장하는 머천트 뱅커(merchant banker)였던 것이다. 머천트 뱅커는 상인이면서 뱅커이고, 뱅커이면서 상인을 의미한다. 수메르의 머천트 뱅크는 12세기 북부 이탈리아인 롬바르드 지방에서 등장하기 시작한 근대적 뱅커인 롬바르드 뱅커의 최초 원형이다. 이탈리아의 머천트 뱅커가 사실은 2,000년 전인 메소포타미아에도 이미 존재하고 있었던 것이다.[3]

이들은 특히 대규모 국가 프로젝트에 자금을 집중하는 역할을 하면서, 바빌로니아가 주변 국가와 전쟁을 하거나 대형 건설 프로젝트를 수행할 때 필요한 대규모 자금을 조달하는 역할을 하였다. 나아가 국제무역 활동에 필요한 자금을 대출하거나 직접 회사를 설립하기도 하였고, 왕을 대신하여 조세를 징수하거나 토지를 관리하기도 하였다. 에기비 가문의 주요 영업 무대는 고대 바빌로니아와 新 바빌로니아의 수도였던 바빌론이었다.

시리아, 이집트, 유대인을 차례로 정복한 新 바빌로니아의 왕 네부카드네자르 2세(Nebuchadnezzar II, BC 604~562) 시대 에기비 가문은 왕가를 대신하여 조세를 징수하고 토지를 관리하면서 세력을 키웠다. 추정컨대 네부카드네자르 2세의 군사력은

---

1 Sir Ernest Alfred Wallis Budge, 『Babylonian Life and History』, Cosimo, Inc., 2006, p. 116.

2 John Boedeman, et al, 『The Cambridge Ancient History』, Cambridge University Press, 2003, p. 272

3 머천트 뱅크에 대해서는 『황금, 설탕, 이자 - 성전기사단의 비밀(上)』編에서 상세히 기술한다.

IV. 황금, 국제교역, 뱅킹의 역사 - 수메르와 메소포타미아

에기비 가문의 도움이 있었기에 더 강대했을 것이다. 에기비 가문은 네부카드네자르의 토지를 관리하는 것은 물론이고, 네부카드네자르 2세 왕에게 군사를 동원하기 위한 황금을 융통하거나 전쟁에 필요한 물자 등을 조달해 주었을 것이다. 역사적으로도 네부카드네자르 2세 왕은 상공업을 매우 중시하였고 대외교역 활동에 국력을 집중했다. 뱅킹 산업도 매우 발전하여 에기비 가문은 이 시기에 왕권과 거의 맞먹는 권력을 행사했다. 일설에 따르면 자금을 빌리기 위해 주변 국가에서도 바빌론을 찾아와 에기비 가문이나 그들 주변의 뱅커들을 만났다고 한다.

따라서 에기비 가문은 근대 유럽의 정치와 경제를 좌우했던 유대계 로쉴드(Rothschild) 가문이나 기독교계 베어링(Baring) 가문이 누렸던 권력과 유사한 정도의 권력을 행사했을 가능성이 매우 높다. 만약 이것이 사실이라면 로쉴드나 베어링 가문보다 무려 2000년도 더 전에 정치, 외교, 경제를 좌우한 뱅커 가문이 역사에 존재했다는 뜻이 된다. 만약 영국 시인 바이런(George Gordon Byron, 1788~1824)이 에기비 가문의 존재를 알았다면, 상업은행 로스차일드와 베어링 가문의 가늠할 수 없는 막강한 힘을 나폴레옹을 능가하는 "유럽 국가를 재편하는 힘을 가진 진정한 유럽의 제왕"이라고 새삼스럽게 놀라워하지는 않았을 것이다.

네부카드네자르 2세 치하의 공식 2 미나. 표면에는 네부카드네자르 2세를 위해 제작되었으며, 수메르 술지(Shulgi, BC 2094~2047) 왕의 표준을 따라 제작했다고 기록되어 있다. 무게는 987.3그램. BC 605~562년경, 남부 이라크 출토. 영국박물관 소장

이와 같은 상공업 중시 정책과 뱅킹 산업의 발전으로 네부카드네자르 2세는 정복 전쟁뿐 아니라, 바빌론을 고대 최고의 번영 도시로 건설할 수 있었다. 원래 古 바빌로니아의 수도였던 바빌론은 아시리아의 센나케립 왕(Sennacherib, BC ?~681)이 BC 689년 대부분 파괴했었다. 하지만 바빌론 주변의 칼데아(Chaldaer)인들이 아시리아에 저항했고 바빌론을 재건하여 다시 아시리아에 맞섰다. 이를 주도한 인물

93 [90136]
BRICK INSCRIBED WITH THE NAME
AND TITLES OF NEBUCHADNEZZAR II.
KING OF BABYLON, B.C. 604-561.
BABYLON

이 비석은 바빌론에서 발견된 비석으로 네부카드네자르 2세의 이름과 그가 바빌론 재건을 위해 했던 일이 기록되어 있다. 이 기록에 따르면 네부카드네자르 2세는 마르둑 성전을 다시 짓고, 바빌론 성벽을 보수했으며, 이쉬타르 게이트를 건설하고 그곳에서 바빌론 시내로 들어가는 도로인 바빌론 행렬(Processional Way)을 건설했다고 한다. 영국박물관 소장

이 나보폴라사르(Naboplarssar, BC 658~605)이다.

나보폴라사르가 아시리아의 내란을 틈타 BC 626년 왕위에 올라, 메데스(Medes 혹은 메데르 Meder) 왕국과 연합하여 아시리아 수도 니네베를 파괴하고 건국한 바빌로니아 왕국을 新 바빌로니아 왕국이라고 부른다. 바빌론을 재건하여 최전성기 도시로 만든 이가 바로 그의 아들인 네부카드네자르 2세로, BC 539년 키루스 왕이 오피스 전투(Battle of Opis)를 거쳐 멸망시킬 때까지 대략 87년간 존속하였다.[4]

네부카드네자르 2세가 사실상 건설한 바빌론의 방어선인 "바빌론의 성벽"은 둘레 88km, 높이 100m, 폭 25m의 엄청난 크기를 자랑했다.[5] 왕궁이 위치한 동쪽 성벽은 3중 성벽이었고, 서쪽 성벽은 2중 성벽으로 구성되었다. 동쪽 성벽에는 동쪽 정중앙에 마르둑 게이트(Marduk Gate), 북쪽 왕궁 옆에 이쉬타르 게이트(Ishtar Gate)라는 화려하고 육중한 문

이 있었다. 이쉬타르 게이트에서 바빌론 시내로는 양쪽에 사자 문양 등이 벽돌로 화려하게 조각된 파사드 도로인 바빌론 행렬 도로(Processional Way)가 있어, 세계 수도로서의 품격에 하나도 모자람이 없었다. 바빌론의 동쪽 성벽 옆에는 외곽 성벽이 또 하나 있어 내곽 성벽을 다시 보호하고 있었다.

---

4   키루스 대왕이 바빌론으로 입성하기 전 바빌로니아와 치렀던 마지막 전투가 BC 539년 9월의 오피스 전투(Battle of Opis)이다. 오피스는 바빌론 북쪽으로 대략 80km 떨어진 곳의 티그리스강가에 위치한 곳으로 추정된다. 오피스는 新 바빌로니아 왕국의 네부카드네자르 2세가 요새화된 방어벽을 짓고 군대를 주둔시킬 만큼 핵심적인 요충지였다. 이 전투에서 新 바빌로니아가 왜 키루스 대왕에게 패했는지는 알려져 있지 않다. 하여튼 이 도시가 키루스에 접수되면서 바빌론의 방어벽은 시파르(Sippar)라는 소도시 하나만 남게 되어 사실상 제로가 된다. 그 결과 시파르는 저항 없이 키루스가 점령했고, 바빌론은 축제를 즐기다가 기습을 당해 키루스는 바빌론에 거의 무혈로 입성한다.

5   헤로도토스 『역사』, I.178-87. 헤로도토스는 바빌론은 정사각형 도시였고, 한 변이 120 스타데스(stades)라고 기록했다. 120 스타데스는 약 22km이다. 헤로도토스는 바빌론의 성벽을 높이 200 엘즈(ells), 폭 50 엘즈(ells)라고 기록했다. 200 엘즈는 약 100m이고, 50 엘즈는 약 25m이다.

그리스 역사가 헤로도토스는 이 바빌론 성벽 위에 오이케마타^(oikemata)라고 불리는 집들이 있었으며, 이 집들은 매우 커서 성벽 안과 밖으로 튀어나와 있을 정도였다고 묘사했다. 헤로도토스는 오이케마타를 연결하는 성벽 위의 도로가 네 필의 말이 끄는 마차가 양쪽에서 달려올 정도로 넓었다고 기술했다. 바빌론의 성벽에

바빌론의 이쉬타르 문. 베를린 페르가몬 박물관 소장

는 총 100개의 청동 문이 있었는데, 이 중에서 가장 유명한 문이 바로 푸른색으로 칠해진 "이쉬타르 문^(Ishtar Gate)"이었다. 30미터에 이르는 이중문인 이쉬타르의 문은 각종 보물이 보관된 북쪽 왕궁과 공중 정원이 위치한 남쪽 왕국의 중간에 위치해 있었다.

고대 바빌로니아의 수도 바빌론

행렬의 문
오이케마타
북쪽 왕궁
유프라테스강
이쉬타르 게이트
마르둑 게이트
공중 정원
엔릴 게이트
남쪽 왕궁
이쉬타르 신전
행렬의 문
오이케마타
엔릴 신전
석교
에테메난키 에리두
자바바 게이트
에아 신전
왕궁 게이트
아다드 신전
에사길라(마르둑 신전)
아다드 게이트
사마스 게이트

나아가 바빌론은 고도로 정교하게 설계된 계획도시였다. 즉, 헤로도토스에 따르면 양변이 대략 22km에 이르는 정사각형 모양의 바빌론 성 한가운데는 유프라테스강이 바빌론을 이등분하며 흐르고 있었고, 바빌론의 성벽을 둘러싼 해자에도 유프라테스 강물이 흐르고 있었다. 유프라테스강으로 이등분된 성은 중간에 석교를 통해 연결되어 있었고, 강의 동쪽에는 북쪽 왕궁과 남쪽 왕궁이 위치해 있었다. 바빌론 성이 얼마나 넓었던지 BC 539년 키루스의 페르시아 군대가 성안으로 쳐들어왔을 때, 반대편에 있는 바빌론 시민들은 사흘이 지나기 전까지도 페르시아 군대의 침입 사실조차 몰랐다고

황금. 설탕. 이자(金糖利: Gold. Sukkar. Máš)

바빌로니아의 **수수께끼** 編 (下-1) 券 - 이원희 著

바빌론 시내로 들어가는 도로인 바빌론 행렬(Processional Way)의 화려한 한쪽 면. 베를린 페르가몬 박물관 소장

한다. 이처럼 헤로도토스의 말대로 바빌론은 BC 7~6세기 당시 전 세계에서 가장 아름답고 가장 장엄한 도시였다!!!

남쪽 왕궁의 남쪽으로는 바빌론의 정중앙인 장소에 에테메난키 탑과 최고의 신이었던 제우스 벨로스(Zeus Belos, 마르둑)의 신전인 에사길라(Esagila)가 있었다. 에사길라는 新 아시리아 제국의 에사르하돈(Essarhaddon, BC 713~669)이 만든 것으로 알려져 있다.[6] 에사르하돈은 이 제단을 자신이 처음 만들었다고 주장하였다. 아시리아가 멸망한 이후 네부카드네자르 2세는 이 신전을 더욱 확장하여 페르시아의 크세르크세스가 이 신전을 파괴하기 전까지 최종 모습을 완성했다. 네부카드네자르 2세가 완성한 신전은 바빌론의 수호신이자 최고의 신 제우스 벨로스를 모시던 정사각형 모양의 신전이다. 신전의 한가운데는 8개의 탑이 적층식으로 쌓여 하나의 거대한 탑을 이루고 있었는데, 그 탑의 아래 부분은 가로와 세로 길이가 약 190m에 이르는 정사각형이었다고 한다. 높이는 정확히 알려져 있지 않으나, 탑 정상에 오르기 위해 쉼터를 마련한 것으로 보아 상당한 높이였던 것만은 틀림이 없다.

페르시아를 정벌한 알렉산더 대왕도 임종을 바빌론에서 할 만큼 바빌론은 고대 시대 동서양을 통틀어 가장 뛰어난 최고의 도시였다. 기원전 500년경 바빌

---

6 에사르하돈의 부친이 성경에서 산헤립으로 알려진 그 유명한 센나케립(Sennacherib, 재위 BC 705BC 681)이다. 센나케립의 부친이 사르곤 2세(Sargon II, 재위 BC 722~705)인데, 사르곤 2세가 필세세르 3세(Tiglath-Pileser III)의 아들이었는지, 아니면 그와 무관한 찬탈자였는지 분명하지 않다.

117

이쉬타르 문과 그 옆의 바빌론 성벽. 사람의 크기를 보면 이 성벽이 얼마나 장대한지 짐작할 수 있다. 베를린 페르가몬 박물관 소장

론의 인구 또한 15만 명 내외로 주변 고대 국가들의 인구를 압도했다.[7] 비슷한 시기인 기원전 6세기경, 중국에서 인구가 가장 많았던 동주(東周)의 수도 낙양(洛陽)은 인구가 8만 명으로 바빌론의 절반에 불과할 정도였으니까.[8] 바빌론 유적을 처음 발견한 독일 고고학자들 또한 그 장엄함에 경악을 금치 못해, 바빌론 성벽을 자신의 수도인 베를린에서 재현하고자 시도했다. 하지만 현재 베를린의 페르가몬 박물관(Pergamon Museum)에 독일 고고학자들이 복원한 바빌론 성벽의 모형은 헤로도토스가 묘사한 크기보다 훨씬 작다. 혹시 헤로도토스가 바빌론의 명성에 눌려, 실제보다 너무 과장해서 묘사했던 것은 아니었을까?

바빌론 성벽 외에도 바빌론의 남쪽 왕궁 내에 위치하고 있던 정원에는 엄청

---

7   이안 모리스, *앞의 책*, p. 355. ██████ 이안 모리스에 따르면 BC 8세기경 바빌로니아 인구는 10만, BC 6세기경에는 15만 명에 달했다고 추정했다.

8   이안 모리스, *앞의 책*, p. 866.

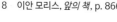

바빌론의 공중정원 상상도. 바빌론에 있던 계단식 정원으로, 그 규모가 너무 커서 멀리서 보면 초록색 산으로 보였다고 한다. "공중"이란 말은 그리스어 크레마토스(kremastos)에서 유래한 것인데, 이 단어는 공중이란 뜻 외에도 테라스라는 뜻도 있다. 즉 정확히 말하여 이 정원의 이름은 테라스 정원이다. 공중정원에 대해서는 이 정원이 존재하지 않고, 후대에 조작되었다는 주장도 있다. 근거는 신바빌로니아 제국 어느 기록에도 이 정원에 대한 언급이 없다는 것이다. 나아가 공중정원의 유적은 벽돌 하나조차도 현재까지 발견된 바가 없다. 바빌론의 공중정원에 대해 가장 오래된 기록은 그리스 역사가 디오도로스 시켈로스(Diodoros Sikeliotes, BC 100년 전후)가 BC 60~30년 사이에 저술한 역사서인 『역사총서(Bibliotheca Historica)』이다. 시켈로스는 그의 책에서 공중정원은 정사각형 모양을 띠고 있으며, 한 면이 약 400걸음(pous)이라고 기록했다. 한 걸음이 대략 30㎝이므로, 한 면이 약 120m인 셈이다. (진시황이 건설한 아방궁의 크기가 남북으로 약 150m인데, 아방궁의 남북 길이보다는 약간 작은 규모이다. 아방궁의 동서 길이는 약 900m이다.) 그는 계단식 층의 높이가 가장 거대한 나무에게 충분히 물을 공급할 만큼 높았는데, 나무에 물을 공급하는 물은 유프라테스강에서 끌어왔다고 기록했다. 나아가 시켈로스는 공중정원의 가장 위층은 50큐빗(cubit)의 높이를 가지고 있었으며 공중정원의 벽들은 모두 22걸음이라는 두께를 자랑했다고 한다. 큐빗이 46㎝이므로 위층의 높이는 대략 23m이고, 건설에 사용된 벽돌의 두께는 대략 6m이다. 시켈로스의 기록을 종합하면, 공중정원은 아래 면적보다 위로 높이가 장대했던 건축물이었던 것으로 보인다. 독일 화가 페르디난트 크냅(Ferdinand Knab, 1834~1902)의 1886년 작품. 출처: Wikipedia. Public Domain

난 양의 토지를 들여와 각종 식물을 심어 놓은 인공 정원이 있었다. 왕궁이 지상보다 높게 건설되어 있었으므로 정원 또한 지상에서 매우 높은 곳에 건설되었다. 네부카드네자르가 왜 이런 정원을 만들었는지는 정확히 알려져 있지 않다. 다만 그의 왕비 아미티스(Amytis, BC 630~565)가 바빌로니아의 동맹국 메디아(Media) 출

신인데, 왕비에게 그녀 고향인 메디아의 푸른 숲을 재현해 주기 위해 만들었다는 설이 있다. 사람들은 이 정원을 "바빌론의 공중정원"이라고 불렀다. 이 건축물은 중세 유럽에서도 "하늘과 땅 사이에 떠 있는 정원"이라고 구전될 정도로 엄청난 명성을 자랑했다. 알렉산드리아에서 살았던 고대 그리스 철학자 필론(Philon, BC c.30~AD c.45)도 바빌론의 공중정원을 세계 7대 불가사의 중 하나라고 불렀다.

바빌론의 공중정원보다 일반인에게 더 잘 알려진 건축물은 바로 "에테메난키(Etemenanki)"라고 불리는 탑이다. 독일 고고학자 로버트 콜더비(Robert Koldewey, 1855~1925)는 발굴 유적을 토대로 이 탑의 높이가 약 91m라고 추정했다.[9] 그에 따르면 이 탑은 바빌론의 신이었던 마르둑(Marduk)을 기리기 위해 세워진 신전인 지구라트의 일종으로 보인다고 한다.[10] 에테메난키는 남쪽 왕궁의 남쪽에, 에사길라 신전의 북쪽에, 그리고 바빌론 전체로 보면 대략 정중앙에 위치해 있었다.

에테메난키가 언제 세워졌는지는 아무도 모른다. 유대인 사람들은 노아의 증손자로 수메르의 왕이었던 니므롯(Nimrod)이 바벨탑을 건설한 지도자라

바빌론의 연대기를 기록한 태블릿. 이 태블릿에는 BC 615~609년 동안의 사건들을 기록했다. 특히 이 태블릿에는 BC 614년, 바빌로니아의 나보폴라사르(Nabopolassar, 재위 BC 625~605) 왕과 메디아의 키악사레스(Cyaxares, 재위 BC 625~585) 왕 사이에 체결된 동맹 조약이 기록되어 있다. 이 조약에는 나보폴라사르의 아들인 네부카드네자르 2세와 키악사레스의 손녀딸인 아미티스의 정략결혼 내용도 들어 있었을 것이다. 아미티스는 결혼 후 고향인 메디아를 너무 그리워하여, 그의 남편인 네부카드네자르 2세가 그녀를 위해 메디아를 닮은 공중정원을 만들어 주게 된다. 한편 이 협약으로 바빌로니아와 메디아는 연합하여 아시리아 수도 니네베(Nineveh)를 공격하여 BC 612년에 결국 함락시킨다. BC 550~400년경, 남부 이라크 출토. 영국박물관 소장

---

9   2021년 기준으로 세계에서 가장 높은 빌딩인 UAE의 버즈 할리파(Burj Khalifa) 빌딩이 828m이다.

10 마르둑(Marduk)은 아시리아와 바빌로니아 최고의 신이다. 마르둑은 제우스 벨로스(Zeus Belos)라고도 불리었다. 제우스는 그리스 신화에서도 최고의 신이다. 이 점에서 그리스인들은 아시리아나 바빌로니아로부터 그들의 신화를 그대로 모방한 것으로 추정된다.

고 믿는다. 물론 성경에는 이런 기록이 없다. 어떤 학자들은 기원전 2000년경일 것으로 추정한다. 하지만 기원전 2000년경 당시 기록에 그 탑이 있었다는 것일 뿐, 그때 건설되었다는 기록은 아니다. 필자가 보기에 BC 2000년보다 훨씬 오래전에 건설된 것만큼은 확실하다. 이 탑은 BC 689년경 아시리아의 왕이었던 세나케립^(Sennacherib, BC 740~681)이 파괴하였다가, 이후 아시리아의 왕 에사르하돈^(Esarhaddon, BC ?~669)과 新 바빌로니아의 나보폴라사르 왕이 복구를 계속 시도했다.

하지만 완성을 보지 못했고, 마침내 나보폴라사르의 아들 네부카드네자르 2세가 기원전 6세기 무렵 에테메난키의 복구를 완료했다. 네부카드네자르 2세는 이 탑을 완성한 이후 탑의 꼭대기를 금과 은, 동으로 장식했다. 필자가 보기에 에기비 가문을 비롯한 수많은 뱅커들이 이 탑의 완공을 위해 엄청난 자금을 빌려주었을 것이다. 구약성서에는 이 탑의 건설 목적이 "그 꼭대기가 하늘에 닿게 탑을 쌓아 우리 이름^(Shem)을 날려 사방으로 흩어지지 않도록 하자"라고 되어 있다. 필자는 구약성서 한글본이 원문의 "쉠^(Shem)"을 '이름'으로 해석하여 의미가 명확하지 않다고 본다. 어떤 이는 쉠의 원래 의미는 기계이며, 이 탑의 건설 목적이 어떤 기계를 만들어 이를 설치하기 위한 것이었다고 주장한다. 하여튼 이 탑이 얼마나 높고 장대했는지, 바빌론에 유폐된 유대인들은 그 탑을 하늘에 있는 여호와에 대한 도전이라며 시기어린 눈으로 바라보았을 것이다. 또한 유대인들은 이 탑이 매우 오래전부터 있어 왔다는 것도 당연히 들었을 것이다.

네부카드네자르 2세가 바빌론에 가두어 버린 유대인들은 이 탑을 "바벨탑"이라 불렀다. 유대인들은 바벨탑을 그들의 유일신 여호와 이야기와 연결시켜 자신만의 신화를 만들었다. 그들은 구약성서에서 이 탑을 자신들의 신인 여호와가 파괴하는 것으로 묘사함으로써, 네부카드네자르 2세와 바빌로니아 사람들을 여호와의 이름으로 간접적으로 싸잡아 비난했다. 이후 이 탑은 세상 사람들에게 에테메난키라는 이름보다 바벨탑이라는 이름으로 더 유명해졌다.

네부카드네자르 2세 시대 바빌론의 이와 같은 모든 영광은 활발한 대외교역과 뱅킹 산업의 발전 때문에 가능했다. 특히 2000년도 더 된 기원전 7세기경에

바벨탑. 바벨탑과 유사한 테마는 가장 먼저 수메르 신화에서 나타난다. 즉 수메르의 통치자 엔메르카(Enmerkar, BC 3400~3100년경)는 엔릴(Enlil)을 하나의 언어로 숭배하기 위해 아라타(Aratta)의 보석을 팔아 에리두에 거대한 지구라트를 건설하였다고 한다. 비슷한 이야기가 그리스 신화인 기간토마키에도 등장한다. 기간토마키에 따르면 거신들은 신들에게 도달하기 위해 산을 첩첩이 쌓았는데, 이를 본 제우스가 벼락으로 이들을 박살 내는 장면이 나온다. 구약성서도 바벨탑 이전에는 모든 사람들이 쓰는 단어와 언어가 같았다고 전한다. 그러던 어느 날 시날 지방의 평원에 도시를 세우고 하늘에 닿는 탑을 쌓아, 우리의 쉠을 사방에 흩날리게 하자라고 사람들이 뜻을 모은다. 이른 본 야훼는 사람들이 하려고만 하면 못할 일이 없다는 것을 깨닫고, 사람들 말을 섞고 바벨탑을 파괴하였다고 한다. 필자가 보기에는 구약성서의 바벨탑 이야기는 네부카드네자르 2세가 건설한, 수메르어로 '하늘과 땅의 기초 신전'이라는 뜻의 에테메난키 탑을 보고 수메르 신화와 결합해서 만든 것이라고 본다. 에테메난키가 있었다는 사실은 바빌론의 공중정원과 달리 기록도 있고 사용된 벽돌 유물도 있어, 역사적 진실이다. 이 탑의 높이에 대해서는 설이 분분한데, 고대 유대인의 외경서였던 희년서(Book of Jubilees)에 따르면 2,484m, 6세기경 프랑스 역사가인 투어의 그레고리(Gregory of Tours, c. 538~c.594)에 따르면 91.5m, 14세기경 이탈리아 역사가인 지오반니 빌라니(Giovanni Villani, c.1276~1348)에 따르면 높이가 무려 5,920m라고 한다. 필자가 보기엔 높이는 100m 내외의 건물이었고, 사방이 매우 넓게 퍼진 건물이었던 것으로 보인다. 네덜란드 혹은 플레밍 화가인 피터르 브뤼헐(Pieter Bruegel the Elder, c.1525~1569)의 1563년 작품. 빈 미술사 박물관 소장. 출처: Wikipedia. Public Domain

엄청난 크기와 장대한 화려함을 자랑하는 고대 세계 전체의 수도 바빌론은 뱅킹과 뱅커들의 활약 때문에 세계 7대 불가사의 중의 하나가 되었다. 하지만 필론

이 에기비 가문과 같은 뱅킹과 뱅커의 역할을 알고 있었다면, 바빌론의 공중 정원을 불가사의라고까지 칭하지는 않았을지도 모르겠다. 왜냐하면 불가사의와 같은 바빌론의 공중정원이라는 장대한 건축물이 가능했던 이유는 바빌론에서 성행했던 뱅킹과 에기비 가문과 같은 뱅커들의 효율적이면서도 막강한 자금 동원력이 있었기 때문이다. 만약 뱅킹 산업과 에기비 가문과 같은 뱅커들이 없었다면, 바빌로니아의 활발한 국제교역 활동에 따른 여유 자금을 거대 건축물 건설에 집중적으로 투자하는 자금 동원 메카니즘이 아예 없었을 것이고, 바빌론의 장대함도 탄생하지 않았을 것이다.

네부카드네자르 2세가 새겨진 석비. 석비의 우측에는 네부카드네자르 2세가, 좌측에는 바빌론 에테메난키, 이른바 바벨탑이 새겨져 있다. 독일 고고학자 로베르트 콜드베이 (Robert Koldewey, 1855~1925) 발굴. 출처: Wikipedia, Public Domain

필자는 이와 같은 사실이 뱅킹과 뱅커들이 고대 농업 사회이든, 중세 봉건 사회이든, 근대 자본주의 사회이든, 사회에 잠재된 생산력을 폭발적으로 증가시키는 가장 중요한 요소라는 것을 보여 주는 증거라고 주장하고자 한다. 즉, 필자는 이코노미스트를 사실상 창간한 월터 베지호트가 『롬바르드 스트리트』에서 목도했던, 필요한 물품 생산을 위해 언제든 저리의 대출이 가능했던 런던의 금융시장이나, 칼 마르크스가 『공산당 선언』을 통해 묘사한 인류 역사가 일찍이 경험하지 못한 자본주의의 폭발적인 생산력은 본질적으로 뱅커들의 엄청난 자금 동원 능력이 그 원인이라고 생각한다. 예컨대 미국의 철강이나 철도 산업을 운영한 "자본가"는 앤드류 카네기 (Andrew Carnegie, 1835~1919)나 존 록펠러 (John D. Rockefeller, 1839~1937)였지만, 그의 부족한 자금력을 보충하여 실제로 산업의 독점화와 생산

력의 극적인 확장을 가능하게 했던 막강한 자금 동원력의 "뱅커"는 제이콥 쉬프 (Jacob Schiff, 1847~1920)였다. 제이콥 쉬프가 없었다면 카네기나 록펠러의 꿈은 실현되지 않았을 것이고, 설사 실현되었다 하더라도 그 정도로 대규모는 아니었을 것이 확실하다. 이처럼 마르크스가 고대 바빌로니아의 수도 바빌론과 뱅킹 가문 에기비를 철저히 연구했다면, 노동해방을 위해서 생산수단을 사유화한 자본가를 타도해야 할 것이 아니라 이자를 통해 엄청난 자금 동원 능력을 보유한 뱅커들을 타도해야 한다고 주장했어야 하지 않았을까?

한편 BC 587년에 전설적인 솔로몬의 성전을 비롯하여 유대인들의 예루살렘을 철저히 파괴한 네부카드네자르 2세 왕은 유대인들의 반란을 방지하기 위해 유대인들 전체를 수도 바빌론으로 강제 이주시켰다.[11] 가나안 땅에서 강제 이주당하면서 유대인들은 자신들의 역사를 영원히 잃어버릴까 두려워했다. 이 때문에 유대인들은 자신들의 역사를 보존하기 위해 구전으로 내려오던 유대인의 신화와 역사를 문자로 기록하기 시작했다. 바로 구약성서의 탄생이다. 이처럼 네부카드네자르 2세의 바빌론 유수가 없었다면 구약성서는 오늘날 없었을 가능성이 높다. 구약성서가 없었다면 인류의 역사는 그야말로 완전히 다른 길을 걸었을 것이다. 하여튼 네부카드네자르 2세 왕 이후 유대인들은 BC 538년, 키루스 왕이 이들을 해방할 때까지 약 50년 동안 바빌론에 갇혀 있었다. 이처럼 유대인에게 네부카드네자르 2세 왕은 철전지원수였다. 하지만 네부카드네자르 2세가 건설한 바빌론의 공중정원을 세계 7대 불가사의라고 추켜세운 필론은 다름 아닌 유대인이었다. 얼마나 그 건축물이 장대했으면 철천지원수임에도 불구하고, 이를 추켜세웠던 것일까?

마지막으로 유대인과 네부카드네자르 2세의 끈질긴 인연은 기원전 6세기에 끝난 것이 아니라, 2000년이 넘는 오늘날까지도 영화를 통해 생생히 부활한다. 1999년에 개봉한 영화 「매트릭스」에서는 인공지능이 자신의 에너지원을 조달하

---

11 ▓ 오늘날 이란에는 대략 8,000여 명의 조지아어를 쓰는 유대인 마을이 있는데, 이는 바빌론 유수 때 강제로 이주한 후 돌아가지 못한 유대인들의 후손이 만든 마을이다.

기 위해 인간을 기계로 양육하는 장면이 나온다. 인간들은 이와 같은 기계의 위협을 피하기 위해 지하에 숨어 지냈다. 인간이 숨어 지내던 지하 도시 이름은 유대인의 안식처를 지칭하는 시온^(Zion)이었다. 아이러니하게도 매트릭스에서 기계의 무차별 공습으로부터 시온을 극적으로 구원한 네오를 물색한 함선의 이름은 선장 모피어스가 타고 있던 네부카드네자르 호였다. 네부카드네자르가 유대인을 철저히 억압한 역사와 달리 영화에서는 네부카드네자르 2세가 유대인의 안식처 이름인 시온을 극적으로 구원한다는 것이 야릇하게 다르기는 하지만.

바빌로니아의 수수께끼 靑銅[수금]蛙

Gold, Sukkar, Mâš

V

황금, 국제교역, 뱅킹의 역사

고대 이집트

(1) 라(Ra)의 피부와 임호텝(ii-m-Htp)

조세르 파라오의 6개 계단식 피라미드. 이 피라미드는 이집트 명재상 임호텝의 조언으로 만든 것이다. 임호텝이 직접 설계한 것으로 알려져 있으며, 처음에는 조그맣게 시작했다가 계속 증축하면서 62미터 높이까지 커졌다. 이 피라미드의 북쪽 입구 지하실에는 이집트 카이로 박물관에서 가장 유명한 조각상 중의 하나인 조세르 파라오의 석상이 발굴되었다. 이집트 사카라(Saqqar) 소재. Licensed under the Creative Commons Attribution-Share Alike 3.0 Unported license. Author: 스코틀랜드 사진사 Charles J. Sharp https://commons.wikimedia.org/wiki/File:Saqqara_pyramid_ver_2.jpg

고대 이집트인들은 금을 "신의 피부(skin of the gods)" 혹은 "태양의 금속(sun's metal)"이라고 불렀다. 특히 이집트인들은 최고의 신인 태양신 라(Ra)의 피부가 금이라고 해서 금을 숭배했다. 따라서 이집트에서는 오직 파라오(Pharaoh)만이 금을 사용할 수 있었다.[1] 자연스럽게 금의 사용은 왕실의 특권이고 금은 왕권의 상징이 되었다. 이에 따라 이집트의 파라오들은 엄청난 양의 금을 사용했다. 파라오들의 황금 사용 급증은 BC 3150년경 나르메르(Narmer) 혹은 메네스(Mene) 왕이 상하 이집트를 통일한 이후 1왕조와 2왕조를 거쳐 등장한 3왕조(BC 2686~2613)부터이다. 우리가 현재 보고 있

---

1   Peter L. Bernstein, *Ibid*, p. 12

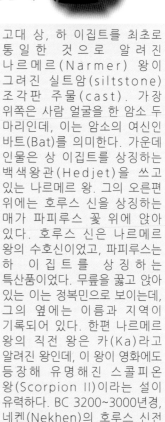

는 화려한 고대 이집트 문명 또한 1왕조와 2왕조의 유물은 거의 없고, 모두 3왕조 이후의 것들이다.

3왕조의 첫째 왕이 된 사나크테^(Sanakht, BC ?~c.2715)는 시나이 반도의 구리광산을 차지하기 위해 주변 국과 전쟁을 벌였는데, 이는 3왕조가 본격적으로 문명의 궤도에 진입했음을 보여 주는 증거이다. 사나크테에 이어 파라오가 된 이는 그의 동생인 조세르^(Djoser, 재위 BC c.2686~c.2649)로, 조세르는 그의 재상 임호텝^(Ii-m-Htp)의 조언에 따라 역사상 처음으로 피라미드를 건설한다.[2] 조세르의 재상 임호텝은 조세르와 그의 아들인 세켐케트^(Shekhemkhet, BC ?~2715)의 피라미드 근처 유물에 기록이 모두 등장할 만큼, 당시 고대 이집트 최고의 명재상이었다. 임호텝이 피라미드를 건설한 이유는 파라오의 시신과 그의 엄청난 재산을 보호하고, 파라오의 권위를 만천하에 알리기 위한 것이었다. 그의 이러한 혁신적인 아이디어 덕분에 사카라^(Saqqara) 고원 위에 높이 60m에 이르는 조세르의 6개 계단식 피라미드가 최초로 완성된다. 임호텝 이후 고대 이집트 문명이 본격적으로 발달하면서, 파라오의 황금 수요가 폭증했다. 금의 사용량이 늘어나면서 기원전 2686년경 시작된 이집트 고왕국^(Old Kingdom) 중 3왕조 시대부터는 금을 신전에서 보관하기 시작했다.[3]

고대 상, 하 이집트를 최초로 통일한 것으로 알려진 나르메르(Narmer) 왕이 그려진 실트암(siltstone) 조각판 주물(cast). 가장 위쪽은 사람 얼굴을 한 암소 두 마리인데, 이는 암소의 여신인 바트(Bat)를 의미한다. 가운데 인물은 상 이집트를 상징하는 백색왕관(Hedjet)을 쓰고 있는 나르메르 왕. 그의 오른편 위에는 호루스 신을 상징하는 매가 파피루스 꽃 위에 앉아 있다. 호루스 신은 나르메르 왕의 수호신이었고, 파피루스는 하 이집트를 상징하는 특산품이었다. 무릎을 꿇고 앉아 있는 이는 정복민으로 보이는데, 그의 옆에는 이름과 지역이 기록되어 있다. 한편 나르메르 왕의 직전 왕은 카(Ka)라고 알려진 왕인데, 이 왕이 영화에도 등장해 유명해진 스콜피온 왕(Scorpion Ⅱ)이라는 설이 유력하다. BC 3200~3000년경, 네켄(Nekhen)의 호루스 신전 출토. 영국박물관 소장(원본은 카이로 박물관)

---

2 영화 「미이라」에 등장하는 이모텝은 조세르의 재상 이름을 그대로 딴 것인데, 역사적 사실과 매우 다르게 악인으로 묘사된다.

3 고왕국 시대는 대량의 피라미드가 건설되어 일명 "피라미드 시대(Age of the Pyramids)"라고도 부른다.

금 수요가 늘어나면서 이집트 고왕국 시대 이후부터 이집트 왕조는 금을 발굴하기 위해 각고의 노력을 기울였다. 금 수요가 많아질수록 금을 채굴하기 위한 갱도도 깊어지고 채굴 노동도 힘들어졌다. 이에 따라 금을 채굴하기 위해서는 힘든 노동도 마다하지 않는 노예가 필수적이었다. 이집트의 정복 전쟁이 아예 금을 생산하기 위한 노예 확보가 주된 동기일 정도였다. 노예 이외에도 황금 그 자체가 이집트 정복 사업의 목표였다.

특히 고왕국 시대 이후 이집트 파라오는 대부분 금을 미친 듯이 사랑했다. 금을 얼마나 사랑했는지 이집트인들은 다른 금속을 금으로 바꾸기 위해 끊임없이 시도하였다. 바로 연금술의 발명이다. 연금술을 의미하는 알크미(alchemy)는 아랍어이다. 알(al)은 아랍어로 정관사이고, 케미(chemy)가 연금술의 핵심 어원이다. 케미의 어원에 대해서는 크게 3가지 주장으로 나뉜다. 첫째, 케미가 고대 이집트어로 검은색을 의미하는 캄-잇(kam-it) 혹은 켐-잇(kem-it)에서 유래했다는 주장이다. 고대 이집트는 땅이 비옥하여 검은색 영토(Black Land)라 불렸는데, 연금술이 고대 이집트에서 성행했으므로 "연금술=고대 이집트"라는 주장이다. 두 번째 주장은 연금술이 그리스어로 금속을 녹이는 기술을 의미하는 "쿠메이아(khumeia)"라는 단어의 시리아 버전인 "키미야(kimiya)"에서 비롯되었다는 주장이다. 세 번째 주장은 연금술이 신성한 과학이라는 뜻의 히브리어인 "킴 야(Kim Yah)"에서 유래했다는 주장이다.

필자가 보기엔 연금술의 시작이 고대 이집트이므로 첫 번째 주장이 가장 설득력이 있다고 본다. 그리스인들도, 유대인들도 연금술은 모두 고대 이집트에서 배웠다. 따라서 그들이 연금술을 지칭한 쿠메이아(khumeia)나 킴 야(Kim Yah) 모두 고대 이집트를 의미하는 캄-잇(kam-it) 혹은 켐-잇(kem-it)에서 유래했을 가능성이 높다.

이집트인들의 인위적인 금 전환 시도는 아리스토텔레스를 거쳐, 그리스 철학을 보존한 이슬람인들이 발전시키면서 연금술(alchemy)이라는 학문으로 발전하기까지 하였다. 이슬람인들의 연금술은 스페인의 코르도바(Cordoba)를 통해 서유럽

으로 전파되었고, 서유럽의 스콜라 철학자인 알베르투스 마그누스(Albertus Magnus, 1193~1280)와 토마스 아퀴나스(Thomas Aquinas, 1224~1274)는 금을 만들어내는 연금술을 단순한 기술이 아니라 자연을 탐구하는 일종의 자연 철학으로 승격시켜 발전시켰다. 그 후 연금술은 서유럽에서 화학이라는 근대 과학 형태로 계승 발전되는데, 화학(chemistry)이라는 단어도 연금술(alchemy)에서 나온 것이다. 고대 그리스인들의 금에 대한 열정이 없었으면 연금술도 없었고, 연금술이 없었으면 화학도 없었으며, 화학이 없었다면 현대 과학 문명은 공상과학 소설에나 나오는 영화 같은 이야기일 뿐이다.

이집트 금 장신구, ① 가장 왼쪽은 팔찌, ② 우측 위쪽은 귀고리, ③ 귀고리 아래쪽은 윗옷의 깃(callar). 간단히 말해 고대 이집트의 파라오는 몸 구석구석을 황금으로 장식했다. 왕의 계곡 출토품. 영국박물관 소장

(2) 하트셉수트(Hatshepsut), 투탕카멘(Tutankhamun), 그리고 아크나톤(Akhenaton)

나아가 이집트의 벽화에는 벽돌 모양, 고리 모양 혹은 화병 모양의 잉곳과 금가루를 수북이 쌓아 놓은 장면을 쉽게 발견할 수 있는데, 이는 파라오들의 집착에 가까운 금에 대한 애정 때문이다. 왕가의 계곡에서 유일하게 도굴되지 않고 1923년에 발견된 투탕카멘(Tutankhamun, 재위 BC 1361~1352년경)의 무덤에서도 황금 마스크(nemes), 황금 의자, 황금 목걸이, 황금 부채 등 온통 황금으로 된 부장품이 발견되었다.[4] 이는 파라오가 얼마나 금을 애용했는지 보여 주는 단적인 사례이다.

투탕가멘보다 훨씬 많은 금을 사용한 이는 그보다 약 150년 전에 재위한 투트모스 1세의 장녀 하트셉수트(Hatshepsut, 재위 BC 1479~1458년경) 여왕이었다. 하트셉

4 　투탕가멘의 황금 마스크는 전 세계에서 가장 유명한 파라오의 부장품으로, 카이로 박물관에서 가장 인기 있는 전시품이다. 파라오는 위대한 저택이라는 뜻인데, 왕이 거대한 성에 살면서 왕을 가리키는 명칭이 되었다.

수트는 '가장 고귀한 숙녀'라는 뜻으로, 이복동생인 투트모스 2세(Thutomose II, BC 1510~1479년경)와 결혼했다. 불행히도 투트모스 2세의 모친은 외국인이었으므로, 투트모스 2세는 왕족이 될 수 없었다. 그의 왕비였던 하트셉수트 또한 이런 사실을 잘 알고 있었다. 더구나 그녀는 부친인 투트모스 1세의 장녀로서 투트모스 1세를 대신하여 이집트를 통치하면서 정치적 감각을 확실히 익혔다. 그러다가 남편의 두 번째 왕비 이세트(Iset)가 낳은 투트모스 2세의 외아들 투트모스 3세(Thutmose III, BC 1481~1425년경)가 10세 미만의 나이로 왕위에 올랐다. 하트셉수트는 왕비로서 투트모스 3세의 섭정을 맡았고, 6~7년 후에는 자신의 정치적 역량을 통해 자신이 직접 파라오에 오른다. 이로써 그녀는 이집트 파라오 중 최초의 여성 파라오가 된다.[5]

투트모스 3세(Thutmose III, BC 1481~1425경)의 이름이 새겨진 금반지. 투트모스 3세의 계모였던 하트셉수트(Hatshepsut, 재위 BC 1479~1458년경) 여왕과 마찬가지로 그도 황금에 거의 미쳐 있었다. 멤피스 왕의 계곡 출토품. 영국박물관 소장

이처럼 우여곡절 끝에 파라오가 된 하트셉수트 여왕은 평소 자신의 얼굴에 금박 장식을 매일 할 만큼 미친 듯이 금을 사랑한 여왕이다. 그녀는 카르낙(Karnak)에 있는 아몬(Amon) 大 신전에 30미터 높이의 오벨리스크 두 개를 건설할 것도 계획하였는데, 오벨리스크 전체를 금으로 칠하려고 할 만큼 금에 대한 애정이 대단한 여인이었다.[6] 카르낙 대신전의 높이 30미터, 무

5 하트셉수트 여왕은 외세 침략보다는 주변국과 주로 평화적 교역에 치중했다. 반면 투트모스 3세는 교역보다는 대외 침략에 주력한다. 투트모스 3세가 세운 오벨리스크 2개는 현재 런던 템즈강변과 뉴욕 센트럴파크에 있는데, '클레오파트라의 바늘'이라고 불린다.
6 물론 이 계획은 수정되어 오벨리스크 제일 위의 피라미드 모양만 금박으로 칠한다. 카르낙에 있는 오벨리스크는 거의 모두가 다른 나라에서 강탈하여 가져가고 지금은 두 개만 남아 있다. 그중 하나가 하트셉수트 여왕의 오벨리스크로 높이 약 30미터, 무게 250톤의 엄청난 크기를 자랑한다. 파리 콩코드 광장, 로마 바티칸 대성당 앞의 성 베드로 광장에 위치한 오벨리스크 역시 카르낙에서 강탈된 오벨리스크이다. 이집트에는 총 12개의 오벨리스크가 있는데 이집트에는 카르낙 2개, 룩소 1개, 헬리오폴리스 1개 등 총 4개만 남아 있다. 나머지 8개는 프랑스, 이탈리아, 영국, 튀르키예, 미국 등이 강탈하여 자국의 수도로 반입했다. 열강들이 왜 오벨리스크에 이렇게 열광했는지 여전히 미스테리이다.

게 250톤의 초대형 오벨리스크는 하트셉수트 여왕의 딸인 네페루레^(Neferure)의 개
인 교사이자 건축가인 센무트^(Senemut, BC ?~1463)가 디자인한 것인데, 센무트가 하트
셉수트 여왕의 연인이라는 설이 있다.

후술하는 파라오 아크나톤<sup>(Akhenaton, 혹은 아케나텐 Akhenaten, 혹은 아멘호텝 4세, Amenhotep IV, 재
위 BC c.1353~c.1336)</sup>도 엄청난 금을 소유한 것으로 알려져 있다. 특히 아크나톤은 주
변에 파라오를 섬기는 여러 국가들에게 금을 사실상 "공급"했다. 일례로 BC
1475~1275년 사이에 티그리스, 유프라테스강 북부 지역에서 성립된 왕국인 미
타니^(Mitanni) 왕국은 교역을 통해 이집트로부터 금을 수입했다. 미타니 왕국은 이
집트를 위협하던 북부의 히타이트족에 대항해 이집트와 외교적 동맹관계를 유
지했던 국가였으므로, 파라오가 최고
의 이집트 수출 물품인 황금을 제공
한 것은 외교적 목적도 있었던 것으
로 보인다. 이렇게 보면 마치 오늘날
미국의 전략 수출물자인 원유처럼,
황금 또한 고대 이집트의 전략 수출
물자 역할을 톡톡히 한 셈이다.

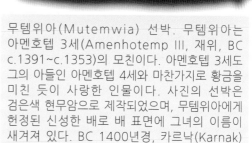

무템위아(Mutemwia) 선박. 무템위아는
아멘호텝 3세(Amenhotemp III, 재위, BC
c.1391~c.1353)의 모친이다. 아멘호텝 3세도
그의 아들인 아멘호텝 4세와 마찬가지로 황금을
미친 듯이 사랑한 인물이다. 사진의 선박은
검은색 현무암으로 제작되었으며, 무템위아에게
헌정된 신성한 배로 배 표면에 그녀의 이름이
새겨져 있다. BC 1400년경, 카르낙(Karnak)
출토. 영국박물관 소장

이집트가 미타니 왕국에 금을 공
급한 실제 사례는 오늘날 아마르나
^(Amarna)로 알려진 이집트 도시에서 발
견된 서한에서도 드러난다. 이 서한에서 BC 14세기 미타니 왕국의 왕이었던 투
쉬라타^(Tushratta, 재위 BC c.1382~c.1342)는 아크나톤에게 더 많은 황금을 보내 달라거나,
금박을 입힌 조각상이 아니라 순금으로 된 조각상을 보내달라고 불평하는 내용
이 담겨져 있다.[7] 투쉬라타는 특히 이 편지에서 아크나톤의 부친인 아멘호텝 3

7 William L. Moran, 『The Amarna Letters』, Johns Hopkins University Press, 1992, pp. 87~89. 투쉬라타는 순금
입상을 요구하는 대신 라피스 라줄리로 만든 입상을 제공하겠다고 약속했다. 이를 통해 보건대, 이집트의 라피스 라줄리는
메소포타미아 지역으로부터 공급받았을 가능성이 높다.

세^(Amenhotep III, 재위 BC c.1391~c.1353)가 순금 입상을 제작하는 모습을 자신의 외교 사절단에게 직접 보여 주었으며, 미타니 왕국 사절단 또한 이집트에서 "측정이 불가능할 정도로 엄청난 양의 금"을 자신들의 눈으로 직접 보았다고 기술했다.

아마르나에서 발견된 또 다른 태블릿에서도 아크나톤의 황금에 대한 언급이 있다. 즉, 이 시기 메소포타미아에서 번영하던 바빌로니아 카시트 왕조^(Kassite, BC c.1531~c.1157)의 부르나부리아쉬^(Burnaburiash II, 재위 BC c.1359~c.1333) 왕이 편지를 통해 청금석과 말을 아크나톤에게 보내니, 황금을 하루빨리 보내 달라고 요청한 것이다. 이 편지는 BC 1350년경 쓴 것으로 추정되는데, 황금을 요청하는 것 외에도 이집트가 아시리아와 우호적인 외교 관계를 단절하도록 요청하는 내용도 포함되어 있다.[8] 전술한 지중해 구리의 공급지 키프로스도 이집트로 구리를 수출하고 그 대가로 이집트로부터 대량의 황금을 수입했

바빌로니아 키시트 왕조의 부르나부리아쉬(Burnaburiash II, 재위 BC 1359~1333) 왕이 아크나톤, 즉 아멘호텝 4세(Amenhotep IV, c.1353~c.1336)에게 금을 보내달라고 요청한 서신. 키시트 왕조는 말과 라피스 라줄리를 이집트에 수출했고, 이집트로부터 그 대가로 상아와 금을 수입했다. 이집트 엘-아마르나(El-Amarna) 출토. 영국박물관 소장

다. 구리 교역을 통해 황금을 축적한 키프로스인^(Cypriot)들의 황금 장신구는 파라오가 사용한 황금 장신구 못지않게 화려하고 풍부하다. 예컨대 오늘날 키프로스 동쪽의 엔코미^(Enkomi) 항구는 구리를 레반트와 이집트로 실어 나르는 주요 수출항이었는데, 이 지역에서 발견된 키프로스인들의 유적지에는 황금으로 만든 화려한 귀걸이, 목걸이, 반지, 머리핀 등 장신구들이 대량으로 발견되었다. 키프로스섬에서 발견되는 이 황금 장식품은 자신들의 구리를 팔아 그 대가로 이집트로부터 받은 황금으로 만든 것이다.

---

8 초기 부르나부리아쉬의 카시트 왕조는 아크나톤 집안과 혼인을 통해 동맹을 맺을 정도로 양국이 우호적 관계였다. 하지만 나중에는 아크나톤이 자신에게 보낸 황금의 양이 적다고 불평을 하는 등 양국 관계가 악화된다.

al_court)에서도 금을 사용하기 시작
했다. BC 1000년을 전후한 시기에는 귀족은 물론
부유한 상인들도 금을 이용한 장식품을 적극 애용
하였다. 일설에 따르면 기원전 1000년 전후 고대 세
계에서 생산된 전 세계 금의 80%를 고대 이집트가
소비했다고 한다.[9]

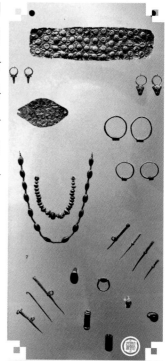

키프로스인들의 황금 장신구. 키프로스인들은 구리, 향유, 목재 교역을 통해 이집트로부터 확보한 황금으로 허리 띠, 귀걸이, 목걸이, 머리핀, 반지 등 몸에 걸치는 거의 모든 장신구들을 모두 황금으로 만들었다. 이렇게 황금을 몸에 걸침으로써 권력과 부를 과시하는 것은 메소포타미아 지역에서 발생하여 유럽과 인도로 전파된 매우 독특한 현상이다. BC 1750~1050년경, 키프로스 출토. 영국박물관 소장

9 『The Pharaoh's Gold: Ancient Egyptian Metallurgy』, Mining History Journal, 1995, p. 82

Codex Atlanticus: 중국 고대 왕국과 황금

이집트가 금을 활발하게 사용하던 BC 1000년 전후 무렵, 동양인 중국에서는 상(商)나라와 주(周)나라가 있었다. 상나라 마지막 수도인 은허에서 BC 1160년경에 건설된 것으로 추정되는 늠신(廩辛)왕의 무덤에서 발

상나라가 사용한 옥 장식품. 상나라는 홍산 문화를 그대로 계승하여 옥을 고급 장식품으로 애용한 국가이다. BC 1300~1046년경, 대만 국립고궁박물관 소장

홍산 문화가 즐겨 사용한 옥으로 만든 목걸이 장식. BC 3500~3000년경, 대만 국립고궁박물관 소장

견된 유적은 중국 고고학 최고의 발견인 갑골문과 창 촉, 도끼, 투구, 도기 등이었다.[10] 제사를 위해 희생된 인간들도 있었다. 하지만 금은 없었다. 도굴된 것일 수도 있지만, 기본적으로 황하 유역의 고대 중국에서 지배층이 애호한 보석은 금이 아니라 옥이었다.

옥은 비취색의 은은한 색을 띠면서도 살균 효과라는 신비한 힘도 있다. 오늘날 시베리아 남쪽의 바이칼 호수 주변의 사람들은 몸이 아플 때 주변의 옥 광산으로 가서 자연 치료를 한다고

바이칼 호수 / 홍산문화 / 뉴허량 / 다링허 / 은허 상나라 / 싼싱두이
Maps Data: Google Earth

---

10 이안 모리스, 앞의 책, p. 304. 늠신 왕은 중국 상나라 25대 왕이다. 한편 상나라는 초기인 BC 1550년 무렵에는 수도가 하남성의 정저우(鄭州)로 추정되는데, 이곳에서 발견된 성벽 높이가 대략 7~10m, 폭이 20m에 이르고 둘레가 7km에 이른다. 이 정도 성벽은 인력을 동원하고 축성하는 상나라의 정치, 사회적 통합 능력이 상당히 발달했음을 의미하는 것이다. 상나라는 한민족처럼 흰색을 숭상하고(한족 국가인 주나라는 적색을 숭상했으며, 지금도 중국인은 적색을 숭상한다.) 음주가무를 즐겼는데, 이 점에서 상나라가 중국 한족이 아니라 동이족이 건설한 국가라는 주장이 있다.

한다.[11] 그만큼 옥은 귀하고 신비로운 것이었고, 이 때문에 화폐의 역할도 하고 있었다. 고대 동양에서 옥을 가장 애용했던 문화는 바로 홍산 문화이다.

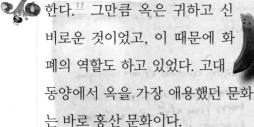

상나라 옥 문화 전통은 주나라로 그대로 계승된다. ① 좌측은 상나라 옥 단도(BC 1300~977), ② 가운데는 초기 서주 옥 장식품(BC 1045~878), ③ 우측은 후기 서주 옥 귀걸이(BC 877~771). 대만 국립고궁박물관 소장

홍산 문화는 BC 4,500년 전후로 다링허(大凌河) 주변에서 번성했던 문화이다.[12] 홍산 문화의 주인공은 황하 문명의 주역인 화하족(華夏族)이 아니라 우리 민족의 조상인 동이족(東夷族)이다. 이 홍산 문화의 지배층인 동이족은 옥을 가장 중요한 보석으로 간주했고, 화폐로도 사용했다. 랴오닝성에 있는 뉴허량(牛河梁)에서 발견된 제사장의 유골에는 옥기가 같이 묻혀 있을 정도로 옥을 신성시했다. 이처럼 홍산 문화는 구석기, 신석기, 청동기가 아니라 "옥기" 시대라고 불러도 무방할 정도로 옥을 애용했다.

홍산 문화에서 사용한 용 모양의 옥 장식품. BC 3500~3000년경, 대만 국립고궁박물관 소장

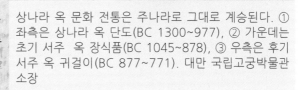

상나라 시대 황소 얼굴 모양의 옥 장식품. BC 1300~1046년경, 대만 국립고궁박물관 소장

옥이 아니라 금이 발견된 동양의 고대 유적지도 있기는 하다. BC 1200년경 쓰촨성에서 번영했던 수수께끼 같은 왕국의

---

11 바이칼 호수는 수심이 1,700m로 세계에서 수심이 가장 깊고, 얼지 않은 담수의 20%를 차지할 만큼 가장 물이 많으며, 250만 년 전에 생성된 가장 오래된 자연 호수이다.

12 ▮▮▮ 어떤 이는 홍산 문화가 15만 년 전후 구석기 시대부터 번성한 문화로 메소포타미아 문명보다 앞선 인류 최초의 문명이라고 주장하기도 한다. 번성했던 홍산 문화는 BC 3,000년경 갑자기 사라졌다. 홍산 문화의 멸망은 동양 고고학 최대의 미스터리 중 하나로, 오늘날 학자들 사이에서도 멸망 원인에 대해서 설이 분분하다. 가장 유력한 설이 바이러스 창궐로 인한 문명의 멸망이다.

싼싱두이 황금 면구 상. 굵은 눈썹, 커다란 눈, 과장되게 조각된 코는 싼싱두이 문화가 중국 한족 문화가 아니라는 증거이다. 쓰촨성 싼싱두이 박물관 소장. Licensed under the Creative Commons Attribution 2.0 Generic license. Author: momo, https://commons.wikimedia.org/wiki/File:Gold_Mask_(%E9%BB%84%E9%87%91%E9%9D%A2%E7%BD%A9).jpg

유적지인 싼싱두이(三星堆)에서 1986년에 엄청난 규모의 유물이 발견된 적이 있다. 당시 발굴된 청동 제단, 청동 면구상, 청동 인두상 및 입상, 옥으로 만든 장신구 등은 이 지역에서 번영했던 수수께끼 같은 문명의 화려함을 보여 준다.

싼싱두이 유적지에서 가장 특이할 만한 것은 바로 황금이다. 황화 유역의 고대 중국 문명에서는 황금을 거의 사용하지 않았는데, 이 지역에서는 황금을 사용해서 사람들의 가면을 만든 것이다. 불행히도 싼싱두이 유적은 중국 고유의 고대 황하 문명과는 완전히 다른 문명이다. 왜냐하면 이들의 청동 면구상은 주로 굵은 눈썹, 크고 긴 눈, 얼굴의 ⅓을 차지하는 코 등으로 이루어져 있는데, 동양인과는 사뭇 다른 모습이기 때문이다. 공자의 춘추에도, 사마천의 사

기에도 통일 왕조 진나라 이전의 중국 정통 왕조는 하나라, 상(商)나라, 주나라가 전부이지 싼싱두이 관련 내용은 일언반구도 없다.

추정컨대 싼싱두이의 황금 유물은 메소포타미아나 이집트의 황금 문화가 중앙아시아로 전파된 후 이들이 중국으로 이동해 가는 과정에서 발생한 것으로 보인다. 일례로 싼싱두이의 황금 유물 중에는 새를 음각한 황금 태양이 있는데, 이는 새를 신의 사자로 여긴 유목민족의 전통이다. 특히 황금으로 가면을 만드는 것은 메소포타미아의 푸아비 여

경옥고(Jadeite) 원석. 경옥고는 일반적인 옥보다 희귀하고 단단하여 경옥고라고 부른다. 색깔이 에메랄드빛이라 옥보다 훨씬 가치가 높다. 청나라 시대 미얀마 출토, 대만 국립고궁박물관 소장

중국 고대 왕국과 황금

왕과 이집트의 파라오 전통과 완전히 일치한다. 실제로 하트셉수트 여왕도 매일매일 얼굴에 금박을 입혀 생활했다. 다시 말해 싼싱두이 문화는 중국 중원의 문명이 아니라 메소포타미아 문명의 영향권 아래 있었던 중앙아시아의 동서양 혼합 문명이다. 금 가지에 옥 잎사귀를 의미하는 "금지옥엽金枝玉葉"이라는 한자 성어는 바로 홍산 문화와 메소포타미

한나라 옥벽사(玉辟邪). 한나라 시대에 옥으로 만든 상상의 동물 벽사. 벽사는 악귀를 물리치는 상상의 동물이다. 이처럼 상나라 옥 문화는 한나라 시대까지 그대로 이어진다. BC 206~8년경, 대만 국립고궁박물관 소장

아 문명의 결합으로 탄생한 어구일지도 모르겠다.

요컨대 고대부터 금을 사용한 곳은 메소포타미아와 이집트가 처음이었다. 미케네 문명, 인더스 문명, 싼싱두이 문명처럼 메소포타미아와 이집트 문명의 영향권 아래 있었던 문명권도 금을 사용했다. 그 외 고대 유라시아의 다른 문명에서는 금을 사용하지 않았다. 고대 최고의 동양 문명인 홍산 문화는 옥을 애용한 옥 문화였고, BC 1000년 이전까지는 황허 문명을 창조한 고대 중국에서조차도 금은 생소한 금속이었을 가능성이 매우 높다. 특히 메소포타미아와 이집트에서 금은 곧 화폐였다. 황금이 최초의 인간을 만들었던 하늘에서 내려온 아눈나키나 태양신의 후예인 파라오를 상징하는 것이었으므로, 고대 메소포타미아나 고대 이집트에서 황금이 모든 물건을 살 수 있는 절대 권력의 상징인 화폐였던 것은 어쩌면 너무나도 당연한 현상일지도 모르겠다.

반면 기록상 등장하는 가장 오래된 중국의 상나라는 설사 금을 사용했다 하더라도 장식품이었지, 화폐는 아니었다. 상나라를 멸하고 천자 국가가 된 주나라도 조개, 동물의 뼈를 화폐로 삼았고, 주나라 말기나 춘추전국시대에는

칼 모양의 도전(刀錢)이나 농기구 모양의 포전(布錢)이 화폐였다. 도전과 포전 모두 청동으로 만든 것이었다. 주나라부터 진나라까지는 주석이 귀했던 만큼 청동이라는 금속도 희귀 금속으로 화폐로서는 손색이 없었을 것이다.

필자는 개인적으로 황허 문명이 황금을 그나마 화폐로서 사용하기 시작한 것은 메소포타미아의 황금 문화가 중앙아시아를 통해 전파된 이후인 기원전 1000년 이후가 아니었을까 추정해 본다. 그 증거가 바로 쓰촨성의 싼싱두이(三星堆) 문명이다. 싼싱두이가 위치한 쓰촨성은 중앙아시아와 중원의 중간에 위치해 있으므로, 중앙 아시아의 황금 문화가 중국의 중원으로 전파되는 길목이었을 가능성이 매우 높다.

하여튼 중원으로 황금의 사용이 전파되었을 것으로 추정되는 기원전 1000년 전후의 중국은 상나라를 멸망시킨 주 나라 무왕(武王, 재위 BC 1046~1043) 시절이었다. 주나라는 황하의 서부 변경 세력이었는데, 중앙아시아에서 BC 1200년경 전파된 전차를 잘 활용하여 은나라를 붕괴시켰다. 이는 주나라가 중앙아시아에서 전차 문화뿐 아니라, 황금 문화 또한 수입했을 가능성이 높음을 시사한다. 따라서 필자 생각에는 주나라 무왕 이후부터는 황금이 보물로서든, 부의 축적 수단이든 어떻게든 사용되었을 가능성이 높다고 생각한다.

취옥백채(翠玉白菜). 경옥고로 만든 청나라 시대 작품. 여치와 메뚜기가 배추에 숨겨져 있는 장면을 묘사한 청나라 시대 작품이다. 홍산 문화의 전통이 상나라를 거쳐 청나라 시대까지 계승되었음을 알 수 있다. 한편 취옥백채는 돈을 벌어준다는 민간 신앙이 있어, 대만인들은 거의 모두 집안에 하나씩은 가지고 있다. 대만 국립고궁박물관 3대 보물 중 하나. 대만 국립고궁박물관 소장

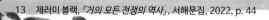

13   제러미 블랙, 『거의 모든 전쟁의 역사』, 서해문집, 2022, p. 44

가장 명확한 증거가 사마천의 사기이다. 사마천의 사기에는 춘추전국시대^(BC 770~221)에 황금을 보물로서, 나아가 제한적이나마 화폐의 기능으로서 사용한 일화가 상당히 많이 나온다.

예컨대 연^(燕) 나라의 태자 단^(丹)은 조^(趙) 나라에 인질로 잡혀가 있을 때 조나라에서 태어난 후에 진시황이 된 정^(政)과 친하게 지냈다. 후일 정이 진^(秦) 나라의 왕^(후일 진시황)이 되자, 단은 진나라에 다시 인질로 머물게 되었다. 이때 진나라의 정은 단을 박대하고 무시했다. 이에 앙심을 품은 단은 진나라를 탈출하여 연나라로 돌아와 진시황 암살 계획을 꾸몄다.[14]

그는 위 나라 출신으로 검술에 뛰어난 형가^(荊軻)를 찾아, 천하에서 가장 예리하다는 단검인 서부인^(徐夫人)의 비수를 그에게 주고 암살을 지시했다. 이때 서부인의 비수는 태자 단이 조 나라에서 금 백 근을 주고 구매한 것이다. 금 백 근이면 대략 50kg으로, 2024년 금값이 kg당 대략 9,000만 원 내외이므로 약 45억 원이다. 45억 원짜리 단검이면 어느 정도인지 상상이 안 가지만, 이 경우 황금은 명백히 화폐로서 사용한 것이다. 물론 일반적인 화폐가 아니라 황금을 보물로서 물물교환을 한 것일 가능성이 높다.

전국시대 옥 장식품. 위쪽은 전국시대 말기(BC 275~221), 용머리와 봉황 무늬의 노리개(珩) 작품이고, 아래쪽은 전국시대 초기(BC 475~221), 용 모양 노리개(珩) 작품이다. 대만 국립고궁박물관 소장

아장(牙璋). 아장은 옥으로 만든 칼날이다. 잘 발견되지 않아서 고고학적 가치는 높다고 한다. 아장은 특이하게도 쓰촨성의 싼싱두이 문명에서도 발견된다. 아장은 싼싱두이 문명과 중원의 중국 문명 상호 간 교류를 상징하는 반증이기도 하다. BC 2070~1600년경, 대만 국립고궁박물관 소장

월(越)왕 구천(勾踐)의 책사로서 오(吳)왕 부차(夫差)를 죽인 범려(范蠡) 또한 사마천이 천금(千金)을 소유한 갑부라고 묘사한 사람이다.[15] 엄청난 금을 소유한 이를 갑부라고 부를 정도이면, 이미 금은 화폐의 역할을 하고 있었던 셈이다. 하여튼 범려는 오나라를 멸망시킨 후 월왕 구천이 최고위직인 상장군 직을 제안했지만, 거절하고 제(齊)나라로 떠났다. 제나라로 간 범려는 이름을 치이자피(鴟夷子皮)로 바꾸고 숨어 살았다.

그는 월왕 옆에 아직도 남아서 승상 직을 수락한 대부(大夫) 문종(文種)에게 "새를 잡으면 좋은 활도 곳간에 처박고, 토끼 사냥이 끝나면 사냥개는 삶아 먹는다(蜚鳥盡·良弓藏 狡兎死·走狗烹)"라는 명언으로 하루빨리 구천의 곁을 떠날 것을 권하기도 하였다. 범려의 조언을 듣지 않는 문종은 결국 구천의 명으로 자살하여 비극적인 삶을 마감한다.

한편 범려의 명성을 익히 알고 있는 제나라 또한 범려에게 재상의 자리를 제안했다. 범려는 이 또한 사양하고, 다시 도(陶)나라로 갔다. 당시 도나라는 중국의 중앙에 위치하여 물자 유통이 매우 활발하던 곳이었다. 그는 그곳에서도 이름을 도주공(陶朱公)으로 바꾸었다. 범려는 그곳에서 농경과 목축에 종사하면서, 시세차익으로 돈을 벌었다. 그는 10%의 시세차익으로 얼마 안 가서 천금을 넘어 만금을 소유한 엄청난 부자가 되었다고 한다. 얼마나 돈을 잘 벌었든지, 하는 사업 족족 번창한 마이다스의 손 범려는 이후

한나라 시대 옥으로 만든 낙타.BC 3500~3000년경, 대만 국립고궁박물관 소장

---

15 오(吳)나라와 월(越)나라는 합려와 구천 시대부터 불구대천 사이가 되었다. 우선 오왕 합려가 구천이 왕이 되자 월을 침략했다가, 월왕 구천에 패해 부상을 입고 그 후유증으로 죽었다. 이에 합려의 아들인 부차는 장작개비 위에 누워서(와신, 臥薪) 잠을 청하며 복수를 꿈꾸었다. 이후 월왕 구천이 오나라를 침략하자, 이번에는 부차가 구천을 회계산에 가두고 죽음 직전까지 몰았다. 거짓 항복으로 간신히 목숨을 구한 구천은 앉아서도 누워서도 쓸개를 핥으며(상담, 嘗膽) 복수를 다짐했다. 그 후 이번에는 월왕 구천이 오나라를 침략하여 고소산으로 피한 부차를 포위했다. 부차는 회계산의 일을 상기시키며 구천에게 항복의사를 밝히며 살려 달라고 요청했다. 구천은 마음이 흔들렸지만, 본문에 등장하는 구천의 책사인 범려(范蠡)가 이를 말렸다. 결국 구천은 차마 부차를 직접 치지는 못하고, 범려를 총대장으로 삼아 공격 명령을 내려 부차를 죽였다. 회계산 사건 이후 22년 만에 원수를 갚은 것이다.

"재신(財神)"이라는 이름으로 민중에게 널리 알려졌다.

범려는 차남이 초나라에서 살인을 하여 감옥에 갇혔을 때도 자신이 가진 황금을 옷상자에 가득 실어 초나라로 보냈다. 비록 씀씀이가 컸던 막내가 아니라 그 반대의 인품을 가진 장남을 보내면서 차남을 구명하지는 못했지만, 황금을 뇌물로 사용한 것으로 보아 중국의 남쪽에 위치한 초나라에서도 황금은 인기가 아주 많았던 모양이다.

불행히도 범려는 바빌로니아의 대상인 에기비(Egibi) 가문과는 달리 뱅커로서 성장하지는 못했다. 범려는 물건을 모아서 팔아 황금을 단순히 축적했을 뿐이다. 황금을 축적해서 이를 바탕으로 이자를 붙여 대출하고, 그 이자로 다시 황금을 축적하여 상품 생산과 국제무역을 확대했던 머천트 뱅커는 아니었던 것이다. 만약 범려가 이자를 붙여 국제무역 활동에 대출 활동을 했다면 사마천은 틀림없이 이를 기록했을 것이다. 하지만 범려가 이자놀이와 대출 활동을 겸한 대규모 국제 상인이었다는 기록은 어디에도 없다. 범려가 왕실 뱅커였던 에기비 가문처럼 왕을 대신하여 조세를 징수하거나 토지를 관리했다는 기록도 없다.

범려의 일화 외에 연(燕)의 소왕(昭王, BC 312~279)이 곽외(郭隗)라는 선비를 등용할 때 곽외가 들려준 이야기에도 황금이 등장한다. 곽외는 소왕이 각지에서 유능한 인물을 물색한다는 말을 듣고 그를 찾아간다. 곽외는 다음 이야기를 소왕에게 들려준다. 옛날 어느 왕이 천리마를 구하기 위해, 천리마를 가져오는 이에게 천금(千金)을 준다는 상금을 내걸었다. 하지만 3년이 지나도 구할 수 없었다. 어느 날 천리마를 구해 오겠다는 사람이 나타나, 그 일을 한 선비에게 맡겼다. 석 달이 지나자 드디어 천리마가 나타났다는 소식을 듣고 달려갔지만, 이미 죽은 뒤였다. 하지만 그 선비는 황금 5백 금을 주고 천리마 시체를 찾아 왕에게 바쳤다.

왕은 기가 차서, 죽은 천리마를 황금 5백 금이나 주고 사오는 멍청이가 어디 있냐고 그 선비를 다그쳤다. 그는 "비록 천리마는 죽었지만, 죽은 천리마에게도 5백 금을 주었다는 소문이 퍼지면 금방 천리마를 구할 수 있을 것"이라고 말했다. 과연 그 선비의 말대로 1년이 지나지 않아 소문이 널리 퍼져 천리마를 쉽게 구할 수 있었다. 곽외는 이야기를 끝내고 자신처럼 능력이 별반인 사람도 소왕이 등용하면, 소문이 퍼져 각지에서 인재가 구름처럼 몰려올 것이라 말했다. 소왕은 곽외를 등용했고, 과연 그의 말대로 제나라의 추연^(騶衍, ?~?),

조나라의 극신^(劇辛, BC ?~242), 위^(魏) 나라의 악의

^(樂毅, BC 324~262) 등 내로라하는 유능한 인물이

소왕을 찾아왔다. 특히 악의는 초^(楚), 조^(趙), 한

^(韓), 위^(魏), 연^(燕) 등 5개국 연합을 이끌고 제나라 수

도까지 점령하는 명장 중의 명장이었다.

전술한 진시황의 암살 시도에 등장하

는 진나라 장수 번어기^(樊於期, ?~BC 227)의 이야기에도

황금이 등장한다. 번어기는 "舊 귀족 가문

을 어떻게 생각하는가"라는 진시황의 질문에 대해 "비록 조상의

공적으로 나라의 녹을 먹는 관리를 지낸

다 하더라도, 이들을 박해하면 자손을

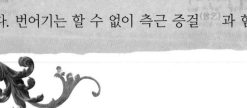

춘추시대 옥으로 만든 용 장식품. BC 475~221년경,
대만 국립고궁박물관 소장

위해 아무도 공을 세우지 않을 것"이라고 직언하였다. 하지만 진시황은 힘 있는 舊 귀족 가문들을 타파하고 자신만을 따르는 신진 귀족들을 중용하려는 정치 철학을 가지고 있던 터라, 번어기의 이런 태도가 매우 위험하다고 생각했다. 진시황의 이런 철학은 단순히 군사 기술만 발전시키는 것이 아니라, 국가 전반의 정치, 사회, 경제 제도를 왕이 직접 장악하여 국가 동원력을 극대화한다는 차원에서 어느 정도 일리 있는 전략이었다.

이에 따라 그는 번어기의 가족들을 모조리 잡아 처형하고 번어기까지 죽이려 하였다. 번어기는 할 수 없이 측근 증결^(曾乙)과 함께 연나라로 도피했다. 진

시황은 진노하여, 번어기의 목을 가져오는 이에게 황금 천근과 1만 호의 땅을 현상금으로 내걸었다. 천근이면 대략 500kg이다. 2019년 시세로 황금 1kg이 대략 4천만 원 내외, 2024년 시세로는 9천만 원 내외이므로, 오늘날로 환산하면 대략 200~450억 원이 넘는 현상금인 셈이다. 오늘날 시세로도 그렇고 당시로도 황금 천근이면 엄청난 돈이었음에는 틀림이 없다. 번어기에 대한 진시황의 분노가 그만큼 컸다는 반증이기도 하다.

사마천의 사기에서 황금을 화폐로서 활용한 가장 유명한 인물은 여불위^(呂不韋, BC c.291~235)이다. 그는 한^(漢)나라 사람으로 천금을 축적한 거부로 묘사된 상인이다. 상업 활동으로 이곳저곳 여행을 하던 그는 조나라에 인질로 잡혀 온 이인^{(異人, 후에 자초(子楚)로 개명)}을 만나고는, 자신이 보유한 황금을 투자하여 그를 왕으로 옹립할 계획을 세운다. 이인은 당시 진나라 태자 효문왕^(孝文王, BC 302~250)의 20여 명에 이르는 아들 중 한 명으로 조나라에 인질로 머물고 있었다. 그의 모친은 효문왕의 총애를 받지 못했고, 이에 따라 그녀 아들인 이인도 진나라의 인접국인 조나라에 인질로 잡혀와 사실상 왕실에서 쫓겨난 상태였다.

여불위는 이처럼 별 볼일 없었던 인물인 이인

진시황이 활약하던 전국시대 옥벽(屋壁, Bi Disc). 옥벽은 옥으로 만든 원형 장식품이다. 표면에 봉황의 무늬와 용이 그려져 있는데, 악귀를 쫓아내려는 목적으로 보인다. 나아가 옥벽은 건강에 도움을 준다고 하여 항상 몸에 지니고 다녔다. BC 475~141년경, 대만 국립고궁박물관 소장

의 태자 등극을 위해 500 금은 이인에게 활동비로 제공하고, 500 금으로는 각종 진귀한 보물을 구입했다. 그가 구입한 보물은 후일 효문왕이 되는, 당시 진나라의 태자 안국군이 가장 총애하는 화양부인의 언니에게 뇌물로 제공했다. 오늘날 금융 용어로 치면 성공 가능성이 거의 없는 신생 기업에 자신의 전 재산을 몰방한 광란의 벤처 투자였던 셈이다.

어쨌든 화양부인의 언니는 여불위의 뇌물에 넘어가, 이인을 화양부인에게

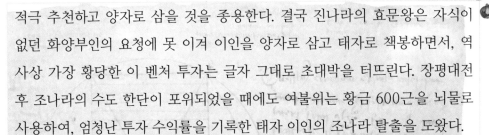

적극 추천하고 양자로 삼을 것을 종용한다. 결국 진나라의 효문왕은 자식이 없던 화양부인의 요청에 못 이겨 이인을 양자로 삼고 태자로 책봉하면서, 역사상 가장 황당한 이 벤처 투자는 글자 그대로 초대박을 터뜨린다. 장평대전 후 조나라의 수도 한단이 포위되었을 때에도 여불위는 황금 600근을 뇌물로 사용하여, 엄청난 투자 수익률을 기록한 태자 이인의 조나라 탈출을 도왔다.

후에 태자 이인은 자신을 태자로 지명한 효문왕^(재위 BC 251~250)이 1년도 안 되어 죽자 장양왕^(莊襄王, 재위 BC 250~247)이 되고, 장양왕이 즉위 후 3년 만에 죽자 그의 아들 정^(政)이 마침내 시황제가 된다. 여불위는 이 격동의 와중에 장양왕과 진시황 시절 10년 동안 재상이 되어 무소불위의 권력을 휘두른다. 여불위가 이인을 태자로 만들려고 투자한 지 불과 1년도 안 되어 별볼일 없던 인물인 이인이 태자로, 태자에서 다시 왕위에 오르고, 이인이 죽자 그의 아들 정이 중국을 통일한 시황제가 된 것이 역사적 사실이 아니라 마치 영화 속에서나 나오는 지어낸 이야기 같다.

하여튼 여불위에게 황금이 없었다면 중원을 통일한 진시황의 존재는 없었을지도 모르겠다. 필자는 여불위가 바빌로니아의 에기비^(Egibi) 가문과 마찬가지로 리스크를 안고 자신의 황금을 미래를 위해 투자한 일종의 투자은행가라고 평가해도 무방하다고 생각한다. 물론 투자 대상이 팔아야 할 상품이 아니라 왕이 될 만한 사람이었고, 이자도 받지 않았다는 차이는 있겠지만.

여담이긴 하지만 여불위가 미래를 위해 위험을 감수하고 사용한 황금의 활용 대상을 사람이 아니라, 국제무역과 상품의 생산에 집중했다면 중국에서도 뱅킹이 발전할 수 있었을까? 필자 대답은 "No"이다. 에기비 가문이 번성하던 메소포타미아 지역은 티그리스, 유프라테스강과 지중해를 중심으로 한 해상무역이 주된 형태였으므로, 육상 무역보다 리스크가 높았고 규모도 훨씬 컸다. 따라서 뱅킹이 필수적이었다. 그러나 중국의 춘추전국시대에 바다는 그저 물고기나 잡는 곳으로 해상무역에 대한 개념 자체가 없었고, 강을 이용한 상

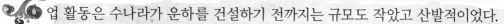

업 활동은 수나라가 운하를 건설하기 전까지는 규모도 작았고 산발적이었다.

요컨대 춘추전국시대의 중국은 뱅킹을 활용한 대규모 국제무역 활동이 활발하게 전개되기 위한 물리적 조건을 갖추고 있지 못했다. 따라서 설사 여불위가 머천트 뱅킹 활동을 했다 하더라도, 해상무역을 기본으로 했던 메소포타미아 지역의 머천트 뱅킹처럼 지속적이고 대규모로 뱅킹 활동을 전개하지는 못했을 것이다. 중국이 해상무역을 확장하는 시기는 1,200여 년 후인 송나라 때였다. 송나라는 남중국해, 인도양, 아라비아해를 무대로 해상무역의 범위를 확장하면서 상업 활동 규모를 극적으로 키웠지만, 이번에는 제대로 된 뱅커나 발전된 금융 산업 인프라가 없어 상업 활동이 거꾸로 침체되는 역설적인 결과가 나타나게 된다.

하여튼 여불위는 진의 재상이 된 후에는 춘추전국시대 내로라하는 석학과 식객들의 사상, 철학, 경제, 역사 등을 정리하여 일종의 정치 백과사전인 『여씨춘추^(呂氏春秋)』도 편찬했다. 그는 여씨춘추를 진나라의 수도인 함양^(咸陽) 성문에 걸어놓고, 이 책에서 한 글자라도 첨가하거나 뺄 수 있다면 상금으로 천금을 주겠다고 공언했다. 여불위의 황금에 대한 사랑이 글자에게까지 미친 것이다. 이후 사람들은 천금을 줄 만큼 훌륭한 글씨나 문장을 "일자천금^(一字千金)"이라고 불렀다.

그러나 사기에 등장하는 이와 같은 일화들에도 불구하고 고대 중국에서는 여전히 화폐로서의 황금 사용은 제한적이었다. 중원을 통일하기 전 진^(秦) 나라는 청동으로 만든 동전인 반량전^(牛兩錢, Banliang Qian)을 자국의 단일 화폐로, 그리고 통일 후에는 전체 중국의 통일 화폐로 사용했다. 황금이 반량전을 보조하는 보조 화폐 역할을 하기는 하였다. 예컨대 진나라 이후 중원을 통일한 유방의 전한 시대에는 금 1kg, 즉 황금 2근^(斤)이 대략 2만 반량전의 가치를 지니고 있었다.

하지만 중국에서 황금은 여전히 특별한 보물이었지, 보편적인 화폐는 아니

었다. 예컨대 전한 시대 황금은 주로 황제의 하사품으로 사용되었으며, 때로는 지방의 제후나 태자들이 황제에게 받치는 헌상품의 역할을 도맡았다. 중국 고대 황실이 이집트의 파라오나 고대 페르시아의 황제처럼 황금을 아주 애지중지했던 것 같지도 않다. 예컨대 기원전 14세기 이집트 파라오였던 투탕카멘은 자신의 무덤에 사용한 얼굴 가면을 황금과 청금석으로 만들었고, 기원전 6세기에 동서양을 최초로 통일하여 페르시아 大 제국을 건설했던 키루스 대왕도 자신의 관을 황금으로 만들었다. 기원전 4세기 알렉산더 대왕과 자웅을 겨루었던 다리우스 3세는 얼마나 황금에 미쳤던지 자신의 욕조까지 황금으로 만들었다. 하지만 기원전 3세기에 중국을 최초로 통일한 절대 권력의 화신 진시황은 자신의 관을 황금이 아니라 구리로 만들었고, 그의 무덤에서 수은으로 만든 강은 있었어도 황금으로 만든 유물은 없었다.

전한 시기까지 화폐 기능을 어느 정도 수행했던 황금은 전한을 멸망시킨 신(新)나라의 왕망(王莽, BC 45 ~ AD 23) 이후에는 거의 화폐 기능을 상실했다. 특히 왕망은 화폐 개혁을 하면서 황금을 화폐로서 사용하는 것을 공식적으로 금지했다. 황금을 보유한 이는 황실에 모든 황금을 반납해야 했고, 이를 새로 발행한 청동 화폐와 반드시 교환해야 했다.[16] 이후 중국의 기본 화폐는 당·송 시대는 구리와 철, 원나라 이후는 은이었다.

이처럼 고대 이집트가 당시 세계에서 채굴된 금의 80%를 소비할 만큼 금에 미쳐 있었지만, 고대 중국은 그 정도까지는 아니었다. 고대 중국의 화폐는 기본적으로 청동이었다. 황금은 청동을 만드는 원료인 주석이나 구리보다 더

---

16  왕망은 중국 역사를 통틀어 화폐 개혁을 가장 많이 한 황제이다. 그는 실권을 장악한 7~14년의 7년 동안 무려 4번의 화폐 개혁을 단행했다. 우선 첫 번째 화폐 개혁에서 황금의 화폐 사용을 금지하고는 민간의 황금을 황실이 모두 몰수했다. 2번째와 3번째 화폐 개혁에서는 새로운 청동 동전을 발행하면서, 구리와 주석 함량을 대폭 줄였다(debasement). 나아가 한 고조 때부터 제한적이나마 허용되었던 민간의 동전 제조를 완전히 금지했다. 이를 어기는 자는 당사자는 물론이고, 그 가족까지 모두 노예로 삼았다. 사적 동전 제조를 보고도 신고하지 않은 이도 마찬가지였다. 마지막으로 화폐 단위도 28개로 세분화했다. 현재 유로화 지폐가 €500~€5 사이에 7가지, 유로화 동전이 €2~€0.01 사이에 8가지로 총 15가지 단위가 있는데, 이보다 2배가량 많은 화폐 단위를 만들었던 것이다. 그 이유는 대단위 동전은 황제의 하사품으로, 소단위 동전은 백성의 일상적 거래용으로 사용토록 하는 등, 주나라의 이상적인 유교 정치체제를 부활시키기 위해 화폐를 활용하려고 했던 정치적 동기가 강했기 때문이다.

귀한 물질인데도, 고대부터 발달한 문명을 가지고 있던 중국이 왜 황금을 보편적인 화폐로 사용하지 않았는지는 여전히 미스테리이다.

반면 수메르는 자신들 창세기 버전의 중심에 황금이 있었다. 수메르의 황금 문화는 이웃 국가인 이집트와 중앙아시아로 전해졌고, 이집트로 전해진 황금 문화는 상하 이집트를 통일했던 나르메르^(Narmer, 통치 BC 3150~3100) 혹은 메네스^(Menes) 왕 이후 이집트 영향권에 복속된 레반트와 그 북쪽에 위치한 아나톨리아 반도로 다시 전파되었다. BC 13세기경 일어난 트로이 전쟁 또한 황금을 쟁탈하기 위한 그리스 해양 문명과 소아시아 해양·대륙 문명 간 황금 전쟁이었다. 트로이 전쟁 당시에도 황금은 이미 화폐 역할을 하고 있었던 것이다.[17] 황금이 화폐 역할을 하면서 금화를 최초로 만든 국가는 BC 7세기경, 아나톨리아 반도 한가운데 위치했던 금융제국 리디아였다. 다시 말해 리디아의 금화는 수메르와 이집트 황금 문명의 영향을 받아 탄생한 것이다.

하여튼 리디아의 왕들은 중국의 고대 황제와 달리 팍톨로스^(Pactolus) 강에서 채취한 대량의 사금과 티몰로스^(Tmolus) 산의 금광에서 채취한 황금으로 동전을 만들어 국제무역 활동에 사용하면서 이를 널리 배포했다. BC 7~6세기 이후 리디아의 금화 문명은 다시 인접한 밀레투스^(Miletus), 사모스^(Samos), 에페소스^(Ephesus) 등 이오니아 해역의 도시 국가와 아테네, 스파르타 등 그리스 도시 국가로 전파되었고, 그리스의 금, 은 동전 문화는 로마로 이어져 프랑스와 영국 등 근대 국가로까지 계승된다. 이처럼 필자가 보기에 서양에서 황금 문화가 확산되고 화폐로까지 사용된 것은 수메르와 이집트 문명의 영향이 가장 근원적이고 원초적이다.

하지만 동양의 대표적인 문명인 고대 중국에서는 수메르나 이집트와 같은 황금 문화라고 부를만한 원형이 없었다. 황금이 사용되었다 하더라도, 중국의 경우 화폐로서의 기능은 메소포타미아에서 중앙아시아를 거쳐 황금 문화

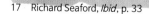

17 Richard Seaford, *Ibid*, p. 33

6세기경 신라 금동 장식 신발. 5~6세기경 신라 귀족들은 신발을 황금으로 만들 정도로 메소포타미아나 이집트 민족처럼 황금에 거의 미쳐 있었다. 경주 식리총 출토(1924년 발굴), 국립중앙박물관 소장

가 전파된 이후인 춘추전국시대 이후에나, 그것도 점진적으로 형성되었다. 그나마 화폐로서의 기능을 하던 황금의 역할은 신나라 왕망의 화폐 개혁 이후에는 거의 완전히 사라졌다. 물론 오늘날 중국인은 세계에서 금을 가장 많이 소비한다. 예컨대 2015년에는 전 세계에서 대략 3,000톤가량의 금이 생산되었는데, 중국은 984.5톤을 소비해서 전 세계에서 생산된 금의 $\frac{1}{3}$을 소비했다. 2023년에는 전 세계에서 대략 3,644톤 가량의 금이 채굴되었는데, 중국은 1,089.7톤을 소비하여 대략 전 세계 신규 채굴 황금의 약 30%를 소비했다. 이 정도면 고대 이집트의 하트셉수트 여왕의 금에 대한 열정보다 결코 뒤지지 않는 수준이다.

중국과 마찬가지로 우리나라 고대 화폐도 황금이 아니라 청동으로 만든 전국시대의 명도전, 철로 만든 고조선의 자모전 이나 철 덩어리였던 덩이쇠였다. 비단이나 쌀, 베 등도 화폐는 아니었지만, 화폐 기능을 하고 있었다. 즉, 우리나라에서도 중국과 마찬가지로 황금은 보물이었지, 화폐는 아니었던 것이다. 특이하게도 우리나라의 경우에는 고구려나 백제보다 유독 신라와 가야 지배층이 황금을 즐겨 사용했다. 물론 화폐로서가 아니라, 왕관이나 귀고리처럼 왕과 왕비를 치장하는 장식품의 원료로서 말이다.

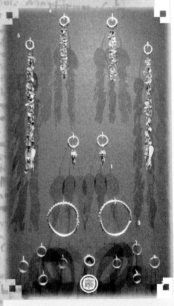

위쪽부터 아래로 신라인들이 착용한 금드리개, 금귀걸이, 금팔찌, 금반지. 6세기경, 경주 호우총(아래쪽 금팔찌와 금반지)과 은령총(위쪽 4개 금드리개) 출토(1946년 발굴). 국립중앙박물관 소장

예를 들어 신라의 눌지 마립간(訥祗 麻立干, c.417~458)은 재위 18년 만인 434년 음력 2월, 백제 비유왕(毗有王, 4274~55)에게 황금과 야광구슬을 선물로 보냈다.[18] 이 황금은 433년, 종래 적대관계에 있던 백제와 체결된 나제동맹을 좀 더 공고히 하기 위한 목적에서 제공된 고가의 선물이었다.

5세기경 신라 무덤에서 발견된 황금과 옥으로 만든 가슴 장식. 황금은 메소포타미아 문명, 옥은 홍산 문화의 영향을 받은 것으로, 신라인들이 메소포타미아와 홍산 문화의 영향을 모두 받았음을 보여 준다. 5세기경 경주 황남대총 북분 출토, 국립중앙박물관 소장

2016년 11월 경주 안압지 동쪽에서 발견된 "선각단화 쌍조문 금박(線刻團華雙鳥文金箔)" 또한 8세기 신라인들의 뛰어난 금세공 기술을 보여 준다. 이 작품의 크기는 가로 3.6㎝, 세로 1.17㎝, 두께 0.04㎜이며, 무게는 0.3g이다. 이 세공품의 황금 순도는 99.99%로 글자 그대로 순금이다. 모양은 사다리꼴이고 좌우 대칭으로 새 두 마리를 배치했으며, 새 주변에 꽃을 새겨 넣었는데 굵기가 머리카락의 절반인 0.05㎜이다. 너무 가늘어서 현미경으로 봐야 정확히 식별할 정도

선각단화 쌍조문 금박 사진. 3.6㎝, 세로 1.17㎝에 불과한 크기의 순금 금박에 머리카락보다 가는 0.05mm 이하의 굵기로 두 마리 새와 새 주변의 꽃을 초정밀 기술로 그려 넣었다. 돋보기나 현미경이 아니면 그림을 구분할 수 없을 정도로, 세밀한 금속 가공술이 돋보이는 작품이다. 8세기 통일신라 작품으로 추정. 저작권: 국립경주문화재연구소(이용 범위: 제1유형, 출처표시)

---

18  마립간은 말뚝의 왕이라는 뜻으로, 『삼국사기』에 따르면 신라 19대 왕인 눌지왕이 처음으로 사용했다. 여기서 "간"은 왕을 의미하는데, 몽골 기마 민족도 신라와 마찬가지로 "칸"이 왕이라는 뜻이다.

로 정교하다. 특히 가운데 마주 보고 있는 새 문양은 중앙아시아 세공품의 특징으로, 이는 신라가 중앙아시아의 문화적 전통을 간직하고 있음을 보여 주는 것이다. 고가의 장식품뿐만 아니라, 심지어 신라인들은 황금으로 신발까지 만들어 신었다.

이 점에서 필자는 황금에 집착했던 신라와 가야 지배층이 중국 대륙의 영향을 받지 않고 메소포타미아의 문화적 유산을 간직한 중앙아시아나 이들의 문화적 영향 아래 있었던 북방의 기마 민족에서 유래했을 가능성이 높다고 생각한다. 실제로 삼국을 통일한 문무왕의 비석이 2009년 경주에서 발견되었는데, 이 비석에는 문무왕의 15대 선조가 성한왕(聖漢王)이며, 성한왕은 흉노족인 투후제천지윤(秺侯祭天之胤)의 7대손이라는 기록이 있다. 투후는 한나라 무제의 신변을 보호하던 최측근 제후로 이름이 김일제(金日磾, BC 134~86)였는데, 후한의 역사가 반고(班固, 32~92)가 쓴 한서(漢書)에 따르면 그는 흉노족 휴저왕(休屠王)의 태자로 한나라에 귀화한 인물이다. 문무왕의 묘비뿐만 아니라, 9세기경 당나라에 귀화한 신라 귀족부인인 김씨의 묘비명(대당고김씨부인묘명, 大唐故金氏夫人)에도 김씨의 먼 조상의 이름이 "일제(日磾)시니 흉노 조정에 몸담고 계시다가 서한(西漢)에 투항하시어 무제(武帝) 아래서 벼슬하셨다."라고 기록했다.

그런데 김일제가 속한 흉노족은 하늘에 제사를 지내는 풍습이 있었다. 즉, 반고는 김일제의 부친인 휴저왕이 하늘에 제사를 지낼 때 "금으로 만든 사람(金人)"을 만들어 이를 하늘에 바

신라 금동 말띠 꾸미개. 신라인들에게 말은 사진처럼 황금으로 장식할 만큼 매우 중요한 동물이었다. 이는 신라 지배층 김씨 가문이 원래 기마 민족에서 유래했을 가능성을 보여 주는 유물이다. BC 5세기경, 경주 황남대총 남분 출토(1975년 발굴). 국립중앙박물관 소장

19 　　　신라 건국 신화에 등장하는 김알지는 김일제의 신라식 발음으로 추정된다. 설화 속의 김알지 또한 금으로 만든 함에서 발견된 아기이다.

20 연합뉴스, 재당신라인 대당고김씨부인묘명 전문, 2009. 4.22.
　　https://www.yna.co.kr/view/AKR20090421186100005

쳤다고 기록했다. 이 풍습으로 인해 한 무제는 자신에게 투항하여 자신의 통치를 적극 도와준 휴저왕의 아들 일제에게 "김(金)씨"라는 성을 하사하고 "투후"라는 제후에 임명했다고 한다. 문무왕이 자신의 비문에 기록한 제천지윤(祭天之胤)이라는 문구 또한 하늘에 제사를 지내는 종족의 후손이라는 뜻이다.

요컨대, 한나라 변방에 거주하던 흉노족은 메소포타미아에서 중앙아시아를 거쳐 유래한 황금 숭배 문화를 그대로 수용했고, 휴저왕을 정복한 한 무제(漢武帝 劉徹, BC 156~87)의 제후였던 김일제 이후 7대 후손이 한반도로 유입되어 신라 김씨의 선조로 정착했을 가능성이 있다. 일반적으로 1대손의 기간이 대략 30년임을 감안하면, 대략 김일제 이후 200년 뒤인 AD 1세기경에 흉노족 일부가 신라로 유입되었을 가능성이 있는 셈이다.

한편 『삼국사기』를 지은 김부식은 신라인 스스로가 소호금천씨(少昊金天氏)의 후예이므로 성을 김씨라 했다고 기록했다. 소호금천 씨는 중국 전설의 왕인 황제헌원(黃帝軒轅)의 맏아들이라는 설이 다수설이다. 하지만 소호금천이 다른 뜻이라는 주장도 있다. 소수설에 따르면 소호는 유목민족인 몽골인이 사슴을 뜻하는 "소고"라는 말의 한자음이며, "금천"은 몽골인이 황금을 뜻하는 "알튼"의 한자음이라고 주장한다. 이 소수설에 따르면 소호금천은 "황금 사슴"을 뜻하는 말이 된다. 우연의 일치인지 몰라도 메소포타미아 유역에 번성하던 스키타이 민족의 상징이 바로 황금 사슴이다. 스키타이 민족은 투키디데스가 『펠로폰네소스 전쟁사』에서 "스키타이족이 일치단결하면 이

5세기경 신라 금관. 금관의 장식이 나뭇가지와 사슴뿔 형태로 이루어져 있다. 신라인들은 사슴뿔 모양을 왕권의 상징으로 보고 금관에 이를 새겨 넣었다. 특히 금관의 사슴뿔은 스키타이 민족의 왕권 상징과 동일한데, 신라인들과 스키타이인들과의 연관성이 주목된다. 국보 191, 192호. 경주 황남대총 출토, 국립중앙박물관 소장

들과 맞설 수 있는 나라는 아시아에서 한 나라도 없을 것"이라고 평가할 만큼 전투력이 뛰어난 민족이다.[21]

이들 스키타이족들은 자신들의 왕인 황금 사슴이 인간으로 변한 것이라 믿었다고 한다. 조금 억지인지 몰라도 황금으로 만든 신라 왕관의 모양 또한 사슴의 뿔 모양과 비슷하다는 주장이 있다. 만약 이것이 사실이라면 신라 문명의 뿌리는 메소포타미아 유역에 거주하던 기마 민족인 스키타이족까지 거슬러 올라가는 셈이다. 신라 17대 왕인 내물(奈勿, 재위 356~402) 마립간(삼국유사) 혹은 19대 왕인 눌지(訥祗, 재위 417~458) 마립간(삼국사기)이 처음으로 사용했다는 "마립간" 또한 "말뚝(마립)의 왕(간)"이라는 뜻인데, 몽골 기마 민족도 신라와 마찬가지로 "칸(한자음차:干)"이 왕이라는 뜻이다.

550년 동안 신라의 왕족이었던 김씨 성을 가진 이가 신라에 처음으로 왕위에 오른 이는 5세기경 『삼국사기』에는 내물 이사금으로 기록된 내물 마립간이다. 이는 김씨 성을 가진 신라 왕족이 북방의 기마 민족과 관련이 있음을 보여 주는 강력한 반증이다. 한편 『삼국사기』에 따르면 눌지왕이, 『삼국유사』에 따르면 내물왕이 처음으로 마립간이라는 칭호를 썼다고 기록되어 있다. 필자는 김씨 성을 가진 사람이 마립간을 사용했을 가능성이 높으므로, 마립간이라는 칭호를 처음 쓴 이가 『삼국사기』가 주장하는 눌지 마립간이 아니라, 김씨 성으로는 처음 왕위에 오른 내물 마립간일 가능성이 높다고 생각한다.

결론적으로 신라인의 조상이 김일제이든, 소호금천씨이든 신라인과 가야인은 황금 문화로 변성하던 메소포타미아 문명이 전파된 경로에 있던 흉노족이나 스키타이족의 후예일 가능성이 있다. 필자 또한 신라인과 가야인이 황금 문화를 숭상했다는 점에서, 중국이 아니라 메소포타미아의 영향권 아래에 있던 민족의 후예일 가능성이 높다고 생각한다. 향후 본격적인 탐사와 연구를 기대해 본다.

---

21   투키디데스, 『펠로폰네소스 전쟁사』, 도서출판 숲, 2020, p. 221

(3) 콥토스-베레니케(Coptos-Berenice)와 누비아(Nubia)

이집트 파라오가 사용했던 금의 이집트 내 생산지는 두 군데였다. 하나는 나일강 중·하류 지역의 콥토스-베레니케(Coptos-Berenice) 지역이다. 이 지역의 금은 주로 얕은 표면 작업만으로도 금 채굴이 가능했다. 나머지 하나는 이집트 남부에 인접한 나일강 상류 지역의 누비아(Nubia)였다.[22] 누비아는 오늘날 수단의 북동부 지역이다. 이집트에서는 금을 너브(nub)라고 불렀으므로, 누비아란 금이 나는 지방이라는 뜻이기도 하다.

누비아의 금은 주로 비샤리 사막(Bisharee desert)에 흩어진 금광에서 집중 채굴되었는데, 이 금광들은 메네스(Menes) 파라오 시대 이전부터 존재한, 엄청나게 오래된 금광이다. 혹자는 이 금광이 BC 3800~2800 사이에도 채굴되었다고 주장할 정도로 오래되었다.[23] 누비아의 금은 채굴량은 많았지만, 채굴량이 많아질수록 갱도를 깊이 내려가서 채굴한 것이다. 갱도가 깊을수록 금 채굴 환경은 극도로 열악했다. 기원전 50년에 비샤리 광산을 방문한 그리스의 디오도루스(Diodorus Siculus, BC 90~30)는 이집트의 비참한 금 채굴 노동자인 노예들의 열악한 노동환경을 다음과 같이 묘사하였다. "광도 안에는 악취가 진동했고, 어둠을 겨우 밝혀주는 등불 때문에 숨쉬기도 힘들었다. 광도 안은 무척 더웠고 흙은 계속 무너져 내렸다. 광도 안의 노예들은 떨어지는 바위에 깔려 죽거나 힘들어 지쳐 일하다가 죽

---

22 누비아 지방에는 쿠쉬 왕국(Kingdom of Kush)이 오래전부터 세워져 있었다. BC 21세기 이집트 고왕국 시대에도 쿠쉬 왕국에 대한 기록이 있는 것으로 보아, 매우 오래된 왕국인 것으로 보인다. 후일 이집트에 복속되면서 누비아 지방은 쿠쉬라는 이름으로도 불리었다.

23 Joseph P. Farrell, 『Babylon's Banksters』, Feral House, 2010, p. 166

 154

거나 둘 중 하나였다."[24]

이렇게 채굴된 누비아의 금은 미국 신대륙이 발견되기 이전 전 세계 다른 곳에서 발견된 금의 총량보다 많았다.[25] 하지만 하트셉수트 여왕은 엄청나게 많은 양의 금을 필요로 했으므로, 누비아 광산에서 채굴된 금으로도 부족했다. 일설에 따르면 하트셉수트 여왕 시대에 이집트인들은 금광 채굴을 위해 누비아를 지나 아프리카 남부로 더 내려가 오늘날 짐바브웨까지 진출했다고 한다.[26]

(4) 너브(nub)와 황소

이집트에서 금은 파라오의 상징이기도 했지만 교환 수단의 역할도 하였다. 즉 이집트에서는 금이 곧 화폐였다. 이집트에서 금이 화폐 역할을 하기 시작한 것은 고왕국 시대부터였다. 일례로 BC 3100년경 상하 이집트를 최초로 통일한 고왕국 시대의 파라오 메네스(Menes)는 금을 벽돌 모양(gold bar 혹은 gold ingot) 형태로 주조하여, 자신의 이름을 새겼다.[27] 이 골드 바의 무게는 14그램이었다.[28] 메네스가 제작한 골드 바는 멀리 인도에서도 발견되는데,[29] 이는 고대 이집트와 고대 인도가 황금을 통해 활발한 국제교역 활동을 수행했다는 뜻이다. 메네스 파라오의 골

---

24 Peter L. Bernstein, *Ibid*, p. 14. 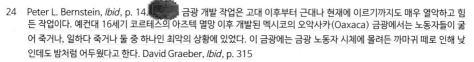 금광 개발 작업은 고대 이후부터 근대나 현재에 이르기까지도 매우 열악하고 힘든 작업이다. 예컨대 16세기 코르테스의 아즈텍 멸망 이후 개발된 멕시코의 오악사카(Oaxaca) 금광에서는 노동자들이 굶어 죽거나, 일하다 죽거나 둘 중 하나의 최악의 상황에 있었다. 이 금광에는 금광 노동자 시체에 몰려든 까마귀 떼로 인해 낮인데도 밤처럼 어두웠다고 한다. David Graeber, *Ibid*, p. 315

25 Peter L. Bernstein, *Ibid*, p. 13

26 Peter L. Bernstein, *Ibid*, p. 13

27 메네스는 상·하 이집트를 통일한 것으로 알려진 이집트의 왕이다. 상·하 이집트를 통일한 인물로 전술한 나르메르(Narmer)라는 인물도 있는데, 학자들은 메네스와 나르메르가 동일 인물일 가능성이 높다고 본다. 영화 「미이라」에 등장하는 전갈왕(Scorpion King)도 메네스 혹은 나르메르와 동일 인물일 가능성이 있다. 하지만 대부분의 사학자들은 전갈왕이 메네스 왕의 전임 왕이라고 주장한다. 한편 메네스 혹은 나르메르가 이집트를 통일한 이후 BC 3100년경에 세운 도시가 멤피스(Memphis)이다. 멤피스는 나일강 삼각유역의 상류 끝 꼭지점에 위치해 있다. 멤피스, 기자(Giza), 헬리오폴리스(Heliopolis)는 경도 위치가 모두 비슷하다. 테베(Thebes, 오늘날 룩소 Luxor)는 상 이집트의 중심지로 태양신 아몬(Amon)의 숭배였다. 하 이집트의 중심지는 헬리오폴리스로, 이 지역에서는 태양신을 레이(Re)라고 불렀다. 상하 이집트가 통일되면서 이집트 최고의 태양신은 아몬-레이(Amon-Re)라고 통합해서 불리기 시작했다.

28 「The Pharaoh's Gold: Ancient Egyptian Metallurgy」, Mining History Journal, 1995, p. 82

29 Joseph P. Farrell, *Ibid*, p. 167

드 바 이외에도 링 모양의 금 덩어리가 화폐로서 사용되었다. BC 2700년경부터는 링 모양의 금 덩어리에 무게가 표시되어 유통되기 시작했다.

이처럼 이집트에서 교환과정에서 사용한 황금은 무게에 따라 모양이 정형화된 화폐 형태가 아니라, 벽돌 모양 등의 잉곳(ingots)이나 고리(ring) 모양이었다. 금의 거래 단위는 누구나 알 수 있도록 무게를 사용했고, 거래를 할 때에는 공인 저울사(public weighter)가 여러 사람 앞에서 무게를 달아 이를 객관적으로 증명했다.

금에 이어 기원전 2000년 전후에는 은으로 만든 고리들도 화폐 기능을 하였다. 이집트에서 금은 너브(nub)라고 불렀고, 은은 헷-너브(het-nub) 혹은 백색 금이라고 불렀다. 이집트에서는 은이 금보다 나중에 생산되었으므로, BC 1000년을 전후한 시기에는 은이 금보다 가치가 높았다. 하지만 이후 은이 대량으로 발견되면서 은의 가치는 급속히 하락한다. 은과 함께 구리도 화폐 기능을 하였으며, 주로 가치가 작은 물건의 구입에 사용하였다.

이집트에서 금의 무게를 측정하는 기본 단위는 황소였다.[30] 예컨대 이집트의 왕 테타(Teta)는 BC 3,300년경 무게를 통일하기 위해 표준 도량형을 제정하였는데, 이때 표준 도량형으로 제작한 돌에는 왕의 이름을 새겨 놓고 돌의 나머지 부분은 모두 황소를 조각해 넣었다. 황소 조각을 한 테타 왕의 표준 도량형의 무게는 50 우텐(uten)으로 약

황소 도량형을 이용하여 좌측 링 모양의 황금 무게를 재는 이집트인. 황소가 금의 무게를 측정하는 기본 도량형이었고, 황금 링이 화폐 역할을 하였음을 보여 주는 벽화이다. BC 14세기경, 이집트 출토. 영국박물관 소장

---

30 유럽에서는 황소를 길이 단위에 차용하기도 하였다. 대표적으로 황소 한 무리가 쉬지 않고 밭을 갈 수 있는 밭고랑의 길이(furrow's length)를 펄롱(furlong)이라고 한다. 펄롱은 대략 220야드로 201.2미터에 해당한다. 펄롱의 1/10 길이는 체인(chain)이라고 하였고, 가로 1펄롱, 세로 1체인인 직사각형 면적을 1에이커(acre)라고 불렀다. 앤드류 엘리엇, 『숫자로 읽는 세상의 모든 것』, 미래의 창, 2021, pp. 86~87

4.2킬로그램이었다.[31] 즉, 테타 왕 시대 1 우텐은 대략 840그램이었다.

BC 3,000~2,500년경에는 황소(ox-gold) 단위가 정착되는데, 이집트에서 1 황소 단위(one ox-gold)는 금 140그레인 트로이(grains troy) 어치로 오늘날 도량형으로 환산하면 약 9그램이다.[32] 황소 단위는 켓(ket)으로도 불렸는데, 우텐과 켓이 금, 은, 동의 무게 단위로 광범위하게 사용되었다.[33] 이집트인들은 이처럼 우텐과 켓의 무게 단위를 이용하여 물건의 가치를 평가했다. 예컨대 기원전 1,000년 전후 노예 1인의 가치는 은 3우텐 1켓, 황소 한 마리는 은 1켓(동 8우텐), 염소 한 마리는 동 2우텐이었다고 한다. 특이한 것은 이 시기 은의 가치인데, 이 시기에는 은이 금과 가치가 거의 같았다. 예컨대 황소 한 마리의 가치가 은 1켓 혹은 금 1켓이었다. 이는 이 시기까지도 은이 금과 거의 가치가 같았으며, 금과 은이 서로 혼합되어 화폐로서 사용되고 있었음(bimetalic)을 보여 주는 사례이다.

이집트인은 왜 하필 황소를 황금의 기본 단위로 삼았을까? 우선 고대 이집트인은 황소를 숭상했다. 농업 사회였으므로 기본적으로 황소가 반드시 필요한 자본재이기도 했다. 밀밭을 경작할 수 있고, 무거운 물건을 운반할 수 있으며, 우유를 제공하는 데다가, 죽은 후에는 고기도 제공했으니, 황소를 숭상하는 것은 농업 사회 이집트로서는 어쩌면 당연한 현상인지도 모르겠다. 후술하게 될 테베의 사제 네바문(Nebamun)의 벽화에서도 황소는 곧 풍요를 상징했다.

실생활에서뿐 아니라 이집트 신화에서도 황소는 창조의 화신이었다. 이집트는 밤의 여신을 누트(Nut)라고 불렀는데, 누트는 해가 진 후 밤에 생명을 창조하는 신이다. 이 누트 여신의 상징이 바로 황소였다. 즉, 황소는 생명을 창조하는 여신인 것이다. 이에 대한 고대 이집트의 이야기도 있다. 바로 BC 14세기경에 만들어

---

31 J. J. Cater, *Ibid*, p 35. 이 돌 조각은 표준 도량형 중 가장 무거운 것으로, 바빌로니아와 그리스에서 가장 무거운 무게 단위였던 탈란트(Talent)와 동일한 등급의 단위이다. 탈란트는 바빌로니아 지방에서 약 30kg으로 통용되었다.

32 1 grain troy(grain 혹은 gr)는 밀 한 알의 무게로 0.06479그램이다. 이집트와 달리 그리스에서는 1 ox gold가 130~135 grains troy로 이집트보다는 무게가 약간 가벼웠다.

33 J. J. Cater, *Ibid*, p 33. 이 당시 우텐은 테타 왕보다 약간 무거운 단위로 변하여, 대략 1,400그레인 트로이, 즉 910그램이었다. 이 기록은 투트모스 3세(Thutmose III, BC 1481~1425경) 시대에 존재했던 카르낙 템플(Temple of Karnak)의 벽에 새겨져 있다고 한다.

회계사이자 서기였던 네바문(Nebamun)의 무덤에 그려진 황소들. 색깔도 다양해서 검정색, 누런색, 갈색, 흰색 황소들이 그가 향유했던 부가 얼마나 대단했는지를 보여 준다. 황소는 이집트와 같은 농경사회에서는 없어서는 안 될 필수 자원이었다. 나아가 황소는 자원이며 풍요를 상징하는 신성한 동물이기도 했다. BC 1350년경, 테베 출토, 영국박물관 소장

158

진 것으로 추정되는 "천상의 소에 관한 書[Book of the Heavenly Cow]"이다. 이 책에서 누트는 천상의 소로 밤의 하늘을 뜻하고, 태초 8명의 신 오그도아드[Ogdoad]가 이를 떠받치며, 대기의 여신 슈[Shu]가 이 중간에 위치한다.

이처럼 황소가 농업 사회의 가장 중요한 자본재였고 풍요와 창조를 상징하는 여신인 누트를 상징하였기 때문에, 파라오를 상징하는 가장 중요한 금속인 황금의 기본 단위가 황소였다고 해도 크게 이상할 것은 없어 보인다. 특히 이집트와 인접한 메소포타미아 지역에서도 오래전부터 황소는 풍요를 상징하는 신성한 동물이었다. 예컨대 메소포타미아 지역에서 수메르인들이 BC 4000년을 전후한 시기에 사용한 우표 모양의 인장[stamp seal]에도 황소가 신성한 동물로 묘사되어 있다. 이 인장은 교역 물품의 주인을 표시하여 도난을 방지했던 기능을 하고 있었다. 이는 이 시기에 황소가 풍요와 재산을 상징하는 동물이었다는 뜻이다.

8명의 오그도아드. 뱀, 개구리 등의 머리 모양이 인상적이다. 위측 왼쪽부터 차례대로 헤후(Hehu), 헤후트(Hehut), 아멘(Amen), 에니트(Ennit)이고 아래쪽 왼쪽부터 차례대로 케크(Kek), 케켓트(Keket), 누(Nu), 누트(Nut)이다. 왜 태초의 신을 8명으로 했는지 미스테리이다. 위쪽의 가장 우측은 창조의 신인 프타(Ptah) 신이고 아래쪽 우측은 달의 신인 토트(Thoth) 신이다. The dawn of civilization: Egypt and Chaldaea, Maspero, G. (Gaston), 1846~1916, Digitizing Sponsor: University of Toronto(no known copyright restrictions exist.)

오늘날 알파벳을 최초로 사용한 BC 1700년경 고대 셈족의 가장 첫 글자는 알레프[Aleph]인데, 이 또한 황

소라는 뜻이다.[34] 즉, 고대 셈족에게 가장 중요한 자신들의 문자 첫 글자 A는 황소를 뜻한다. 이는 고대 셈족에게 황소가 얼마나 귀중한 자산이었는지 반증하는 사례이다. 고대 이집트와 활발한 국제교역을 펼쳤던 고대 인도에서도 황소는 신성한 동물이었고, 지금도 인도는 여전히 소를 숭상한다. 고대 이집트의 주변 지역이었던 고대 그리스의 신화에서 또한 프로메테우스가 제우스 신에게 바치는 제례 의식에서 제물로 바친 동물은 바로 황소였다.

고대 이집트에서 황소와 황금의 관련성은 별자리나 천문학과 관련이 있을 수도 있다. 우선 춘분날 태양이 떠오르는 위치는 고대인들에게 초미의 관심사였다. 왜냐하면 이때가 바로 1년의 시작인 봄이 시작되는 시점이기 때문이다. 춘분날 태양이 떠오르는 별자리는 세차 운동에 따라 2150년마다 바뀌는데, 우연히도 황소자리^(Taurus)는 고대 이집트인들이 황금의 기본 단위로 황소를 지정한 시기인 BC 4300~2150년 사이에 춘분 황도의 첫 출발 별자리였다.[35] 이집트인들은 태양

기원전 4000~3000년경 메소포타미아 지방에서 사용된 인장. 위쪽 인장에서는 뿔 달린 동물이 조각되어 있는데, 정확히 무슨 동물인지는 파악이 안 된다. 모양으로만 보아서는 가젤(Gazelle)과 유사한데, 가젤이 건조한 사막 지대에 산다는 점을 고려하면 가능성은 꽤 높은 편이다. 아래쪽 인장에는 가운데 황소 그림이 그려져 있다. 인장이 교역 물품의 주인을 표시한다는 점에서 황소가 풍요를 상징하는 신성한 동물이었던 것으로 추정된다. BC 4000~3000년경, 아나톨리아 반도 중앙 혹은 시리아 북부 출토. 영국박물관 소장

을 매우 숭상했는데, 태양이 떠오르는 별자리 또한 이들에게 매우 특별한 존재

---

34 제레드 다이아몬드, *앞의 책*, p. 330. 고대 셈족의 알파벳은 이처럼 특정 사물을 뜻하는 단어의 첫 글자였다. 예컨대 B는 베스(beth), 즉 집이란 뜻이었고, 그다음 글자는 기멜(gimel), 즉 부메랑(throwing stick), 그다음 글자는 달레스(daleth), 즉 문이라는 뜻이었다. 고대 셈족에 따르면 알파벳 순서는 A, B, G, D로, 그리스 알파벳인 알파(α), 베타(β), 감마(γ), 델타(δ)와 같다. G 대신 C를 끼워 넣은 민족은 로마 민족으로 오늘날 알파벳 순서는 로마인들이 만든 것이다.

35 수메르인들은 세차 운동이 있다는 것을 알고 있었고, 태양이 1년 동안 지나는 별자리인 황도 12궁이라는 개념도 인류 역사상 처음으로 만들었다.

였을 것으로 본다. 필자가 보기에는 수메르인들이 BC 4000년에 제작한 우표 모양의 인장에 조각된 황소나 BC 3,300년경 제작된 표준 도량형에 황소가 그려진 것도, 이 시기에 태양이 떠오르는 자리가 황소자리였다는 천문학적인 이유와 관련이 있을 가능성이 없지는 않다. 즉, 천문학적인 이유로 "태양=황금=황소"라는 등식이 성립했을 가능성이 있다. 하지만 이와 같은 필자의 다양한 추측에도 불구하고 이집트인들이 황금의 기본 단위로 황소를 삼은 정확한 이유는 아직도 명확히 알려져 있지 않다.

02

고대 이집트의 국제교역
밀, 노예, 유향

네바문의 벽화, 영국박물관 소장

(1) 로마의 빵 바구니(Rome's Breadbasket)

이집트는 나일강의 선물이었다. 그리스 역사학자 헤로도토스는 나일강의 풍요로움을 이처럼 시적으로 우아하게 표현했다. 헤로도토스의 말대로 이집트는 나일강이 주기적으로 범람하면서, 예측 가능한 농업이 가능했다. 아울러 농사를 짓고 난 후에는 쇠약해진 지력이 나일강의 범람으로 인해 저절로 회복되는 천혜의 옥토 지대였다.[1] 이에 따라 이집트의 밀 생산력은 유럽, 중앙아시아, 아프리카 지역에서 단연 최고였다. 이집트의 엄청난 밀 생산력 때문에 이집트는 로마 제국의 정복 대상 1순위가 되기도 했다. 이집트 정복 후 로마의 초대 황제 아우구스투스(Augustus, BC63 ~ AD14) 때 이집트에서 로마로 반출된 밀의 양은 연간 십만 톤으로, 로마 시대 이집트의 별칭이 "로마의 빵 바구니(Rome's Breadbasket)"일 정도였다. 오늘날

나 일 강 의 풍요를 상 징 하 는 나일강의 신 하피(Hapy). 그는 나일강에 바치는 제물을 받기 위해 받침대를 들고 있고, 하피는 나일강의 생산물을 아문-라(Amun-Ra)에게 받친다. 그의 왼쪽 다리에는 이 조각상을 만든 이가 새겨져 있는데, 테베의 아문-라 신전 사제 쉐송크(Shesongq 혹은 쇼솅크 Shosenq)로, 그의 부친은 22왕조의 파라오인 오소르콘 1세(Osorkon I, BC ?~889경)였다. BC 924~889년경, 테베 카르나크의 아문-라 신전 출토. 영국박물관 소장

---

1 메소포타미아 지역의 홍수는 불규칙적이고 예측 불가였다. 반면 나일강의 홍수는 규칙적이었고 이에 따라 예측이 가능하였다. 이는 나일강 유역이 밀의 최대 생산지가 된 결정적 요인이었다.

나일강 유역에서 농사짓는 모습. 왼쪽은 사람 키의 절반 이상에 이르는 풍요로운 밀밭이 보이고, 토지를 측량하는 나이든 농민이 보인다. 농사일로 고된 탓에 허리가 구부러진 농민의 모습이 안쓰럽다. 우측에는 말을 이용한 전차 수레에서 전사들이 무화과나무 아래에서 쉬는 모습이 농사로 허리가 휜 농부와 매우 대조적이다. BC 1350년경. 테베 카르나크의 아문 신전의 사제인 네바문 벽화, 영국박물관 소장

에도 이집트 인구의 90%인 9천만 명이 면적의 5%에 불과한 나일강 유역에 거주하고 있다. 이집트의 먹는 물과 공업용 물 등 담수의 90%도 나일강에서 나온다.

밀 이외에도 이집트에 풍부하게 존재했던 금과 금으로 된 장신구들이 이집트의 주요 수출품이었다. 나일강 유역, 특히 나일강 하구의 삼각지에서 대량으로 자라던 파피루스 역시 메소포타미아와 페니키아에 수출한 대표적인 이집트의 수출 품목이었다. 파피루스는 보트, 바스켓, 로프 등의 재료로 사용되었을 뿐만 아니라 기록이 가능한 종이도 만들 수 있었으므로, 지중해와 메소포타미아 지역에서 매우 인기 있는 수출품이었다.[2]

최고의 농업 생산력으로 먹을 것만큼은 최상의 풍요를 누렸던 이집트였지만,

---

2 명확한 증거는 없지만 파피루스(papyrus)가 종이(paper)의 어원이라는 설도 있다. 프랑스어 비블리오떼끄(bibliothèque), 이탈리아어와 스페인어로 비블리오테카(biblioteca), 독일어의 비블로테크(Biliothek)도 모두 비블로스에서 유래한 것인데, 그 의미는 도서관이라는 뜻이다.

이집트의 자연환경은 그리 풍족하지 못했다. 따라서 이집트에게 국제교역은 선택이 아니라 필수였다. 대표적인 물품이 바로 목재였다. 목재는 주택 건설에 필요할 뿐 아니라, 파라오의 무덤인 피라미드를 건설하기 위해 반드시 필요했다. 나아가 대외교역 활동에 필요한 선박 제조에도 필수적인 물품이었다. 하지만 이집트에서는 목재가 거의 없었다. 따라서 이집트는 남아도는 밀을 활용하여 부족한 목재를 구하기 위한 국제교역 활동이 반드시 필요했다.

이집트가 목재를 구하기 위해 주로 교역한 도시는, 현재의 레바논에 위치한 도시 비블로스^(Byblos)였다. 즉, 비블로스에서 상대적으로 풍부했던 목재인 백향목^(cedar tree)은 이집트로 수출되고, 비블로스는 이집트에서 밀과 파피루스를 수입한 것이다. 비블로스에 수입된 이집트의 파피루스는 그리스에게도 전해져 기록물에 사용되었고, 유대인에게도 전해져 그들의 민족 신화를 기록하는 데 사용되었다. 책을 의미하는 그리스의 비블리아^(Biblia)와 성경을 의미하는 바이블^(Bible) 모두 이 도시 이름에서 유래한 것이다.³

목재 외에도 이집트인들은 구리, 철, 청금석^(lapis lazuli), 말, 와인, 아편, 유향^(incense), 몰약^(myrrh) 등을 수입하였다. 주요 수입품 중 유향^(인센스, incense)은 준 고체 형태^(수지)로 불에 붙여서 태우면 향이 나는 사치품이다. 인센스라는 말도 "인센데레^(incendere)"가 어원인데, 이는 태운다는 의미이다. 유향은 유향나무^(프란킨센스, frankincese)에서 수액을 추출해 응고시켜 얻을 수 있다. 하지만 프란킨센스가 인센스를 만드는 대표적

비블로스에서 출토된 이집트 신 네페르텀(Nefertum). 비블로스와 이집트 상호 간 활발한 교역 활동을 증명하는 유물. 이집트는 지중해 유역 국가 중 이와 같은 공예품을 수출하는 주요 국가였다. 기원전 7세기경, 비블로스 출토. 영국박물관 소장

---

3 비블로스(Byblos)는 그리스 신화에도 등장한다. 그리스 신화에 따르면 크로노스가 페니키아에 처음으로 건설한 도시가 바로 비블로스이다. BC 8,000년경부터 사람이 살고 있었다는 주장이 있는데, 이 주장에 따르면 비블로스는 사람이 현재까지 거주하는 도시 중 가장 오래된 도시이다. 페니키아에 대한 간략한 내용은 『대체투자 파헤치기(중)-페니키아와 크레타 문명』 참조.

인 재료였으므로, 유향을 지칭하는 말로 두 단어는 자주 혼용되어 사용되었다. 유향 이외에도 몰약 나무(콤미포라 미르라, commiphora myrrha)에서 추출한 몰약(myrhh) 또한 주요한 수입 사치품으로, 주로 향수로 사용되었다. 몰약은 향수 이외에도 몸에 바르는 오일의 원료, 얼굴에 바르는 화장품, 직접 먹는 약용으로도 사용되었다. 유향과 몰약은 고대 메소포타미아와 이집트, 지중해 유역에서는 매우 귀한 사치 품이었다. 조로아스터교의 사제(magus)인 동방박사 세 사람이 목성과 토성이 만나 는 날 즈음에 아기 예수에게 준 세 가지 선물이 황금, 유향, 몰약, 이 세 가지일 정도로.[4]

특히 구리는 무기와 공예품 제작을 위해 이집트에서 대량으로 필요했다. 이집 트는 주로 지중해의 키프로스를 통해 이 수요를 충족했다. 전술한 울루부룬 난 파선은 키프로스에서 이집트로 구리를 운반하던 과정에서 난파된 것으로 추정 된다. 하지만 키프로스의 구리만으로는 이집트의 수요를 충족시키기 어려웠다. 이 때문에 이집트는 파라오가 직접 군대를 보내 해외에 있는 제3의 구리광산을 점령하기도 했다. 람세스 3세(Ramses III, 재위 BC c.1187~1156)는 "나는 고대 국가 지역에 있 는 구리광산으로 내 군사를 보냈다. 군사들은 범선으로 구리를 실어 왔고, 육로 를 이용한 자들은 나귀 등에 실어 왔다. 파라오들이 통치를 시작한 이래 이런 일 이 있었다는 소리는 이제 처음 듣는다. 광산에는 구리가 많았다. 이 광산의 구리 1만 개를 범선에 실었다. 구리를 실은 배는 이집트에 안전하게 도착했다. 구리를 궁전 발코니 아래에 산더미처럼 쌓았다. 수십만 개에 이르는 수많은 구리 막대 기들은 세 번 제련된 것들로 금빛을 띠고 있었다. 나는 누구든지 이 경이로운 모 습을 보도록 허락했다."[5]

4 　목성과 토성은 지구에서 보았을 때 300~800년 간격으로 가장 가깝게 접근한다. 이때는 서쪽 하늘에서 두 별을 육 안으로도 관찰할 수 있다. 조로아스터교의 사제들은 점성술과 천문학에 매우 능했는데, 이들은 예수가 탄생한 그해에 두 별 이 근접하는 날짜를 정확히 알고 있었던 것으로 추정된다. 목성과 토성이 근접한 가장 최근의 시기는 2020년 12월 22일, 동 짓날이었다. 필자는 예수가 탄생한 해인 BC 5~4년경에도 목성과 토성이 근접하여 서쪽 하늘에서 빛났던 날짜는 12월 25일 이 아니라, 12월 22일 동짓날이었을 가능성이 높다고 생각한다.

5 　제카리아 시친, 『틸문, 그리고 하늘에 이르는 계단』, 이른아침, 2006, p. 362. 람세스 3세가 구리 확보를 위해 정복 전쟁을 벌인 고대 국가가 어딘지는 아직도 알려지지 않았다.

(2) 노예와 모세의 이집트 탈출, BC 15세기? BC 13세기?

구리와 함께 이집트의 주요 수입 대상은 노예였다. 노예는 피라미드와 같은 대규모 공사에 동원되었고, 금광 채굴에도 반드시 필요했다. 따라서 이집트는 국가적 차원에서 노예 수입을 체계적으로 관리하였다. 예컨대 파라오는 신전을 관리하는 사제 중에 몇몇을 선발하여, 중동 지방에 파견한 후 노예를 구하는 미션을 부여하기도 하였다.[6] 상업적으로 노예를 매수하면서도, 정복 전쟁을 병행하여 노예 확보에 엄청난 노력을 쏟아부었다. 노예는 이집트 경제의 사실상 근간이기 때문이었다.

이와 관련하여 고대 이집트에서 노예 생활을 하던 유대인의 이집트 탈출 시기에 대해서는 설이 나뉜다. 유력한 설이 투트모스 3세$^{(Thutmose\ III,\ BC\ c.1481~c.1425)}$의 아들 아멘호텝 2세$^{(Amenhotep\ II,\ BC\ c.1450~c.1400)}$ 때라는 설이다. 아멘호텝 2세 다음 왕은 투트모스 4세$^{(Thutmose\ IV,\ BC\ ?~c.1391)}$인데, 우연히도 투트모스 4세는 아멘호텝 2세의 장자가 아니다. 아멘호텝 2세의 장남은 위벤세누$^{(Webenseenu)}$였는데, 어떻게 장남이 아닌 투트모스 4세가 왕위에 올랐는지 이집트 역사는 아무런 말이 없다. 아멘호텝 2세 때 모세의 탈출을 주장하는 이들은 이를 근거로 삼기도 한다. 왜냐하면 모세의 10가지 재앙 중 역병이 돌아 이집트인들의 모든 장자가 사망하였으므로, 아멘호텝 2세의 장자 역시 사망했을 것이기 때문이다. *[⚉ Fun Fun 상식]*

특히 열왕기상 6:1에 따르면 출애굽은 "솔로몬이 이스라엘 왕이 된 지 4년째 되는 해"로부터 480년 전에 일어났다고 한다. 솔로몬의 통치 4년이 대략 BC 966년이었으므로, 열왕기에 따르면 모세의 탈출은 BC 1446년이 된다. 이 또한 재위기간이 1450년경에서 1400년경 사이인 아멘호텝 2세 때 모세의 탈출이 일어났다는 증거로 제시되기도 한다. 더 나아가 BC 1550년경 그리스의 산토리니섬에서

6   David P. Silverman, 『Ancient Egypt』, Oxford University Press, 2003, p. 48

대규모 화산 폭발이 있었는데, 지중해 유역 전체를 뒤흔드는 엄청난 자연재해였다. 어떤 학자는 이 화산 폭발이 인류 역사상 가장 큰 규모의 화산 폭발이었다고 주장하기도 한다. 이 화산 폭발로 인해 높이가 대략 2,000미터가 넘는 산 하나가 통째로 폭발하여 사라졌으며, 그 화쇄류가 바닷속으로 무더기로 유입되어 엄청난 규모의 쓰나미가 발생했을 것으로 추정된다. 이 쓰나미가 이집트를 삼켰을 것은 물론이고, 대규모 화산재가 대기로 분출되면서 구약성서에서 묘사한 듣지도 보지도 못한 자연재해가 오랫동안 이집트를 비롯한 지중해 전역을 덮쳤을 가능성도 있다. 왕가의 계곡에 있는 투트모스 3세의 무덤에도 물에 잠겨 엎드려 죽어 있는 이집트인들을 묘사한 벽화가 있는데, 아마도 BC 1550년경 산토리니섬의 화산 폭발로 인한 쓰나미가 이집트를 덮치면서 발생한 재앙을 묘사한 것으로 보인다.

이처럼 모세의 탈애굽이 아멘호텝 2세 때라고 가정하면,[7] 당시 이집트에서 노예 생활을 하고 있던 유대인 전체를 탈출(Exodus)시킨 모세는 유대인의 관점에서는 민족의 영웅이었을 것이다. 하지만 파라오가 보기에 유대인 노예는 절대로 양보할 수 없었던 국가 경제의 근간이었다. 파라오가 누구이든 유대인을 풀어 주고도 끝까지 유대인을 추격하는 장면은 국가의 경제를 책임져야 하는 파라오 처지에서는 매우 자연스러운 행동이 아니었을까?

아울러 만약 구약성경에 따라 에담(Etham)에 진을 쳤다가 다시 되돌아간 후, 믹돌(Migdol)과 바알츠폰(Baal Zephon) 바다 사이에 있는 피-하히롯(Pi-hahiroth)에 바알츠폰을 마주 보는 곳에서 마지막 캠프를 친 후 홍해를 건넜다는 유대인 장정이 60만 명이라면, 이집트 경제는 대규모 노예 유출로 상당 기간 마비되었을 것이 거의 확실하다. 이 때문에 유대인의 이집트 탈출은 BC 15세기 즈음의 아멘호텝 2세 때가 아니라, 엄청난 기후 변화로 경제가 거의 마비되었던 수수께끼의 BC 1200년 전후의 파라오였던 람세스 2세(BC c.1303~c.1213) 때라는 설도 있다.

---

7 "아멘호텝(Amenhotep)"이란 "아멘(Amen) 신이 기뻐한다."라는 뜻이다.

하지만 필자가 보기에는 모세의 이집트 탈출은 람세스 2세 때보다 아멘호텝 2세일 가능성이 더 높다고 생각한다. 우선 이집트 경제에 갑자기 노예 60만 명이 탈출했다면, 지역 전체가 혼란에 빠졌던 시기임에 틀림이 없다. 물론 BC 13세기도 지역 전체에 엄청난 혼란이 있었던 시기였음에는 틀림이 없으나, BC 15세기 또한 산토리니섬의 화산 폭발 여파로 지역 경제가 큰 타격을 입은 상태였다. 특히 람세스 2세는 고대 이집트 왕국 역사상 가장 강력한 파라오였다. 이 강력한 파라오가 노예 60만 명을 일시에 풀어 주었다고? 나아가 정확한 기록을 생명으로 삼는 구약성서에 분명히 BC 1446년에 모세의 이집트 탈출이 있었다고 기록하고 있다. 아멘호텝 2세의 다음 파라오 또한 그의 장자가 아니었다. 이 모든 것을 종합해서 보았을 때, 모세의 탈애굽은 BC 13세기인 람세스 2세 때라기보다 아멘호텝 2세 때인 BC 15세기일 가능성이 높다고 본다.

반면 오스트리아 정신과 의사이던 유대인 프로이트[Sigmund Freud, 1856~1939]는 모세의 탈출이 람세스 2세 때 이루어졌다고 주장한다.[8] 프로이트는 더 나아가 모세가 유대인이 아니라 이집트 왕자이거나 아멘호텝 4세[Amenhoteph IV, 재위 BC c.1351~c.1334] 때 창시된 유일신 종교인 아텐 교의 사제였다고 주장한다. 프로이트에 따르면 모세는 아멘호텝 4세의 유일신을 이집트인들이 받아들이지 않자, 자신이 신봉하던 아텐을 유대인이 신으로 숭배한다면 이집트 탈출을 도와주겠다

---

8   프로이트는 아마추어 고고학자로서 열렬한 고고학 유품 수집자였다. 그가 오스트리아 비엔나를 떠나 런던으로 향하던 1938년에 그가 가지고 간 골동품이 무려 3,000여 점이었다고 한다. 프로이트가 가장 존경한 인물도 1871년 트로이 유적을 발견한 하인리히 슐레이만이었다.

고 제안했다고 한다. 프로이트는 그 증거로 유대교에서 주님을 뜻하는 '아도나이(YHWH)'가 바로 '아텐'에서 온 것이고, 출애굽기에서 모세가 '입이 무거웠다'라는 표현도 그가 히브리어를 유창하게 말하지 못한 이집트인이기 때문이라고 주장했다.[9]

물론 유대인의 이집트 탈출이 역사적 사실이 아니라 지어낸 이야기라는 주장도 있다. 우선 람세스 2세 때 새로 건설한 수도인 파이-람세스(Pi-Ramssese) 건설에 동원된 노동자들을 이집트인들은 아피루(Apiru)라고 불렀다.[10] 엑소더스가

람세스 2세(BC c.1279~c.1213) 입상 일부. 이 조각상은 20톤에 이르는 화강암 덩어리 하나로 조각한 것이다. 실제 화강암은 테베에서 남쪽으로 200㎞ 떨어진 애스완(Aswan)에서 채석된 것으로 추정된다. 원래는 채색되어 있었으나 지금은 사라졌다. 머리 장식으로 보이는 부분은 투탕카멘과 마찬가지로 황금을 상징하는 노란색과 청금석을 상징하는 파란색으로 채색되어 있었다고 한다. 람세스 2세의 조각상은 다른 어떤 파라오보다 대형으로 조각되어 있는데, 이는 그의 권력이 이집트 역사상 가장 강력했다는 증거이다. 이와 같은 이유 때문이라도 필자는 모세의 탈애굽이 람세스 2세 때 일어났을 가능성은 낮다고 본다. 람세스 2세는 이와 같은 자신의 대형 조각상을 곳곳에 세우고는 이집트인들이 자신을 신처럼 경배하라고 지시했다. 오른쪽 가슴에 뚫린 구멍은 프랑스인들이 이 조각상을 옮기기 위해 뚫은 구멍이다. 고대 이집트 수도 테베(Thebes) 출토. 영국박물관 소장

9 고대 히브리어 또한 고대 이집트 문자와 마찬가지로 모음이 없고 자음만 있다. 예컨대 하느님은 히브리어로 YHWH인데, 유대인들은 이를 '아도나이'라고 읽었다. 한편 히브리어는 모음이 없었으므로 이 단어를 여러 사람이 다르게 읽었다. 1278년에 스페인 수도승 레이문두스 마르티니(Raimundus Martini)는 '요후아'(Yohoua)', 1303년, 포르체투스 데 살바티시스(Porcheti de Salvatisis)는 '이오호우아'(Iohouah), 1518년 교황 레오 10세의 고해 신부였던 갈라티누스(Petrus Galatinus, 1460~1540)는 이를 '이에후아'(Iehoua)라고 읽었다.

10 파이 람세스는 오늘날 이집트의 콴티르(Quantir) 근방이다. 구약성서에 따르면 유대인들은 이곳에 대규모로 거주하다가 이집트로 탈출했다. 즉, 파이-람세스가 탈애굽의 출발 도시였다. 한편 어떤 학자들은 아피루가 샤수(Shasu)라는 이름으로도 불렸다고 주장한다. 아피루가 샤수 민족인지 여부에 대해서는 정설이 없다. 하지만 샤수 민족이 야훼를 섬겼다는 이집트 기록이 있는 것으로 보아 샤수 민족이 이스라엘 민족일 가능성은 매우 높다고 생각한다. 람세스 2세의 부친인 세티 1세(Seti I, BC 1323~1279)는 레바논 지역에서 샤수 민족을 포로로 잡아 이집트 노예로 삼았는데, 카르낙 신전에 이 장면이 묘사되어 있다. 이 장면에는 갈대숲으로 둘러싸인 직선 모양의 강이 조각되어 있는데, 이 조각으로 보아 모세가 건넌 강이 홍해가 아니라 나일강 삼각주 근처에 있는 이 갈대 강일 가능성이 있다.

역사적 사실이라고 주장하는 학자들은 이 아피루가 하비루^(Habiru), 즉 유대인
^(Hebrew)들을 의미하며, 이들이 엑소더스 직전에 람세스 2세의 대규모 건설에 동
원된 유대인들이라고 주장한다. 하지만 어떤 학자들은 아피루는 특정 민족을 지
칭하는 것이 아니라 메소포타미아 지역에서 용병이나 도적 떼 등 최하층 노동자
들을 지칭하는 보통 명사라고 주장한다. 이들 이론에 따르면 람세스 2세 때 동원
된 노동자들은 유대인일 수는 있지만 유대인 전체는 아니며, 이들 노동자들이 대
규모로 탈출했다는 이집트 기록도 찾을 수 없다고 주장한다. 따라서 출애굽은 역
사적 사실이 아니라는 것이다. 누구 주장이 맞는지에 대한 판단은 이 책을 읽는
독자의 몫이다.

(3) 유향길(Incense Road)

전술한 향수 역시 파라오에게 매우 중요한 수입 품목이었다. 특히 유향^(incense)
은 은은한 향기를 내뿜는 고체 수지로 고대 이집트 파라오들이 개인적으로 매
우 중시하던 품목이었다. 왜냐하면 고대 이집트에서는 유향의 향기가 악귀를 쫓
고 신을 기쁘게 한다고 하는 역할을 한다고 여겼기 때문이다. 나아가 유향 향기
는 심신을 안정시키고 필요할 경우에는 약재로서 사용되었으므로, 실제 생활에
서도 매우 유용한 물품이었다. 투탕카멘^(Tutankhamun, BC 1341~1323) 무덤에서도 유향을
담은 병이 발견되었는데, 이승이 아니라 저승에서도 유향을 사용하려고 했을 만
큼 유향은 필수 품목이었다. 클레오파트라 여왕^(Cleopatra VII, BC 69~30)이 자신의 옥좌
주변에 유향을 태워 로마의 카이사르^(Julius Caesar, BC 100~44)를 유혹했다는 설 또한 사
실 여부를 떠나서 이집트 왕실이 얼마나 유향을 아꼈는지 보여 주는 대표적인 사
례이다. 따라서 파라오에게 유향은 반드시 필요한 물품이었다.

하지만 유향은 이집트에 없었다. 당시 유향이 생산되던 곳은 오늘날 오만의
도파르^(Dhofar)가 유일하였다. 따라서 도파르를 중심으로 이집트와 레반트로 뻗은
유향 교역로가 일찍부터 형성되기 시작했다. 오만의 도파르에서 시작되어 南 아

라비아 반도를 돌아 페니키아와 지중해까지의 육상·해상교역로는 "유향길(인센스 로드, Incense Road)"이라고 불릴 정도로, 유향 교역이 매우 활발했다. 유향길은 초원길이나 비단길보다 훨씬 앞서 형성된, 인류 역사 최초의 국제무역로인 셈이다.

유향길을 통해 부를 축적한 국가 중 가장 대표적인 국가는 나바테아 왕국(Kingdom Nabataean)이다. 나바테아 왕국의 수도는 남부 요르단에 위치하여 인디아나 존스 영화에 등장해 유명해진 페트라(Petra)이다. 페트라는 수도원(알데이르, Al Deir), 원형극장, 대신전(카스르 알 빈트, Qasr al-Bint) 등이 위치한 대규모 교역 도시로 사람들이 북적였지만, 사막에 위치해 물이 항상 부족했다. 이에 따라 페트라는 근처에 있는 "모세의 샘(아인 무사, Ain Musa)"에서 물을 끌어다 사용했다. 페트라에서 가장 유명한 건물인 "알-카즈네(Al-Khazneh)"는 보물창고란 뜻인데, 페트라의 중심부에 위치한 도시의 심장이었다.[11] 일설에 따르면 알-카즈네는 모세가 이집트를 탈출할 당시 이집트 파라오의 보물들이 숨겨진 일종의 금고였다고 한다. 나바테아 왕국 외에도 지중해의 페니키아 또한 유향 교역을 통해 막대한 부를 축적하였다. 유향은 유향길 주변의 메소포타미아, 아프리카, 지중해 외에도 인도, 멀리 중국까지 전해졌다. 우리나라에서도 1966년 경주 불국사의 석가탑에서도 유향이 발견되었는데, 이는 유향이

클레오파트라 여왕(Cleopatra VII, BC 69~30)이 새겨진 청동 동전. 이 동전은 고대 이집트 금융의 중심지 알렉산드리아에서 주조된 것이다. 왕의 상징인 두건은 이집트 형식이 아니라 그리스 양식이다. 이 동전만 보면 클레오파트라 여왕은 카이사르와 안토니우스를 모두 매혹했던 미모의 여왕은 아니었던 것 같다. BC 51~30년경, 알렉산드리아 출토. 영국박물관 소장

11 　　알카즈네는 1812년에 스위스의 한 탐험가가 발견했다. 화려한 외관과 달리 내부는 텅 빈 석실만 있어서, 이 건물의 용도에 대해서는 설이 다양하다. 어떤 이는 신성한 장소, 어떤 이는 보물창고라고도 하고, 어떤 이는 금고라고도 한다. 실제로 많은 이들이 이곳을 보물창고라 생각하고 정문의 조각상들을 향해 총탄을 발사했는데, 이 흔적이 지금도 남아 있다. 한편 2003년 요르단의 고고학자들이 알카즈네를 심층 발굴한 결과, 그들은 이곳이 나바테아 인들의 무덤이라고 결론지었다고 한다.

나 유약이 아라비아 상인을 통해 한반도까지 전달되었음을 보여 주는 증거이다.

하여튼 이집트는 오늘날 소말리아가 위치한 아프리카 곶(Africa Horn)과 南 아라비아에서 유향을 수입하였다. 이 지역 중 오늘날 소말리아가 위치한 지역은 푼트(Land of Punt)라는 지역으로 알려져 있었는데, 이집트인들은 푼트를 "신들이 거주하는 땅(land of the Gods)"이라고 불렀다.[12] 이집트 국제무역 확대를 위해 헌신적으로 노력하였던 하트셉수트 여왕은 자신의 이름을 단 돛을 매달고, BC 15세기(BC 1493년 혹은 BC 1492년)에 직접 푼트를 탐사 혹은 정복하기 위해 대규모 선단까지 꾸렸다. 이 선단은 최대 길이 21미터의 대형 선박 다섯 척에 210여 명의 선원들로 구성되었는데, 항해 목적은 아기 그리스도에게 조로아스터교의 사제가 증정한 세 가지 선물인 황금, 유향, 몰약의 확보, 그리고 관상식물 및 건축재료인 목재를 구하기 위해서였다.

나일강 상류 지역은 푼트 이외에도 황금의 생산지인 누비아가 위치한 곳으로, 이집트와의 교역이 매우 활발한 지역이었다. 대표적으로 나일강 상류 도시 아스완(Aswan)은 고대 교역 도시로 큰 명성을 누렸는데, 도시 이름은 고대 이집트에서 교역을 뜻하는 스웨네(swene)에서 유래한 것이다. 이 도시는 누비아, 푼트로부터 들어오는 대상들의 쉼터 역할을 하면서 도시가 급성장하였으므로, 교역이라는 이름으로부터 도시 이름이 생긴 것이 이상할 게 하나도 없다. 아스완 맞은편의 엘리판티네(Elephantine) 섬 역시 코끼리(elephant)와 상아 교역으로 규모가 커지면서, 섬 이름도 코끼리와 관련 있는 이름으로 바뀌었다.

이처럼 교역이 활발하게 전개되면서 이집트인들도 수메르인이나 바빌로니아인들처럼 인장을 사용했다. 특히 고대 이집트는 파라오가 소유한 신전이 국제교역의 주체였다. 이에 따라 어떤 인장은 아예 신전 전용이라는 표시까지 있었다. 고대 이집트의 교역은 모두 파라오의 주관 하에서 가능했으므로, 인장도 파라오 신전의

---

12 하트셉수트 여왕은 룩소의 데이르 알-바리(Deir al-Bahri)에 위치한 자신의 신전(Temple of Hatshepsut)에, 자신의 모친 하토르(Hathor)가 푼트 출신이라고 기록하였다. 하트셉수트 신전 경사로의 벽에는 푼트로 추정되는 곳의 원정을 묘사한 부조가 있다. 하트셉수트 신전은 완벽한 좌우대칭 신전으로 그리스의 파르테논 신전보다 약 1000년 앞선 시기에 지은 것이다.

이집트 신전의 전용 인장. 아래편 좌우 끝에 앉아 있는 동물이 바로 신전을 지키고 있는 사자. 이 인장은 신전에 소속된 물품의 거래에 사용되었다. 인장의 사용자는 네티(Nehty)라는 인물이라고 쓰여 있다. 이 인장은 나메르 왕 혹은 메네스 왕이 상하 이집트를 통일한 이후의 제 1왕조 시대의 것으로 추정된다. BC 3100년경 제 1왕조, 아비도스(Abydos) 출토. 영국박물관 소장

사제이거나 필경사(scriber)들이 주로 사용했다.

사제나 필경사가 국제교역을 주관하면서, 파라오 관점에서는 사제나 필경사가 거래 물품이나 금액을 속이지 않도록 각별한 주의를 기울여야 했다. 이에 따라 하나의 인장을 두 사람이 공동으로 사용하는 경우도 있었다. 예컨대 기원전 2690년경의 필경사인 네페르-퀘드-마아트(Nefer-qed-maat)의 것으로 보이는 인장은 두 명의 필경사가 동시에 사용한 것이다. 이는 거래의 객관성을 확보하기 위해 두 명의 필경사가 상호 견제하거나 감시하도록 파라오가 강제한 것으로 추정된다.

고대 이집트인의 인장. 이 인장은 소유자가 두 명의 필경사이다. 그중 한 명은 카세켐위(Khasekhemwy, BC 2690년경) 왕의 필경사였던 네페르-퀘드-마아트(Nefer-qed-maat)이다. 수메르인이나 바빌로니아의 인장과 달리 이집트인들은 이처럼 자신들의 이름을 나타내는 상형문자를 인장에 사용했다. BC 2690년경 제 2왕조, 영국박물관 소장

Fun Fun 상식: 출애굽, 홍해, 그리고 만잘라 호수

많은 사람들이 출애굽 때 유대인이 건넌 바다를 홍해로 알고 있다. 그러나 출애굽 당시 유대인이 건넜다는 바다는 구약성경 원본에 홍해^(red sea)라고 되어 있지 않고, '얌 수프^(Yam Suph)', 즉 갈대 바다^(Reed Sea)로 되어 있다. 홍해는 가장 좁은 곳의 폭이 대략 50km이고 수심이 90m로 하루 만에 60만 명의 인원이 건너는 것은 과학적으로 불가능하다. 이는 모세가 기적을 행한 곳이 현재의 홍해가 아니고, 다른 곳일 가능성이 높다는 뜻이다. 어떤 이는 나일 삼각주 북동부에 위치한 거대 호수인 만잘라 호수^(Lake Manzala)라고 주장한다. 이는 호수 주변에 갈대가 많고, 가장 깊은 곳이 성인의 머리까지 오는 얕은 호수이기 때문이다.

특히 1882년 영국 장교인 알렉산더 툴록^(Alexander Bruce Tulloch, 1838~1920)이 구약성서가 기록한 사건과 유사한 사건을 기록한 점이 매우 특이하다. 툴록의 기록에 따르면 1882년 만잘라 호수에서 야영을 하던 어느 날 밤 "동쪽에서 광풍이 불었는데, 너무 바람이 세어 일을 할 수가 없었다. 다음 날 아침에 나가 보니 만잘라 호는 감쪽같이 사라지고 없었다. 광풍 때문에 얕은 호수의 물이 수평선 너머로 밀려간 것이다. 현지인은 갯벌을 걸어 다녔고, 전날 떠다니던 낚싯배는 갯벌 위에 멈춰 있었다." 이 현상은 과학적으로도 '윈드 셋 다운^(Wind Setdown)'이라고 하여 설명이 가능하다고 한다. ^(2017년 8월, 바하마에서 허리케인 어르마[Irma]로 인해 실제로 바하마 해변의 바닥이 완전히 드러난 적이 있다.) 유대인 지도자인 에제키엘도 이집트의 영토를 묘사하면서 "믹돌에서 시에네^(Syene, 현재의 아스완, Aswan)"까지라고 묘사^(에스겔 29:10)했는데, 이 또한 믹돌이 시나이 반도 남단이 아니라 나일강 삼각주 끝에 위치했다는 필자의 주장을 뒷받침한다.

요컨대 전술한 대로 성서는 갈대 바다라고 했지, 홍해라고 기록한 적이 없다! 나아가 유대인들이 탈출한 곳은 나일강 하구의 파이 람세스다. 파이 람세스에서 300~400km 떨어진 시나이 반도 남단까지 60만 명이 이동하여 수심 90m의 홍해를 건너는 루트보다 파이 람세스에서 5~10km 떨어진 나일강 하구로 이동하여 수심이 2m가 안 되는 호수를 건너는 루트가 더 현실적인 시나리오가 아닐까?

03 고대 이집트의 뱅킹
Temple Banking

(1) 네바문(Nebamun)

이집트와 주변 국가 간의 교역 활동은 개인들이 단순한 필요에 따라 산발적으로 교역하는 방식이 아니었다. 이집트 교역은 "상인" 계급이 주체가 되어 국가의 공인 아래, 대규모로 국제교역 활동을 집중적으로 수행하는 방식으로 수행되었다.[1] 이를 입증하는 대표적인 사례가 카이로 남부 지역에서 발견된 저장고이다. 카이로 남부 지역인 마아디(Maadi) 지역에서는 주거지역과는 별도로 깊이 1~2.5m, 가로세로 폭 4m에 이르는 거대한 지하 저장고가 발견되었다. 이 저장고에서는 곡식, 생선 뼈, 익힌 양고기, 토기와 목재들이 대량으로 출토되었다.[2] 이때가 BC 3,650년경이다.

이와 같은 대규모 저장고는 저장 기능이 국가 차원에서 관리되었음을 의미한다. 왜냐하면 이집트는 식량 생산, 상업 및 국제교역 전반을 파라오가 거의 완전히 통제하고 있었기 때문이다. 예컨대 고대 이집트에서는 교역이 이루어지는 시장도 파라오가 지정된 장소에서만 가능했고, 국제교역에 사용된 선박 역시 모두 파라오 소유였다. 아울러 이와 같은 대규모 식량 저장고를 건설하고 운영하기 위한 능력은, 고대 이집트의 경우 파라오 말고 별도의 다른 계층을 상상하기 어렵

---

1 Fekri Hassan, 『The Predynastic of Egypt』, Journal of World Prehistory, 1988, Vol.2(2), p. 160

2 Fekri Hassan, *Ibid*, p. 161

다.

특히 대규모 저장시설을 관리하기 위해서는 별도의 운영 인력을 두어야 했을 것이다. 대규모의 곡물을 저장하고 관리했다는 것은 곡물 재고를 관리하기 위한 매우 특별한 회계 기술이 있었음을 의미하기도 한다. 나아가 이집트의 기후 환경과 농산물의 특성상 잉여 농산물을 오랜 기간 저장을 할 수가 없었다. 따라서 어떤 방식이든 저장고 관리인은 재고 농산물 중 잉여분을 정밀하게 계산한 후, 다른 사람이나 지역에 빌려 주었거나 팔았을 것이 거의 확실하다. 다시 말해 고대 이집트의 이 저장고는 국가에서 관리하는 곡식 은행(grain banks)이었을 가능성이 매우 높다.

영국박물관에 전시된 이집트 유물 중 네바문(Nebamun)의 유적이 대표적인 사례이다. 네바문은 오늘날의 뤽소(Luxor)인 고대 이집트의 테베에서 BC 1350년 전후로 활동한 이집트인으로, 그의 직업은 곡식의 저장과 대출을 담당한 기록사 겸 회계사였다. 그의 이름 네바문은 "아문이 나의 주인(My lord is Amun)"이라는 뜻으로, 그는 카르낙(Karnak)의 아문 신전(Temple of Amun)에 소속된 사제이기도 했다.[3] 1820년대 네바문의 무덤으로 알려진 유적을 영국인들이 발견하면서, 당시 곡식 저장과 대출, 판매를 담당했던 네바문의 일상생활을 묘사한 무덤 내부의 벽화가

네바문(Nebamun). 그는 중간 관리자였음에도 불구하고 권력과 부를 향유한 사제이면서 동시에 회계사였다. 네바문의 벽화에서 발견된 그의 모습도 다른 이보다 훨씬 크게 묘사되어 있고, 피부 색깔 또한 다른 이보다 매우 밝게 채색되어 있다. BC 1350년경, 테베 출토. 영국박물관 소장

---

3 템플(temple)은 라틴어 템플룸(templum)에서 비롯된 말이다. 고대 로마에서 템플룸은 동물들을 도축하여 희생함으로써 나오는 결과로 점을 치는 공개된 장소였다. 이후 신에게 경배하는 장소로 그 뜻이 바뀌게 된다.

세상에 처음으로 공개되었다.[4]

이 벽화에는 네바문이 새를 사냥하는 장면, 네바문의 화려한 정원, 네바문의 풍족한 음식 창고, 네바문이 개최한 것으로 보이는 파티 등이 상세하게 그려져 있다. 특히 밀이 자라는 토지를 측량하는 노인, 황소나 토끼, 거위의 개체수를 세고 기록하는 장면 등이 눈에 띈다. 이 장면은 고대 이집트에서 농산물과 축산물을 국가 차원에서 적극적으로 관리했음을 보여 주는 것

네바문의 풍족한 음식 창고. 빵, 와인, 각종 과일 등이 넘쳐난다.

황소의 개체수를 세는 장면

이다. 특히 네바문은 신전에 소속된 사제인데, 이는 신전이 고대 이집트의 잉여 농산물·축산물 저장과 관리에 매우 깊이 간여되어 있었음을 의미하는 것이기도 하다.

수많은 거위들을 사육하는 장면

네바문의 벽화는 당시 네바문의 권력이 엄청나게 컸음을 암시하는 확실한 증거이기도 하다. 실제로 네바문이 살았던 당시 파라

토끼를 잡아 개체수를 기록하는 장면

네바문의 화려한 정원

오는 아크나톤 (Akhenaton, 혹은 아케나톤 Akehnaten, 출생명 아멘호텝 IV세, 통치 BC c.1353~c.1336)인데, 그는 신전에 소속된 사제들의 권력이 지나치게 비대화되자 이를 견제하기 위

4 　구약성서 창세기에서도 이집트의 파라오가 요셉(Joseph)을 시켜 풍년기 7년 동안 1/5을 세금으로 거두어 이를 보관하였다가, 7년 흉년기에 팔았다고 기록되어 있다. (창세기 41:33~36) 추정컨대 고대 이집트에서는 파라오 주도의 곡식 저장과 판매가 매우 보편적인 활동이었던 것으로 보인다.

해 수도를 테베에서 아케타텐^{(Akhetaten, 오늘날 이집트}의 아마르나 Amarna)이라는 신도시로 옮기기까지 한다. 아크나톤은 사제 세력의 견제를 위해 이집트의 다신교 체제를 태양 유일신인 "아텐^(Aten)" 체제로 바꾸기도 했다.[5]

네바문이 주최한 파티. 각종 음식을 쌓아 놓고 여성과 남성 노예들이 서빙하면서 파티를 즐기는 장면. 이 그림의 왼쪽에는 이 파티를 주최한 네바문의 거대한 그림이 그려져 있었다.

추정컨대, 아크나톤은 뱅킹을 담당했던 테베 사제들로부터의 전통적인 자금 지원 방식과는 다른 방식을 사용했을 가능성이 높다. 문제는 파라오의 새로운 자금 동원 방식이다. 특히 새로운 수도를 건설하기 위해서는 막대한 자금이 소요되었을 텐데, 그는 뱅커들이었던 테베의 사제들 도움이 없이 어떻게 자금을 동원할 수 있었을까? 아직까지 이에 대한 대답은 밝혀진 바가 없다. 아울러 그의 이와 같은 개혁 조치는 막강한 뱅커들이었던 사제들로부터의 조직적인 저항에 직면했을 가능성이 높다. 실제로 아크나톤 사후 그의 아들로 9살의 나이에 파라오가 된 투탕카멘^(Tutankhamun, BC c.1342~c.1325)은 사제들의 저항에 굴복하여 수도를 신전 사제들의 근거지인 테베로 다시 옮겼다.[6] 심지어 아크나톤은 파라오였음에도 불구하고 사제들의 저주를 받으며, 그와 관련된 모든 기록을 삭제하라는 기록말살형에 처해졌다. 이 정도이면 뱅커였던 사제들의 권력이 어느 정도였을지 짐작할 수 있지 않을까?

5　아텐은 기존 태양신 라(Ra)와 같은 신이다. 다만 아텐이 유일신으로 확립된 것만 다르다. 아크나톤의 유일신 체계는 인류 역사 최초이다. 심리학자 지그문트 프로이트는 유대인의 유일신 사상이 아크나톤의 유일신 개념을 그대로 복사한 것이라고 주장하기도 했다. 한편 이집트 최고의 미인으로 알려진 네페르티티(Nefertiti)는 아크나톤의 부인이다.

6　투탕가멘(Tutankhamun)이 아크나톤의 아들인지, 조카인지, 아니면 동생인지에 대해서는 설이 분분하다.

아크나톤 혹은 아케나텐(Akhenaten, 재위 BC c.1353~c.1336, 좌측)과 네페르티티(우측), 그리고 그들의 세 딸. 네페르티티(Nefertiti, BC1370년경~1330년경)는 파라오 아크나톤의 부인으로 둘 사이에는 3명의 딸이 있었다. 네페르티티는 이집트 귀족의 딸로 아크나톤과 마찬가지로 다신교를 거부하고 오직 태양신만을 섬겼다. 네페르티티는 당대 최고의 미녀로 알려져 있으며, 다수설에 따르면 투탕카멘이 그녀의 조카라고 한다. 아크나톤의 세 번째 딸인 안케세나멘(Ankhesenamen, 혹은 아낙수나문)은 처음에는 부친의 왕비가 되었다가, 나중에는 투탕카멘의 왕비가 된다. 조각상의 가운데 강렬한 태양 빛이 매우 인상적이다. BC 1340년경, 이집트 출토. 베를린 이집트 박물관 소장

한편 이집트의 신전은 다른 나라나 다른 종교의 신전과 매우 달랐다. 고대 이집트인들은 신전에서 경배의식을 올리지 않았다. 왜냐하면 고대 이집트인들에게 신전은 신이 거주하는 곳이지, 경배를 올리는 장소가 아니었기 때문이다. 이집트의 신전이 신의 거주지였으므로, 신에게 필요한 물품을 반드시 보관해야 했다. 즉 이집트 신전은 황금, 귀금속, 유향, 몰약, 고가의류 등을 보관한 장소였다. 신탁을 왔던 이들이 자신이 가져온 복비를 보관한 그리스 델포이 신전 입구의 테사우로스^(Thesaurus)처럼.

나아가 신전은 네바문의 사례와 같이 신전 이외 별도의 저장 시설을 운영하면서 목재, 곡식, 가축 등 크기가 큰 물품을 보관하고 관리했다. 달리 말해 이집트의 신전은 다름 아닌 파라오의 은행, 즉 국가 은행이면서 동시에 신전 은행이었다! 이는 이집트 신전의 관리인인 사제가 상인 계층이 분화되어 등장하기 전까지 곡식과 황금을 보관하고 관리하는 사실상의 뱅커였음을 의미한다.

헬리오도로스(Heliodorus)는 로마 속주인 시리아의 셀레우코스 4세(Seleucus IV)로부터 예루살렘의 솔로몬 성전에 보관된 황금을 압류하라는 명령을 받는다. 하지만 예루살렘을 지키는 대제사장 오니아스(Onias)의 기도 결과, 헬리오도로스는 말과 마부의 힘에 밀려 솔로몬 성전에서 쫓겨난다. 이처럼 고대 이집트의 영향에 따라 신전은 황금과 은이 보관된 일종의 은행이 된다. 우측 아래 말발굽 아래로 밀려 쓰러진 헬리오도로스. 라파엘로 作, 1511~1512. 로마 바티칸 박물관

신전이 은행 역할을 하였던 이집트의 전통은 예루살렘의 솔로몬 성전에 금은을 보관했던 유대인, 델포이 신전의 테사우로스 (Thesaurus)에 금괴를 보관했던 그리스, 모네타(Moneta) 신전에서 화폐를 주조했던 로마, 서유럽 전역에서 십일조를 거두어 들여 이탈리아 은행들에 자금 관리를 맡겼던 교황에게로 그대로 이어진다.[7] 이집트의 고대 신전이 서유럽 템플 뱅킹의

델파이 금화 동전. 델파이 신전에는 신탁을 받으려는 이들이 바치던 자금으로 항상 황금과 은이 넘쳐 있었고, 이 때문에 사실상 은행 역할을 하고 있었다. 델파이에서 주조된 금화에는 델파이 신전의 상징인 신녀 오라클의 모습이 새겨져 있다. BC 5~6세기경. 리스본 굴벤키안 박물관 소장

사실상 원형(proto-type)인 셈이다.[8]

나아가 신전의 사제는 잉여 농산물의 관리를 위해 자연스럽게 국제교역 활동에도 종사했다. 예컨대 이집트에서는 높은 생산력으로 인해 밀이 넘쳐났다. 넘쳐나는 밀을 관리하는 사제는 남아도는 밀을 주변 국가에 팔고, 그 대가로 이집트에서 부족한 목재를 구하였다. 농산물 외에도 사제는 파라오로부터 노예무역의 전권을 위임받았으므로, 잉여 농산물을 활용하여 노예를 수입하기도 하였다. 이는 이집트에서도 뱅커와 상인이 사실상 동일하였음을 의미한다.

7　헬리오도로스(Heliodoros)는 알렉산더 대왕 사후 셀레우코스 4세(Seleucus IV Philopator, BC 218~175) 왕의 재상이었다. 그는 예루살렘의 솔로몬 성전에 보관된 금과 은이 많다는 이야기를 듣고, 이를 국고에 환수하려고 시도하였다. 이에 대항하여 유대인 대사제 오니아스(Onias III)는 고아와 빈자를 위한 돈이라며, 제발 몰수하지 말 것을 간청하였다. 헬리오도로스가 이를 무시하고 몰수하다가, 황금 갑옷을 입은 기사 등이 갑자기 나타나 헬리오도로스를 제압하고 그는 추방당한다. 이 이야기는 서양화에서 가장 많이 그려진 주제 중의 하나이다. 바티칸 미술관의 헬리오도로스의 방에는 천재 화가 라파엘로 산치오가 헬리오도로스가 추방당하는 장면을 그린 벽화가 있다. 실제로 이 그림을 보면, 벽화가 주는 신비로운 느낌이 보는 이들을 압도한다.

8　중세 중국에서도 템플 뱅킹이 있었다. 중국에서 템플 뱅킹을 하던 곳은 사찰이었다. 특히 위진남북조 시대 불교가 성행하면서 사찰은 막대한 부를 축적한다. 사찰 부의 원천은 혼란기의 왕실이 사후 평안을 위해 기부한 돈과 면세 자금이다. 특히 남조의 남제(南齊) 시대 건업(建業, Jiankang)에 위치한 초제사(招提寺, Zhaoti)와 남량(南梁) 시대 강릉(江陵, Jiangling)에 위치한 장사사(長沙寺)는 민간 사찰로서 민간인을 상대로 전당포 영업으로 극도의 호황을 누리기도 했다. 초제는 산스크리트어로 사방(四方, four corners)이라는 뜻의 Catur-dia의 음사인데, 행려승 전체를 가리키는 보통명사가 되었다. 즉, 북위 태무제(太武帝, 재위 423~453) 때 건축한 사찰 이름으로 처음 사용되었다가, 나중에는 절 혹은 승려를 가리키는 보통명사로 된 것이다. 한편 건업은 동진과 남조 시대의 수도로서 주, 후한, 위, 서진의 수도인 낙양과 경쟁 도시였다. 6세기에 이미 인구가 100만을 넘었다는 설이 있을 정도로, 엄청난 인구가 살았고 상업 활동도 매우 활발했다.

(2) 고대 알렉산드리아

국제교역 활동의 활성화로 상인의 역할이 확대되면서 사제가 아니라 자연스럽게 국가의 간섭을 받지 않는 독립적인 민간 상인이 등장하였다. 이에 따라 상인이 사적 은행(private bank)을 겸하면서 독자적인 상인 세력이 형성되기도 하였다. 상인이면서 뱅커인, 이른바 머천트 뱅커(merchant banker)의 등장이다. 상인들이면서 뱅커인 이들의 독자 세력화는 BC 4세기 헬레니즘 제국을 만든 알렉산더 대왕이 이집트를 점령하면서 시작된 프톨레마이오스 왕조 때부터는 가속화된다. 이는 알렉산더 대왕이 페르시아 제국을 무너뜨린 후 적극적으로 도입한 통일된 금화 때문에 가능했다. 특히 알렉산더 대왕이 세운 도시 알렉산드리아는 고대 이집트의 곡식 저장고에서 발전된 곡식 은행의 중앙 본점이 위치한 국제 금융의 중심도시였다.[9]

시리아 셀레우코스 왕조의 금화 스타테르. 이 금화 스타테르는 페르시아의 수사(Susa)에서 주조된 것이다. BC 312~281년경, 영국박물관 소장

이곳은 이집트 전역에 설립된 수많은 곡식 은행의 지점으로 곡식과 자금의 이체, 예치 등의 기본적인 뱅킹 업무의 중심지로 부상하게 된다. 아이러니하게도 알렉산드리아의 뱅킹 업무를 장악한 이들은 이집트인이 아니라 유대인이었다.[10] 예컨대 철학자 필론(Philon, BC c.30~AD c.45)의 친동생인 가이우스 율리우스 알렉산드로스(Gaius Julius Alexandros, AD 1st ~ 2nd)는 금융업으로 성공하여, 오리엔트 일대의 로마 황제 재산을 관리하는 업무를 수행했다. 그의 아들 티베리우스 율리우스 알렉산드로스(Tiberius Julius Alexandros, 10~70)는 경제계가 아니라 정계로 진출한다. 그는 수도인 로마의 경찰청장을 지내면서 로마에서 티투스(Titus, 39~81) 황

---

9   알렉산드리아는 알렉산더 대왕 사후 이집트를 지배한 프톨레마이오스 왕조의 수도이기도 했다.

10   시오노 나나미, 『로마인 이야기 8』, p. 99

셀레우코스 왕조의 은화 스타테르. 바빌론에서 발견된 태블릿에 따르면 코끼리가 새겨진 셀레우코스 왕조의 은화 스타테르가 바빌론에서도 널리 사용되었다고 한다. 이는 알렉산더 대왕이 페르시아 제국과 이집트를 통일하면서, 동전 문화가 확산되고 통일되었음을 의미한다. 이는 이 지역에서 상인들과 뱅커들이 융합하면서 성장하는 사회적, 경제적 인프라가 된다.

제를 보좌했다. 가이우스와 티베리우스 모두 유대인이었다. 고대 시절 예루살렘을 제외하고는 유대인이 가장 많이 거주하던 도시가 알렉산드리아였던 이유는 이와 결코 무관하지 않다.

(3) 고대 이집트의 이자율

고대 이집트의 이자율에 대한 기록은 거의 남아 있지 않다. 다만 몇몇 사례 정도는 남아 있다. 이집트는 고왕국(Old Kingdom, BC 2613~2181) 시대에 금과 은의 무게 단위로 우텐과 켓 이외에, 데벤(deben)이라는 단위를 사용하기도 했다. 오늘날 기준으로 약 13.6그램에 해당한다. 데벤은 BC 16~11세기의 신왕국 시대(New Kingdom, BC 1570~1069)에는 무게가 약 91그램으로 바뀐다. 이 데벤을 사용한 대출 기록이 있는데, BC 9세기경의 파피루스에는 은 5 데벤을 빌려주고, 1년 만에 10 데벤으로 갚겠다는 기록이 있다.[11] 신왕국 시대의 무게로 1 데벤이면 약 3 트로이 온스이다. 은 5 데벤이면 15 트로이 온스로, 트로이 온스당 24불인 2024년 시세로 약 360불이다. 360불을 빌려주고 1년 후에 720불을 갚으면, 이자율은 연율 100%이다.

『금리의 역사』를 저술한 시드니 호머(Sidney Homer, 1902~1983)는 이외에도 여러 사례를 인용하고 있다. 또 다른 사례는 BC 568년 파피루스에 기록된 대출 사례이다. 이 거래에서 대출자는 6개월간 은을 무이자로 빌렸는데, 기간 내 갚지 못하면 40%의 연체료를 부담해야 했다고 한다. 이 경우 이자율은 없지만, 상환하지 못할 경우 연체율을 기준으로 하면 연 80% 정도이다. 또 다른 사례는 BC 499

---

11 시드니 호머, 리처드 실라, *앞의 책*, p. 100

년, 7개월간 곡물을 빌려 1.5배로 갚되 만약 상환을 못하면 매월 10%의 연체료를 가산하는 거래이다. 이때 상환을 모두 한다고 할 경우 이자율은 85.7%이다.[12] 또 다른 곡물 거래에서는 8개월간 곡물을 빌리는 이자율이 50%로 기록되어 있다고 한다. 이는 연율로 75%에 해당하는 수준이다.

한편 이집트 이자율 사례를 제시한 시드니 호머는 이자율이 고대에서도 당연히 사용된 것처럼 전제하고 있는데, 이는 결코 그렇지 않다. 이자율 개념을 사용한 곳은 수메르, 아시리아, 바빌로니아가 처음이다. 이들 문명권과 교류가 없었던 지역에서는 이자율이라는 개념 자체가 없었던 것으로 보인다. 이집트는 지리적으로도 메소포타미아 지역과 가깝고, 문명 교류가 이 지역과 매우 활발했으므로 수메르의 이자율 개념을 차용했을 가능성이 높다. 단편적인 사례를 종합해 보아도 고대 이집트는 이자라는 개념을 도입해서 사용하고 있었다.

이처럼 고대 이집트의 소비자 대출 이자율은 대략 80% 내외로 추정된다. 함무라비 법전의 20%나 33% 규정보다 훨씬 높다. 왜 이런 현상이 생겼는지는 여러 가지 해석이 가능하다. 우선 이집트는 바빌로니아와 달리 성문법이 없었다. 따라서 이자율에 대한 명시적인 제한이 없었을 것이다. 나아가 이집트의 이자율이 바빌로니아보다 높다는 것은 이집트의 뱅커들이 바빌로니아의 뱅커들보다 소수였거나, 뱅킹 서비스가 발전하지 않았다는 뜻이다. 뱅커들이 소수이거나 뱅킹 서비스가 발달하지 않았으므로 이집트에서 이들의 대출 서비스를 사용하는 비용 또한 당연히 높았을 것이다.

소수의 사례로 일반화하는 것은 무리가 있지만, 이집트에서는 곡물보다 은의 대출 이자율이 높았던 것으로 추정된다. 즉, 앞서 언급한 사례에서 보듯이 곡물은 75~85%, 은의 경우는 80~100%였다. 이는 바빌로니아와 반대이다. 하지만 바빌로니아에서는 곡물보다 은이 풍부했고, 이집트에서는 곡물이 은보다 상대적으로 풍부하였으므로 어떻게 보면 자연스러운 현상일지도 모르겠다.

---

12 7(개월):12(개월)=50% × x

이처럼 고대 이집트에서는 이자가 존재하여 뱅커들이 성장할 수 있는 필요조건은 갖추어져 있었던 것으로 추정된다. 하지만, 실질적으로 이집트 상인들이 분화하여 뱅킹만 담당하는 뱅커로 진화하는 경우는 매우 드물었던 것으로 보인다. 왜냐하면 본질적으로 고대 이집트에서는 신전의 관리인들이 상인의 역할을 겸하거나 신전의 관리인들이 상인들과 밀접한 관계를 맺으면서, 상인들이 왕실 세력에 지나치게 종속되어 상인들이 대형화면서 뱅커로 독자 분화할 수 있는 기회가 원천적으로 차단되었기 때문이다. 대표적으로 신흥도시 알렉산드리아의 대형 뱅커는 이집트인이 아니라, 거의 모두 유대인들이었다.

　따라서 이집트인들 중에는 메소포타미아의 에기비 가문처럼 부유한 상인들 중에 왕실과 대등한 세력을 갖춘 대형 뱅커로서 성장하는 사례가 없었던 것으로 보인다. 이후 프톨레마이오스 왕조 최후의 군주였던 클레오파트라 여왕이 로마에 정복당하면서, 이집트의 뱅커 세력은 대형화로 성장할 수 있는 기회를 영원히 박탈당하고 역사에서 영원히 사라졌다. 이집트에서 뱅커는 이제 유대인들만 남게 된다.

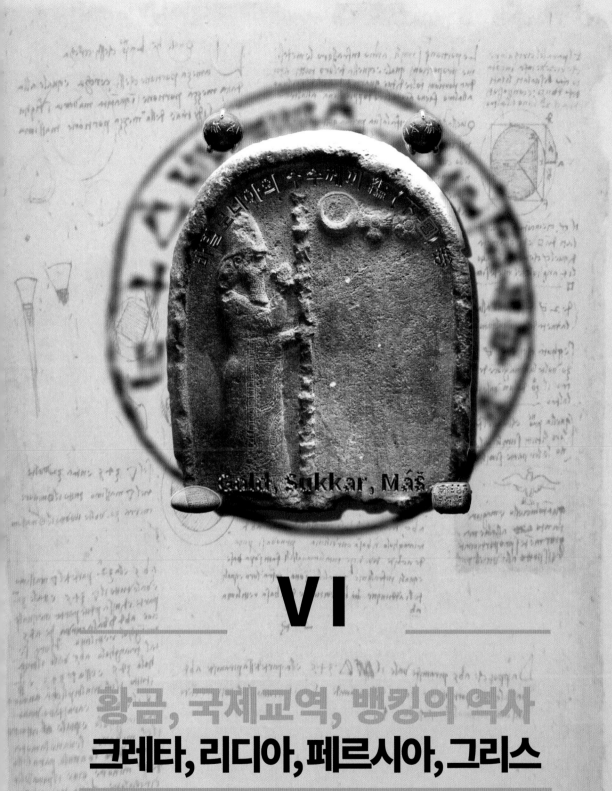

Gold, Sukkar, Máš

VI

황금, 국제교역, 뱅킹의 역사
크레타, 리디아, 페르시아, 그리스

고대 크레타와 트로이의 황금
트로이 전쟁과 황금

01

푸른색의 여인들, 크레타 헤라클리온 고고학 박물관 소장

크노소스 궁전은 지중해 해양 문명의 정수이다. 이 궁전은 가로, 세로 길이가 대략 170m에 이르는 정사각형 궁전으로, 고대 지중해 유역에서 가장 큰 궁전이었다. 궁전의 설계도가 매우 복잡하여 '미로(labyrinth)'라는 별칭도 있었다. 그리스 신화에 따르면 크노소스 궁전에 사는 괴물 소인 미노타우로스를 테세우스가 물리쳐 탈출하는 곳으로도 유명하다. 이 궁전의 특이점은 거대한 성벽이나 성문이 없다는 것인데, 왜 이런 구조를 가지게 되었는지는 현재까지도 풀리지 않았다.

(1) 고대 크레타

지중해 동쪽의 3대 고대 문명^(에게 문명)은 트로이 문명, 크레타 ^(미노아) 문명, 미케네 문명이다. 에게 문명의 선두는 트로이 문명이다. 등장 시기는 명확하지 않으나 BC 3000년 전후이다. 트로이 문명은 인류 최초의 문명이 발생한 메소포타미아 문명이 유입되는 곳에 위치했고, 오늘날 튀르키예인 아나톨리아 지방의 풍부한 광물자원으로 인해 번영을 구가했다. 특히 흑해와 지중해 사이에 위치한 지리적 이점을 활용하여, 두 지역 사이의 상품 유통을 완전히 장악하면서 동지중해에서 가장 번성한 문명이었다. 아울러 트로이는 아나톨리아 반도 주변 지역으로부터 금을 채굴하여, 지중해와 흑해 주변에서

크노소스 궁전의 석배(rhyton). 원뿔 모양으로 균형된 각진 모습이 매우 인상적이다. BC 1600~1450년경, 크레타 헤라클리온 박물관

금을 생산할 수 있는 거의 유일한 도시이기도 했다.[1]

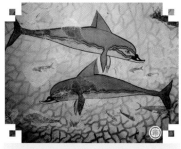

트로이 문명의 발달한 해상교역의 영향을 받아 BC 2000년경에 크레타섬에서도 문명이 나타났다. 크레타 문명(미노아 문명)은 크레타섬의 크노소스를 중심으로 번영한 해상 왕국으로, 그리스 문명의 원초적인 출발이 된다. 크레타섬은 키프로스와 함께 그리스 본토, 튀르키예, 시리아, 이집트로 둘러싸인

미노아 문명은 기본적으로 바다를 통해 성장하고 번영한 해양 문명이다. 특히 미노아 문명은 바다 동물인 돌고래에 대해서 매우 우호적이었다. 그림은 왕비의 접견실로 추정되는 방에 그려진 돌고래 프레스코화를 부분적으로 복원한 그림이다. BC 1700~1450년경, 크레타 헤라클리온 박물관 소장

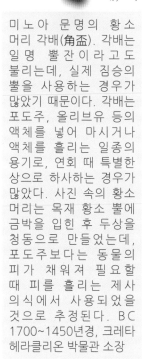

미노아 문명의 황소 머리 각배(角盃). 각배는 일명 뿔잔이라고도 불리는데, 실제 짐승의 뿔을 사용하는 경우가 많았기 때문이다. 각배는 포도주, 올리브유 등의 액체를 넣어 마시거나 액체를 흘리는 일종의 용기로, 연회 때 특별한 상으로 하사하는 경우가 많았다. 사진 속의 황소 머리는 목재 황소 뿔에 금박을 입힌 후 두상을 청동으로 만들었는데, 포도주보다는 동물의 피가 채워져 필요할 때 피를 흘리는 제사 의식에서 사용되었을 것으로 추정된다. BC 1700~1450년경, 크레타 헤라클리온 박물관 소장

동지중해 중앙에 위치하였다. 이와 같은 지리적 이점을 활용하여, 크레타 문명은 고대 지중해 해상교역의 주요 거점지로서 크게 번영했다.

크레타 문명은 상업이 발달했던 고대 메소포타미아나 이집트 문명과 달리 상인이 곧 지도층이었다.[2] 이와 같은 특징 때문에 크레타 문명은 메소포타미아나 이집트 문명과 달리 매우 자유분방하였다. 이의 영향을 받아 크레타의 벽화나 조각상도, 메소포타미아나 이집트 문명과 달리 화려하고, 감성적이며, 자유로웠다. 크레타 문명의 자유분방함은 이후 그리스 문명과 서구 문명으로 계승된다. 또한 상인과 지배층이 동일했던 크레타 문명의 전통은 고대 그리스의 참주 정치, 중세의 제노바나

---

1   알레산드로 지로도, 앞의 책, p. 37

2   아르놀트 하우저, 『문학과 예술의 사회사 Ⅰ』, 창비, 2018, p. 100

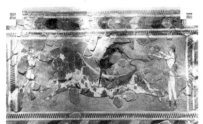

크노소스 궁전의 황소 뛰어넘기(Bull Leaping). 크노소스 궁전을 발견한 영국인 아서 에번스(Arthur John Evans, 1851~1941)는 이 장면을 투우라고 생각했다고 하는데, 투우가 아니라 신성한 황소를 대상으로 한 일종의 제사 의식으로 추정된다. 3,000년보다 더 오래된 그림인데, 마치 오늘날 화가가 그린 것처럼 자유분방하고 감성적이며, 현대적이다. BC 1600~1450년경, 크레타 헤라클리온 박물관 소장

베네치아, 근대 영국 의회로까지 이어진다. 어쩌면 그리스 문명이 계승했다는 민주주의 또한 정치 지도자와 상인이 일치했던 크레타의 자유분방한 정신이 그대로 정치체제에 반영되었기 때문에 등장한 것인지도 모르겠다.

한편 크레타 문명에서도 트로이 문명과 마찬가지로 목걸이, 반지, 팔찌 등의 각종 장신구를 모두 황금으로 사용할 만큼 금을 애용했었다. 예컨대 크레타 문명이 숭배한

황소상의 뿔은 전체를 금박으로 입혔다. 하기야 모세가 이집트를 탈출할 당시에도 마찬가지였고, 크레타 문명에서도 황소가 곧 황금이었으므로, 황소를 황금으로 만드는 게 하나도 이상할 것이 없었다. 이는 크레타 문명에서 황금이 종교, 예술, 건축 등의 거의 모든 분야에 광범위하게 사용되었음을 보

뱀의 여신상. 크레타 문명은 상인 문명인 만큼 자유분방했다. 사진의 조각상처럼 실제로 크레타 여성들은 가슴을 내놓고 다녔다고 한다. BC 1700~1450년경, 크레타 헤라클리온 박물관 소장

여 주는 증거이다. 하지만 크레타 문명의 실체에 대해서는 정확히 알려진 바가 거의 없다. 크레타 문명은 상형문자와 선형문자 A, B를 가지고 있었는데, 선형문자

미노아 문명의 글씨가 새겨진 파이스토스(Phaistos) 원반. 진흙을 구워 만들어졌으며, 굽기 전에 인쇄를 미리 한 것으로 추정된다. 원반에 새겨진 상형문자 기호는 총 242개인데, 선형 문자 A, B와도 완전히 다른 문양이다. 미노스 궁전의 지하 사원 저장소에서 이탈리아 고고학자 루이지 페르니에르(Luigi Pernier, 1874~1937)가 발견했다. 인류 역사상 최초의 인쇄물로 알려져 있으나, 아직까지 전혀 해독되지 않았다. 현재의 고고학과 암호학계 최고의 미스터리이자 난제이다. BC 1700년경 혹은 그 이전, 크레타 헤라클리온 박물관 소장

B의 표음문자를 제외하고는 해독되지 않았기 때문이다.[3]

(2) 고대 미케네와 트로이

또 다른 뱀의 여신상. 크레타 문명에서 뱀은 풍요를 상징했다. 풍만한 가슴과 뱀은 이 여신이 다산의 상징이었음을 보여 준다. BC 1600~1450년경, 크레타 헤라클리온 박물관 소장

크레타 문명은 화려한 문명을 자랑했지만, BC 1400년경에 그리스 북부로부터 남하한 아카이아인이 세운 미케네 문명에 정복당한다. 미케네 문명은 BC 1600년경 그리스의 펠로폰네소스 반도 내에 위치한 아르고스 평원에서 탄생한 문명이다. 미케네 문명은 지역적 기원이 조금 다른 4개 민족이 이동하여 그리스 지역에서 융합된 민족으로, 스스로를 헬레네스(Hellenes)라고 불렀다.[4] 크레타 문명의 영향

을 받아 문명으로 발전했으며, 여성적인 크레타 문명과 달리 호전적이고 남성적인 문명이었다. 이 지역은 평야가 적어 농산물 생산이 매우 어려웠으므로, 미케네 문명의 주요 경제 활동은 남성적인(?) 해상무역이나 해적 활동이었다. 그리스 장수이자 역사가인

---

3 선형문자 B를 해독한 이는 고고학자도 아니고 언어학자도 아닌 건축학자 마이클 벤트리스(Michael George Francis Ventris, 1922~1956)였다. 물론 벤트리스는 언어학자인 존 채드윅(John Chadwick, 1920~1998)과 공동작업 끝에 해독한 것이지만, 건축학자가 고대 문자를 해독한 것은 매우 특이하다. 해독의 계기도 특이하다. 즉, 1836년 크레타섬의 고고학 발견에 대한 전시회가 런던의 왕립 아카데미에서 열렸는데, 그곳을 방문한 벤트리스가 선형문자 B가 아직 해독되지 않았다는 말을 듣고 해독에 도전한 것이 계기였다. 선형문자 B는 표음문자와 표어문자로 구성된다. 87개의 표음문자는 모두 해독되었지만, 표어문자는 모두 해독되지 않았다. 벤트리스는 34세에 교통사고로 일찍 사망한다.

4 그리스 신화에 따르면 대홍수에서 살아남은 데우칼리온의 아들로, 그리스 북부의 테살리아 지방의 소왕국 프티아(Ptia)의 왕인 헬렌은 산의 요정인 오르세이스(Orseis)와 결혼하여 아이올로스(Aiolos), 크수토스(Xouthos), 도로스(Doros)를 낳는다. 아이올로스는 아이올레이스(Aioleis), 크수토스는 그의 두 아들 이온과 아카이오스를 낳는데 이들은 각 이오네스(Iones)인과 아카이오이(Achaion)인, 도로스는 도리에이스(Dorieis)인의 조상이 된다. 이 4개 민족이 미케네 문명을 구성하는 4대 민족이다. 아테네인들은 이오네스인이고, 스파르타인은 도리에이스인이다. 이 4대 민족을 시조인 헬렌(Hellen)의 이름을 따서 헬레네스(Hellenes)라고 불렀고, 헬레네스인이 사는 곳은 헬라스(Hellas)라고 불렀다. 희랍이라는 말은 헬라스의 한자식 표현이다.

투키디데스^(Thucydides, BC c.465~c.400)는 그의 저서 『펠로폰네소스 전쟁사』에서 헬라스인들은 배를 탈 무렵부터 해적질을 생업으로 삼았는데, 개인적 이익과 함께 백성들을 먹여 살리기 위한 목적이 있었다고 설명한다.[5]

아가멤논의 황금 마스크. 슐리만이 이 유물을 처음 발견했을 때 트로이 전쟁을 실질적으로 일으킨 아가멤논의 것이라 확신했다고 한다. 하지만 제작 연대가 BC 1500년 전후이므로, BC 12세기경에 일어난 트로이 전쟁과 큰 관련은 없어 보인다. Licensed under the Creative Commons Attribution 2.0 Generic license. Author: Xuan Che, https://commons.wikimedia.org/wiki/File:MaskOfAgamemnon.jpg

고대 그리스 문명의 직접 조상이 되는 미케네 문명은 특히 황금을 매우 중요하게 여겼다. 그리스의 시인 호메로스는 미케네를 황금이 흘러넘치는 곳으로 묘사하기도 했다.[6] 독일 고고학자 슐리만이 1876년에 미케네 유적에서 발굴한 쌍둥이 아이, 여자 9명, 남자 8명의 시신 모두 금으로 둘러싸여 있을 정도였다. 슐리만이 이 유적지에서 발견한 황금마스크를 트로이 전쟁을 일으킨 아가멤논^(Agamemnon)의 것이라 생각하고, "아가멤논의 황금마스크"라고 이름 붙인 것은 유명한 일화이다.

미케네 문명의 유적지에서 발굴된 대규모 황금은 미케네 문명이 해상교역이나 정복 활동에 얼마나 몰두했는지 보여 주는 강력한 증거이다. 왜냐하면 미케네 문명은 척박한 자연환경으로 인해 자체적인 생산 활동을 통한 금, 즉 부의 획득이 거의 불가능하였기 때문이다. 미케네 문명의 이와 같은 불리한 지리적 여건은 미케네 문명이 전쟁을 준비하거나, 전쟁에 임하거나, 전쟁에서 회복하거나 오직 3개의 기간 말고는 없게 만들기도 했다. 미케네 문명이 크레타 문명을 공격한 이유도 척박한 땅에서

---

5   투키디데스, *앞의 책*, p. 31
6   ▉▉ 그리스인들은 호메로스의 작품 27,000여 행을 어릴 때부터 모두 암기해야 한다고 한다. 그만큼 호메로스가 그리스인들에 미친 영향은 엄청난 것이다.

지리적으로 가까운 곳이 국제무역으로 번성하면서 금이 넘치던 곳이 바로 크레타섬이었기 때문이었다.[Z] 니체의 말대로 아테네 문명이 발전했던 이유 또한 이처럼 척박한 땅에서 사방으로부터의 도전이 있었기 때문일지도 모르겠다.

하여튼 미케네 문명은 크레타 문명을 정복하면서 종전보다는 경제적으로 더 번영하였다. 하지만 에게 문명의 절대 강자인 트로이 문명의 번영을 따라갈 수는 없었다. 특히 미케네 문명은 크레타 문명을 정복하면서 황금이라는 물질에 거의 미쳐 있었다. 그러나 에게해 주변 지역의 황금은 지중해 교역의 절대 왕좌를 누려온 트로이 문명에 대량으로 집중되고 있었다. 황금에 미쳐 있었던 미케네의 아가멤논 왕은 트로이를 공격하기 위한 명분만 찾고 있었을 것이다. 사실인지 아닌지 명확하지 않으나 신화에 따르면 유부녀 헬레네(Helen)가 트로이 왕자 파리스(Paris)에게 납치당하면서, 아가멤논은 절호의 전쟁 명분을 찾았다. 이렇게 해서 10여 년 동안 지속된 트로이 전쟁이 마침내 시작되었다.

트로이 전쟁을 묘사한 호머의 일리아드와 오디세이에는 황금이 당시 미케네 문명이 얼마나 탐욕스럽게 추구하던 물건이었는지 생생하게 묘사되어 있어, 실제 트로이 전쟁의 원인이 무엇인지 명확하게 보여 준다. 예컨대 유부녀 헬레네의 남편인 메넬

호메로스(Homeros, BC c.800~750)는 서양에서 가장 존중받는 문학가이다. 바로 그가 장편 서사시 『일리아드』와 『오디세이』의 작가이기 때문이다. 그의 문학 작품은 후대 서양의 문학, 교육, 사상 등에 엄청난 영향을 미쳤고, 이에 따라 호메로스는 서양 문학의 아버지라고도 부른다. 호메로스가 태어난 곳은 명확하지 않으나, 에게해의 스미르나 혹은 키오스섬에서 출생한 것으로 보인다. 이 조각상의 원본은 소실되었고, 후대 로마 시대에 복원한 작품이다. 이 조각상은 호메로스 서사시에 나오는 영웅으로 추정되는데, 누구인지는 정확히 알 수 없다고 한다. AD 1세기경, 이탈리아 티폴리(Tivoli) 출토. 영국박물관 소장

---

 7 고대 그리스인들의 이와 같은 공격성은 자신들의 문화에 대한 배타적 자부심으로 이어졌다. 예컨대 고대 그리스인들은 그리스 말을 못하는 자들을 싸잡아서 문명인이 아니라는 뜻으로 비하하여 바르바로스(barbaros)라고 불렀다. 이 말은 영어에도 그대로 남아서 현재도 야만인(barbarian)이라는 뜻으로 통용된다.

라오스^(Menelaus)는 해외 무역을 통하여 많은 황금을 축적한 갑부였고,[8] 페니키아 상인들은 황금을 얻기 위해서 납치된 시돈 출신의 미녀를 고향으로 데려다주는 허드렛일도 마다하지 않았다.[9] 트로이 목마에 탑승했던 크레타 출신 전사로 헬레나가 메넬라오스에게 돌아가는 것을 반대했던 안티마쿠스^(Antimachus)는 '눈부시게 장엄한' 황금을 알렉산더에게서 가져왔다고 자랑하던 이였다. 테베의 예언자 암피아라오스^(Amphiaraus)의 아내였던 에리필레^(Eriphyle) 또한 남편이 죽을지도 모르는 전쟁에 참여하라고 앙탈을

파트로클로스의 시신을 두고 싸우는 메넬라오스와 헥토르 왕자. 파트로클로스는 그리스 군 장수 중에서 디오메데스(Diomedes)에 이어 트로이 군을 가장 많이 사살한 장수이다. (아킬레스는 3번째이다.) 그는 트로이의 왕자 헥토르와 결투 중 사망하는데, 그의 시신을 둘러싸고 양군이 다시 격렬하게 맞붙었다. 이 장식품은 바로 그 장면을 묘사한 것이다. BC 600년경, 로데스(Rhodes)섬의 카미로스(Kamiros) 출토. 영국박물관 소장

부렸던 이유가 황금으로 만든 하르모니아^(Harmonia)의 목걸이 때문이었다.[10]

미케네의 왕 아가멤논 또한 아킬레스^(Achilles)의 트로이 전쟁 참여를 설득하기 위해 10 탈란트에 이르는 최고 순도의 황금을 상금으로 내걸었다.[11] 아가멤논은 더 나아가 트로이를 점령하면 아킬레스에게 그가 원하는 대로 황금을 약탈할

8   Odyssey, III, 301

9   Odyssey, XV, 448

10 Odyssey, XI, 327

11 Iliad, XI, 167. 아가멤논이 아킬레스를 설득하기 위해 제시한 선물은 황금 이외에 7개의 성스런 삼각대, 12마리의 근육질 군마, 20개의 빛나는 항아리, 예술에 능한 고귀한 여성 7명 등이었다.

수 있도록 허락하기도 하였다.[12] 황금 때문이 아니라 전사의 영혼(수케, psuch)과 명예(티메, tim)를 위해 우여곡절 끝에 트로이 전쟁에 참여한 아킬레스도 트로이 왕자 헥토르(Hector)를 죽이고서는 아무리 많은 황금을 주더라도 결코 헥토르의 시신을 트로이로 돌려보내지 않겠다고 공언했다. 이는 당시 트로이와 미케네 문명에서

슬퍼하는 안드로마케. 헥토르는 아킬레스와의 1:1 결투에서 지면서 결국 사망한다. 헥토르의 아내 안드로마케가 이를 보고 절망하는 장면. 요한 루드윅 룬드(Johan Ludwig Lund, 1777~1867)의 1804년 작품. 코펜하겐 예술박물관 소장

황금이 얼마나 엄청난 가치를 지녔는지 보여 주는 가장 적나라한 장면이다.[13] 하여튼 이 모든 사례들은 황금이 트로이 전쟁에서 얼마나 중요한 핵심 전리품이었는지 적나라하게 보여 주는 생생한 증거들이다. 달리 말해 트로이 전쟁의 실제 원인은 납치된 유부녀 헬레네가 아니라 바로 빛나는 누런 황금 때문이었다!!![14]

---

12 Iliad, XI, 168

13 Iliad, XII, 351

14 트로이 문명을 발굴한 이는 독일인 사업가 하인리히 슐리만(Heinrich Schliemann, 1822~1890)이다. 당시 학계는 호메로스의 일리아드를 신화쯤으로 치부했지만, 슐리만은 이를 역사라 믿고 1870년부터 죽을 때까지 발굴에 전념했다. 마침내 고고학자도 아닌 그가 트로이 유적을 발견했을 때 유럽 고고학계가 발칵 뒤집혔다고 한다. 한편 트로이 유적은 슐리만이 독일로 빼돌렸다가, 2차 대전 후 행방이 묘연했었다. 뜻밖에도 트로이 유적은 1996년 4월, 모스크바의 푸쉬킨 박물관이 전체 637점 중 황금머리 장식 등 259점을 일반에 전시하면서 50년 만에 행방이 밝혀졌다. 2차 대전 때 베를린을 점령한 소련이 트로이 유적을 통째로 가져간 것이다. 이 유적의 소유권을 둘러싸고 현재 러시아, 독일, 튀르키예, 그리스가 분쟁 중이다.

Codex Atlanticus: 수수께끼의 BC 1200년

10여 년에 걸친 전쟁 끝에 미케네 문명의 아가멤논 왕은 트로이를 결국 정복했다. 역설적이게도 아가멤논 왕은 트로이를 정복하고 전쟁을 승리로 이끌었지만, 그의 아내 클리타임네스트라(Clytemnestra)는 정부인 아이기스토스(Aigisthos)와 함께 남편인 아가멤논 왕과 트로이 전쟁에서 그의 첩이 된 트로이 공주 카산드라(Cassandra)를 도끼로 잔인하게 살해한다. 클리타임네스트라 또한 아가멤논의 딸인 엘렉트라(Elektra)와 그녀의 남동생인 오레스테스(Orestes)에게 살해된다.[15]

이 때문인지 몰라도, 트로이를 정복하면서 대량의 황금을 약탈함으로써 최고의 번영을 구가해야 할 미케네 문명은 트로이 함락 후 얼마 지나지 않아 멸망한다. 즉 트로이와 미케네가 거의 동시에 멸망함으로써, 트로이 전쟁은 전형적인 피로스(Phyros)의 승리였다. 혹시 트로이 전쟁을 담은 호메로스의 일리아드는 BC 1200년경 미케네 문명의 갑작스러운 멸망을 조금이라도 은닉하기 위해 동시대에 같이 멸망한 트로이와 함께 의도적으로 엮어서 만든 이야기는 아닐까? 승자의 저주라고 보기에는 너무나 기막힌 이 우연을 어떻게 설명해야 할까?

지구 크기를 처음으로 측량한 고대 그리스의 식민도시 키레네(Cyrene) 출생 수학자 에라토스테네스(Eratosthenes, BC c.276~c.194)는 트로이가 BC 1184년에 멸망했다고 추정했다. 우연의 일치인지 몰라도 이 시기에는 트로이나 미케네 문명 이외에도 지중해 유역 거의 전체 국가들이 大 변혁기를 겪었다. 예컨대 구

---

15 엘렉트라의 이야기는 기원전 5세기 그리스 극작가 에우리피데스(Euripides, BC ? ~406)가 비극으로 만든다. 에우리피데스는 소포클레스(BC c.496~c.405), 아이스킬로스(Aeschylos, BC 523~456)와 함께 고대 그리스의 3대 극작가이다.

16 알레산드로 지로도, 앞의 책, pp. 35~36

리 교역으로 번영했던 키프로스는 BC 1230~1190 사이에 도시가 대량으로 파괴된 흔적이 아직도 남아 있다. 이 시기 국제교역의 중심지였던 레반트 지역은 이집트, 히타이트, 아시리아인들의 격렬한 전쟁터로 전락했다. 인류 최초로 철기를 사용한 것으로 알려진 히타이트 제국 또한, 이민족의 침입이 있었다는 것 말고는 뚜렷한 이유 없이 BC 1175년경에 갑자기 멸망했다.[17]

레반트 지역에서 국제교역으로 최고의 번영을 구가하였던 도시 우가리트 (Ugarit) 도 명확한 이유가 알려져 있지 않은 채, BC 1200년경에 파괴되었다. 다만 우가리트의 암무라피 왕(Amurapi, 재위 BC 1215~1180)이 키프로스에게 원군을 요청하는 편지가 발견되면서, BC 12~13세기에 "바다 사람들(해양 민족, Sea People)"이 지중해 근역으로 대거 몰려와 히타이트와 우가리트를 약탈했던 사실만 알려져 있다.

이집트 역시 예외가 아니었다. 모세가 이집트를 탈출한 사건인 엑소더스가 언제 일어났는지에 대해서는 설이 다양한데, 다수의 역사학자는 람세스 2세 (Ramsesso II, BC ?~c.1213) 때라는 설이 유력하다고 주장한다. 만약 람세스 2세 때 모세가 이집트를 탈출한 것이라면, 구약성서에 나오는 메뚜기 떼, 대량의 뱀, 병든 가축, 사막 폭풍 등 각종 특이한 현상들은 BC 1200년경 인간들이 이전에 단 한 번도 경험하지 못한 급격한 변화로 인한 결과일 가능성이 매우 높다.

람세스 2세의 아들로 19왕조의 4대 파라오가 된 메르넵타(Merneptah, BC ?~c.1203)도 자신의 석비(Merneptah Stele)에서, 나일강 하구로 리비아에서 온 대규모 침략자들이 몰려왔다고 기록하고 있다. 메르넵타 석비에 따르면 그 결과 테헤누(Tjehenu)는 정복당했으나, 하티(Khatti, 즉 히타이트족)는 평화로웠다. 하지만 가나안은 고통에 사로잡혔으며, 아스카르니(Askarni), 게제르(Gezer)도 사로잡혔다. 특히 메르넵타 석비는 야노암(Janoam)은 흔적도 없이 사라졌고, 이스라엘은 황폐해서

---

17 Alan Peatfield, 「*1200 BC – A period of momentous change*」, University College Dublin, 2013, p. 1

황금, 설탕, 이자(金糖利: Gold, Sukkar, Máš)

바빌로니아의 **수수께끼** 編 〈下-1〉 券 - 이원희 著

Codex Atlanticus

씨앗 하나도 남지 않았다고 당시 처참한 상황을 기록했다.[18] 메르넵타에 이어 파라오가 된 람세스 3세(Ramsesse III, BC c.1217~c.1155) 또한 BC 1190년에 바다로부터 온 사람들이 이집트를 침략했다고 기록했다. 람세스 3세도 우가리트의 암무라피 왕과 마찬가지로 이 침략자들을 "바다 사람들(해양 민족, Sea People)"이라고 기록했다.

이 바다 사람들이 누구인지에 대해서는 합의된 정설이 없다. 다만 람세스 3세는 이들을 묘사하면서 바다 사람들 가운데 "Shrdn," "Shkrsh," "Dnyn," "Prst"가 있다고 기록했다. 이집트 상형문자는 모음이 없기 때문에 이들이 누구를 가리키는지 명확하지 않아, 관련 연구가 지금도 활발하다고 한다. 혹자는 "Shrdn"은 사르데냐인의 고대 이름인 "셰르덴(Sherden)," "Shkrsh"는 시칠리아인을 가리키는 이집트어 "셰클레시(Shekleshi)," "Dnyn"은 그리스인인 "다나오스인(Danaans)," "Prst"는 성경에 등장하는 블레셋 사람인 "펠레세트(Peleset)" 사람이라고 추정한다.

하여튼 메르넵타와 람세스 3세는 침략자를 겨우 물리쳤지만, 이후의 파라오는 그렇지 못했다. 필자가 보기에는 실제로 메르넵타와 람세스 3세가 이들을 물리쳤는지조차도 확실하지 않다. 일례로 람세스 3세는 이들을 "어느 땅도 그들의 무기 앞에서 버틸 수 없다"라고 무시무시한 공포의 대상으로 묘사했

18 　이집트의 카이로 박물관에 보관된 메르넵타 석비에는 이집트 상형문자로 YSRIAR라고 새겨진 부분이 있는데, 이는 이스라엘을 의미한다는 것이 성서학자들의 견해이다. (고대 이집트에는 L이라는 발음이 없어 모두 R로 표시했다. 나아가 글자 형상이 왼쪽을 보고 있으면 왼쪽에서부터 읽고, 오른쪽을 보고 있으면 오른쪽부터 읽는다.) 메르넵타 석비는 이스라엘이라는 단어를 기록한 유일한 이집트 기록물이다.

19 이안 모리스, 앞의 책, pp. 308~309. 　한편 구약성서에 등장하는 블레셋 인들과 관련된 이야기 중 가장 유명한 이야기는 삼손과 데릴라이다. 삼손은 유대인으로 블레셋 사람을 여럿 죽이나, 블레셋 여인이자 첩자인 데릴라에게 자신의 힘의 원천이 머리카락임을 고백하는 실수로 블레셋 사람에게 잡혀 노예로 팔리게 된다.

다.[20] 이 때문인지 19왕조에 이어 등장한 20왕조가 끝나면서, BC 1070년 이후 이집트는 더 이상 정복 국가가 아니라 피정복 국가로 전락한다. 피해가 얼마나 심각했는지 프랑스 역사가 페르낭 브로델(Fernand Braudel, 1902~1985)은 기원전 13세기경 메소포타미아, 이집트, 동지중해 지역은 사실상 역사의 영점으로 되돌아갔다고 평가할 정도였다.[21] 미케네 문명이 멸망한 BC 12세기 또한 BC 8세기 그리스에 폴리스가 등장하기 전까지 어떠한 유물로 발견되지 않는 '그리스의 암흑기'였다.

블레셋인의 성전을 무너뜨리는 삼손. 삼손은 괴물 같은 힘의 소유자로 혼자서 블레셋 병사 1,000명을 죽였다는 전설이 있다. 삼손의 연인은 불행히도 블레셋 여인인 데릴라였다. 데릴라는 삼손 괴력의 원천이 머리카락에 있다는 사실을 알고 밀고하고, 잠들면서 머리카락이 잘린 삼손은 블레셋 왕에게 잡혔다. 삼손의 두 눈은 뽑혔고 맷돌을 돌리는 노예 생활을 하다가, 죽기 전 야훼에게 힘을 다시 얻어 블레셋의 성전을 무너뜨리고 자신도 죽는다. 중세 유럽 테피스트리

기원전 13세기 전후 이 지역 정세가 급격히 변한 원인에 대해서는 설이 분분하다. 가장 대표적인 설은 기후 변화이다. 즉, 화산활동에 따른 급격한 기후

---

20 이안 모리스, *앞의 책*, p. 308
21 알레산드로 지로도, *앞의 책*, pp. 35~36

변화로 농업 생산력이 급격히 저하되었다는 것이다. 농업 생산력 저하에 따라 기근이 만연하고 이에 따라 농민 반란과 인구 감소가 급격히 진행되면서, 이 지역 국가들의 멸망이 가속화되었다는 것이다. 특히 이 시대의 농민 반란이 너무나 격렬하여, 고고학자 샤론 저커만(Sharon Zuckerman, 1965~2014)은 BC 13세기 농민 반란은 1917년 제정 러시아를 무너뜨린 농민 반란에 버금갈 정도라고 평가하기도 했다.[22]

이 주장은 기후학자들의 지질 조사 결과, BC 1200년경 지중해 유역뿐만 아니라 아일랜드, 캘리포니아, 인도, 중동 등 전 지구적인 지역에서 가뭄의 증거가 발견되면서 힘을 얻고 있다.[23] 아울러 기후 변화로 인해 기존 정착지에서 더 이상 기근을 참지 못하면서 민족들의 대이동이 촉발되고, 특히 바다 사람들(Sea People)이라 불리는 잔인한 민족의 이동으로 지중해 연안 지역이 초토화되었을 수도 있다.

이 같은 현상은 메소포타미아, 이집트, 지중해 유역, 인도뿐 아니라 중국도 마찬가지였다. 즉, 중국 고대 국가인 상(商) 나라 혹은 은(殷) 나라 주왕(紂王, BC ?~c.1046)이 주(周) 나라의 무왕(武王, BC 1087~1043)에게 패배하여 상나라가 멸망한 시점도 BC 1,100년경이다. 사마천은 『사기』에서 상나라 주왕이 달기(妲己)라는 미녀에 빠져, 술로 연못을 만들고 고기로 숲을 만드는[酒池肉林(주지육림)] 극도의 사치와 정사는 돌보지 않고 오직 잔인한 형벌만을 즐기는 폭정을 일삼았다고 기록했다.[24] 예컨대 자신의 숙부인 비간(比干)의 충언을 듣고 심장에 7개의 구멍이 있는지 확인하기 위해 그 자리에서 배를 갈라 심장을 도려내었다거나, 충신 구후(九侯)의 딸이 자신의 수청을 거절하자 구후를 죽여 시체를 소금에 절인 후 육장(肉醬)을 만들어 먹기도 했다는 식이다.

---

22 알레산드로 지로도, 앞의 책, p. 38

23 알레산드로 지로도, 앞의 책, p. 37

24 아이러니하게도 주나라 역시 마지막 왕인 유왕(幽王, BC ? ~771)이 절세미녀 포사(褒姒)에게 빠져 나라가 망한다.

하지만 필자가 보기엔 상나라 주왕의 폭정 이야기는 개인적인 잔학성이라기보다는 당시 극도로 궁핍했던 사회상을 반영한 것일 가능성이 높다. 전술한 BC 1200년경의 급작스러운 기후 변화는 고도로 문명이 발달했던 메소포타미아, 이집트, 동지중해를 초토화할 만큼 강력한 것이었으므로, 시차를 두고 동진하여 중국 대륙에게도 영향을 미쳤을 것이다.[25] 아마도 기후 변화로 인한 극한의 가뭄으로 농작물이 말라 죽고, 거의 모두가 굶주린 상태에서 중국 전역에 폭동과 살인이 만연하면서, 마치 모차르트의 레퀴엠처럼 무겁고 암울한 기운이 중국 전역을 짓눌렀을지도 모르는 일이다.

정확히 어떤 일이 있었는지는 모르지만, BC 1200년을 전후한 시점에 충효를 강조하는 문화가 팽배한 중국에서도 신하인 제후 국가가 천자 국가를 공격하여 천자를 죽여 버리는 무서운 혁명이 일어날 만큼 엄청난 사건이 연이었음에 틀림없다. 역대 최악의 군주인 하걸은주(河桀殷紂) 중 한 사람인 은나라의 주왕과 은나라의 멸망, 그리고 신하가 왕을 죽이는 주나라 무왕의 혁명에 반발하여 굶어 죽은 백이·숙제(伯夷叔齊) 이야기, 백성을 위한다는 명분으로 천자를 죽인 주나라 무왕의 쿠데타를 옹호하는 맹자의 왕도정치 사상은 어쩌면 BC 1200년경을 전후해서 몰아친 전 지구적인 기후 변화가 그 근본 원인은 아닐까?

이유야 어떻든 BC 1200년을 전후한 시기는 서양에서는 화려한 동지중해 문명과 이후 BC 8세기경에 탄생할 아시리아 제국, 그리고 고전적인 그리스 문명 사이에 놓인 일종의 암흑시대였다. 어떤 이는 이 당시 와해된 교역로 때문에 청동의 원료였던 주석이 부족해지면서, 철기 시대가 더 앞당겨졌다는 주장을 하기도 한다. 실제로 BC 1200년 이후 청동기 제조는 사실상 중지되었고, BC 1000년경부터는 지중해 전역에서 발견된 검붉은 철광석을 활용한 철기

---

25 이 점에서 기후 변화의 원동력이 된 사건은 서쪽 반구에서 발생하여 편서풍을 타고 동쪽으로 이동한 것으로 보인다. 예컨대 서반구에서 대형 화산이 폭발하여 서쪽으로 이동하면서 전 지구의 태양빛을 가렸을 수도 있다.

사용이 활발하게 전개되었다. 철기 시대가 시작된 것이다. 역설적이게도 철기 사용으로 농업 생산력이 증가하면서 BC 1200년 전후로 파괴된 문명은 빠른 속도로 재건되기도 하였다.

필자의 이 주장이 사실이든 아니든 확실한 것은 인류 역사에서 BC 1200년은 여전히 풀리지 않은 수수께끼로 가득 찬 격변의 시대였다는 것이다. 아이러니하게도 수수께끼의 BC 1200년은 트로이의 멸망, 모세의 이집트 탈출부터 철기시대의 도래, 노예 국가 상나라의 멸망과 농업 국가 주나라의 탄생, 중국 왕도정치 사상의 태동이라는 인류 역사상 엄청난 격변을 가져온 사건이기도 했다.

특히 지중해 주변의 그리스 역사만 보면 BC 1200년 이후는 종전의 에게 문명과 사뭇 다른, 우리에게 잘 알려진 전형적인 고전 그리스 문명의 단계로 넘어가게 된다. 즉 트로이를 정복한 미케네 문명이 멸망한 이후, 북쪽의 도리아인이 남하하면서 미케네인들이 자리 잡았던 지역을 장악하게 된다. 이들이 자리 잡은 곳은 미케네 문명이 처음 시작된 아르고스 Argos 평원으로, 이후 이들 도리아인들은 아르고스인들이라고 불리었다. 특히 호메로스는 자신을 포함한 그리스인들을 아르고스인이라고 부르기도 했다. 이제 우리가 알고 있는 고전 그리스 시대가 이때부터 시작되는 것이다. 물론 BC 1200년 이후 400~500년이나 되는 긴 시간을 더 기다려야 했지만.

02 고대 리디아의 황금 1
기게스의 반란과 최초의 동전 화폐?

올림피아 제우스 신전, 아테네

(1) 칸다울레스(Candaules)와 기게스(Gyges)

고대 그리스의 금에 관한 이야기는 헤로도토스의 『역사(The Histories)』 제1장에 등장한다.[1] 헤로도토스의 금 이야기는 리디아에서 시작한다. 리디아는 오늘날 튀르키예 반도 한가운데 위치한 국가로, 사르디스(Sardis)가 수도였다. 헤로도토스는 헤라클레스의 22대 자손인 리디아의 왕 칸다울레스(Candaules, BC ?~687)의 황당한 에피소드를 소개한다.[2] 우선 칸다울레스는 아내 니시아(Nyssia)의 미모에 미쳐 있었고 이를 무척이나 자랑하고 싶어 했다. 하지만 그의 부하인 기게스(Gyges of Lydia, BC ?~c.652, 재위 BC 687~c.652)는 칸다울레스의 말을 믿지 않았다. 이에 칸다울레스는 아내의 알몸을 기게스에게 보여 주겠다는 황당한 제안을 했다.

기게스가 칸다울레스의 침실에 숨어서 알몸이었던 니시아를 지켜보던 그날, 니시아는 기게스가 자신의 알몸을 보고 있었던 것을 알고 있었다. 니시아는 다

---

1 헤로도토스의 역사 본문은 다음 웹사이트 참조. http://www.sacred-texts.com

2 그리스인들은 칸다울레스를 미르실로스(Myrsilos)라고 불렀다. 헤로도토스 『역사』, 1장, 7절

음날 기게스를 불러 자신의 알몸을 보았으니 당장 이 자리에서 죽든지, 아니면 남편인 칸다울레스를 죽여 왕이 된 후 자신과 다시 결혼할지 선택하라고 강요한다. 기게스는 선택의 여지가 없었다. 그는 칸다울레스를 죽였다.

왕이 부하의 손에 죽는 일이 일어나자 리디아인들은 흥분해서 당장 반란을 일으킬 기세였다. 기게스는 누가 리디아의 왕이 될 운명인지 델포이 신전의 신탁 결과에 따르자고 역 제안하면서 리디아인의 분노를 일시적으로 잠재웠다. 하지만 만약 델포이 신전의 예언

기게스에게 침실에 드는 니시아의 알몸을 보여주는 칸다울레스. 이 장면은 헤로도토스의 이야기에 따른 것으로, 실제로 이런 일이 있었는지는 확실하지 않다고 본다. 영국 화가인 윌리엄 에티(Wiliam Etty, 1787~1849)의 1830년 작품. 테이트 미술관 소장. 출처 Wikipedia. Public Domain

이 기게스에 불리하게 나오면, 기게스는 죽은 목숨이나 다름없었다. 기게스의 전략은 무엇이었을까?

기게스는 델포이 신전에 신탁을 부탁하면서 무게 30 탈란트의 금박스 6개와 델포이에 신탁을 맡긴 그 어느 누구보다 많은 양의 은을 복비로 델포이 신전의 테사우로스(Thesaurus)에 바쳤다.[3] 30 탈란트면 900킬로그램으로, 2018년 평균 금 가격이 트로이 온스당 1,268.5달러(그램당 약 40달러), 2024년 평균 금 가격이 트로이 온스당 2,200달러 이상(그램당 약 70달러)이므로 현재 금 시세로 3,600~6,300만 달러, 우리나라 돈으로 약 450~800억 원이다. 하지만 당시 구매력 기준으로 추정하면 이 금액은 오

리디아 순금 잉곳 동전, 기게스 이전에는 이처럼 아무런 문양이 새겨지지 않은 순금 덩어리(잉곳) 모양이 화폐로 통용되었다. BC 7세기경, 리스본 굴벤키안 미술관

---

3   헤로도토스 「역사」, 1장, 14절

늘날 금액으로 최소 10배 이상은 되었을 것이다.[4] 이는 기게스가 델포이에 바친 복비가 금의 경우에만 3~5억 불, 우리 돈으로 3천억 원이 넘는 돈이라는 뜻이다!

후대 사람들이 기가다스(Gygadas)라 부르는 이 엄청난 공물을 복비로 바친 델포이의 신탁 결과는 어떻게 나왔을까? 델포이 신탁 결과 기게스는 리디아의 왕이 될 운명이라며 그의 편을 들었다. 너무나 당연한 결과 아닌가? 하여튼 기게스는 금으로 자신의 목숨을 건질 수 있었다. 하지만 델포이 신탁은 암울한 예언도 던졌다. 바로 기게스 이후 5대가 되는 왕의 시대에 기게스 왕국이 멸망하리라는 것이었다.[5] 하지만 5세대 이후의 일을 지금의 기게스가 왜 신경 써야 하나? 기게스는 BC 716년부터 678년까지 약 40년 동안 리디아를 다스렸다.

리디아 일렉트럼(BC 650~600) 잉곳. 일렉트럼은 황금과 은이 섞인 광물이다. 왼쪽은 동전의 뒷면이고 오른쪽이 동전의 앞면이다. 동전의 앞면에는 빗살 형태의 무늬가 새겨져 있고 동전의 뒷면에는 망치로 찍어 누른 표시(punch mark)가 선명하게 보인다. 빗살 무늬와 펀치 모두 동전의 미끄러짐 방지를 위해 새겨 넣은 것으로 보인다. 이 잉곳은 기게스가 화폐 개혁을 하기 전에 유통되던 리디아의 일렉트럼 잉곳이다. BC 650~600년경, 튀르키예 밀레투스(Miletus) 출토. 영국박물관 소장

(2) 기게스의 화폐 개혁

기게스는 리디아의 왕이 된 이후 금이나 은을 사용한 금속 화폐 발행권을 왕의 전속 권한으로 바꾸었다.[6] 즉 왕실이나 국가가 아니면 화폐를 찍거나(mint) 발행할 수 없게 한 것이다. 이를 위해 기게스는 그 이전 화폐 역할을 했던 콩 모양의 호박금(electrum, 일

4　기원전 1,000년 전후 이집트에서 황소 한 마리 가격이 은 1우텐(910그램)이었다. 2019년 시세로 은 1kg의 가격은 약 533불, 환율 1,200원 기준으로 64만 원 내외이다. 2024년 기준으로는 은 1kg의 가격은 약 800불, 환율 1,300원 기준으로 100만 원 내외이다. 따라서 은 1우텐은 약 64~100만 원이다. 2023년 우리나라 황소 한 마리 가격이 대략 1,000만 원이므로, 구매력 기준으로 이 당시 은의 구매력은 오늘날의 10~15배이다..

5　기게스 왕국의 족보는 다음과 같다. 기게스(Gyges)-아르디스(Ardys)-사디아테스(Sadyattes)-알리아테스(Alyattes)-크로이소스(Croesus). 기게스 왕조(Mermnadae 왕조)는 델포이 신전의 예언대로 크로이소스 왕 때 멸망한다.

6　Michael Hutter, 『The Early Form of Money』, Stanford Univ. Press, 1999. p. 113.

렉트럼) 잉곳을 혁신했다. 기게스의 새로운 화폐정책 이전 리디아에서는 앞면에 빗살 형태의 요철무늬, 뒷면에는 망치 등으로 찍어 누른 표시^(punch mark)를 새겨 넣은 금과 은의 합금인 일렉트럼 잉곳이 화폐 역할을 하고 있었다.

기게스는 이 일렉트럼의 앞면에는 사랑·전쟁·권력의 여신으로, 리디아 최고신인 아스타르테^(Astarte)의 상징인 황소나 사자를 새겨 넣었다. 사랑과 전쟁의 여신인 아스타르테는 리디아와 페니키아에서 사용한 이름이었다. 아카드 문명의 이쉬타르^(Ishtar)와 발음이 거의 같으므로, 아스타르테와 이쉬타르

황소와 사자가 그려진 리디아 금화와 은화 스타테르. 리디아에서 황소와 사자는 인간이 범접할 수 없는 절대 권력의 신성을 상징하는 동물이었다. 이 동전은 처음에는 리디아의 마지막 왕인 크로이소스 왕이 주조한 것으로 알려졌으나, 최근 연구 결과 페르시아 치하의 사르디스에서 주조된 것으로 추정된다고 한다. BC 525년경, 사르디스 출토. 영국박물관 소장

는 동일한 신을 지칭한 것으로 추정된다. 그리스 신화의 비너스^(Venus), 로마 신화의 아프로디테^(Aprodite)가 이에 해당한다. 수메르와 바빌로니아에서 이쉬타르는 황소, 사자, 8각의 빛나는 별인 금성 등의 상징으로 묘사된다.[7] 바빌로니아 문화의 영향을 받은 리디아에서 황소나 사자는 이 아스타르테가 거주하는 신전의 정문을 지키던 신성한 동물이었다.[8] 이 황소나 사자가 일렉트럼에 삽입되면서 일렉트럼 잉곳 그 자체가 함부로 범접할 수 없는 신성의 상징물로 바뀌게 되었다!!![9]

기게스의 이 조치는 잉곳 모양의 단순한 일렉트럼 광석에 신의 절대 권위를 부여하는 동시에 발행권을 왕이 독점함으로써, 실질적으로 사회의 모든 참가인들이 기게스의 금화를 집단적으로 신뢰할 수 있는 공식적인 교환 수단으로 만든

---

7   오늘날 금성의 명칭도 비너스(Venus)로 태양계 행성 중 유일하게 여성 이름이다.

8   ▮▮▮ 황소와 사자는 기괴한 힘을 가진 상징으로 구약성서에도 등장한다. 예컨대 BC 6세기경 기록된 것으로 추정되는 에제키엘서에는 에제키엘이 유배지의 크바르 강가에서 하늘에 광채로 둘러싸인 구름과 번개를 동반하며, 불과 함께 번쩍이는 금속 형상을 목격한다. 이 물체에서 4개의 날개 달린 케럽(혹은 커룹, Cherub) 천사가 등장하는 데, 이 천사의 얼굴 모양이 사람 얼굴을 하면서 동시에 독수리, 사자, 황소의 얼굴이었다고 한다. 에제키엘서 1장.

9   어떤 이는 사자가 기게스 왕조의 가문을 상징하는 동물이고, 황소가 칸다울레스의 가문을 상징하는 동물이라고 주장한다.

사자와 황소가 새겨진 청금석 실린더. 청금석으로 만들어진 것으로 보아 왕의 유물로 추정된다. 위쪽 가운데 가장 큰 모양은 사람 얼굴을 한 황소이다. 황소 등에는 사자의 얼굴을 한 독수리가 황소를 공격하고 있고, 그 독수리를 수메르인으로 보이는 영웅이 칼로 찌르고 있다. 가운데 3개의 화살표 모양은 특정 식물을 상징하는 것처럼 보이는데, 정확히 무엇인지 아직 밝혀진 바 없다. 필자가 보기에는 어떤 서사시의 한 장면을 묘사한 것으로 보인다. 아래는 황소, 염소, 새, 수사슴 등이 그려져 있는데, 무엇을 상징하는지 역시 명확하지 않다. BC 2600년경. 영국박물관 소장

혁명이었다. 이 점에서 기게스의 이 조치는 화폐 역사에서 가장 중요한 혁명이다. 즉, 기게스는 서양에서 사실상 동전 화폐를 처음으로 만든 인물이다.

한편 화폐에 신의 절대 권위를 표상하는 상징을 부여한 기게스의 이 전통은 현재 1달러 지폐에 새겨진 "섭리의 눈^(Eye of Providence)"으로 오늘날까지도 그대로 계승된다. 특

사자가 새겨진 리디아 금화. 사자는 리디아 최고 신인 아스타르테(Astarte)의 수호 동물이었다. 기게스가 사자를 새겨 넣은 후 잉곳에서 펀치 모양은 사라지고, 이처럼 사자나 황소 문양이 대세를 이룬다. BC 550년경, 사르디스 출토. 영국박물관 소장

히 섭리의 눈의 위치가 이집트의 상징인 피라미드의 바로 위이다. 따라서 이 눈이 호루스의 눈이라고 평가해도 억지는 아니라고 본다. 이제 섭리의 눈이든, 호루스의 눈이든 달러 지폐에 왜 이런 해괴망측한 신의 눈이 그려져 있는지 이해가 될 것 같다. 달러 지폐에 새겨진 섭리의 눈은 바로 아스타르테 신이나 호루스 신과 같은 무한한 달러의 절대 권력을 상징하기 때문이다! 차이가 있다면 기게스의 아스타르테 신의 상징은 금화에 새긴 것이고, 달러에 새겨진 호루스의 눈은 지폐에 새겨진 것이라는 점뿐이다. 하기야 달러를 금화로 교환까지 해주었으니, 1971년 이전까지만 보면 기게스의 금화와 달러는 절대 신의 상징을 가지고 있었다는 점에서 본질적으로 완전히 동일한 통화라고 해도 크게 틀린 평가는 아니다.

하여튼 기게스의 이 조치로 국가가 공인한 동전^(coin)이라고 부를 만한 것이 마침내 탄생하였다. 헤로도토스 역시 최초로 동전을 만든 나라를 리디아^(Lydia)라

바빌로니아의 이쉬타르 성문에 이르는 양쪽 성벽에 새겨진 사자. 바빌로니아의 사자도 리디아의 사자와 마찬가지로 이쉬타르 신을 수호하는 신성한 동물이었다. 기원전 6세기경, 바빌로니아 출토. 베를린 페르가몬 박물관 소장

고 기록하고,[10] 이 시기를 BC 687년이라고 추정했다.[11] 이오니아 지역의 고대 도시 콜로폰 (Colophon)의 철학자 제노파네스 (Xenophanes, BC ?~475) 또한 리디아가 동전을 처음 만든 국가라고 말했다.[12] 나아가 아리스토텔레스 (Aristotle, BC 385~323)는 동전의 발명이 교역을 원활하게 하기 위해 인간이 만든 사회적 약정인 "심볼론 (symbolon)"이라고 주장했는데, 아리스토텔레스의 논리에 따르면 기게스의 동전 발명은 이 지역에서 활발하게 전개된 국제교역과 결코 무관하지 않았을 것으로 본다.[13]

이처럼 기게스의 이 혁신적인 화폐 조치로 인해 리디아 금화는 보편적인 통화로서 절대적인 신뢰를 받았다. 일단 리디아인 모두가 이 잉곳을 신뢰했다. 리디아 왕실이 주조했고 최고 신의 상징이 조각되었기 때문이다. 나아가 잉곳의 훼손 가능성이 현저히 저하되었다. 리디아 최고 신의 상징을 인간이 어떻게 감히 훼손할 수 있나? 필자가 보기에 기게스의 화폐 조치는 일렉트럼 잉곳에 신의 권력을 불어 넣은 마술과 같은 조치였다.

---

10 J. J. Cater, *Ibid*, p. 36

11 Peter L. Bernstein, *Ibid*, p. 32

12 Richard Seaford, *Ibid*, pp. 209~210

13 심볼론은 오늘날 영어 심볼(symbol)의 어원이다. 원래 고대 그리스어로 심볼론은 원본임을 증명하기 위해 두 개로 쪼갠 물건인 탤리(tally)를 뜻하는 말이라고 한다. David Graeber, *Ibid*, p. 298

(3) 기게스 잉곳의 확산과 아르디스(Ardys)의 화폐 개혁

기게스는 잉곳의 주조권을 왕실로 한정하였지만, 리디아의 통치 지역을 벗어 난 곳에까지 이를 강요할 수는 없었다. 이에 따라 왕이 아닌 지배자라 하더라도, 지배자가 독점적으로 화폐를 발행하고 잉곳 앞면에 신의 상징을 새겨 넣는 기게 스의 잉곳 주조 아이디어는 리디아 의 통치 지역을 넘어 다른 지역으 로 신속히 전파되었다. 리디아 주 변의 이오니아 지역, 키프로스나 에게해

그리스 밀레투스(Miletus)의 금화 스타테르. 두 개의 펀치로 세 번을 찍은 금화 잉곳. 펀치로 찍어 누른 이유는 추정컨대 소지하고 다닐 때 미끄럼 방지를 위한 것으로 보인다. 밀레투스는 고대 그리스에서 국제교역이 가장 먼저, 그리고 가장 활발하게 전개된 도시 국가였다. BC 550년경. 영국박물관 소장

는 물론이고, 아시리아와 바빌로니아, 그리스 본토 의 주민까지 앞면에는 신 을 상징하는 신성한 동물 의 모습을, 뒷면에는 찍어 누른 표시가 있는 기게스 의 잉곳을 모방했다.

누워 있는 사자가 그려진 밀레투스(Miletus)의 금화 스타테르. 사자는 이쉬타르나 아스타르테 여신의 수호신으로, 금화에 절대 권력과 같은 신성을 불어 넣는 마법과 같은 상징이었다. BC 550년경. 영국박물관 소장

그리스 본토의 경우 옥스퍼드 대학에 보관된 파 리아 연대기(Parian Chronicle)라는 대리석에 따르면, 아르고스(Argos)의 독재자 페이돈 (Pheidon, BC c.710~c.670)이 기원전 660년에 그리스의 에기나(Aegina) 섬에서 은화 동전 을 처음으로 만들었다는 기록이 있다.[14] 파리아 연대기가 기술하고 있지는 않 지만, 연대상으로 추정하건데 아르고스의 은화는 기게스 잉곳의 영향을 받은 것

---

14 J. J. Cater, *Ibid*, p 36. 카터는 이 책에서 기원전 715년 전후 로물루스 초대 황제의 후계자인 로마 제국 2대 황제 누마 폼필리우스(Numa Pompilius, BC 753~673) 시대에 청동을 소재로 만든 동전이 만들어졌다고 추정했다. 만약 이 추정이 맞다면, 동전을 최초로 만든 국가는 리디아가 아니라 로마. 하지만 추정컨대 리디아이든 로마든 이 당시에 이들이 만든 것은 원형의 동전이 아니라, 울퉁불퉁한 모양의 잉곳이었다. 필자가 보기에 원형의 동전을 최초로 만든 국가는 페르시 아의 다리우스 1세다. 이유는 후술한다. 한편 로마 시대 공식 금고(treasury)를 "아에라리움(Aerarium)"이라 불렀는 데, 이는 구리를 보관하는 장소라는 뜻이다. 아에라리움은 포로 로마노(Roman Forum) 안에 있는 새턴 신전(Temple of Saturn)에 있다. 이를 통해 추정하건데 로마 역시 기원전 8세기를 전후하여 이미 구리 합금인 청동으로 동전을 만들어 유통 시켰던 것으로 보인다.

이 거의 확실하다. 한편 리디아와 그리스 본토 사이에 위치한 이오니아 해역에서도 동전을 처음 만든 리디아와 지리적으로 가장 근접하였고, 고대 그리스 영향권에서 국제교역이 가장 활발했던 밀레투스 ^(Miletus)가 기게스의 동전을 처음 모방하기 시작하였다. 밀레투스의 사례는 동전의 발명이 국제교역을 원활

그리스 애기나(Ageina) 섬의 은화 스타테르. 이 동전은 기게스가 창안한 잉곳의 영향을 받아 주조된 것이다. BC 570~550년경. 영국박물관 소장

그리스 코린트(Corinth)의 은화 스타테르. BC 560~540년경. 영국박물관 소장

히 하기 위해 발명된 심볼이라는 아리스토텔레스의 주장을 뒷받침하는 사례이다. 하여튼 밀레투스에 뒤이어 에페소스 ^(Ephesus), 사모스 ^(Samos), 포카에아 ^(Phocaea), 스미르나 ^(Smyrna), 키오스 ^(Chios), 키지쿠스 ^(Cyzicus), 람프사쿠스 ^(Lampsacus), 코린트 ^(Corinth), 애기나 ^(Aegina) 등의 도시들이 뒤를 이어 기게스 주조 모델을 도입했다.[15]

한편 기게스의 뒤를 이어 BC 652년경에 왕위에 오른 아르디스 ^(Ardys, 재위 BC c.652~c.603)는 종전의 일렉트럼 잉곳의 모양을 좀 더 정형화시켰다.[16] 따라

그리스 아테네(Athens)의 은화 스타테르. 새겨진 모습은 괴물신 고르곤(Gorgon). 고르곤 3 자매는 스테노(Stehno), 에우리알레(Euryale), 메두사(Medusa)이다. BC 530~520년경. 영국박물관 소장

그리스 아테네(Athens)의 은화 스타테르. 아테네의 초기 동전은 특별히 바펜문젠(Wappenmunzen)이라고도 부른다. BC 530~520년경. 영국박물관 소장

---

15 Michael Hutter, *Ibid*, p. 113.
16 ▨ 기게스가 언제까지 통치했는지에 대한 기록은 명확하지 않아 학자마다 설이 다르다. 여기서는 아일랜드 역사학자 베리(J. B. Bury)와 영국 역사학자 메익스(Russell Meiggs)의 이론에 따른다. J. B. Bury & Russell Meiggs, 『*A History of Greece (Fourth Edition)*』, (1975) [first published 1900], London: MacMillan Press, pp. 82~83. 다만 헤로도토스는 통치 기간은 기록으로 남겼다. 그에 따르면 아르디스의 통치 기간은 49년, 아르디스의 아들인 사디아테스(Sadyattes)는 12년(BC c.603~591), 알리아테스는 9년, 크로이소스는 14년이라고 한다. 하지만 통치 기간을 모두 합치면 84년으로, 기게스가 사망한 시점으로 추정되는 BC 652년부터 크로이소스가 멸망한 BC 546년 사이의 106년이 되지 않는다. 다만 크로이소스의 재위 기간은 알리아

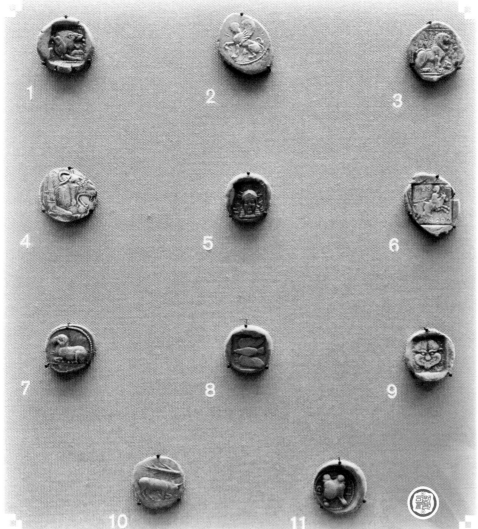

리디아 아르디스 왕의 영향을 받아 제작된 기원전 6세기경 키프로스의 잉곳 화폐. 초기 기게스 왕과 달리 이 시기부터는 그럭저럭 동전의 모양을 갖춘 잉곳 화폐가 지중해 전역에서 주조된다. 하지만 동전에 수호신이나 도시의 상징을 새겨 넣어 신성을 불어 넣은 기게스 왕의 잉곳 아이디어는 그대로 계승된다. 주조된 도시는 키프로스의 도시들로 1. 아마투스(Amathus), 2. 이달리온(Idalion), 3. 키티온(Kition), 4. 쿠리온(Kourion), 5. 라페토스(Lapethos), 6. 마리온(Marion), 7. 파포스(Paphos), 8. 살라미스(Salamis), 9. 솔로이(Soloi) 등이다. (10과 11은 주조 도시가 알려져 있지 않다.) 이 도시들 중 키티온이 가장 강력한 도시 국가였다. 사자와 그리핀(혹은 스핑크스)이 많으며, 황소와 새 모양도 보인다. 5번 라페토스 동전은 페니키아인들의 여신인 아나트(Anat)를 묘사한 것으로, 기게스의 아이디어를 그대로 사용했다. (11번 동전의 문양은 무엇을 표현한 것인지 알 수가 없다.) BC 530~310년경, 키프로스 출토. 영국박물관 소장

서 아르디스 시대에는 무게가 통일되고 이제는 좀 더 동전 모양에 가까운 잉곳이 화폐로 사용되었다. 이 시대 리디아의 영향을 받아 주조된 키프로스섬에 위치한 각 도시들의 잉곳 화폐도 도시의 수호신이나 상징을 동전 앞면에 새겨 넣어, 기게스 왕의 잉곳 주조 아이디어를 그대로 계승하면서 아르디스 왕의 개선된 주조 기술을 접목했음을 잘 보여 주고 있다.

나아가 아르디스의 손자이자 기게스 가문 비운의 5대 왕 크로이소스(Croesus, 재위 BC 560~546)의 부친인 알리아테스(Alyattes, 재위 BC c.591~560)는 금과 은의 합금인 일렉트럼이 아니라 순금으로 만든 잉곳 동전을 만들었다.[17] 순금 잉곳 동전은 해외로부터 물품을 수입할 때 결제 수단으로서 매우 유용했고, 순금 결제를 요구하는 리디아를 중심으로 국제교역을 급격히 확장시켰다. 리디아인들은 잉곳의 순도를 확인하기 위해 시금석(touchstone)을 사용했다. 시금석으로 잉곳을 긁으면 가루가 떨어지는데, 이 가루의 순도를 측정하는 방식으로 잉곳의 순도를 측정한 것이다. 이 시금석 방

알리아테스와 크로이서스 왕이 재임하던 시절 발행된 리디아 금화 및 은화 스타테르. 필자가 추정컨대 크로이서스 왕의 재임시절 발행한 순 금화와 순 은화인 크로에세이드(croeseid)로 보인다. 사자와 황소가 같이 등장하는 장면은 수메르 시대부터 매우 광범위하게 사용된 장면이다. 페르시아 시대에 와서는 사자와 황소가 싸우는 장면이 유행하는데, 그 의미에 대해서는 설이 분분하다. BC 600~550년경, 리디아 출토. 영국박물관 소장

테스의 양위인 BC 560년부터 수도 사르디스가 키루스에 점령당한 BC 546년까지라는 데 대해서는 이론의 여지가 거의 없다고 한다. 베리와 메익스는 사디아테스와 알리아테스의 재위 기간이 분명하지 않으므로, 헤로도토스가 제시한 기간보다 재위기간이 길었을 것이라고 주장했다.

17 Peter L. Bernstein, *Ibid*, p. 33

크로이서스 왕이 도입한 스타테르는 소아시아 지방으로 급속히 확산한다. 좌측부터 ①
리키아(Lycia)의 멧돼지 스타테르 은화(BC 500년경), ②, ③ 클라조메나에(Clazomenae)의
멧돼지 스타테르 은화 2개(BC 499~494년경), ④ 테오스(Teos)의 날린 달린 그리핀 스타테르
은화(BC 500년경), ⑤ 카리아(Caria)의 인안나 여신 스타테르 은화(BC 500년경). 소아시아
지방의 스타테르는 에게해의 그리스 문명 스타테르와 달리 문양이 과격하고 다소 남성적이다.
영국박물관 소장

식은 그리스, 로마에도 그대로 전승되었고, 로마 문화를 도입한 12세기 영국에
서 본격적으로 사용되었다. 시금석을 사용한 순도 측정 방식은 근대까지도 금의
순도를 측정하는 가장 확실한 방식으로 사용되기도 하였다.

(4) 크로이소스의 순금 동전, 크로에세이드(croeseid)

한편 순금 동전이 리디아의 국제교역을 급격히 팽창시키는 것을 목도한 기게
스의 5대 자손인 크로이소스는 기존에 리디아에서 통용되는 일렉트럼을 모두
소환하여 순금과 순은의 리디아 동전으로 모두 교환하는 혁신적인 화폐 개혁을
시행했다. 크로이소스는 자신이 주도한 화폐 개혁으로 탄생한 순금화와 순은화
를 크로에세이드$^{(croeseid)}$라고 불렀다. 나아가 크로이소스는 리디아의 순금과 순
은 동전에 스타테르$^{(stater)}$라는 액면 가치를 처음으로 도입하였다. 아울러 크로이
소스는 은화와 금화의 교환 비율을 10:1로 정하고 소액 결제에는 은화를, 국제
교역과 같은 대규모 결제에는 금화를 사용하게 하는 복본위제도$^{(bimetallic)}$를 공식
적으로 제도화했다.

크로이소스의 혁신적인 화폐 조치로 BC 500년을 전후한 시점에 소아시아 지
방은 물론이고 서쪽으로 이오니아해와 그리스의 에게해 지역까지 스타테르 단위

크로이소스 왕이 도입한 화폐 단위 스타테르는 리디아 금융제국의 영향력에 따라 그리스 반도 앞 바다인 에게해 전역으로 전파된다. 왼쪽부터 차례로 ① 낙소스(Naxos)섬의 축배 스타테르 은화(BC 500년경), ② 테라(Thera, 오늘날 산토리니, Santorini)섬의 돌고래 스타테르 은화(BC 525년경), ③ 시프노스(Sifnos)섬의 독수리 스타테르 은화(BC 525년경), ④ 마지막은 로데스(Rhodes) 왕국의 카미로스(Camirus) 섬의 낙엽 스타테르 은화(BC 500년경). 영국박물관 소장

가 채택되고, 동남쪽으로는 아시리아, 바빌로니아, 페르시아까지 리디아 동전의 영향력이 확대되었다. 이에 따라 크로이소스 동전은 지중해와 메소포타미아

지역 국제무역 결제의 기본 화폐로 부상한다. 명실상부하게 BC 6세기 크로이소스 동전은 지중해와 메소포타미아의 고대판 달러 위상을 가지고 있었다!!! 혹자는 크로이소스의 화폐인 크로에세이드가 역사상 가장 처음으로 등장한 세계 화폐라고 평가하기도 한다.[18]

크로이소스 금화가 국제 공용 화폐로 사용되면서, 리디아도 국제무역을 통해 지역의 패권자로서 크게 번영했다. 이 번영을 바탕으로 크로이소스는 튀르키예 전역은 물론이고 가까운 에게해, 그리스와 이탈리아 반도 사이에 위치한 이오니아해의 지배권까지 장악했다. 헤로도토스는 크로이소스가 그리스인을 복속시켜 그들로부터 공물을 받았고, 그리스와 리디아 사이에 위치한 이오니아 해역, 아나톨리아 반도의 아이올리아인(Aiolians), 도리아인

에게해의 페파레토스(Peparethos, 오늘날 스코펠로스, Skopelos)섬의 스타테르 은화. 조각된 상은 북풍의 신인 날개 달린 보레아스(Boreas, 혹은 Boreads) 신. BC 490년경. 영국박물관 소장

---

18 Peter L. Bernstein, *Ibid*, p. 34

(Dorians)들까지 복속시켰다고 기록했다.[19]

리디아의 팽창 과정에서 충돌한 대표적인 도시 국가가 바로 밀레투스이다. 밀레투스는 일찍이 리디아의 동전 주조를 모방하였고, 지중해 전역은 물론이고 흑해까지 진출한 매우 공격적인 해양 무역 국가였다. 헤로도토스가 리디아는 대륙으로 구성된 제국이고, 밀레투스는 해양으로 구성된 제국이라고 평가할 정도였다. 리디아가 팽창할 무렵 밀레투스의 지배자는 잔인한 독재자로 알려진 트라시불루스 (Thrasybulus of Miletus)였다. 트라시불루스는 결국 리디아와 군사적으로 충돌하여 전쟁에 돌입하게 되는데, 양측은 승자 없이 결국 동맹국으로 남게 된다.[20]

밀레투스 외에도 라케다이몬, 우리에게 스파르타로 더 잘 알려진 그리스의 폴리스 또한 크로이소스가 가진 황금 때문에 일찌감치 리디아의 혈맹으로서 자리 잡았다.[21] 리디아인들은 그

크로이소스 왕이 만든 스타테르 단위는 에게해를 넘어 그리스 본토에서도 채택한 고대 판 달러 단위였다. 위쪽부터 33: 코린트(Corinth)의 페가수스 스타테르 은화(BC 520), 34: 코린트(Corinth)의 아테나 여신 스타테르 은화(BC 500), 35~36: 아테네의 고르곤과 바퀴 디드라큼 은화(BC 520), 37: 아테네의 부엉이 테트라큼 은화(BC 500), 38~49는 보이오티아(Boeotia) 연맹 도시들의 은화로 이들은 방패를 연맹의 상징으로 공동 사용했다. 38~39: 테베의 방패 스타테르(BC 500), 40: 할리아투스(Haliartus)의 방패 스타테르(BC 500), 41: 에우보이아(Euboea) 지역 할키스(Chalkis)의 독수리와 뱀 스타테르 은화(BC 500), 42: 에레트리아(Eretria)의 황소 스타테르 은화(BC 500). 영국박물관 소장

19　Herodotus, 『The Histories』, Book I, para 6

20　트라시불루스의 생존 연대는 학자들마다 설이 다르다. 어떤 이는 기원전 8세기라고 주장하고 어떤 이는 기원전 6세기라고 주장한다. 한편 트라시불루스는 코린트의 독재자 페리안데르 (Periander, BC 627~585)와 절친 사이였다고 한다. 일화에 따르면 페리안데르는 트라시불루스에게 특사를 보내 통치와 관련된 자문을 구했다고 한다. 트라시불루스는 대답 대신 특사를 밀밭으로 데리고 가서, 가장 키가 크고 알이 많이 달린 밀을 즉석에서 잘라 버렸다고 한다. 이 소식을 전해 들은 페리안데르는 자신에게 대적할 만큼 뛰어난 사람들의 싹을 미리 제거하는 것이 훌륭한 통치 기술이라고 이해했다고 한다. 이 일화는 후에 로마로 전해졌는데, 로마의 경우는 잘라 버린 것이 밀이 아니라 양귀비(poppy)였다. 이후 뛰어난 사람이나 부하를 미리 제거하는 신드롬을 "키 큰 양귀비 신드롬(Tall Poppy Syndrome)"이라고 부른다.

21　스파르타의 공식 명칭은 라케다이몬(Lakedaimon)이다. 라케다이몬은 이 지역에 폴리스를 건국한 시조이고, 그의 아내 이름이 스파르타이다. 라케다이몬 국가의 수도가 그의 아내 이름을

황금, 설탕, 이자(金糖利: Gold, Sukkar, Máš)

바빌로니아의 수수께끼 編 (下-1)券 - 이원희 著

에페소스의 아르테미스 신전에서 발견된 금화와 은화 합금인 일렉트럼 잉곳. 총 19개이며 역사상 가장 오래된 동전 무더기로 알려져 있다. 에페소스는 BC 6세기경 고대 지중해에서 가장 많은 10만 명 내외의 인구가 거주했던 지중해 최대의 상업과 국제무역 도시로 황금이 집중되는 거대 상업 도시였다. 이 출토품은 에페소스가 리디아 금융제국의 영향을 받아 황금과 은으로 만든 동전이 활발하게 사용되었음을 보여주는 고고학적 증거이다. BC 650~625년경, 에페소스의 아르테미스 신전 출토. 영국박물관 소장

리스 유역뿐만 아니라 이탈리아 반도까지 진출했다. 로마 토착민들보다 일찍 상업 문명을 발달시켰던 에트루리아인들 또한 리디아 출신이라는 설이 있는데, 어느 정도 설득력이 있는 설이라고 본다.

크로이소스 시대 절정을 이루었던 리디아 금융제국의 막강한 국력은 에페소스(Ephesus)에 있던 화려하고 거대한 아르테미스(Artemis) 신전으로 구현된다. 에페소스는 크로에세이드의 힘으로 지중해에서 가장 많은 10만 명 내외의 인구가 거주했던 지중해 최대의 상업과 국제무역 도시였다. 이 도시에서 세계 7대 불가사의로 불릴 만큼 엄청난 규모의 아르테미스 신전이 황금의 힘으로 세워진 것은 결코 우연이 아니었다. 마치 풀 한포기 나지 않던 바빌로니아에 황금의 힘으로 화려한 공중정원이 만들어진 것처럼 말이다.

하여튼 황금이 넘쳐나던 크로이소스(Croesus) 왕은 지중해에서 가장 번영하던 도시 에페소스에 BC 550년경, 그리스 조각가인 케르시프론(Chersiphron)에게 의뢰하여 사냥의 여신인 아르테미스 신전을 만들게 된다. 완공 후에는 높이 20m의 석주가 127개나 세워졌고, 건물 내 외곽이 모두 금박으로 칠해져 있어 지중해 유역에서 가장 거대하고 가장 화려한 신전으로 널리 알려지게 되었다. 아르테미

본 딴 스파르타였다.

스 신전을 모방해서 지은 그리스의 파르테논 신전은 높이 10m의 석주 69개가 전부였으므로, 사실상 아르테미스 신전의 절반 크기, 부피로는 ⅛ 크기밖에 안 되는 셈이다. 유네스코는 파르테논을 인류 문화유산 1호로 지정했는데, 사실은 파르테논이 아니라 에페소스의 아르테미스 신전을 인류 문화유산 1호로 지정해야 했던 것은 아닐까?

헤로도토스는 크로이소스 시대 리디아인이 그리스인을 역사상 처음으로 복속시킨 이방인(barbarians)이라고 부연 설명했다. 서양인을 지배했던 이방인을 칭찬하기 쉽지 않았음에도 불구하고, 서

에페소스(Ephesus) 아르테미스 신전 석주의 아래를 장식했던 조각상. 당시 에페소스는 10만 명 내외의 인구가 거주할 만큼 소아시아 지방 최대의 상업과 국제무역 도시였다. 원래 아르테미스 신전은 리디아 금융제국의 왕 크로이소스(Croesus)가 BC 550년경에 그리스 조각가인 케르시프론(Chersiphron)에게 의뢰하여 지어졌다고 한다. 완공 후 높이 20m의 석주가 127개나 세워졌고, 건물 내 외곽이 모두 금박으로 칠해져 있어, 세계 7대 불가사의라 불릴 정도로 거대하고 화려한 신전이었다. 전설에 따르면 BC 356년, 알렉산더 대왕이 태어나던 날 에페소스의 고대 아르테미스 신전이 불에 타 무너졌다고 한다. BC 334년, 그라니쿠스 전투 후 알렉산더 대왕이 에페소스에 입성하자 알렉산더 대왕은 이 신전이 아직도 재건 중인 것을 보고, 자신도 이 신전의 재건에 힘을 보태겠다고 말했다고 한다. 하지만 에페소스인들은 하나의 신(알렉산더 대왕을 지칭)이 다른 신을 모시는 신전 재건에 기여하는 것은 적합하지 않다고 하여 정중히 거절했다고 한다. 한편 크로이소스의 아르테미스 신전은 후일 아테네인들이 아테나 여신을 모시는 파르테논 신전을 건축하는데 결정적인 모델이 된다. 하지만 높이 10m의 석주 69개가 전부였던 파르테논 신전 규모는 아르테미스 신전에 비할 바가 아니었다. 영국박물관 소장

아르테미스 신전의 건설 장면. 달의 여신인 아르테미스에게 바쳐진 신전으로 고대 7대 불가사의 중 하나이다. 이 신전이 위치한 곳은 청동기 시대 때부터 신전 터일 만큼 역사가 엄청나게 오래되었다. 특히 크로이소스 왕이 자금을 공급하면서 엄청난 크기의 신전이 지어졌다. 3세기 민족의 대이동 시기에 파괴되었으며, 아르테미스 신전의 일부는 신도시 콘스탄티노을 신축하는 과정에서도 사용되었다. 예컨대 콘스탄티노플의 하기야 소피아 성당 기둥의 일부는 아르테미스 신전의 것을 사용한 것이다. 중근대 네덜란드 화가 필립 갈레(Philip Galle, 1537~1612)의 1572년 작품. 출처: Wikipedia. Public Domain

양에는 "크로이소스만큼 부자 (as rich as Croesus)"라는 속담도 있다. 이는 크로이소스 시대에 리디아가 얼마나 부유했는지 보여 주는 단적인 증거이다. 실로 크로이소스의 화폐 개혁과 관련한 이야기는 황금이라는 화폐가 국제무역에 얼마나 큰 영향을 미치는지, 특히 국제무역에서 공통으로 사용되는 황금과 같은 국제 공인 화폐의 위력이 얼마나 엄청난 것인가를 보여 주는 역사상 최초의 사례이기도 하다.

03 고대 리디아의 황금 2
크로이소스의 착각과 리디아의 몰락

디오니소스 극장, BC 580년경, 아테네

(1) 크로이소스의 델포이 신탁

헤로도토스는 리디아인을 이방인(barbarian)으로 묘사했다. 따라서 그리스 관점에서 리디아는 남의 나라이다. 하지만 헤로도토스는 자신의 나라 역사 서술에 페니키아인들에 이어 리디아인들의 이야기를 가장 먼저 서술했다. 이유는 무엇이었을까? 바로 리디아가 그리스와 당시 세력을 확장 중인 메소포타미아 지방의 페르시아, 일명 아케메네스(Achaemenes) 제국 중간에 위치해 있었기 때문이다.[1] 즉, 리디아가 페르시아 제국의 침략을 받으면 다음 차례는 그리스인 것이다.

에게해의 패자인 리디아의 크로이소스 왕은 메소포타미아 지방에서 새로운 패자로 부상한 페르시아의 키루스 대왕(Cyrus the Great, BC 600~530)을 걱정스럽게 지켜보고 있었다.[2] 이미 키루스는 흑해 연안에 리디아와 국경을 접한 메디아를 장악

---

1   원래 이란 대고원에는 BC 5000년경부터 사람이 살고 있었다. BC 2000년경, 아리아인들이 이란 고원 쪽으로 진출하면서 아리안 인들의 정복 전쟁이 시작되었다. 아리아인들이 이 지역을 어떻게 정복했는지는 기록이 없지만, 정복전의 속도는 매우 빨랐던 것으로 보인다. 아리아인들이 세운 대표적인 나라가 메디아 왕국, 박트리아 왕국, 페르시아 왕국 등이다. 아리아인들이 세운 페르시아 왕국에는 수많은 씨족과 부족이 있었는데, 그중의 하나가 아케메네드(Achaemenid) 부족이다. 아케메네드 부족이 지배자였던 시기의 페르시아를 아케메네스(Achaemenes) 제국이라고 부른다. 아케메네스 왕조의 시조는 테이스페스(Teispes)인데, 안샨(Anzan) 도시를 점령하여 왕국을 세우고, 그의 부친인 아케메네스 이름을 따라 왕조를 세웠다. 테이스페스의 장남이 키루스 1세이고, 키루스 1세의 아들이 캄비세스 1세이다.

2   키루스 대왕은 캄비세스 1세의 외아들로, 캄비세스 1세는 그의 부친 키루스와 동일한 이름을 자기 아들의 이름으로 삼았다. 후세 사가들은 키루스 대왕의 이름이 조부와 같아서 키루스 2세라고도 부른다. 키루스 대왕은 이 전통을 자신의 아들에게도 그대로 사용했다. 즉, 키루스 대왕의 왕위를 이은 아들의 이름은 그의 부친이자 아들에게는 조부가 되는 캄비세스였다. 이 또한 캄비세스 1세와 구분하기 위해 캄비세스 2세라고 부른다.

하면서 리디아의 동쪽 지방을 위협하고 있었다. 특히 리디아는 금이 넘쳐나는 곳이었다. 리디아의 금은 이집트처럼 노예 노동을 통해 지하 광산에서 힘들게 채굴한 것이 아니라, 그리스 신화의 마이다스 왕이 손을 씻어 항상 금이 넘쳐난다는 팍톨로스(Pactolus)강에서 사금 형태로 손쉽게 채취한 것이었다. 크로이소스 왕은 리디아의 수도인 사르디스가 위치한 티몰로스(Tmolus)산에서도 황금을 추가로 채취할 수 있었다.

아울러 리디아 수도 사르디스는 순금·동전을 국제교역의 공용 화폐로 지정하면서 이미 지중해 국제교역의 중심지로 부상한 후였다. 스파르타 역시 자신의 땅에 있는 토르낙스(Thornax)산의 아폴론 신전을 꾸미기 위한 황금을 리디아의 수도 사르디스에 직접 가서 구매했다.[3] 키루스 대왕이 황금의 나라 리디아를 그냥 둘 리가 없었다.

그리스 시대 암포라에 새겨진 크로이소스 왕. 그는 왕이 된 후 주변 지역에 대한 정복 전쟁을 벌여, 영토 확장에도 매진했다. 특히 크로이소스는 에게해 주변과 그리스에 엄청난 부자로 알려져 있었다. 일화에 따르면 그리스의 현자 솔론이 사르디스를 방문했을 때, 크로이소스가 가진 엄청난 부를 보여주고는 자신보다 행복한 사람이 있냐고 물었다고 한다. 솔론은 행복은 죽을 때까지 계속될 수 없다면서 크로이소스의 자만을 경계했다. 실제로 솔론의 예상대로 페르시아 건국 후 불운이 겹쳐 마지막에는 키루스에 패하여 나라가 망한다. 불행 중 다행으로 크로이소스는 전투 후 생존하게 된다. 다양한 설이 있는데, 헤로도토스는 키루스가 화형대에 그를 세워 불을 붙이자 갑자기 하늘에서 폭우가 쏟아져 불이 꺼져 생존했다고 전한다. BC 500~490년경. 루브르 박물관 소장. 사진사: Bibi Saint-Pol, 출처: Wikipedia. Public Domain

크로이소스는 키루스와의 혹시 모를 결전을 준비했다. 하지만 결전을 감행하기 전 이 전쟁이 과연 승산이 있는지 알 수가 없었다. 거의 모든 전쟁이 마찬가지 아닌가? 손자병법을 저술한 손무(孫武, BC c.545~c.470)는 전쟁이 백성의 생사와 국가의 존망이 걸린 나라의 중대사이므로, 전쟁을 일으키기 전에 오사칠계(五事七計)를 반드시 고려하고 비교해서 전

---

3   헤로도토스, 『역사』, 1장 69절

쟁의 승산을 미리 계산해야 한다고 강조했다.[4] 그래서 자기 병력·국력과 상대방의 병력·국력을 냉정하게 비교하고 판단하는 지피지기 전략을 가지고 있으면 전쟁을 해도 결코 위태롭지 않다고 주장한 것이다. 하지만 크로이소스는 황당하게도 개전 여부와 승패 여부를 예언하는 용한 점쟁이를 찾았다! 우선 100일 뒤에 크로이소스는 거북과 양을 끓여 수프를 만들어 먹을 작정이었다. 크로이소스는 그리스, 리비아, 이집트 등 주변 국가의 용하다는 점쟁이들에게 사신을 보내, 자신이 100일 뒤인 몇 월 몇 일에 무엇을 할지 예언을 받아 적게 했다. 거북을 끓인 수프에 양고기를 청동 잔에 담아 먹을 것이라고 정확히 예언한 사람은 그리스 델포이의 무녀 오라클이었다.

크로이소스는 델포이 신탁으로 마음을 정하고, 키루스와의 개전 여부와 개전한다면 그 결과를 물어보기 위해 델포이의 테사우로스에 다음과 같은 복비를 바쳤다. 어떤 동물인지 기록되어 있지는 않지만 제물에 적합한 동물 3,000마리, 자주색 의류, 금 의자, 금 컵, 300kg에 이르는 순금으로 만든 황소상, 무게 각 250kg에 이르는 금과 은으로 만든 와인 보관 대형 그릇 2개, 길이 42cm, 넓이 21cm, 높이 7cm에 이르는 금궤 117개.[5] 헤로도토스는 금궤 117개 중 4개는 각 31탈란트, 즉 920kg의 순금이었고, 나머지는 금과 은 합금인 일렉트럼이었는데 무게는 각 900kg이라고 기록했다.

헤로도토스의 기록이 맞다면 크로이소스는 3,680kg의 순금과 금은 합금인 일렉트럼 101,700kg을 복비로 바친 것이 된다!!! 2018년 평균 기준 금 1kg이 대략 40,788달러, 2024년 기준으로는 금 1kg이 대략 7만 달러 내외이므로 3,680

4 　『손자병법』, 제1 시계(始計) 편, ① 오사: 一日道(일왈도), 二日天(이왈천), 三日地(삼왈지), 四日將(사왈장), 五日法(오왈법) - 첫째는 군주와 백성의 뜻이 같아야 하고, 둘째는 기후, 음양, 시간의 변화를 고려해야 하며, 셋째는 지형의 유불리를 헤아리고, 넷째는 장수의 능력을 감안하고, 다섯째는 군대와 무기, 식량 등의 체계를 점검해야 한다. ② 칠계: 主孰有道(주숙유도), 將孰有能(장숙유능), 天地孰得(천지숙득), 法令孰行(법령숙행), 兵衆孰强(병중숙강), 士卒孰鍊(사졸숙련), 賞罰孰明(상벌숙명) - 첫째는 군주가 도리가 있어야 하고, 둘째는 장수가 유능해야 하고, 셋째, 천시와 지리가 유리해야 하고, 넷째, 군대의 법이 잘 이행되어야 하고, 다섯째, 병사가 강해야 하고, 여섯째, 장교와 병사가 훈련을 많이 해야 하고, 일곱째, 상벌이 공명정대해야 한다.

5 　헤로도토스, 『역사』, 1장, 50절. 헤로도토스는 길이 단위를 palm이라고 기록했는데 보통 사람 손바닥의 넓이 7cm로 간주해서 계산했다. 여기서 의류는 중국의 비단옷으로 추정된다.

kg의 가치는 1.5~.2.6억 불에 이른다. 만약 구매력 기준으로 이를 환산하면 최소 10배의 가치, 즉 15~26억 불이다!!! 크로이소스는 그의 5대조 조상인 기게스가 자신의 목숨을 구하기 위해 델포이 신탁에 막대한 금을 바친 것과 똑같은 전략을 구사한 것이다. 차이가 있다면 기게스가 헌정한 금보다 크로이소스가 헌정한 금이 대략 10배 이상 많았다는 것뿐이었다.

하지만 이와 같은 엄청난 복비를 받은 델포이 신탁의 결과는 명확하지 않았다. 즉, "만약 크로이소스가 페르시아를 상대로 군대를 동원하면, 위대한 제국이 멸망할 것"이라는 신탁이 나온 것이다.[6] 크로이소스는 그 위대한 제국이 자신의 국가인 리디아가 아니라 메디아 제국, 즉 페르시아 제국이라고 생각해서 크게 기뻐했다.[7] 왜냐하면 당시 메디아는 소아시아, 카스피해 남부, 오늘날 이란 서쪽 편에 이르는 매우 광범위한 영토를 보유한 국가였기 때문이다. 헤로도토스 역시 자신의 저서 역사에서 메디아를 제국[(Median empire)]이라고 언급할 정도였다.[8]

하지만 결과만 놓고 보면 델포이 신탁이 예언한 "위대한 제국"은 영토가 넓은 메디아가 아니라 황금과 국제교역을 장악한 금융 제국 리디아였다. 단순히 델포이 예언을 듣기 위해 그 엄청난 황금을 동원한 역량이 있는 나라가 위대하지 않으면 그 나라를 어떻게 묘사할 것인가? 나아가 델포이 신탁의 제국이란 말은 흙과 물이 있는 영토를 의미하는 것이 아니라, 금과 은으로 지중해 전역의 국제교역을 장악한 리디아의 광범위한 경제 권역을 의미하는 것이었다.

하여튼 크로이소스는 개전의 승리를 확신하면서, 자신의 왕국이 오랫동안 지속될 것인지에 대한 델포이 신탁을 한 번 더 구하게 된다. 이에 델포이 신탁은

---

6   헤로도토스, 『역사』, 1장 53절. 어떤 이는 이 구절을 "크로이소스가 할리스 강(River Halys)을 건너면"이라고 재미있게 의역하기도 한다. 할리스(Halys) 강은 오늘날 튀르키예의 키질이르마크(Kizilirmak) 강으로 튀르키예에서 가장 큰 강이다. 당시 리디아와 메디아의 사실상 국경 역할을 하였다. 하지만 헤로도토스 역사에는 "할리스 강을 건너면"이라는 구절은 없다.

7   ▓▓▓ 키루스 대왕의 부친인 캄비세스 1세는 메디아 왕국의 사위로, 키루스 대왕이 메디아로부터 독립하기 전까지 안산 왕국은 메디아 왕국의 속국이었다. 키루스 2세는 BC 550년 메디아 왕국을 정복하고, 국호를 페르시아로 바꾸게 된다.

8   ▓▓▓ 페르시아는 자신들의 역사를 기록으로 거의 남기지 않았기 때문에, 페르시아의 역사는 주로 구전을 통해 전해졌다고 한다. 따라서 헤로도토스의 역사에 기록된 페르시아의 기록도 당시의 구전을 정리했을 가능성이 높다. 에이미 추아, 앞의 책, p. 71

"메디아인(Medes)의 노새가 왕이 되는 때가 오면,

오 리디아의 우아한 발걸음이여,

자갈이 많은 헤르모스(Hermos)강을 따라 머물지 말고 도망쳐라.

겁쟁이라 불리어도 부끄러워하지 말고."[9]

크로이소스는 이 신탁을 듣고 첫 번째 신탁보다 더 좋아했다고 한다. 왜냐하면 노새가 페르시아의 왕이 될 리가 없다고 생각했기 때문이다. 그런데 상식적으로 노새가 어떻게 제국을 지배하는 왕이 될 수 있나? 오늘날에는 하이브리드란 멋진 말이 있지만 말과 당나귀의 교배종인 노새(mule)란 말은 혼혈이나 혼합을 의미하는 말로 종종 사용된 보통명사였다. 예컨대 1779년 영국에서도 제니 방적기와 아크라이트 수력 방적기를 혼합한 크롬프턴은 자신의 방적기를 "노새(mule, 뮬)" 방적기라고 불렀다. 즉, 델포이 신탁은 혼혈인이었던 키루스 대왕을 노새로 은유한 것뿐이었다.[10] 키루스 왕은 안샨(Anshan 혹은 Anzan) 왕 캄비세스 1세와 메디아(Media) 공주 만다네(Mandane) 사이에서 태어난 혼혈인이었기 때문이다. 크로이소스가 이를 정말 몰랐을까?

하여튼 델포이 신탁에 따르면 혼혈인(노새)인 키루스 대왕이 메디아 왕국의 수도 에크바타나(Ecbatana)를 함락하고 페르시아 왕이 된 BC 550년에, 델포이의 신탁이 실현된 것이므로 크로이소스 왕은 리디아를 버리고 헤르모스강을 따라 도망갔어야 했다. 하지만 크로이소스 왕은 델포이 신탁의 진짜 의도와는 정반대로 키루스가 왕이 되자 페르시아를 선제공격했다!!!

페르시아 수립 3년 뒤인 BC 547년, 델포이 신탁이 자신의 승리를 예언한 것이라고 착각한 크로이소스 왕은 키루스 대왕이 장악한 페르시아 왕국의 소아시

---

9 헤로도토스, 『역사』, 1장 55절, "But when it cometh to pass that a mule of the Medes shall be monarch/ Then by the pebbly Hermos, O Lydian delicate-footed,/ Flee and stay not, and be not ashamed to be called a coward." 메디아(Media)는 소아시아 반도 동쪽 일부에서 카스피해 남쪽, 이란까지 그 영토가 걸친 대국으로 BC 678~BC 549년까지 존속했다. 수도는 에크바타나(Ecbatana)이고, 메디아 사람들을 주변국가에서는 메데스(Medes)라고 불렀다.

10 안산 왕국의 위치는 정확히 알려져 있지 않으나, 오늘날 이란의 남서부에 존재했다는 설이 다수설이다.

아 지방을 공격하기 위해, 스파르타와 공동으로 페르시아와 리디아 국경인 할리스^(Halys)강을 건넜다. 크로이소스는 첫 도시 프테리아^(Pteria)를 점령하고 프테리아에 거주하는 페르시아인들을 노예로 삼았다. 크로이소스의 선제공격에 대응하기 위해, 서둘러 프테리아로 진격한 키루스는 프테리아 도시 앞 평원에서 크로이소스와 맞붙었다. BC 547년 프테리아 전투^(Battle of Pteria)로 알려진 이 개막 전투에서 크로이소스는 개전 준비가 되어 있지 않은 키루스 대왕을 이기지 못했다. 많은 사상자가 났지만, 승자도 패자도 없는 전투였다.[11] 하지만 기습 공격을 감행한 크로이소스가 승리하지 못하면서 사실상 크로이소스가 패한 것이나 마찬가지였다.

크로이소스는 일단 자신의 수도 사르디스로 후퇴하여 스파르타, 이집트, 바빌론으로부터 원군을 요청하기 위한 시간을 벌기로 하였다. 특히 프테리아 전투가 끝난 시점이 한겨울이었기 때문에, 키루스가 리디아 내륙 깊숙이 들어올 것이라고는 상상도 하지 못했다. 크로이소스는 용병 대부분을 돌려보냈다. 하지만 이는 결정적인 실수였다.

(2) 키루스 왕(Cyrus the Great)의 반격

반면 전쟁 경험이 풍부한 왕 중의 왕 키루스는 본능적으로 리디아 수도까지 그대로 진격하는 것이 필요하다고 생각했다. 키루스는 프테리아 전투에 참여한 군대를 그대로 이끌고, 한겨울에는 전쟁을 하지 않는다는 당시의 불문율을 깨면서 리디아 수도 사르디스로 진격했다. 손무의 손자병법 분류에 따르면 이른바 중지^(重地)에서의 전투였다.[12] 놀란 크로이소스는 급히 자신의 군대와 이집트·바빌로

---

11 헤로도토스, 『역사』, 1장 76절
12 손자병법, 제11 구지(九地) 편, 入人之地深(입인지지심), 背城邑多地(배성읍다지), 爲重地(위중지): 적의 영토 깊숙이 진격하여 많은 성과 마을을 뒤로하고 있는 지형을 중지라고 한다. 손무는 자신의 영토에서 싸우는 것(散地, 산지)은 절대로 하지 말아야 한다고 가르쳤으며, 중지에서의 전투는 병사들이 싸움에 전념하기 마련이라 침략당한 나라가 이겨 내기 어렵다고 평가했다. 다시 말해 손자병법의 조언대로 전투를 수행한 이는 키루스였고, 이를 위반한 이는 크로이소스였다.

니아 용병으로 구성된 42만의 병력을 마련했다. BC 547년 12월, 매서운 추위가 몰아치는 한겨울에 리디아 대군 42만은 사르디스 외곽 팀브라^(Thymbra) 평원에서 19만의 키루스 병력과 운명의 결전을 벌였다.

우선 키루스는 적진 한가운데 깊숙이 전진한 상태였으므로 이 전투에서 패하면 퇴로가 막히면서 목숨이 위험한 상태였다. 병력 역시 크로이소스의 절반도 안 되었다. 크로이소스 또한 예상치 못한 키루스의 속전속결 행군에 심리적으로 매우 당황한 상태였다. 병력 조합도 다국적군이어서 일관된 지휘 체계가 없으면 전장에서 쉽게 와해될 가능성이 높았다. 즉, 두 진영 모두 치명적 약점을 가지고 있었다.

키루스는 침착하게 양측의 장단점을 분석했다. 키루스가 판단한 크로이소스의 아킬레스건은 역설적이게도 리디아 군단의 최강 부대인 기병 부대였다. 키루스는 프테리아 전투에서 리디아의 기병이 매우 뛰어나다는 것을 절감하고 있었다. 6세기 이전까지 유럽과 메소포타미아 지역에서는 말 위에서 균형을 잡는 안장이나 등자가 없었기 때문에, 말을 타고 전투를 수행할 수 있는 기병은 어릴 때부터 익히지 않으면 절대로 체화할 수 없는 기술을 보유한 최첨단 군부대였다.[13] 오늘날로 치면 이 당시 기병은 최첨단 전차부대나 마찬가지인 셈이다. 하지만 문제는 리디아 군대가 리디아 기병에 거의 전적으로 의존하고 있다는 점이었다. 키루스는 리디아 기병만 와해되면 리디아 군은 쉽게 제압할 수 있을 것이라 판단

---

13   따라서 고대의 경우 기병 부대는 주로 황금을 지급하고 고용하는 용병이 대부분이었다. 크로이소스뿐 아니라 후술하는 한니발의 군대도 기병이 중심이었는데, 불행히도 한니발의 기병 부대도 황금을 지급하고 고용한 용병 부대였다. 유럽뿐 아니라 중국에서도 태어날 때부터 말을 탄다는 기마 민족의 위력은 대단했다. 이들은 이동 생활을 하면서 통합을 위한 정치체제가 약하다는 약점이 있었는데, 이 약점만 극복하고 통일된 세력만 갖추면 무서운 세력으로 돌변한다. 흉노, 선비, 여진, 거란, 몽골 등이 모두 그런 사례들이다. 선비족의 나라인 당나라의 신당서에도 말은 나라의 군사력이므로 하늘이 이것을 빼앗는다면 나라는 멸망의 위기에 노출된다고 기록했다. 당나라의 말 관리는 매우 치밀하여 건국 초기 5,000여 필의 군마가 7세기 중반이 지나면 70만 6천 필로 급격히 증가한다. 당나라에 말을 공급하던 최대 국가는 서쪽의 위구르였다. 당나라의 대외 전쟁이 증가하면서 말에 대한 수요는 급증하는데, 이 때문에 말에 대한 가격도 급등한다. 예컨대 790년경 위구르 말 한 마리가 비단 40필 정도에 이르렀다고 한다. (에드워드 H. 셰이퍼, 『*사마르칸트의 황금 복숭아*』, 글항아리, 2021, pp. 128~138) 하지만 화포가 개발된 이후부터는 기병 부대의 상대적 이점이 이전보다 약화된다. 한편 유럽으로 등자 문화를 전파한 이는 아바르족이다. 시기는 6세기 중반인데, 등자가 보급되면서 유럽 각국의 군주는 비로소 자신만의 기병 부대를 보유할 수 있게 된다. 예컨대 등자를 활용하여 자신만의 기병 부대를 소유했던 샤를마뉴 대제는 아바르족을 정벌하고 나아가 중서부 유럽 전체까지 통일할 수 있었다.

했다.

키루스는 크로이소스의 가장 강한 기병을 제압하기 위해 화물을 나르던 낙타를 급하게 수배해서 측면 최전방에 배치했다. 말이 낙타의 모양과 엽기적인 냄새에 놀라 혼비백산할 것이라고 예측하였기 때문이다.

키루스의 예측은 그대로 적중하여, 리디아 기병의 말들은 낙타 때문에 아예 전장을 벗어나 달아났다. 크로이소스의 측면 기병이 붕괴되자 키루스 군대는 중앙의 이집트·리디아 보병을 완전히 포위하였고, 리디아 군대는 맥없이 항복하였다. 2주 후 리디아의 사르디스는 함락되었다. 이때가 BC 546년이었다. 기게스 이후 5대 왕에 리디아가 멸망한다는 델포이 신탁의 예언은 이번에도 어김없이 실현되었다!

키루스를 칭송하고 나보니두스를 비하하는 시가 담긴 바빌로니아의 문학 작품. 당시 나보니두스는 바빌론의 전통적인 신 마르둑(Marduk)보다는 달의 신인 신(Sin)을 숭배하면서, 바빌론 사람들로부터 거의 외면당하고 있었다. BC 539년경, 바빌론 출토. 영국박물관 소장

Codex Atlanticus: 만다네 소변 꿈과 키루스

키루스(BC 600 ~ 530 혹은 529)가 메디아를 정복한 이야기는 헤로도토스의 역사에 상세히 실려 있다. 물론 사실이 아닐 수도 있지만 간략히 소개한다. 어느 날 메디아 왕 아스티아게스(Astyages, 재위 BC 585~550)는 자신의 딸인 만다네의 꿈 이야기를 듣는다. 그 꿈은 만다네가 소변을 보는데, 온 세상이 잠기는 꿈이었다.

아스티아게스는 사제를 불러 해몽을 부탁했다. 사제는 이 꿈이 만다네의 아이가 왕이 되어 세상을 지배하는 의미라고 해몽했다. 아스티아게스는 외손자가 왕이 되는 것이 두려웠다. 이에 아스티아게스는 만다네를 메디아 왕국의 지배를 받는 안샨(Anshan) 왕국의 캄비세스(Cambyses I, 재위 BC 580~559)에게 시집보내 절대 메디아 왕이 될 수 없게 만들었다. 얼마 후 만다네가 임신을 하자, 아스티아게스는 만다네의 음부에서 포도나무가 자라 사방팔방으로 뻗어나가는 꿈을 다시 꾼다. 사제는 이 꿈이 만다네의 아이가 아시아를 지배하는 제왕이 되는 꿈이라고 해석하였다.

이쯤 되자 아스티아게스는 부하인 하르파고스(Harpagus, ?~?)를 시켜 만다네의 아이인 키루스를 죽이라고 명한다. 꿈 해몽만 믿고 외손자를 죽이라는 황당한 명령을 듣자마자, 하르파고스는 당황했다. 아스티아게스가 아들이 없었기 때문에 이 아이가 미래의 왕이 될 수 있다는 두려움 때문인지, 아니면 공주의 아들을 죽일 수 없다는 죄책감 때문인지, 하르파고스는 아스티아게스의 소치기에게 대신 아이를 죽여 달라고 부탁한다. 하지만 소치기도 차마 아기를 죽일 수 없어, 마침 사산된 자신 아기의 시신과 바꿔 하르파고스에 키루스를 죽였다고 보고한다. 소치기는 키루스를 자신의 아이로 생각하고 키웠다.

세월이 흘러 키루스가 어린이가 되자, 메디아의 고관 아이와 노는 과정에서 이 아이를 폭행하는 사건이 발생했다. 고관의 아이가 소치기의 아들에 불

226

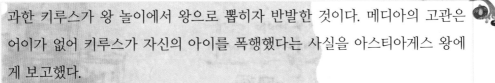

과한 키루스가 왕 놀이에서 왕으로 뽑히자 반발한 것이다. 메디아의 고관은 어이가 없어 키루스가 자신의 아이를 폭행했다는 사실을 아스티아게스 왕에게 보고했다.

아스티아게스는 소치기의 아들인 키루스를 불려 심문하는 과정에서, 이 아이가 자신의 외손자임을 본능적으로 알아차렸다고 한다. 화가 난 아스티아게스는 하르파고스를 불러 심문했고, 하르파고스는 자신이 아이를 죽이지 못해 소치기에게 부탁했다고 털어놓았다. 아스티아게스는 소치기를 불러 다시 심문했고, 소치기는 자신이 키루스를 죽이지 않고 살려 두었다고 자백했다. 아스티아게스는 왕이 될 예언을 받은 외손자가 초라하기 이를 데 없는 소치기의 아들로 자라난 것을 알고는, 그를 죽이지는 않고 다시 안샨 왕국으로 되돌려 보냈다.

대신 내심 왕명을 어긴 데 대해 화가 치민 아스티아게스는 하르파고스와 그의 13세 아들을 조용히 만찬에 초대했다. 하르파고스는 자신을 벌하지 않고, 만찬에 초대한 아스티아게스의 관대함에 속으로 매우 감사했을 것이다. 그날 저녁 아스티아게스는 하르파고스에게 고기를 대접하고는, 그 고기가 매우 특별한 고기라고 하르파고스에 이야기 해 준다. 하르파고스가 영문을 몰라 머뭇거리자, 식사가 끝나고 바구니에 담긴 그의 13세 아들의 잘린 머리를 보여 준다. 아스티아게스가 화가 나 하르파고스의 아들을 죽이고 하르파고스에게 아들 시신의 고기를 먹인 것이다. 아스티아게스의 행동보다 더욱 놀라운 것은 하르파고스의 반응이었다. 즉 하르파고스는 눈 하나 깜짝하지 않고 아스티아게스에게 자신이 왕명을 어긴 것을 뉘우치고, 용서를 빌었다. 이렇게 해서 그는 메디아 최고 장수의 직을 겨우 유지할 수 있었다.

세월이 흘러 BC 553년 키루스가 성인이 되어 반란을 일으켰다. 아스티아게스는 하루파고스를 총 대장으로 임명하여 키루스 반란의 진압을 명령한다. 아스티아게스는 아들을 죽인 후 그 살코기를 먹인 자신의 명령을 하르파고스

가 과연 순순히 따를 것이라 생각했을까? 하르파고스는 서둘러 키루스에게 항복했고, 그렇게 제국 메디아는 제대로 싸워 보지도 못하고 BC 550년, 허무하게 키루스 앞에 무너졌다. 광대한 영토를 가진 메디아는 그대로 키루스가 접수한다.

이처럼 너무나 쉽게 제국이 교체되자 혹자는 하르파고스가 키루스를 선동하여 메디아에 반란을 일으키게 하였다는 주장도 한다. 하르파고스는 이후 키루스의 부하 장수로 오늘날까지도 튀르키예와 그리스의 영토 분쟁의 핵심 지역인 아나톨리아 해안의 이오니아 지방에 산재한 부유한 그리스 도시들을 차례로 점령한다. 이 때문에 키루스 왕국은 제국으로서의 기틀을 확실히 마련한다. 만약 헤로도토스의 일화가 사실이라면, 키루스의 아케메니드(Achaemenid) 페르시아 제국 건설은 하르파고스의 항복이라는 결정적인 계기를 통해 역사상 가장 운이 좋았던 제국의 형성 사례가 되는 셈이다.

그러나 필자 생각과 달리 마키아벨리는 키루스에게 주어진 하르파고스와 관련된 이와 같은 천운은 그에게 단지 성공의 바탕이 된 재료였을 뿐, 그 재료를 가지고 작품을 만든 이는 다름 아닌 키루스 자신이었다고 평가했다. 즉, 마키아벨리는 키루스가 운에 따라 군주가 된 것이 아니라, 자신의 실력으로 군주가 된 것이라고 강조했다. 군주가 된 후 선정을 베푼 키루스와 그 후 알렉산더 대왕에게 멸망되기 전까지 200년이 넘게 유지된 제국이 그 증거다. 불현듯 운수가 좋아 군주가 된 자는 군주의 지위에는 쉽게 오를 수는 있어도, 국가를 제대로 다스리지는 못한다는 마키아벨리의 예언이 떠오르는 것은 필자 개인만의 느낌인가?[14]

하여튼 키루스가 메디아를 정복하고 건국한 페르시아 제국은 인류 역사상

---

14 마키아벨리, 『군주론』, 삼성출판사, 제3장, 1997, pp. 46~48. 마키아벨리의 이 주장은 지금 현대 정부에도 그대로 적용된다. 즉, 대중 인기 정책 남발이든, 아니면 특별한 정치적 사건을 통해서든 투표를 거쳐 쉽게 정권을 장악할 수 있을지는 몰라도, 실력이 없으면 정권을 장악한 후에 국가의 경제, 외교, 국방 등을 제대로 다스리지 못해 반드시 국가를 망치게 된다.

최초로 동서양을 아우르는 제국이었다. 서양 역사가들은 동서양을 아우르는 최초의 제국이 알렉산더 대왕의 헬레니즘 제국이라고 주장하지만, 이는 역사적 사실이 아니다. 키루스는 서쪽으로 에게해와 이집트, 동쪽으로는 아프가니스탄과 파키스탄 국경까지 통치한 "바빌론의 왕, 수메르와 아카드의 왕, 세계의 사면(四面, four corners) 왕"으로, 오늘날 용어로 황제였다. 알렉산더 대왕도 키루스의 명성을 잘 알고 있어서, 동방 원정 당시 페르시아를 정복한 후 그의 무덤을 찾아갔다.

알렉산더 대왕의 키루스 무덤 방문 행적은 아리안(Arrian of Nicomedia, c.86~c.146)의 『알렉산더 대왕 종군기(Anabasis of Alexander)』에 기록으로 남아 있다.[15] 알렉산더 대왕은 건축가이면서 군사 고문이었던 아리스토불루스(Aristobulus of Cassandreia BC 375 ~ 301)를 동방 원정 당시 데리고 갔는데, 아리안이 이 두 사람의 행적을 기록한 것이다. 아리안에 따르면 알렉산더 대왕과 아리스토불루스는 페르시아를 정복하고 키루스 대왕의 페르시아 제국 초기 수도인 파샤르가데(Pasargadae)를 찾아 그의 무덤을 찾았다. 아리안은 아리스토불루스의 말을 인용해 키루스의 무덤을 다음과 같이 묘사했다.

"그의 무덤은 파샤르가데(Pasargadae)의 왕실 공원에 위치해 있었다. 무덤 주변에는 온갖 종류의 나무들이 숲으로 우거져 있고, 샘물이 주위를 흐르고 있었다. 사각형 돌이 직사각형으로 기단을 이루고 있었고, 그 위에는 지붕을 얹은 돌 건물이 있었다. 돌로 된 건물에는 입구가 있었는데, 매우 좁아 어른이 들어가기가 매우 힘들었다. 건물 안에는 황금으로 된 관이 있었고, 그 안에 키루스의 시신이 안치되어 있었다. 황금 관은 황금 다리를 가진 기다란 탁자 위에 놓여 있었는데, 그 탁자는 자주색으로 된 바빌론 카펫으로 덮여져 있었다. 탁자 위로는 황금 관 이외에 메디안 옷, 단검, 황금 귀걸이, 각종 보석들이 놓

---

15 『알렉산더 대왕 종군기』의 full text는 다음 웹사이트 참조. https://archive.org/stream/cu31924026460752/cu31924026460752_djvu.txt

여겨 있었다."

아리안은 이어서 키루스 무덤에 다음과 같은 비문이 새겨져 있었다고 기록했다. "이보게, 나는 캄비세스의 아들로 페르시아 제국을 건설한, 아시아의 왕 키루스라네. 그러니 여기 누워 있는 나를 비웃지 말게나."[16] 알렉산더 대왕은 그의 무덤이 너무나 소박하여 놀라움을 금치 못했고, 살아서는 제국을 이룩했지만 죽어서는 초라하게 누워 있는 자신을 비웃지 말라는 비문에 인간적인 감명을 받았다. 이에 알렉산더 대왕은 아리스토불루스를 시켜 대부분 파괴된 키루스의 무덤을 복원하라고 명령하고, 그 누구도 이 무덤을 훼손하지 말라고 지시하기도 하였다.[17]

키루스의 페르시아 제국은 영토만 넓었던 것이 아니다. 키루스는 제왕으로서의 품격도 완벽하게 갖추고 있었다. 특히 그는 정복민도 불필요하게 억압하지 않고 관용을 베풀었으며, 페르시아의 국교였던 조로아스터교도 정복민에게 강요하지 않았다. 심지어 키루스는 바빌로니아를 정복하여 입성한 후, 바빌로니아인들의 신이었던 마르둑 신 앞에 엎드려 절을 했다고 한다.[18] 그는 그야말로 "왕 중의 왕"이었다. 대표적으로 키루스는 바빌론을 점령한 후

키루스 무덤. 수메르, 이집트, 그리스 양식이 혼합된 독특한 모양이다. 당시 페르시아 수도였던 파사르가데(Pasargadae) 소재. Licensed under the Creative Commons Attribution-Share Alike 4.0 International. Author: Bernd81, https://commons.wikimedia.org/wiki/File:Pasargad_Tomb_Cyrus3.jpg

---

16 "O man, I am Cyrus, son of Cambyses, who founded the empire of the Persians, and was king of Asia. Do not therefore grudge me this monument."

17 키루스의 무덤은 현재까지도 거의 그대로 남아 있다. 키루스의 무덤 기단은 수메르 양식, 위로 올라가면서 기단이 줄어드는 것은 피라미드 양식, 무덤이 안치된 건물은 그리스 양식으로 동서양의 문화가 혼합된 건축물이다. 무덤은 거대한 석회암으로 이루어져 있는데, 내부의 황금 관과 각종 보석은 없어졌지만, 건축물 외형은 거의 원형 그대로 보존되어 있다. 고고학이 발달하지 않았던 19세기에는 솔로몬 왕의 모친 무덤으로 알려져 있었다고 한다.

18 에이미 추아, 앞의 책, p. 40

Codex
Atlanticus

BC 586년에 바빌론에 유폐된 유대인을 해방시켜 예루살렘으로 돌려보냈다. 유대인이 키루스의 조치에 대해 얼마나 감복했을까?

구약성서에서는 키루스를 고레스^(Koresh)라 기록하고 있는데, 이사야서에서 키루스는 "^(여호와의) 목자라, 나의 모든 기쁨을 성취하리라,"^(44:28) "나 여호와는 나의 기름 받은 고레스의 오른손을 잡고 열국으로 그 앞에 항복하게 하며 열왕의 허리띠를 풀게 하리라"^(45:1)라고 묘사되어 있다.[19] 이처럼 유대인이 칭송한 이교도의 왕은 키루스 이전에도 없었고, 그 이후에도 결코 없었다.

구약성서뿐 아니라 페르시아의 철천지원수였던 그리스인들도 키루스를 칭송했다. 알렉산더 대왕의 사례는 이미 전술하였고, 그리스 역사학자 헤로도토스 또한 키루스를 "아버지"와 같은 존재라고 칭송했다. 당시 그리스가 아마도 세계에서 가장 가부장적인 도시 국가였던 점을 감안하면, 아버지와 같은 존재라는 평가는 그들이 할 수 있는 최고의 찬사였을 것이다.

키루스 실린더. 이 실린더에는 키루스 대왕이 BC 539년에 얼마나 평화롭게 바빌론을 점령했는지, 그곳에서 바빌로니아 신들의 제단을 어떻게 재건했는지 기록되어 있다. 특히 추방된 민족들을 원래의 고향으로 돌려보냈다는 그의 선행도 기록되어 있다. 키루스 실린더에 기록된 그에 대한 기록은 다음과 같다. "나는 천하의 위대한 왕이요, 바빌론·수메르·아카드의 왕이며, 사면(四面, four corners)의 왕인 키루스다. 나는 캄비세스(Cambyses)의 아들이고 테이스페스(Teispes)의 자손으로 안산(Anshan)의 왕이기도 하다." BC 6세기경, 바빌론 출토. 영국박물관 소장

제국의 지배를 받던 민족들에게 종교의 자유를 허용하고, 포로가 된 민족들은 그들 본래의 고향으로 돌려보낸다는 키

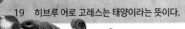

19 히브루 어로 고레스는 태양이라는 뜻이다.

만다네 소변꿈과 키루스

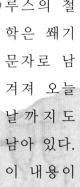

루스의 철학은 쐐기문자로 남겨져 오늘날까지도 남아 있다. 이 내용이 담긴 페르시아의 점토판은 실린더 모양으로 남

키루스 실린더의 또 다른 버전. 원래 키루스 실린더는 하나로 알려져 있었으나, 2010년 이 실린더의 발견으로 키루스 대왕의 업적을 널리 배포하기 위한 목적의 다양한 복사본이 존재하고 있었음이 알려졌다. 원래 키루스 실린더와 비슷한 내용이 담겨 있으나, 다른 점이 있다면 이 실린더에는 필경사의 이름(키시티 마르둑, Qishti-Marduk)이 기록되어 있었다. BC 6세기경, 바빌론 출토. 영국박물관 소장

겨졌는데, 1879년 영국인 호르무즈드 라삼(Hormuzd Rassam, 1855~1925)이 바빌론에서 발견했다.[20] 후세 사람들은 이 실린더를 키루스 실린더(Cyrus Cylinder)라고 부른다. 이 실린더는 BC 539~538년경에 만들어진 것으로 추정되는데, 인간의 존엄성을 처음으로 명문화하였다는 점에서 인류 역사 최초의 인권선언문이라고도 불린다.

키루스의 최후에 대해서는 설이 여러 가지이다. 헤로도토스는 그가 유목민인 스키타이 부족의 일족인 마사게타이(Massagetae)를 정복하던 중, 마사게타이의 여왕 토미리스(Tomyris)에게 죽임을 당했다고 기록했다. 헤로도토스에 따르면 키루스 대왕은 마사게타이의 스파르가피세스(Spargapises) 장군과의 접전에서, 퇴각하는 척 와인을 남겨두고 이들이 와인을 처음 먹고 술에 취하자 공격했다고 한다. 스파르가피세스는 키루스의 황당한 전략에 스스로 목숨을 끊었는

20 호르무즈드 라삼은 이라크 모술 출생이다. 후일 영국으로 이주해서 영국인 국적으로 바뀌었다. 인류 최초의 서사시인 길가메시 서사시도 그가 발견한 것이다. 한편 본문에서 언급한 키루스 실린더는 현재 이란 정부가 줄기차게 반환을 요구하고 있다. 하지만, 영국 정부는 반환을 거절하고 일시적으로 임대는 가능하다는 주장을 견지하고 있다. 키루스 실린더는 현재 영국박물관에 전시되어 있다.

피 바구니에 키루스의 머리를 담그는 토미리스 여왕. 프랑스 화가 루벤스(1577~1640)의 1630년대 그림. 루브르 박물관 소장. 출처: Wikipedia. Public Domain

데, 불행히도 그는 토미리스 여왕의 아들이었다. 복수심에 불탄 토미리스 여왕은 키루스 군대를 격파하고, 그의 머리를 잘라 피 바구니에 담궈 두고 "피에 굶주린 키루스가 들이킬 수 있는 것보다 더 많은 피를 먹였다"라고 한다.[21] 헤로도토스의 이야기는 루벤스 등 근대 르네상스 화가들의 호기심을 자극하기에 충분했다. 헤로도토스와 달리 혹자는 토미리스 여왕이 키루스의 부인으로 그를 암살했다고도 하고, 어떤 이는 키루스가 평화롭게 그의 나라에서 최후를 맞이했다고도 한다. 진실은 아무도 모른다.

키루스가 사망한 해는 BC 530 혹은 BC 529년이라고 한다. BC 529년을 기점으로 키루스 사후 2500년째가 되는 1971년, 페르시아 제국 건설 2500주년을 기념하는 성대한 기념식이 페르세폴리스에서 개최되었다. 이 행사를 개최한 이란의 모함마드 레자 팔레비(Mohammad Reza Pahlavi, 1919~1980) 국왕은 BC 330년 알렉산더 대왕이 파괴한 페르세폴리스 유적지 옆에 거대한 텐트를 치고 서방과 아프리카, 아시아 국가들의 정상을 초대해서 프랑스식 요리와 프랑스 와인을 대접했다.

1971년 10월 12일 행사의 시작은 알렉산더 대왕이 방문한 키루스 대왕의 무덤에서 시작되었고, 영화 「300」에서 그리스 별동대의 칼날에 추풍낙엽처럼 쓰러져 갔던 페르시아의 무적 군대 이모탈(Immortals)의 장엄한 행진도 선보였다. 비록 캐나다에서 주조되긴 하였으나 이 행사를 기념하기 위한 금화나 은

---

21 키루스 대왕을 상대로 한 토미리스의 처절한 복수 이야기는 2020년 카자흐스탄의 아칸 사타예브 감독의 영화 「토미리스-전쟁의 여신」으로 재탄생한다.

화 동전도 배포되었고, 행사 로고는 인류 최초의 인권선언문이라 불리는 키루스 실린더 이미지를 그대로 사용했다.

이 행사의 목적은 1971년 중동에서 완전히 철수한 영국이 초래한 중동의 패권 공백을 팔레비 국왕 자신이 채우겠다는 이란의 정치적 야망을 대내외에 알리는 것이었다. 그 정치적 야망이 2500년 전 사망했던 키루스 대왕의 이상과 정확히 일치했던 것은 사실인지 몰라도, 중동의 패권은 그의 희망과는 달리 미국의 적극적 지지를 받고 달러 패권에 협력했던 사우디아라비아로 넘어간 것 같아서 결과적으로는 이란 국왕의 키루스 마케팅이 왠지 초라해 보이기만 하다.

마지막으로 만다네의 소변 꿈은 우리에게 매우 익숙하다. 바로 『삼국유사』에 나오는 김춘추와 김유신 여동생의 혼인 이야기이다. 『삼국유사』에 따르면 김유신의 여동생 보희(寶姬)가 서라벌의 서악(西岳)에서 소변을 보았는데 이 소변으로 서라벌이 잠기는 꿈을 꾸었다. 이 이야기를 동생인 문희에게 해주자, 문희는 비단을 주고 그 꿈을 사게 된다. 이후 김유신은 김춘추의 옷을 일부러 찢어 자기 집에 초대했고, 김유신의 여동생인 문희(文姬)가 그 옷을 꿰매어 준 인연으로 둘은 나중에 혼인까지 하게 된다. 후에 삼국통일의 기틀을 마련한 김춘추는 무열왕에 오르고, 문희는 왕후의 자리에 오른다.

설화만 놓고 보면 메디나 제국 만다네의 소변 꿈과 신라 김유신 여동생인 보희의 소변 꿈은 묘하게 일치한다. 특히 소변으로 온 세상이 잠기는 꿈과 서라벌이 잠기는 꿈, 그리고 이 꿈이 제왕이나 왕후가 될 꿈이라는 해몽은 완전히 동일한 서사구조이다. 무려 1,000년 이상의 터울과 지리적으로도 지구의 ⅓ 바퀴나 되는 먼 거리에서 이토록 동일한 서사구조를 가질 수 있는 것일까? 특히 신라 지배층은 황금을 매우 즐겨 사용하였는데, 이 또한 메소포타미아와 중앙아시아 기마 민족의 전통과 같다. 혹시 신라 지배층은 중앙아시아의 기마 민족과 긴밀한 관련성을 가지고 있는 것은 아닐까?

04 고대 페르시아의 황금
키루스 대왕의 세계 정복과 다리우스 금화

(1) 키루스 대왕의 왕도(Royal Road)

델파이 신전의 입구에 있는 테사우로스. 델파이의 신탁을 받으려면 반드시 이곳에 들러 황금이나 은과 같은 돈(복비)을 바쳐야 했다. 그리스 델파이 소재

페르시아가 리디아 금융제국을 정복하면서, 리디아의 막대한 황금은 페르시아로 유입되었다. 리디아의 황금은 페르시아 관점에서는 천 명의 군사와 만 필의 말과도 같았다. 왜냐하면 리디아의 막대한 황금으로 대규모 용병 부대를 동원할 수 있고 군대에 필요한 군량, 무기 등을 대량으로 확보할 수도 있었으며, 군용 도로와 같은 인프라도 새로이 건설할 수 있었기 때문이다. 달리 말해 리디아는 페르시아 처지에서 델포이 신전의 테사우로스(Thesaurus)와 같은 보물창고였다. 키루스가 역사상 최초로 동서양을 아우르는 페르시아 제국의 기틀을 다질 수 있었던 가장 중요한 요인이 바로 리디아의 황금이었다.

리디아가 페르시아 제국에게 얼마나 중요한 지역이었는지는 키루스 후계자 다리우스 1세가 건설한 왕도(Royal Road)를 보면 쉽게 알 수 있다. 페르시아의 왕도는 리디아의 수도 사르디스에서 출발하여 아시리아의 수도 니네베(Nineveh 혹은 프테리아, Pteria)를 거쳐 아케메니드 제국의 첫 번째 수도인 수사(Susa)까지 연결되어 있었

다. 이 왕도의 총길이는 약 2,700 km, 폭은 6m가 넘었고 말을 갈아 탈 수 있는 1,000여 개의 역참이 있었다고 한다.

이 역참을 이용할 경우, 2,700 km를 일주일 만에 돌파할 수 있었다고 하니 얼마나 효율적이고 장대한 도로였는지 짐작이 된다. 그리스 역사학자인 헤로도토스 또한 이 왕도를 통해 비가 오나, 눈이 오나, 뜨거운 햇볕이 내리쬐거나 상관없이 편지가 전달되는 속도가 일정했다고 놀랠 정도였으니까.[1] 헤로도토스의 말에 따르면 "페르시아의 전령보다 이 세상에 빠른 것은 없다." 왕도의 존재는 메소포타미아 전역은 물론이고, 그리스에도 잘 알려진 당대 최고의 명물이었다. 프톨레마이오스 왕이 유클리드(Euclid of Alexandria, BC c.325~c.265)에게 기하학을 더 쉽게 배울 수 있는 방법이 있는지 물었을 때, 유클리드의 대답은 다음과 같았다. "기하학에 왕도(Royal Road)는 없습니다."

BC 546년, 리디아를 정복한 이후 키루스는 리디아의 금화를 모방해서 페르시아 금화를 주조했다. 리디아 금화 모방은 키루스가 처음은 아니었다. 에게해와 이오니아해 주변의 거의 모든 도시 국가가 리디아 금화를 모방하였으니까. 하지만 페르시아의 금화 제조는 에게해, 이오니아해 주변 도시 국가의 동전 모방과는 그 의미가 완전히 달랐다. 왜냐하면 리디아 금화 모방 당시 페르시아는 소아시아 전역, 흑해 및 카스피해 남부, 이란 서쪽 지방을 아우르는 大 제국이었기 때문이다. 나아가 키루스는 리디아 정복 이후 아시리아, 바빌론, 이집트 등을 차례로 정복하면서 제국의 영역이 소아시아, 북아프리카, 중동, 인도 서쪽까지 확대되었다.

---

1   피터 프랭코판, 『실크로드 세계사』, 책과함께, 2017, p. 24

특히 이집트의 파라오 무덤에는 막대한 양의 금을 사용한 장신구들이 보관되어 있었는데, 페르시아가 이집트를 점령하면서 파라오들의 무덤은 황금을 캐기 위한 주요한 약탈 대상이 되기도 하였다. 이집트의 파라오 무덤으로부터 얼마나 많은 양의 금이 페르시아로 흘러 들어갔는지는 정확한 기록이 없다. 그러나 고대부터 이집트 파라오가 엄청난 양의 금을 사용하여 자신의 무덤에 이를 보관하고 있었으므로, 페르시아의 약탈로 이 중 상당 부분의 금이 페르시아로 흘러 들어간 것은 거의 확실해 보인다.

이처럼 페르시아 제국이 정복 지역에서 확보한 금으로 만든 금화 동전 화폐를 도입하면서, 금이 단순한 장신구 재료가 아니라 화폐의 재료라는 인식이 확고해졌다. 특히 리디아의 금화는 국가가 발행권을 독점했고 순도가 높았다는 특징이 있었는데, 키루스는 이 특징을 그대로 계승했다. 즉 페르시아의 금화는 오직 왕실만이 발행 권한이 있었다. 왕실이 아닌 다른 이들이 금화를 주조하면 사형에 처했다.

금화와 은화를 사용한 복본위제 화폐 또한 페르시아의 기본적인 화폐 제도로 정착되었다. 다만 은화의 경우에는 금화와 달리 왕실이 독점적으로 주조권을 보유하지 않았다.[2] 그리스 주변의 해안 도시에서 주조한 은화가 페르시아 제국에서 주조한 은화보다 페르시아에서 더 많이 유통될 정도였다. 이는 금화와 은화 모두를 왕실에서 주조할 경우, 페르시아 경제에서 필요한 화폐량보다 부족할 가능성이 많았기 때문이기도 하다.

(2) 다리우스 1세(Darius the Great) 왕의 금화 혁명

키루스의 아들 캄비세스 2세(Cambyses II, BC 559~530)에 이어 페르시아 황제가 된 다리우스 1세(Darius the Great, BC 550~486)는 키루스 대왕이 확장시킨 영토의 내실을 다

---

2   Pierre Briant, 『*From Cyrus to Alexander, A History of the Persian Empire*』, Eisenbauns, 2002, p. 409.

지는 데 주력했다. 다리우스 1세는 지방 총독인 사트라프 출신으로 캄비세스 2세와 그의 동생 스메르디스(Smerdis)와의 권력 다툼 과정에서 우여곡절 끝에 황제가 된 인물이다.[3] 이 때문에 다리우스 1세는 확장된 영토 내에서 자신에게 반항하는 이들에 대해서는 "피가 바다를 이룰 정도로" 무자비하게 진압했다.[4] 그는 반란을 일으킨 지역을 정복한 후 반란 우두머리의 코와 귀를 자르고, 한쪽 눈을 파내고, 말뚝에 꿰어 죽이는 것을 즐겼다고 한다.[5] 반란과 관련되어 있으면 정복 전쟁도 마다하지 않았다. 예컨대 BC 494~493년 이오니아 지방의 반란을 진압하는 과정에서, 이오니아 지방의 반란을 원조한 그리스 도시 국가들까지 모조리 정복하려고 시도했다. BC 491년 다리우스 1세가 그리스 도시 국가들에 보낸 특사가 복종의 의미로 "흙과 물"을 요구한 장면은 영화 「300」을 통해 일반인에게도 잘 알려져 있다.[6]

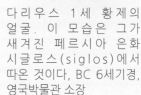

다리우스 1세 황제의 얼굴. 이 모습은 그가 새겨진 페르시아 은화 시글로스(siglos)에서 따온 것이다, BC 6세기경, 영국박물관 소장

---

3   스메르디스는 헤로도토스가 부른 이름이고, 다리우스가 직접 새긴 비시툰 비문(혹은 베히스툰 비문, the Rock of Behistun)에 새겨져 있는 동생의 이름은 바르디야(Bariya)이다. (즉 기록마다 이름이 다르다.) 비시툰 비문에 따르면 캄비세스 2세는 자신의 권력 유지를 위해 동생 바르디야를 몰래 죽였는데, 가우마타(Gaumata)라는 이가 동생을 사칭해 BC 522년, 반란을 일으켜 아케메니드 왕조를 접수했다. 헤로도토스의 이야기는 이와 약간 다르다.(Herodotus, *Ibid*, Book Ⅲ) 그에 따르면 캄비세스 2세는 BC 525년, 이집트 원정을 가면서 수도 수사(Susa)의 국정을 파티제이테스(Patizeithes)에게 맡겼다. 원정을 떠난 뒤 캄비세스 2세는 자신보다 훨씬 통치 능력이 뛰어났던 동생 스메르디스를 프렉사스페스(Prexaspes)라는 자객을 시켜 암살했다. 캄비세스의 동생이 암살당하자 파티제이테스는 스메르디스와 용모가 흡사한 자신의 동생 가우마타를 캄비세스의 동생이라고 주장하고 그를 왕으로 옹립했다. 무엇이 진실인지 알 수 없으나 반란이 일어난 시점에 캄비세스 2세는 부친이 정복하려던 이집트를 정복하고 그곳에 머무르고 있었다. 반란 소식을 듣고 수도인 수사(Susa)로 귀국하던 캄비세스 2세는 그해 여름, 알 수 없는 이유로 갑자기 사망했다. 캄비세스 2세의 측근이었던 다리우스 1세는 그의 죽음에도 불구하고 오타네스, 인타프레네스, 고브리아스, 히다르네스, 메가비수스, 아스파티네스 등 6명의 귀족들과 함께 반란을 진압하고, 가우마타를 죽였다. 일설에 따르면 누가 왕이 될 것인지 정하는 방식은 5명(오타네스는 기권)이 말을 타고 성 밖으로 나가 잠자지 않고 버틴 뒤 해가 뜰 때 가장 먼저 우는 말의 주인이 왕이 되는 방식이었다고 한다. 다리우스는 미리 자신의 말이 좋아하는 암말의 국부를 문지른 헝겊을 주머니에 넣고, 해가 뜨자마자 그 주머니를 열어 자기 말의 코에 갖다 대어 흥분한 자신의 말이 가장 먼저 울면서 왕이 되었다고 한다.

4   에이미 추아, *앞의 책*, p. 46

5   에이미 추아, *앞의 책*, p. 51

6   이때 대다수의 그리스 도시 국가는 다리우스 1세의 명성에 겁을 먹고 페르시아에 복종했다. 다만, 아테네와 스파르타만이 거부했다. 다리우스 1세는 BC 490년 군대를 아테네로 보냈으나, 그 유명한 마라톤 전투에서 아테네에 패했다. (1차 페르시아-그리스 전쟁) 시쳇말로 뚜껑이 열린 다리우스 1세는 대규모 모병을 시작했지만, 이번에는 이집트에서 반란이 일

반란 진압 외에도 다리우스 1세는 제국의 경제적 기틀을 다지는 데 몰두했다. 우선 그는 새로운 수도 페르세폴리스 건설을 완성했고, 도로망, 왕실 우편제도, 화재 경보 등의 행정 기반 마련에 전력을 기울였다. 특히 왕실 우편제도는 말을 갈아타며 우편을 전하는 배달 시스템으로 전 세계 최초였다. 나아가 그는 페르시아 최초의 해양 함대를 운용했다. 페르시아인들은 해상 경험이 없었으므로, 페니키아인, 그리스인, 이집트인들을 적극 고용했다. 다리우스 1세는 수메르인들과 마찬가지로 해상교역을 위해 운하도 건설했다. 즉, 다리우스 1세는 지중해와 홍해를 잇는 운하를 건설하여, 지중해 경제까지 페르시아 제국의 경제적 권역 내로 편입시켰다. 개념적으로 수에즈 운하를 최초론 건설한 이는 프랑스 건축가 레셉스도, 영국 총리 디즈레일리도 아닌, 페르시아의 다리우스 1세였던 셈이다. 헤로도토스의 말대로 다리우스 1세는 모든 것마다 이문을 남기는 "장사꾼"과 같았다.

무엇보다 빼놓을 수 없는 그의 업적이 바로 동전 화폐의 개혁이다. 우선 다리우스 1세는 기존의 동전 화폐 앞면에 새겨진 동물상을 페르시아의 신인 아후라 마즈다 상이나 사냥하는 모습 등의 역동적인 모습, 페르시아 핵심 병과인 궁병의 활 쏘는 모습처럼 역동적인 문양으로 바꾸었다. 아후라 마즈다

왼편은 다리우스 1세 시절 금화 다릭, 오른편은 은화 시글로스. 양 화폐 모두 페르시아 군의 가장 핵심 병과인 궁병을 새겨 넣었다. BC 500년경, 사르디스 출토. 영국박물관 소장

는 다리우스 1세가 "신들 가운데 으뜸"이며 "아리아인들의 신"이라고 칭송한 조로아스터교 최고의 신이다.[7] 나중에는 아후라 마즈다의 모습을 자신의 인물상으로 대체하는데, 동전 화폐에서 자신의 초상을 새겨 넣은 역사상 최초의 인물이 바로 다리우스 1세인 셈이다.

어났다. 다리우스 1세는 이집트 원정 준비 과정에서 사망했고, 2차 그리스 원정은 그의 아들 크세르크세스 1세가 수행하게 된다.

7 에이미 추아, *앞의 책*, p. 47

이는 다리우스 1세 자신이 최고의 권위를 가진 신과 동등한 위상을 가지고 있었다는 상징적인 의미이기도 했다. 어떤 측면에서는 동전 화폐에 자신의 초상을 새겨 넣는 것은 제국을 실질적으로 통치하는 지배자라는 강력한 정치적 의미를 포함한 것이기도 했다. 후일 알렉산더 대왕이 페르시아를 점령했을 때, 알렉산더 대왕은 다리우스 황제가 새겨진 페르시아 동전을 모두 모아서 녹인 후 자신의 초상화를 넣은 동전을 새로이 주조했다. 이는 동전 화폐에 초상화를 새겨 넣는 것이 정치적으로 얼마나 중요한 의미를 가지고 있는지 보여 주는 가장 대표적인 사례이다.[8]

키프로스의 도시 국가에서 주조된 알렉산더 대왕 은화 동전. 이 동전은 키프로스의 파포스(Paphos)에서 주조된 것이다. 다만 알렉산더의 갈기 밑에 파포스 마지막 왕인 니코클레스(Nikokles)왕의 이니셜이 은밀하게 새겨진 것으로 보아, 기존의 키프로스 동전을 활용하여 알렉산더 대왕의 사망(BC 323) 후에 주조된 것으로 보인다. 이처럼 동전에 새겨진 왕의 초상은 왕의 정치력과 매우 밀접한 관련성을 가지고 있었다. BC 323년경, 키프로스 파포스 출토. 영국박물관 소장

나아가 페르시아의 동전 화폐는 그 모양도 리디아보다 훨씬 정형화되고 정교하였다. 리디아의 동전은 모양이 정형화되지 않은 잉곳이었다. 동전이라고 부를 만한 모양이 아니었다. 반면, 페르시아의 동전은 거의 완전한 원형에 가까운 동전이었다. 특히 서양에서는 프랑스나 영국이 17세기에나 가서야 도입한, 동전 외곽의 톱니바퀴 모양(mill)도 페르시아인들은 이 당시부터 도입하여 사용하고 있었다. 동전 외곽의 톱니바퀴는 동전이 훼손되었을 경우 훼손되었음을 표시하는 기능을 한다. 이는 동전의 훼손을 방지하기 위한 국가 정책의 일환이었다. 페르시아인들은 서양인들보다 무려 2,000년 이상 앞서 이 장치를 동전에 도입한 것이다.

마지막으로 페르시아에서는 금화나 은화 동전 화폐로 세금을 납부할 수 있게

8 이에 따라 다리우스 1세의 초상이 새겨진 금화나 은화는 매우 희귀하여, 이 동전을 보유한 전 세계 박물관은 몇 개가 되지 않는다고 한다. 다리우스 금화와 은화가 가장 많이 보관된 박물관은 런던의 영국박물관이다.

허락했다.[9] 메소포타미아 지역에서 거의 최초로 세금을 부과했던 왕은 아시리아의 티글라트 필레세르 3세(Tiglath-Pileser III, BC ? ~ 727)이다.[10] 티글라트의 세금 부과는 지리멸렬한 지방 도시들의 연합체였던 아시리아를 강력한 중앙집권적 통치 국가로 변모시킨 결정적 계기이기도 하였다. 아시리아는 특히 철기를 체계적으로 무기에 활용한 최초의 국가였다. 원래 철기를 처음

아시리아의 왕인 티글라트 필레세르 3세. 그는 메소포타미아 지역에서 사상 최초로 중앙에서 세금을 부과한 왕이다. 그의 오른손에 있는 손목시계가 매우 인상적이다. BC 728년경, 님루드(Nimrud) 중앙 궁전 출토. 영국박물관 소장

사용한 국가는 히타이트 민족이지만, 군대 전반에 광범위하게 철기를 도입하여 체계적으로 사용한 나라는 아시리아가 처음이다. 나아가 아시리아는 기병과 공성전에 매우 능했다. 기병의 경우 아시리아는 말이 2마리에 불과했던 경전차가 아니라 4마리였던 중전차가 주력이었다. 공성전에 사용되는 무기 또한 성벽에 접촉하는 공성추, 공성탑 외에 성벽에 접촉하지 않고 성벽을 공격할 수 있는 투석기도 아시리아는 보유하고 있었다. 아시리아의 뛰어난 공성전 장면은 아시리아 수도 니네베의 궁전에 묘사된 석조 부조에 상세히 묘사되어 있다.

---

9 Peter L. Bernstein, *Ibid*, p. 40.

10 아시리아 이후 등장하는 페르시아도 아시리아의 중앙집권적인 세금 제도를 채택하면서 강력한 제국으로 부상할 수 있었다. 이안 모리스, *앞의 책*, p. 349

왕실 도서관을 인류 역사상 처음으로 만든 것으로 알려진 아시리아의 아슈르 바니팔(Ashurbanibal, BC 685~627) 왕은 이와 같은 저력을 바탕으로 제국 팽창정책을 추구했고, 당시 최강대국이었던 아시리아 서쪽의 고대 이집트 주요 도시를 정복했다. 즉 BC 671년 멤피스, BC 663년 테베를 점령하였고, BC 653년에는 동쪽의 강국인 엘람의 수도인 수사까지 점령했다. 그가 남긴 기록에는 아시리아가 얼마나 강성했는지, 그가 얼마나 자부심 넘치는 인물인지 엿볼 수 있다.

> "수사, 위대하고 신성한 도시,
>
> 그들이 모시는 신들의 거처, 그들이 감춘 신비의 영토를 내가 정복했노라.
>
> 내가 그 궁에 들어가 금은과 재화와 부가 축적된 금고를 열었노라...
>
> 내가 수사의 신전을 파괴하고 구리로 된 그 빛나는 뿔을 산산이 부수었노라.
>
> 내가 엘람의 사원을 잿더미로 만들어 그들의 신과 여신을 바람에 흩뿌렸도다.
>
> 고금의 왕들이 묻힌 무덤을 내가 짓밟아 햇빛이 들게 했으며,
>
> 그들의 유골을 아슈르의 땅으로 가져갔도다.
>
> 내가 엘람 지방을 폐허로 만들고 ,
>
> 그 땅에 소금을 뿌렸도다."[11]

아시리아의 뛰어난 철제 군사 무기·중전차와 기병대·공성전 기술과 세금 부과를 통해 티글라트 왕이 도입한 정치, 사회적인 체계화로 인해 아시리아는 수수께끼의 BC 1200년 이후 서양에서 최초로 등장한 제국으로 부상한다. 이후 등장하는 페르시아도 아시리아가 처음으로 도입한 중앙집권적인 세금 제도 때문에 강력한 제국으로 부상할 수 있었다. 다만 아시리아의 필레세르 3

아래쪽에 창을 들고 무릎 꿇은 정복민을 밟고 있는 아시리아의 왕 티글라트 필레세르 3세(Tiglath-Pileser III, BC ? ~ 727). BC 728년경, 님루드(Nymrud) 출토. 영국박물관 소장

---

11 제러미 블랙, *앞의 책*, p. 31

세처럼 페르시아 이전 고대 국가의 경우에는 세금을 현물로 징수하는 것이 일반적으로 당연한 관행이었다. 페르시아 이전에는 곡물이나 가축, 토지, 보석, 금괴 등이 국가에 세금으로 바쳐졌고, 고대 국가들은 이를 자연스럽게 생각했다.

바빌론인들을 포로로 잡고 이를 지키는 아시리아 병사(가장 좌측). 어떤 포로는 불을 쬐고 있고, 어떤 포로들은 서로 이야기하고 있으며, 어떤 포로들은 가방에서 음식을 꺼내 먹거나 물을 마시고 있다. 아슈르바니팔 통치 시대 때 제작된 것으로 추정. BC 668~630년경, 영국박물관 소장

하지만 페르시아의 다리우스 1세는 세금 징수의 패러다임을 완전히 바꾸었다. 즉, 다리우스 1세는 동전 화폐로 세금을 징수했다. 다리우스 1세의 이 과감한 조치는 화폐 경제의 놀랄 만한 발달을 가져온 그야말로 혁명적인 조치였다. 화폐 경제의 급진전으로 상인들은 왕을 위해 일하는 것이 아니라 독자적인 사업을 수행할 수 있는 기틀이 마련되었다. 그 결과 페르시아는 이전 역사의 어떤 시대보다 화려한 상업적인 번영을 구가했다. 특히 페르시아인들은 이집트 흑단, 레바논 삼나무, 박트리아 순금, 소그드의 보석, 호라즘의 터키옥, 인도의 상아 등 사치품을 특히 좋아했는데, 화폐 경제의 발달로 사치품 소비경향이 더욱 촉진되기도 하였다. 헤로도토스에 따르면 페르시아인들은 새로운 사치품이 있다는 소문만 들어도 그것을 손에 넣고 싶어 안달이었다고 한다.[12]

---

12   피터 프랭코판, *앞의 책*, p. 25

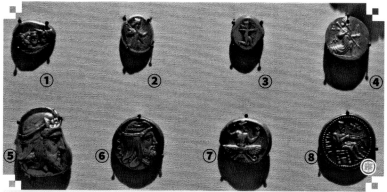

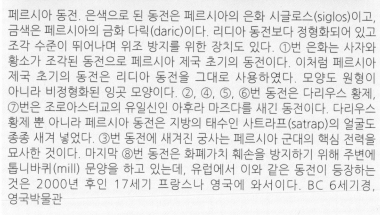

뒤집어서 보면 이와 같은 혁신적인 조치가 가능했다는 것은, 페르시아 동전이 얼마나 구매력이 있었고 보편적으로 사용되었는지를 보여 주는 강력한 증거이기도 하다. 나아가 엄청난 영역에 이르

페르시아 동전. 은색으로 된 동전은 페르시아의 은화 시글로스(siglos)이고, 금색은 페르시아의 금화 다릭(daric)이다. 리디아 동전보다 정형화되어 있고 조각 수준이 뛰어나며 위조 방지를 위한 장치도 있다. ①번 은화는 사자와 황소가 조각된 동전으로 페르시아 제국 초기의 동전이다. 이처럼 페르시아 제국 초기의 동전은 리디아 동전을 그대로 사용하였다. 모양도 원형이 아니라 비정형화된 잉곳 모양이다. ②, ④, ⑤, ⑥번 동전은 다리우스 황제, ⑦번은 조로아스터교의 유일신인 아후라 마즈다를 새긴 동전이다. 다리우스 황제 뿐 아니라 페르시아 동전은 지방의 태수인 사트라프(satrap)의 얼굴도 종종 새겨 넣었다. ③번 동전에 새겨진 궁사는 페르시아 군대의 핵심 전력을 묘사한 것이다. 마지막 ⑧번 동전은 화폐가치 훼손을 방지하기 위해 주변에 톱니바퀴(mill) 문양을 하고 있는데, 유럽에서 이와 같은 동전이 등장하는 것은 2000년 후인 17세기 프랑스나 영국에 와서이다. BC 6세기경, 영국박물관

는 페르시아 제국에 거주하는 모든 이가 왕실에 세금을 납부해야 했으므로, 페르시아 동전 화폐의 수요는 급격히 팽창했다. 이에 따라 다리우스의 동전 화폐는 중동은 물론이고 중앙아시아, 아프리카, 심지어는 발트해 부근에서도 발견된다.[13]

그리스인들은 페르시아 제국 아케메니드 왕조의 표준 금화를 다릭^(Daric)이라고 불렀다. 다릭의 별칭은 다레이코스 스타테르^(Dareikos Stater)이다. 스타테르는 리디아에서 처음으로 만든 단위이다. 다릭이라는 명칭은 화폐 통일을 강력히 추진했던 다리우스 1세의 이름에서 비롯된 것으로 추정된다.[14] 다릭의 무게는 8.3그

---

13 Peter L. Bernstein, *Ibid*, p. 40

14 혹자는 dari가 페르시아어로 "금으로 만든(golden)" 이라는 뜻으로, 여기에서 유래한 것이라고 주장하기도 한다.

램으로, 그리스 금화보다 약간 무거웠다. 다릭은 순도가 95%에 이르는 매우 품질이 높은 금화였다. 아케메니드 왕조의 은화는 그리스의 드라큼과 대비하여 시글로스 혹은 시쿨루스 (siglos or siculus)라 불렀다. 시글로스는 5.4그램이었다.

아케메니드 페르시아 왕조의 지방통치자 사트라프가 발행한 은화 동전. 가장 좌측 ①은 BC 400년경, 티사페르네스(Tissaphernes, BC c.445~c.395) 통치하의 이아수스(Iasus)에서 발행된 은화 스타테르. 티사페르네스는 펠로폰네소스 전쟁 때 아테네를 지지하다가, 다리우스 2세의 둘째 왕자 키루스(Cyrus the Younger)가 교체해 버린다. 중간 ②는 BC 395~394년경, 파르나바조스(Pharnabazus II, BC c.435~c.378) 통치하의 키지쿠스(Cyzicus)에서 발행된 은화 스타테르. 파르나바조스는 펠로폰네소스 전쟁 때 스파르타를 지지하여 아테네와 대립했지만, 스파르타가 승리한 이후에는 오히려 스파르타로부터 공격받는다. 동전의 앞면에는 사트라프가 쓰고 다녔던 두건을 두른 파르나바조스의 모습이고, 뒷면에는 배의 앞부분 모습이다. 가장 우측 동전 ③처럼 뒷면에 뱃머리를 새기는 전통은 로마 시대의 청동 동전 조각에 그대로 이어진다. 사트라프는 이처럼 은화는 발행할 수 있었지만, 금화는 발행할 수 없었다. 영국박물관 소장

다리우스 1세

당시 금화와 은화의 교환 비율은 1:20으로, 리디아보다 은화의 가치가 낮은 것이 특징이다. 페르시아 은화인 시글로스는 다릭보다 훨씬 광범위하게 사용되었다. 예컨대 다리우스 1세와 그의 아들 크세르크세스가 정복 전쟁을 위해 군대를 동원하고 물자를 조달할 때는, 금화보다는 은화인 시글로스를 사용했다. 다릭과 시글로스는 최소한 페르시아 제국 초기에는 오직 리디아의 수도 사르디스에서만 주조했다.[15] 다만 시간이 흐르면서 은화만큼은 지방 총독인 사트라프 (satrap)가 군사적인 필요가 있을 경우에는 자체적으로 주조하는 것을 허용했다.[16] 이렇게 해서 필요할 경우 제국 전체에서 대규모 군대를 신속하게 효율적으로 징집할 수

---

15 Pierre Briant, 『From Cyrus to Alexander, A History of the Persian Empire』, Eisenbauns, 2002, p. 409.

16 ■■■ 키루스는 정복 후 해당 지역 통치자를 몰살시키지 않고 오히려 이전의 호화 생활을 보장했다. 다만 그 통치자의 통치권만은 완전히 박탈했는데, 박탈한 지방의 통치권을 맡긴 이가 바로 자신이 파견한 사트라프였다. 사트라프는 주로 페르시아 귀족 출신이었고, 정복민의 문화를 최대한 존중했다고 한다. 키루스의 사트라프는 이후 페르시아 제국 운영의 핵심 기반으로 자리 잡는다. 다리우스 1세도 사트라프 출신이다.

있었다.

이렇게 보면 역사상 동전 화폐를 처음으로 만든 나라는 리디아가 아니라, 페르시아라고 하는 게 더 정확한 평가가 아닐까? 필자는 리디아가 기본적인 동전 화폐의 아이디어를 처음으로 만든 것은 맞지만, 이를 동전 화폐로 제도화하고 정착시키는데 가장 크게 공헌한 국가는 페르시아라고 평가하는 것이 더 정확하다고 본다.

특히 헤로도토스는 그리스인으로 자신의 국가를 정벌하려고 하였던 페르시아에 대해 매우 적대적이었다. 예컨대 헤로도토스의 『역사』는 페르시아를 전제군주제의 나라로 비하하고 아테네 도시 국가를 민주주의의 상징으로 칭송하면서 다소 왜곡된 역사관을 가지고 있다. 『제국의 미래』 저자인 에이미 추아^(Amy Chua, 1962~)는 헤로도토스의 페르시아 역사 묘사를 "사담 후세인이 미국 역사를 쓰는 것"과 같다고 비유하였다.[17]

2차 페르시아-그리스 전쟁을 소재로 한, 영화 「300」을 통해 일반인에게도 잘 알려진 BC 480년의 테르모필레 전투^(Battle of Thermopylae)에서도 헤로도토스는 다리우스 1세의 아들 크세르크세스의 병력을 보병 170만, 기병 8만, 동맹군 32만 명 등 260만으로 기록하고 있다. 이는 300명 내외의 소수 정예 스파르타 전사들과 이들에 합류한 다른 그리스인들의 용맹성을 강조하기 위해 헤로도토스가 페르시아의 병력 수치를 지나치게 과장했다는 것이 정설이다.

특히 역사상 가장 많은 인력이 투입된 전쟁은 1941년 6월 22일, 일명 바르바로사 작전^(Operation Barbarossa)으로 알려진 독일의 소련 침공이었다. 이 당시 독일, 오스트리아, 헝가리, 이탈리아 등 추축국의 인구를 모두 합치면 1억이 안된 8~9천만 명 수준인데, 이때 소련에 투입된 독일 추축국의 병력이 약 300만 명 내외였다. 따라서 헤로도토스가 이야기한 병력 260만 명은 기원전 5세기 인구 수준을 감안했을 때 터무니없는 과장이다. 필자는 테르모필레 전투에 참여한 그리스군

---

17 에이미 추아, *앞의 책*, p. 49

또한 300명이 아니라, 정예의 스파르타 군인 300명을 포함하여 대략 2~3천 명은 되었을 것이라고 본다.

특히 리디아는 델포이 신전에 엄청난 금괴를 기증하고 신탁할 만큼 그리스에 대해 매우 우호적인 국가였다. 그리스가 처한 상황에서 신탁을 대가로 막대한 양의 금괴를 기증하는 리디아에 대해서 우호적인 것은 어쩌면 너무나 당연한 일일지도 모르겠다. 아울러 고대 그리스 국가 중 강성했던 스파르타는 리디아의 혈맹이기도 했다. 따라서 리디아를 멸망시킨 키루스의 페르시아 제국에서 설사 동전 화폐를 만들었다고 하더라도, 헤로도토스가 이를 객관적으로 서술했을지 필자는 의문이다. 실제로 크로이소스는 자신이 금으로 만든 동전 잉곳을 돈$^{(money)}$이라고 하지 않고 보물$^{(treasure)}$이라고 표현했다고 한다.[18] 이는 크로이소스가 동전 "화폐"라는 개념을 가지고 있었다기보다는, 금과 은으로 만든 동전 모양의 잉곳 "보물"의 개념을 가지고 있었음을 보여 주는 것이다. 이는 필자의 주장대로 최초의 동전 "화폐"를 주조한 국가는 리디아가 아니라, 페르시아임을 보여 주는 대표적인 일화는 아닐까?

---

18   Peter L. Bernstein, *Ibid*, p. 38

05 고대 그리스의 황금 ①
알렉산더 대왕의 Military Financing

파르테논, 아테네 소재

(1) 금화 제국, 마케도니아

　최초의 동전 제조지역이 어디이든, 기원전 6세기를 전후한 시점부터 지중해, 소아시아, 메소포타미아 지역에서 금화와 은화 동전이 매우 광범위하게 사용되었다는 것은 거의 확실한 사실이다. 특히 페르시아가 이 지역의 패권을 향유하고 동전 화폐를 광범위하게 사용하면서, 국제무역의 기본 결제 화폐로서의 금화와 은화 위상은 더욱 확고해졌다.

　동전 유통이 활발해지면서 이 지역에서는 화폐 경제가 거의 완벽하게 작동하고 있었다. 달리 말해 이제 금과 은만 있으면, 금화와 은화를 주조해서 무엇이든 할 수 있었다! 예컨대 거대한 섬도, 친구도, 지식이나 지혜도, 심지어 육체적 아름다움도 황금과 은으로 만든 동전만 있으면 언제든지 구매할 수 있었다. 그리스 극작가 소포클레스[Sophoklēs, BC c.497~c.406]의 말에 따르면 황금이나 은만 있다면 추잡한 독재자도 신의 바로 옆자리에 앉을 수 있었다. 지중해 유역 국가들에게 황금 동전이란 군대의 식량, 선박에 선적된 해외 특산물, 아이 양육비, 빵·채소·양파·마늘·와인 등의 먹고 마실 것을 의미했다.

　특히 전쟁이 터지면 은화 동전은 무력이면서 동시에 국력을 의미했다. 예컨대 스파르타와의 전쟁에 대비해 '올림포스의 신'이라고 불렸던 페리클레스[Pericles, BC 495~429]가 아테네 시민들의 사기를 북돋기 위해 강조한 것은 펠로폰네소스인들은

마케도니아와 주변 그리스 도시 국가들

개인도 국가도 돈이 없지만, 아테네의 아크로폴리스에는 6천 탈란트에 이르는 은화 동전이 보관되어 있다는 사실이었다.[1] 페리클레스는 더 나아가 아주 급박할 경우, 아테나 여신상에 입혀진 순금 40 탈란트 또한 이를 떼어 내어서 전쟁을 치를 수도 있다고 말했다.[2] 희극 작가 아리스토파네스(Aristophanes, BC c.446~c.385) 또한 아테네인들이 올림포스산의 신전에 동전만 남아 있다면 끝까지 싸울 것이라고 평가하기도 하였다.[3]

이처럼 절대 권력을 보유하게 된 금화와 은화로 인해 약소 국가에서 일약 동서양을 아우르는 대제국으로 성장한 대표적인 국가가 바로 마케도니아이다. 그리스 북부의 척박한 땅에 위치한 마케도니아는 지중해 유역에서 에게해나 이오니아해보다 문명 수준이 매우 떨어진 낙후된 도시 국가였다. 페르시아와

앰피폴리스에서 발굴된 동전. 이 동전에 새겨진 인물은 누굴까? 필리포스 2세가 아닐까? BC 4세기경. 리스본 굴벤키안 박물관 소장

---

1 투키디데스, *앞의 책*, p. 152. ▨▨▨ 아크로폴리스 은화는 가장 많을 때는 9,700 탈란트에 이르렀고, 주조하지 않은 황금, 은, 페르시아로부터의 전리품 등은 500 탈란트에 이르렀다고 한다. 아테네인들은 이 돈 중 일부를 포테이다이아와의 전쟁에서 전비로 사용했다고 투키디데스는 기록했다.

2 ▨▨▨ 페리클레스의 두상은 원뿔형이어서, 그리스 사람들은 그를 '양파 대가리', '원뿔 대가리'라는 별명으로 부르기도 했다. 그리스 희극 배우들도 페리클레스의 머리 모양을 놀렸는데, 이 때문에 페리클레스는 대중 앞에 설 때 절대 투구를 벗지 않았다고 한다. 지금 남아 있는 페리클레스의 조각상 모두 투구를 쓰고 있다.

3 Richard Seaford, *Ibid*, p. 96

같은 발달한 제국 문명을 접하면서 국제교역이 매우 활발했던 지중해나 에게해 주변으로부터 지리적으로 떨어져 있었기 때문이다. 반면 아테네, 테베[(Thebe)], 코린토스, 아르고스, 라케다이몬[(스파르타)] 등은 지중해와 에게해로부터 가까운 곳에 위치해 있었으므로, 이 지역에서 최고의 번영을 구가하던 그리스 최강의 도시 국가였다.

이와 같은 불리한 여건에서 금화와 은화가 보유한 엄청난 잠재력을 간파하고, 금광과 은광을 열성적으로 찾아 나선 이는 알렉산더 대왕의 부친 필리포스 2세[(Philip II, BC 382~336)]였다. 우연히도 마케도니아 지방은 다른 그리스 도시 국가들과 달리 그리스에서 가장 긴 강인 할리아크몬[(Haliacmon)]강과 악시오스[(Axios)]강 주변에 농경에 적합한 비옥한 토지가 가까이 있어, 외부에 의존하지 않고 대규모 인

마케도니아에서 발굴된 동전. 가운데(②)는 필리포스 2세의 얼굴이 새겨진 금화 동전. 가장 좌측(①)에 새겨진 인물은 어린 소년의 얼굴인데, 누구의 얼굴일까? 독자의 상상에 맡기겠다. 가장 우측(②)은 마케도니아의 무장 전차. BC 4~5세기경. 리스본 굴벤키안 박물관 소장

구를 먹여 살릴 수 있었다.[4] 특히 마케도니아는 다른 그리스 지방과 달리 금광이 풍부한 지역과 가까이 있었다. 반면 그리스에서 가장 큰 폴리스였던 아테네 주변에는 금광이 없었다. 아테네 주변에는 대량의 은이 매장된 라우리온[(Laurion, 혹은 Laurium)]산의 은광만 있었을 뿐이었다.[5] 아테네가 금본위제가 아니라 기본적으로 은본위제였던 이유도 주변에 금광이 없었기 때문이다.

하여튼 필리포스 2세는 알렉산더 대왕이 태어나기도 전인 BC 357년, 그리

---

4   하지만 이런 지리적 이유로 해상무역 활동이 활발하지 못했고, 결국 테베나 아테네보다 선진 문물의 유입이 늦어 문명의 발달이 지체된 점도 있었다.

5   ▨▨ 에게해 서북쪽에는 시프노스(Siphnos)섬이 있는데, 이 섬에는 금과 은이 매우 풍부했다. 다만 아테네로부터는 다소 멀어서 아테네의 은광은 아테네 남동쪽, 수니온 곶에 위치한 라우리온 산의 은광에서 나왔다. 헤로도토스는 시프노스 사람들이 에게해에서 가장 부유한 사람이라고 묘사했다.

스 북쪽 지역, 마케도니아 남동쪽 스트뤼몬(Strymon)강 하구에 위치하여 다량의 금이 산출되는 도시인 앰피폴리스(Amphipolis)를 점령했다.[6] 앰피폴리스는 소아시아 반도의 맞은편인 트라키아(Thracia 혹은 Thrace) 지방을 접하는 마케도니아의 국경 도시로, 아테네와 스파르타가 번갈아 가면서 통치한 적이 있는 전략적 요충지였다. 필리포스 2세가 왕위에 오른 해가 BC 359년이고 이때 그의 나이 23세였으므로, 필리포스 2세는 왕이 된 지 불과 2년 후인 25세에 주변의 금광을 차지하기 위한 군사작전을 수행할 만큼 영민한 왕인 셈이다. 필리포스 2세는 앰피폴리

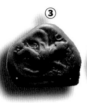

스에 마케도니아 총독을 직접 파견하여 마케도니아 영토로 완전히 편입시킬 만큼 이 도시에 각별한 애정을 드러내었다. 필리포스 2세의 아들인 알렉산더 대왕도 트라키아 지

북부 그리스의 은화 동전들. 좌측부터 ① 님프를 납치하는 사티르(Satyr)를 표사한 타소스(Thasos)의 스타테르, ② 디오니소스에 헌정하는 말을 묘사한 멘데(Mende)의 테트라드라큼, ③ 그리핀을 묘사한 테오스(Theos)의 옥타드라큼, ④ 황소를 몰고 가는 목동을 묘사한 오레스키(Orescii)의 옥타드라큼. BC 500년경, 영국박물관 소장

방을 점령하기 위한 함대를 이 도시에서 출발할 만큼 이 도시의 전략적 중요성은 갈수록 커져갔다. 알렉산더 대왕 사후 록산느 왕비가 쫓겨난 곳도, 암살된 곳도 바로 이곳 앰피폴리스이다.

이후에도 필리포스 2세는 판게오(Pangeo)산에 존재하는 금광, 북서 그리스에 위치한 할키디키(Chalkidiki) 지방의 카산드라(Kassandra) 금광, 그리스 북부의 타소스(Thasos)섬에 위치한 금광,[7] 오늘날 불가리아와 그리스 접경 지역인 트라키아 지방

---

6 앰피폴리스는 "도시 주변(around the city)"이라는 뜻이다. 투키디데스는 이곳의 원래 이름이 "아홉 갈래 길"이라 부르던 곳이었는데, 스트뤼몬강이 도시 주변을 흐르고 있어 하그논(Hagnon, son of Nikias)이라는 아테네 정치인이 앰피폴리스라는 이름을 지었다고 주장했다. 투키디데스, 앞의 책, p. 388

7 타소스섬에 처음으로 진출한 이들은 BC 10세기를 전후의 페니키아인이다. 이후 그리스 도시 국가인 파로스(Pharos) 섬의 지배를 받았다가, BC 340년 마케도니아의 필리포스 2세가 점령하였다. 금광과 은광 이외에도 사과 향이 나는 독특한 와인인 타소스 와인의 산지로 와인 교역을 통해서도 경제적으로 크게 번영했다.

의 금광과 은광들을 찾아서 이를 모두 장악했다.[8] 트라키아 지방의 금광 지역을 통제하기 위해 자신의 이름을 본떠 아예 명칭을 필리피(Philippi)라고 하는 신도시까지 건설한다. 필리피는 앰피폴리스와 니아폴리스(Neapolis, 오늘날 카발라, Kavala) 사이에 위치하여, 후일 로마가 BC 2세기경 오늘날 알바니아의 디라키움(Dyrrahchium, 현재의 두러스 Durrës)을 출발, 마케도니아와 트라키아 지방을 가로질러 비잔티움까지 건설한 850km의 에그나티아 가도(Via Egnatia)의 주요 거점이 되기도 한다. 한 기록에 따르면 필리포스 2세는 이 금광들에서 매년 1,000 아틱 탈란트(Attic talent), 약 26톤의 금을 채굴했다고 한다.[9]

앰피폴리스 전경과 스트뤼몬강. 가운데 양측으로 고대 도시의 유적이 보이고, 그림 한가운데로는 거대한 스트뤼몬강이 흐른다. 에스프리 뀌진느(Esprit Marie Cousinery, 1747~1833)의 『마케도니아 여행기(Voyage dans la Macédoine)』 삽화. 삽화는 프랑스 화가인 앙투안 조셉 랑글루메(Antoine-Joseph Langlumé, 1801~1870)의 1831년 작품. 출처: Wikipedia. Public Domain

BC 5세기경, 아테네의 숙련 노동자 혹은 중무장 보병의 일일 임금은 1드라크마였다.[10] 은화 1 탈란트가 대략 6,000 드라크마였으므로, 은화 1 탈란트는 1년을 365일로 가정하면 약 16명을 매년 고용할 수 있는 가치이다. BC 4~5세기경에는 금화가 은화 가치의 대략 10~15배였으므로, 금화 1,000 탈란트면 은화로 최소 1만 은화 탈란트이다. 숙련 노동자 임금과 중무장 보병의 임금이 거의 같았으므로, 1,000 금화 탈란트이면 매년 최소 약 16만 명의 병사를 신규로 채용하여 운용할 수 있는 규모인 셈이다.

---

8 이 지역은 오늘날에도 그리스에서 금이 가장 많이 산출되는 지역이다.

9 www.miningreece.com, 『Mining Greece: The goldmines of Alexander the Great』, 2014. 2017년 4월 금시세로 계산하면, 필리포스 2세가 채굴한 금의 가치는 단순 계산으로 10.7억 불이다.

10 투키디데스는 『펠로폰네소스 전쟁사』에서 아테네에서 팔레네(Pallene) 반도(오늘날 카산드라 반도)의 도시 포테이다이아(Poteidaia, 오늘날 카산드라, Kassandra)에 파견된 중무장 보병의 일당이 2드라크마이며, 이 중 1드라크마는 자신의 몫, 나머지 1드라크마는 병사의 무기와 식량을 옮기는 시종의 몫이라고 기록했다. 투키디데스, 앞의 책, p. 238

필리포스 2세는 자신이 점령한 광산에서 채굴한 금과 은을 재료로 동전을 주조했다. 마케도니아 왕국의 가장 큰 동전 제조소는 와인 산지로 유명한 람프사코스^(Lampsakos) 市에 위치해 있었다. 자신이 제조한 금화의 명칭은 필리페이오이^(Philippeioi)였다. 동전에는 그리스 최고의 신 제우스의 얼굴을 새겼는데, 제우스의 얼굴인지 필리포스 2세 자신의 얼굴인지는 독자의 상상에 맡기겠다. 마케도니아의 금화와 은화 교환 비율은 대략 1:10이었다. 당시 페르시아의 교환 비율은 1:13,5이었는데,[11] 이와 같은 교환 비율의 차이는 필리포스 2세 때 마케도니아가 페르시아보다 금이 많았다는 간접적인 증거이기도 하다.

BC 336년, 암살되기 전까지 23년을 마케도니아를 통치한 필리포스 2세는 이렇게 주조된 금화와 은화를 사용하여 농업 정책, 군사 정책, 과학·기술 정책 등 필요한 국가사업을 수행하였다. 그 결과 필리포스 2세의 통치 기간에 농업 생산량 증대, 인구 증대, 군사력 증대, 새로운 무기의 개발 등 놀랄만한 국부 신장의 성과가 이루어졌다. 다시 말해 그는 동전을 활용하여 황금과 설탕을 적절하게 융합했다. 아마도 이 과정에서 뱅커들의 역량이 결집하였을 가능성이 매우 높다.

이 시기에 뱅커들의 활동에 대한 직접적인 증거는 없지만, 정황상 뱅커들의 활발한 뱅킹 활동을 엿볼 수 있는 대목은 있다. 예컨대 고대 로마의 철학자 플루타르코스^(Plutarch, 46~120)는 필립포스 2세의 아들인 알렉산더 대왕이 동방 정벌을 위해 약 1,460 금화 탈란트의 자금을 빌렸다고 주장했다.[12] 나아가 기원전 324년, 알렉산더는 엘람^(Elam) 왕국 최대의 도시인 수사^(Susa)를 점령한 후, 그리스 장군과 현지 여성들의 결혼식을 중재하면서 성대한 향연을 베풀었다. 이 자리에서 알렉산더 대왕은 향연에 참가한 모든 이들이 빚진 9,870 탈란트의 빚을 자

---

11 Peter L. Bernstein, *Ibid*, p. 42. 2018년 평균 기준 금 1㎏이 대략 40,788불이고, 은 1㎏당 가격은 500불 정도이다. 따라서 2018년 기준 금과 은의 교환 비율은 약 81:1이다. 2023년 기준으로도 62,000불, 760불로 81:1 수준을 유지하고 있다.

12 Dr. Ioannis N. Kallianiotis, 『*The Management of Expenditures and Revenue by Alexander the Great During his Expedition to the Boundless Asia*』, American Research Journal of Business and Management, 2016, p. 7

어린 알렉산더를 아리스토텔레스에게 소개하는 모친 올림피아스. 네덜란드 화가 제라드 호엣(Gerard Hoet, 1648~1733)의 작품(연도 미상). 출처: Wikipedia. Public Domain

신이 모두 갚아 주겠다고 선언했다.[13] 이 선언 후에 알렉산더 대왕의 부하 장수인 애꾸눈 안티게네스(Antigenes, BC ?~316)는 거짓 증인을 내세워, 자신이 은행에서 돈을 빌렸음을 주장해 알렉산더 대왕으로부터 돈을 받았다는 일화도 있다. 이는 당시 금광과 은광 개발에 따라 돈을 빌려주는 뱅커들이 매우 활발히 활약했음을 보여 주는 구체적인 정황들이다. 특히 자신이 장악한 금광의 금으로 주조한 금화가 없었으면, 당대 그리스 최고의 철학자 아리스토텔레스를 아들인 알렉산더 대왕의 개인 교사로 데려온다는 것은 꿈도 꾸지 못했을 것이다.

때마침 그리스 도시 국가는 펠로폰네소스 전쟁(BC 431~404)이라는 내전을 거치면서 극도로 쇠약해진 상태에 있었다. 예컨대 이 전쟁 이전 폴리스의 맹주였던 아테네는 번영의 흔적을 찾아보기 어려울 정도로 완전히 파산한 상태였고, 이 전쟁에서 승리한 스파르타 또한 코린토스 전쟁(BC 395~387)과 테베-스파르타 전쟁으로 국력이 거의 소진된 상태였다. 국력이 소진된 상태에서 테베와 전쟁을 벌인 스파르타는 결국 테베에게 패권국가의 지위를 내주게 된다. 이처럼 투키디데스의 표현을 빌리면 펠로폰네소스 전쟁으로 인해 "그토록 많은 도시가 非 헬라스인들 또는 헬라스인들 자신에게 함락되어 폐허가 된 적이 없었다."[14] 이와는 반대로, 마케도니아는 국력이 대외적으로 팽창하지 않으면 안 될 정도로 강성했

---

13 Plutarch, 『Life of Alexander』, 1 - 77, Translated by Bernadotte Perrin, https://lexundria.com/plut_alex/1-77/prr

14 투키디데스, *앞의 책*, p. 45

다. BC 338년 8월, 필리포스 2세는 아들 알렉산더와 함께 보이오티아 외곽의 카이로네이아^(Chaironeia) 근교에서 당시 패권국가였던 테베와 아테네 연합군을 궤멸시켰다. 이로써 그리스 전역의 폴리스 동맹은 북쪽 촌구석 마케도니아에 완전히 무릎을 꿇었다.

필리포스 2세는 자신에게 저항했던 그리스의 폴리스들이 자신에게 충성을 맹세하고 병사와 자금을 마케도니아에 헌납한다면 이들을 용서하겠다는 조건을 내걸었다. 필리포스 2세의 자비에 놀란 폴리스들은 이 조건을 서둘러 받아들

필리포스 2세의 황금관. 그리스 베르기나(Vergina) 출토. Licensed under the Creative Commons Attribution-Share Alike 4.0 International. Author: DocWoKav, https://commons.wikimedia.org/wiki/File:Vergina_2.jpg

였다. BC 337년에 마케도니아가 주도하여 그리스의 도시 국가들을 자신의 통제 아래 두는 코린토스^(Corinthos) 동맹은 이와 같은 배경에서 탄생한 것이다. BC 477년 결성된 아테네 중심의 델로스 동맹은 해군, 함선, 공물 징발권을 맹주인 아테네가 보유한 일종의 경제 동맹체였고, 스파르타 중심의 펠로폰네소스 동맹은 공물 징발권은 없으나 스파르타의 국익을 보호하는 외교 동맹체였던 반면, 코린토스 동맹은 철저한 군사 동맹체였다. 즉, 코린토스 동맹은 구성원들의 헌법과 규범은 그대로 존중하되, 의장인 마케도니아의 왕이 요구하면 병력이나 선박을 제공할 의무가 있었다. 코린토스

동맹은 이후 알렉산더 대왕 동방 원정의 가장 기초적인 물리적 기반이 된다.

하지만 마케도니아의 급격한 팽창에는 어두운 면도 있었다. 일단 필리포스 2세가 주도한 코린토스 동맹은 많은 자금이 소요되었다. 특히 그가 창설한 중보병 팔랑크스^(phalanx)는 5m가 넘는 장창인 사리사^(sarissa)를 들고 다녔는데, 이 군대를 유지하는 데 많은 자금이 필요했다.[15] 나아가 필리포스 2세는 그리스 남쪽으

---

15 마케도니아의 중보병 팔랑크스 위주의 전법은 로마가 그대로 계승하여, 이후 1500여 년 동안 유럽 군대와 전법의 기본이 된다.

로 영토를 확장하는 과정에서 아테네, 테베, 스파르타 등 그리스의 많은 도시 국가들과 전쟁을 치렀다. 이 때문에 필리포스 2세가 암살당할 당시 마케도니아에는 금이 오히려 부족했다. 혹자는 필리포스 2세가 많은 빚을 지고 있었다고 주장하기도 한다. 하여튼 BC 336년, 필리포스 2세가 그의 딸 클레오파트라 결혼식 잔치에서 암살될 당시, 국고에 남아 있는 금화는 고작 60 아틱 탈란트였다고 한다.[16]

알렉산더 대왕의 얼굴 조각상. 알렉산더 대왕은 위대한 정복왕이었지만, 부친 암살의 배후에 있다는 의혹을 받는다. BC 2세기경, 페르가뭄(Pergamum) 출토. 이스탄불 고고학 박물관 소장

(2) 필리포스 2세의 암살 배후, 알렉산더 대왕?

5세기 말 아테네에서 숙련된 노동자의 평균 임금은 일당 은화 1 드라크마, 즉 은 4.3그램이었다.[17] 그런데 필리포스 2세가 알렉산더 대왕에게 물려준 병사는 약 35,000명이었다. 계산의 편의상 장교와 병사의 월급이 숙련 노동자의 일일 임금인 은화 1 드라크마로 같다고 가정하면 매일 최소 35,000 드라크마, 약 6 아틱 탈란트의 자금이 필요했을 것이다. 결론적으로 필리포스 2세가 남긴 60 아틱 탈란트는 마케도니아의 병력 35,000명을 단 10일간만 운영할 수 있는 말도

---

16   반론도 있다. 실제로 그리스의 베르기나(Vergina)에서 1977년 발굴된 필리포스 2세의 무덤을 보면, 11kg에 이르는 그의 관 전체가 24k 순금이었고 금으로 만든 화환도 발견되었다. 과연 필리포스 2세가 사망할 당시 마케도니아에는 금이 거의 없었을까? 한편 2019년 기준 은 1그램은 대략 0.5불, 2024년 기준 약 0.8불이다. 따라서 오늘날 명목 가치로 아테네 숙련 노동자의 일당은 약 2~4불이다. 오늘날 숙련 노동자의 일당이 약 100불 내외라고 하면, 당시와 오늘날 실질 가치는 약 25~50배 정도의 차이가 있는 셈이다. 한편 메소포타미아와 지중해 유역의 고대 국가에서 사용되었던 탈란트의 무게는 다음과 같다. 바빌론 – 30.3kg, 이집트 – 27kg, 그리스 – 26kg, 로마 – 32.3kg. 그리스의 탈란트는 아틱 탈란트(Attic talent) 혹은 아테네 탈란트(Athenian talent)라고도 불렀다. 금화 1 아틱 탈란트는 은화 60,000 드라크마(drachma)와 가치가 같았다.

17   Darel Tai Engen, 『The Economy of Ancient Greece』, EH. Net Encyclopedia, 2004.

안 되는 규모의 자금이었다![18] 따라서 필자가 보기에 경제적 측면에서만 보면 알렉산더 대왕의 페르시아 정벌은 그야말로 도박에 가까운 모험이었다.

정치·외교적으로는 알렉산더 대왕의 페르시아 정복 결단은 어느 정도 이해가 된다. 이미 페르시아는 다리우스 1세와 크세르크세스 때 그리스를 침공한 이후 마케도니아와 철저한 적대 관계에 놓여 있었기 때문이다. 알렉산더 대왕의 부친이었던 필리포스 2세 또한 페르시아를 침공하기 위해 오랫동안 군사적 준비에 매진하고 있었다. 알렉산더 대왕의 페르시아 정벌은 이와 같은 외교적 이유가 직접적인 원인이었을 것이다. 하지만 군대를 운영할 기본적인 금화조차 부족한 상태에서, 알렉산더 대왕이 유독 당시 세계 최강대국이었던 페르시아를 상대로 무리하게 개전을 했어야 하는지는 여전히 수수께끼이다.

혹자는 필리포스 2세의 암살로 가장 이득을 보게 되는 이가 알렉산더 대왕과 그의 모친인 올림피아스(Olympias, BC 375~316)이므로, 그의 암살 배후에 올림피아스와 알렉산더 대왕이 있을 수도 있다는 음모론을 제기한다. 즉, 필리포스 2세는 총 7명의 왕비가 있었는데, 알렉산더 대왕의 모친이면서 왕비인 올림피아스는 그의 4번째 부인이었다. 올림피아스는 특히 필리포스 2세의 마지막 7번째 여인 에우리디케(Cleopatra Eurydice of Macedon)에 대해서는 엄청난 경계심을 가지고 있었는데, 이는 에우리디케가 왕비 중 유일하게 마케도니아 출신이었고 그녀의 숙부가 마케도니아의 군부 유력 장수인 아틀라우스(Attlaus)였기 때문이다.

이 때문에 필리포스 2세와 에우리디케 사이에서 태어난 딸 에우로파(Europa)와 아들 카라노스(Caranus)가 장성할 경우, 알렉산더 대왕의 왕위 계승은 심각한 장애에 직면하게 될 참이었다. 필리포스 2세가 암살당한 장소도 올림피아스의 오빠인 알렉산더 1세와 올림피아스의 딸이자 알렉산더 대왕의 여동생인 클레오파트라(Cleopatra of Macedon, BC c.354~308)의 결혼식장이었다. 다시 말해 올림피아스와 알렉산더 대왕은 결혼식 준비를 100% 주도하는 위치에 있었던 셈이다. 필리포스 2

---

18 필리포스 2세 사망 직후 35,000명의 병사를 먹여 살릴 군량은 약 30일분에 불과했다고 한다.

세의 암살범으로 알려진 필리포스 2세의 경호원이자 동성애 상대자인 파우사니아스 (Pausanias of Orestis, BC ?~336)의 암살 동기 또한 명확하지 않다. 알렉산더 대왕 시대 역사가인 클레이타르쿠스 (Cleitarchus, BC 4세기 중반경)는 필리포스 2세가 파우사니아스 외의 또 다른 동성애자에 집착했고, 에우리디케의 숙부인 아틀라우스 장수가 자신을 강간했음에도 필리포스 2세가 아틀라우스에게 벌을 내리지 않았기 때문에 이에 대한 앙갚음으로 왕을 암살했다고 주장했다.

과연 그럴까? 클레이타르쿠스의 주장이 설득력이 없음은 올림피아스와 알렉산더 대왕의 이후 행보를 보면 알 수 있다. 즉 올림피아스는 필리포스 2세 사망 직후 눈엣가시 같았던 에우리디케의 딸과 아들 모두를 죽이고, 에우리디케도 자살하도록 명령했다. 더 나아가 올림피아스는 필리포스 2세의 암살자 파우사니아스의 관 위에 왕관을 직접 바쳤고, 그의 무덤에는 봉분을 세워 최대한 예우했다. 알렉산더 대왕 또한 에우리디케의 숙부인 아틀라우스와 그의 가족을 모조리 몰살했다. 마치 필리포스 2세의 암살을 기다렸다는 듯이 말이다. 결론적으로 알렉산더 대왕은 어떻게든 국내 정치적 혼란을 외부로 돌려 자신의 왕권을 유지하기 위한 강력한 유인이 있었던 셈이다. 바로 이런 사정이 객관적으로 전쟁 조건이 안 된 상태에서 당시 최강대국인 페르시아를 상대로 무리하게 전쟁을 개시했던 이유가 아니었을까?

더구나 알렉산더 대왕은 사르디스, 안티오키아 등의 페르시아 주요 도시를 정벌하다가, 이수스 전투 후 갑자기 방향을 바꾸어 레반트 해안을 따라 이집트로 쳐들어갔다. 이후 이집트 수도 멤피스를 함락하고 알렉산드리아까지 건설한 후에 다마스쿠스, 바빌론, 수사 등으로 동진한다.[19] 즉 이집트 정벌로 갔던 길

19 　　알렉산더 대왕이 건설한 신도시 알렉산드리아는 70여 개에 달한다. 이 도시들은 현재도 남아 있는데, 아프가니스탄 서부 내륙에 위치한 알렉산드리아는 오늘날 헤라트(Herat), 아프가니스탄과 파키스탄 접경 지역의 알렉산드리아는 오늘날 칸다하르(Kandahar)라는 도시로 남아 있다. 이 중 가장 유명한 알렉산드리아가 바로 이집트에 있는 알렉산드리아로 가장 먼저 세워진 알렉산드리아이다. 원래는 나일강 서쪽 하구의 파로스(Pharos)섬 인근의 어촌 마을이었는데, 알렉산더 대왕은 이곳이 거대 항구로 적합하다고 판단하여 직접 도시 건설을 지시했다. 특히 그는 말을 직접 타고 달리면서 도시 중앙 도로의 위치를 결정하고, 동서 도로와 남북 도로를 메인 축으로 하여 격자형으로 도시를 건설할 것을 지시했다. 도시가 완성되기 전에 알렉산더 대왕은 사망하지만, 그의 후임인 프톨레마이오스 1세가 이곳을 수도로 삼으면서 도시가 커졌다. 특히 학자들의 토론과 학술원 역할을 했던 무세이온(Museion), 아리스토텔레스 혹은 그 제자의 조언대로 책을 닥치는 대로 수집하여 장서

을 그대로 돌아와 페르시아로 다시 쳐들어간 것이다. 페르시아가 1차 목표였다면 왜 페르시아를 바로 눈앞에 두고 방향을 갑자기 바꾸어 이집트로 쳐들어갔을까? 왜 이런 정복 경로를 밟았는지는 아직도 정확히 알려져 있지 않다. 필자가 보기엔 국내의 정치적 관심을 외부로 돌리기만 하면, 그 대상이 페르시아든 이집트든 알렉산더 대왕에게는 크게 다르지 않았을 것으로 본다.

"ALEXANDER AND DIOGENES"

디오게네스의 햇빛을 가리는 알렉산더 대왕. 디오게네스는 튀르키예 북부의 시노페 출신으로, 극단적인 자연주의를 강조한 철학자이다. 이런 그의 신조에 따라 그는 한 벌의 옷과 한 개의 지팡이와 한 개의 자루만 가지고 통 속에서 살았다. 알렉산더 대왕이 그를 찾아가 원하는 것이 무엇이냐고 물었을 때, 아무 것도 필요 없으니 햇빛을 가리지 말고 비켜 달라고만 했다는 일화는 너무나도 유명하다. 스코틀랜드 화가 윌리엄 매튜(William Matthews, 1885~1962)의 1914년 작품. 출처: Wikipedia. Public Domain

하여튼 BC 336년, 부친이 사망하자 코린토스 동맹 하의 아테네, 테베, 테살리아 등의 도시가 마케도니아를 상대로 반란을 일으켰다. 그 당시에도 필리포스 2세 암살의 배후에 올림피아스 왕비와 알렉산더 대왕이 개입되어 있다는 소문이 파다했기 때문이다. 더구나 허접한 도시 국가 마케도니아가 유서 깊은 도시 국가 아테네와 테베를 감히 지배해 왔다니! 그리스 도시들의 반란을 진압하는 과정에서 알렉산더 대왕은 철학자 디오게네스 (Diogenes, BC c.412~323)로부터 햇빛을 가리지 말라는 핀잔까지 들어야 했다.[20] 하지만 그는 이 모든 반란을 결국 진압했다. BC 335년, 금광 도시 앰피폴리스에서도 반란이 일어났다. 알렉산더는 이 반

규모가 수십 만 권에 이르는 알렉산드리아 大 도서관(책을 수집할 때 원본은 도서관에 보관하고 필사본을 만들어 책 주인에게 돌려주었다고 한다.), 고대 세계 7대 불가사의의 하나로 높이가 최소 100m에 이르러 낮에는 거대 거울을, 밤에는 내부에 연료를 꼭대기까지 옮기는 최첨단 장비가 설치된 등불을 사용하여 주변을 밝힌 파로스섬의 大 등대 등이 알렉산드리아의 명물이었다. 알렉산드리아 大 등대는 1994년 말에 해저에서 그 유적이 실제로 발견되어 당시 웅장했던 모습을 그대로 보여 주었다.

20   플라톤(BC c.428~c.347)과 디오게네스(BC ?~323)는 동시대 사람이다. 디오게네스는 플라톤에 대해서도 매우 냉소적이었다. 대표적으로 플라톤은 인간이 합리적인 동물이고 깃털 없는 새와 같다고 평가하자, 디오게네스는 닭의 털을 뽑아 던지고는 "고개를 들라. 참된 인간 나가신다!"라고 외쳤다고 한다.

란도 진압했다. 이렇게 해서 부친 사후 2년 만에 알렉산더는 그리스 남부와 북부 모두에서 헤게모니를 장악했다. 이제 남은 곳은 페르시아였다. 하지만 금화가 부족했다. 알렉산더 대왕이 혹독한 재정 상태에서 페르시아 정벌을 계획했다면, 군대의 기본적인 운영을 위해서 자금을 빌리는 것은 선택이 아니라 필수였을 것이다.[21]

(3) 알렉산더 대왕의 페르시아 정벌

BC 334년, 알렉산더 대왕은 4~5만여 명의 군대를 이끌고,[22] 마침내 136년 전 페르시아의 크세르크세스 1세가 그리스를 침략할 때 다리까지 건설하여 횡단했던 헬레스폰트(Hellespont) 해협을 건너 페르시아로 진격했다.[23] 알렉산더 대왕의 1차 목표는 페르시아의 금광이었다. 자금이 부족했으므로 반드시 현지에서 황금을 조달해야 했기 때문이다. 이를 위해 알렉산더 대왕은 자신의 친구이면서 군사 고문관이자 광물학자인 고르고스(Gorgos of lasos)와 다수의 탐사 전문가를 전쟁에 동행했다.[24]

전쟁이 시작되었다. 알렉산더 대왕은 항상 친위기병대의 선두에 직접 나서 전투를 지휘했다. 기본적으로 알렉산더 대왕은 빠른 기병을 활용해서, 페르시아의 전열이 무너지기 직전까지 기다렸다가 전열 중앙으로 직접 치고 들어가 전열 전체를 무너뜨렸다. 그렇다고 항상 이 전략을 사용한 것도 아니었다. 알렉산더 대

21　전술한 대로 고대 로마의 철학자 플루타르코스는 알렉산더 대왕이 약 1,460 금화 탈란트의 자금을 빌렸다고 주장했다. 혹자는 알렉산더 대왕이 페르시아 정벌을 위해 금 200 탈란트를 빌렸다고 주장한다. www.mininggreece.com, 「Mining Greece: The goldmines of Alexander the Great」, 2014.

22　알렉산더 대왕이 동원한 군대는 4만에서 9만 명 내외로 설이 분분하다.

23　오늘날 명칭은 다르다넬스(Dardanelles) 해협으로, 보스포루스(Bosphorus) 해협과 함께 아시아와 유럽의 경계를 이루는 해협이다. 이 해협의 남서쪽 해안에 고대 도시 트로이가 위치해 있었다. 중세에는 콘스탄티노플로 가는 해안 길목으로 비잔틴 제국을 지키는 가장 중요한 전략적 요충지이기도 했다. 제1차 세계 대전 이전에는 러시아의 전체 수출 ⅓ 이상, 크림 반도의 오데사와 세바스토폴 항구에서 선적한 곡물의 거의 90%가 다르다넬스 해협을 지나갔다.

24　알레산드로 지로도, 앞의 책, p. 41. 고르고스의 정식 직책은 군사 고문관(hoplophylax)이었다. 하지만 왕실 내 조정자 역할을 수행하거나, 광물학과 같은 잡다한 분야에서의 조언자 역할도 수행하였다. Catherine M. Keesling, 「Early Greek Portraiture」, Cambridge University Press, 2017, p. 200

왕은 상황에 따라 부대를 다르게 배치했다. 즉, 알렉산더 대왕의 군대는 손무가 손자병법에서 강조한 무형(無形)의 군대다.[25] 알렉산더 대왕이 손자병법을 읽었을 리는 없지만, 알렉산더 대왕은 손무가 강조한 그 방법대로 전투를 수행했다. 따라서 상대방이 예측하기 어려웠다.

특히 페르시아의 무적 부대인 전차부대는 후진이 불가능했다. 알렉산더 대왕은 이를 간파하고 페르시아 전차 군대가 돌격해 올 경우에는, 직접 맞서 싸우지 않고 길을 내준 후 전차 군대의 후방을 마케도니아 창병 부대인 팔랑크스가 포위해서 공격했다. 나아가 행군 속도를 높이기 위해 보급 마차를 모두 없애 버렸는데, 솔선수범을 위해 알렉산더 대왕의 보급 마차를 가장 먼저 없앴다. 그 결과 군사들의 수에 크게 의존했던 페르시아 군대는 상대가 되지 못했다. 전쟁 초기 알렉산더 대왕의 군대는 파죽지세였다. 당황한 페르시아 군대는 급하게 대군을 모집했다. BC 334년 5월, 페르시아 주력군과 알렉산더 주력군은 그라니쿠스 (Granicus)에서 맞붙었다. 결과는 페르시아 대군의 스내푸(snafu), 즉 대패였다.[26] 일설에 따르면 알렉산더 대왕의 군대는 400명 내외, 페르시아 군대는 4,000명 내외가 사망하였다고 한다.

이후 알렉산더 대왕은 소아시아 반도로 진입하여 오늘날 튀르키예 북서부 지역의 "이다 산(Mountain Ida)"에 있는 금광을 장악했다.[27] 다음 목표는 한 때 지중해를 호령한 금융제국 리디아의 옛 수도, 사르디스였다. 사르디스는 페르시아 금화의 대부분을 생산하는 핵심 요충지였다. 페르시아 처지에서는 절대로 함락되어서는 안 될 도시였다. 하지만 엄청난 속도로 밀고 내려오는 알렉산더 대왕을 페르시아 군대는 막을 수가 없었다. 사르디스는 힘없이 함락되었다. BC 334년 겨

---

25 『손자병법』 6편 허실(虛實) 편, 故形人而我無形(고형인이아무형) 則我專而敵分(즉아전이적분): 적의 형세는 드러나게 하되 나의 형세는 드러내지 않는다. 즉, 적은 집중하고 나는 분산시킨다.

26 snafu는 "상황 이상 무: 모두 엉망진창(situation normal; all fucked up)"의 줄임말로 군사용어로 대패라는 뜻이다.

27 이다(Ida) 산은 그리스 제1신 제우스가 태어난 신으로 알려져 있다. 신화에 따르면 파리스가 세 여신 중 누가 가장 아름다운지 심판을 한 곳이 바로 이다 산이다. 아울러 이다 산꼭대기에서 그리스 신들이 트로이 전쟁을 지켜보았다고 한다. 크레타에도 이다(Ida) 산이 존재하는데, 튀르키예의 이다 산과는 전혀 다른 산이다.

알렉산더 대왕의 원정로

울에는 프리기아(Phrygia) 지방의 수도 고르디움(Gordium)까지 점령했다.[28] 이에 따라 개전 초기부터 아나톨리아 반도 전체가 알렉산더 대왕의 수중에 떨어졌다.

BC 333년 11월, 페르시아 황제 다리우스 3세가 직접 십만의 군대를 이끌고 왔다. 반도 전체를 점령한 알렉산더 대왕의 남하를 막기 위해서 다리우스 3세는 아나톨리아 반도 남쪽 끝 이수스(Issus)를 격전지로 선택했다. 하지만 알렉산더 대왕은 보병 35,000, 기병 5,000으로 다리우스 3세의 병력을 이수스에서 궤멸시켰다. 사실인지 아닌지 확인은 안 되지만 다리우스 3세는 어머니, 부인들, 아이들을 모두 버리고 간신히 달아났다고 한다.

전투가 끝난 후 알렉산더 대왕은 다리우스 3세가 급하게 버리고 간 전투 장막에서 금으로 만든 왕좌, 금으로 만든 욕조, 금으로 만든 전차, 금으로 만든 각종 장신구 등 엄청난 양의 금을 발견하였다.[29] 왕이란 바로 이렇게 사는 것이다! 일설에 따르면 다리우스 3세가 이 전투에서 패하여 남기고 간 금은 3,000 탈란

---

28   이 도시에는 시민 광장에 전차를 매어 둔, 아무도 풀기 어려운 복잡한 "고르디우스의 매듭(Gordian Knot)"이 있었다. 전설에는 이 매듭을 푸는 자가 아시아의 왕이 된다고 하였는데, 알렉산더 대왕은 그 말을 듣자마자 바로 그 자리에서 칼로 이 매듭을 잘라 버렸다고 한다.

29   Peter L. Bernstein, *Ibid*, p. 40

트로, 페르시아 탈란트 무게로 환산하며 약 90,000㎏이었다!!! 이 황금은 알렉산더 대왕의 군대를 4만 명이라고 가정하면, 약 1년간 군대를 유지할 수 있는 엄청난 규모의 금액이었다.

다리우스 3세는 알렉산더 대왕에게 화친을 제안했지만, 알렉산더 대왕은 일거에 거절했다. 이제 1년 동안 전쟁할 수 있는 전비가 마련되었는데 화친이라니. 전비가 두둑해진 알렉산더 대왕의 군대 앞에는 거칠 것이 없었다. 마치 브람스 헝가리 무곡 No. 6처럼 알렉산더 대왕의 군대 앞에는 오직 경쾌하고 발랄한 승리만 있었다. 알렉산더 대왕은 키프로스(Cyprus, BC 333년)를 우방으로 만든 후, 페르시아로 진격하지 않고 시돈(Sidon, BC 332년 1월)과 티레(Tyre), 가자(Gaza)를 거쳐 당시 이집트 수도인 멤피스(Memphis, BC 332년 겨울)와 알렉산드리아(Alexandria, BC 332년 12월), 시와(Siwah, BC 331년 1월) 등 이집트 주요 도시를 거침없이 정벌하였다.[30] 대국을 침략한 후 완전히 정벌하지도 않은 채 외곽 지역까지 침략하는 것은 매우 위험한 전략이다. 만약 필자가 다리우스 3세였으면, 알렉산더 대왕이 이집트로 쳐들어갔을 때 그리스 본토를 급습했을 것이다. 하지만 그런 일은 일어나지 않았다. 알렉산더 대왕은 운도 억세게 좋았던 것이다.

(4) BC 331년, 가우가멜라(Gaugamela) 전투와 페르시아의 멸망

BC 331년 10월, 다리우스 3세는 알렉산더 대왕과 최후의 격전지인 가우가멜라(Gaugamela)에서 다시 맞붙었다. 가우가멜라는 산도, 조그만 강조차도 보이지 않는 완전한 평지였다. 페르시안 군은 대략 20만이었고, 그리스 동맹군은 5만이 채 되지 않았다.[31] 무려 4배 이상 차이가 난 것이다. 군대 규모만 보면 고대 전투에서 상상하기 어려운 초대형 전투였다. 작전회의에서 명장 파르메니온(Parmenion,

---

30 알렉산더 대왕은 티레 전투에서 처음으로 해군을 사용했다. 하지만 여전히 주력은 육군이었다.

31 그리스인으로 로마 시민이었던 역사가 플루타르크(Plutarc, 45~127)는 가우가멜라 전투의 페르시아 군대가 100만이라고 주장했다. 물론 이는 지나친 과장이다.

^{BC ?~330)}이 야간 기습을 제안했다. 하지만 알렉산더 대왕은 "자신은 승리를 훔치지 않는다."라고 거절했다. 다만 기습이 가능하다는 역정보는 흘렸다. 이 때문에 페르시아 병사들은 불침번으로 거의 잠을 자지 못했다. 반면 알렉산더의 병사들은 모두 충분히 먹고, 쉬고 푹 잤다. 알렉산더 대왕 자신도 너무 깊이 잠들어, 부하 장수들이 그를 흔들어서야 깰 정도였다. 손자병법의 말대로 병법이란 속임수인 것이다.[32]

다음 날. 중앙의 전차부대와 좌우익 기병을 배치한 다리우스 3세, 그리고 중앙의 팔랑크스 보병 및 좌우익 기병을 배치한 알렉산더가 마주했다. 페르시아 중앙의 전차부대는 팔랑크스 보병에게 효과적이지 못했다. 중앙은 교착상태가 될 것이다. 하지만 페르시아 기병은 4만 정도였고, 알렉산더의 병력은 기병을 포함해서 1만이 채 안 되었다. 알렉산더 군이 수적으로 매우 불리했다. 페르시아의 기병 중에는 많은 돈을 주고 고용한 무시무시한 인도의 기병들도 있었다.

누가 보아도 페르시아 군의 승기였다. 겉으로만 보면 아마도 이 전투는 좌우기병 싸움에서 결정될 가능성이 높았다. 알렉산더는 페르시아를 마주한 우측에서 기병을 이끌었다. 좌측 기병은 알렉산더 최측근인 파르메니온이 이끌었다. 페르시아 좌측에서는 알렉산더를 대적하기 위해 다리우스 3세의 사촌인 베수스^(Bessus, BC ?~329)가 기병을 이끌고, 우측에서는 마자에우스^(Mazaeus, BC ?~?)가 기병을 이끌었다.

전투가 시작된 지 얼마 되지 않아, 이해할 수 없는 일이 일어났다. 우선 중앙의 팔랑크스 보병이 절대적인 수적 열세에도 불구하고 물러나지 않고, 페르시아 군 쪽으로 조금씩 전진하기 시작한 것이다. ¼도 안 되는 병력으로 공격을 버티면서 공세적으로 전진을 한다고? 더 이해할 수 없는 것은 페르시아 측에서 보아 좌측에 있던 알렉산더와 그가 이끄는 기병이 전장을 맹렬히 벗어나 달아나는 것처럼 보였다는 점이다.

---

32 『손자병법』 제1 始計(시계) 편, 兵者 詭道也(병자 궤도야): 병법이란 속임수이다.

다리우스 3세는 당황했다. 그는 좌측 기병으로 하여금 알렉산더를 뒤쫓도록 명령했다. 다만 진용을 유지하기 위해서 다리우스 자신의 진용과 평행하게 움직이도록 명했다. 알렉산더는 엄청난 흙먼지를 일으키면서 점점 더 전장을 벗어났다. 페르시아 기병도 속도를 올려 알렉산더를 쫓았다. 이 와중에도 알렉산더의 팔랑크스 보병은 계속 전진했다. 이 때문에 다리우스 3세가 위치한 중앙의 전차 부대와 페르시아 좌측의 기병 사이에 공간이 크게 벌어지기 시작했다.

다리우스 3세 측에서 보아 좌측 공간이 벌어지자, 다리우스 3세의 위치가 드러났다. 이때 알렉산더는 갑자기 방향을 선회했다. 알렉산더 대왕은 위치가 확

인된 다리우스 3세를 향해 맹렬히 말을 몰았다. 알렉산더의 유인책으로 중앙에서 떨어진 페르시아 기병은 알렉산더 기병이 일부러 일으킨 흙먼지 속에 숨겨둔 투창병이나 궁병들을 상대하느라 정신이 없었다. 흙먼지 때문에 페르시아 좌측의 상황을 잘 모르고 있던 다리우스 3세는 자신의 눈앞에 나타난 알렉산더와 갑자기 마주쳤다. 혼비백산한 다

가우가멜라 전투. 다리우스 3세의 진영을 의도적으로 벌려 놓고 틈이 생기자, 전속력으로 중앙을 돌격하여 다리우스 3세를 가격하는 알렉산더 대왕. 프랑스 화가 쟈크 꾸르뚜와(Jacques Courtois, 1621~1676)의 1687년경 작품. 출처: Wikipedia. Public Domain

리우스 3세는 줄행랑을 쳤다.

알렉산더는 다리우스 3세를 쫓아갈지, 자신의 진영 좌익에서 페르시아 기병에 포위되어 고전하고 있는 파르메니온을 구해야 할지 선택의 기로에 섰다. 다리우스 3세를 놓치면, 그는 또다시 대군을 결집할 것이다. 이번 전투는 운이 좋았지만, 다음번 전투에는 이긴다는 보장이 없다. 하지만 파르메니온은 자신의 군대에서 가장 중요한 부하 장수이다. 절체절명의 선택의 기로에서 알렉산더는 파르메니온을 구하기로 결정했다. 파르메니온을 구하고 다리우스 3세를 쫓았지만,

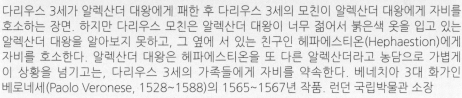
다리우스 3세가 알렉산더 대왕에게 패한 후 다리우스 3세의 모친이 알렉산더 대왕에게 자비를 호소하는 장면. 하지만 다리우스 모친은 알렉산더 대왕이 너무 젊어서 붉은색 옷을 입고 있는 알렉산더 대왕을 알아보지 못하고, 그 옆에 서 있는 친구인 헤파에스티온(Hephaestion)에게 자비를 호소한다. 알렉산더 대왕은 헤파에스티온을 또 다른 알렉산더라고 농담으로 가볍게 이 상황을 넘기고는, 다리우스 3세의 가족들에게 자비를 약속한다. 베네치아 3대 화가인 베로네세(Paolo Veronese, 1528~1588)의 1565~1567년 작품. 런던 국립박물관 소장

이미 늦었다. 다리우스 3세는 살아서 전장을 벗어났다.[33]

하여튼 알렉산더는 이번에도 승리했다. 재기를 노리던 다리우스 3세는 박트리아(Bactria) 근방에서 부하 장수에게 암살당했다.[34] 알렉산더는 실력만 좋은 게 아니라 운도 좋았던 것이다. 하여튼 알렉산더는 다리우스 3세의 시체가 수레에 버려진 채로 발견되자 성대한 장례식을 치른 후, 페르시아의 다른 왕들 옆에 묻어 주었다. 이후 단 3개월 만에 페르시아의 심장부인 바빌론(BC 331년 11월), 수사(BC 331년 12월), 페르세폴리스(BC 330년 1월)까지 모두 알렉산더 대왕의 수중에 떨어졌다. 결국 페르시아 전체는 알렉산더 대왕의 차지가 되었다. 이제 페르시아의 금은 모두 알렉산더 대왕의 것이 되었다!!!

---

33 가우가멜라 전투를 오늘날 재현한 영화가 올리버 스톤이 감독한 2004년 영화 『알렉산더』이다. 영화 알렉산더는 가급적 허구를 배제하고 철저히 역사적 사실에 입각한 고증에 바탕을 둔 명화이다.

34 다리우스 3세를 암살한 사람은 가우가멜라 전투에서 알렉산더와 대적했던 베수스 장군이라는 주장이 다수설이다. 베수스는 박트리아 지방의 총독으로, 아르타크세르크세스 5세(Artaxerxes V)라고도 불리었다. 학자들은 그가 다리우스 3세의 사촌일 가능성이 높다고 주장한다. 한편 그는 알렉산더의 추적을 받고, BC 329년에 결국 처형되었다.

알렉산더 대왕(BC 356~323)은 동서양을 통일한 인물이지만, 아울러 그리스와 페르시아의 동전 문화를 동서양 전체로 확산시키기도 한 장본인기도 하다. 알렉산더 대왕의 사후에도 지속적으로 주조된 알렉산더 대왕의 동전들이 바로 그 증거이다. 가장 위쪽 줄 ①, ②는 그의 생전인 BC 336~323년경 앰피폴리스(Amphipolis)에서 주조된 은화 동전. 둘째 줄은 그의 사후에 주조된 동전들로 왼쪽부터 차례대로 ③ 스미르나(Smyrna, BC 220~200), ④ 메셈브리아(Mesembria, BC 125~65), ⑤ 사르디스(Sardis, BC 319~315), ⑥ 아라두스(Aradus, BC 311~300)에서 주조된 동전들이다. 셋째 줄은 생전과 사후에 주조된 동전. 왼쪽부터 차례대로 ⑦ 밀레투스(Miletus, BC 190~165), ⑧ 바빌론(Babylon, BC 325~323), ⑨ 다마스쿠스(Damascus, BC 330~320), ⑩ 멤피스(Memphis, BC 332~323)에서 주조된 동전들이다. 영국박물관 소장

정확하진 않지만 일설에 따르면 알렉산더 대왕은 수사로부터 5만 탈란트, 페르세폴리스로부터 12만 탈란트, 다리우스의 방에서 8,000 탈란트 등 총 18만 탈란트, 오늘날 무게로 540톤의 보물을 확보하였다!!![35] 이 중에서 금의 양은 10%가 안 되는 36~47톤에 이른다고 하는데,[36] 필자가 보기에는 이보다 더

---

35   알레산드로 지로도, *앞의 책*, p. 42

36   알레산드로 지로도, *앞의 책*, p. 43

많았을 것으로 보인다. 아마도 페르시아로부터 획득한 전체 보물의 최소 20%인 100톤은 되지 않았을까?

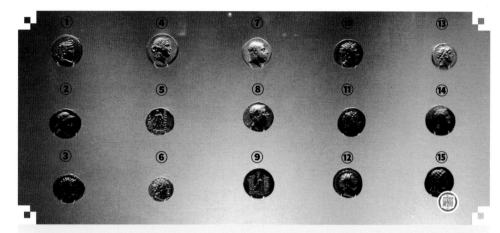

알렉산더 대왕 전후의 동전. 알렉산더 대왕의 동서양 통합은 동전 문화의 동서양 통합으로 이어졌다. 왼쪽 세로줄(①, ②, ③)부터 박트리아 동전, 둘째 세로줄 처음 2개(④, ⑤) 동전은 타소스 동전, 마지막 동전(⑥)은 이집트 동전, 셋째 세로줄(⑦, ⑧, ⑨)은 폰토스(Pontus) 동전, 넷째 세로줄의 처음 동전(⑩)은 마케도니아 동전, 그 다음 2개 동전(⑪, ⑫)은 시리아 동전, 다섯째 세로줄의 첫째 동전(⑬)은 시리아, 둘째 동전(⑭)은 카파도키아, 마지막 동전(⑮)은 미리나(Myrina) 동전이다. BC 575~75년경. 리스본 굴벤키안 박물관 소장.

만약 이 추정이 옳다면 2024년 기준 한국은행이 보유한 금의 총량이 104톤 이므로, 알렉산더 대왕은 페르시아 정벌을 통해 한국은행이 보유한 황금과 맞 먹는 금을 페르시아 정벌로 확보한 셈이다. 이 페르시아의 금은 고대 수메르부터 고대 페르시아 시대까지 5,000여 년에 걸쳐 인류가 채굴한 전 세계의 거의 모든 황금이었다. 알렉산더 대왕이 페르시아로부터 획득한 이 엄청난 황금을 운반하기 위해 5,000마리의 낙타와 2만 마리의 당나귀가 필요했다고 하는데,[37] 사실 여부를 떠나서 페르시아에 보관된 황금이 얼마나 엄청난 양이었는지 보여 주는 단적인 일화가 아닐까?

결과만 놓고 이야기하면 페르시아의 다리우스 3세는 알렉산더의 속전속

---

37   www.miningreece.com, 『Mining Greece: The goldmines of Alexander the Great』, 2014

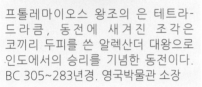

프톨레마이오스 왕조의 은 테트라-드라큼, 동전에 새겨진 조각은 코끼리 두피를 쓴 알렉산더 대왕으로 인도에서의 승리를 기념한 동전이다. BC 305~283년경. 영국박물관 소장

결 전략에 말려들지 않고, 전쟁을 장기로 끌었으면 거의 100% 승리할 수 있는 상황이었다. 특히 알렉산더 대왕은 자신의 부대를 기본적으로 유지하기 위한 황금이 거의 없었다. 더구나 병력도 5만 명 내외였고, 지휘 장수는 관록이 거의 없는 20대의 젊은이였다.

반면 페르시아는 십만 대군을 언제든 동원할 수 있는 세계 최강의 인구 대국이었다. 헤로도토스에 따르면 페르시아의 군대는 그 규모가 엄청나서, "그들이 물을 마시면 강물 전체가 말라버릴 지경"이었다. 나아가 페르시아는 당시 전 세계에서 황금이 가장

많았다. 객관적으로 보면 누가 봐도 다리우스 3세의 절대 우세였다. 그러나 결과는 정반대였다. 알렉산더 대왕의 페르시아 정벌은 전쟁이 반드시 황금으로만 하는 것이 아니라는 점을 보여 주는 가장 단적인 사례이다.

더 중요한 것은 알렉산더 대왕이 최전방에서 군대를 이끌며 연전연승을 하면서도 황금의 중요성을 결코 간과하지 않았다는 점이다. 이에 따라 알렉산더 대왕은 정복 전쟁을 수행하는 과정에서 획득한 금으로 금화를 계속 주조하였다. 이는 알렉산더 대왕이 이동 조폐소를 운영하면서, 필요한 군비를 스스로 조달했음을 의미하는 것이다.

알렉산더 대왕은 이와 같이 독특한 자신만의 군자금 조달(military financing)을 통해 동양과 서양을 아우르는 대제국을 건설할 수 있었다. 정복 전쟁을 계속하는 과정에서 획득한 금을 활용하여 이동 조폐소에서 주조한 금화로 군사들의 월급과 포상금을 두둑이 나누어 준 알렉산더 대왕의 지혜는, 전쟁은 뛰어난 지략과 황금이 동시에 필요한 복잡한 게임임을 보여 주는 대표적인 사례가 아닐까?

다만 알렉산더 대왕에게는 어두운 면도 존재한다. 특히 그는 반대파에 대해

매우 잔인했다. 자신의 왕위 승계를 위협했던 부친 필리포
스 2세의 암살 개입설은 이미 전술했고, 필리포
스 2세의 암살로 반란을 일으킨 도시 중 테베는
6,000여 명을 죽이는 것도 모자라서, 도시 자
체를 완전히 파괴하라는 명령도 내렸다. 특히
페르시아 정벌 과정에서 항전한 티로스(Tyros)의
경우에는 항복 선언을 했음에도 불구하고, 8,000
여 명의 남성을 항복 선언한 그날 모두 즉결
처형했다고 한다.

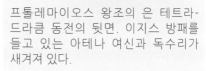

프톨레마이오스 왕조의 은 테트라-
드라큼 동전의 뒷면. 이지스 방패를
들고 있는 아테나 여신과 독수리가
새겨져 있다.

　　더구나 마케도니아인들은 다른 그리스인
들과 달리 와인에 물을 타지 않고 그대로 마
셨는데, 이 때문인지 몰라도 알렉산더 대왕은 폭음으로 명성이 자자했다. 속설
에는 전투가 끝나면 그날 밤 어김없이 술자리가 벌어졌다고 한다. 특히 알렉산더
대왕은 술 따르는 전용 하인인 에샹숑(échanson)을 여러 명 둘 정도로 애주가였다.
알렉산더 부친과 알렉산더 모두를 보좌한 안티파트로스(Antipater, BC 400~319) 장군의
장남으로, 알렉산더 대왕 사후 알렉산더 가문을 몰살시킨 카산드로스(Cassander, BC
355~297) 또한 알렉산더 대왕의 에샹숑이었다. 심지어 알렉산더 대왕의 가장 친한
친구이자 부하인 헤파이스티온(Hephaistion, BC 356~324)은 폐렴 증세를 앓는 와중에도
디오니소스 축제 때 와인을 폭음하다가 그 때문에 죽었다고 한다.[38]

　　하여튼 알렉산더 대왕은 술에 잔뜩 취하는 경우가 많았고, 이때는 성격이 매
우 포악하게 변했다. 예컨대 페르세폴리스를 점령하고 그날 밤, 술 파티를 벌이다
가 알렉산더 대왕이 페르세폴리스를 불태우라고 명령했다는 기록이 있다. 술 때
문에 페르세폴리스가 화재로 잿더미가 되었다는 것인데, 믿기 어려운 일화이기
는 하다. 술 때문에 벌어진 가장 대표적인 비극은 BC 328년 연회 사건이다. 이날

38　로날트 D. 게르슈테, *앞의 책*, p. 22

알렉산드리아 大 등대. 파로스(Pharos) 등대라고도 부른다. 높이 100~160m에 이르는 등대로, 가장 밑단은 사각형, 그 윗단은 팔각형, 가장 윗단은 원통형으로 지어졌다. 알렉산더 대왕이 알렉산드리아 1호 도시를 건설하고 사망한 후, 그의 후계자를 자처한 프톨레마이오스 1세(Ptolemy I Soter, BC 367~283)가 건설을 시작하여, 그의 아들인 프톨레마이오스 2세(Ptolemy II Philadelphus, BC 308~246)가 완공한 것이다. 여러 차례 지진으로 보수되었으나, 1300년 무렵 지진으로 건물이 무너져 돌무더기로 변했다. 즉, 이븐 바투타에 따르면 1325년 그가 방문했을 때는 건물 한쪽 면만 무너져 있었으나, 1349년 방문했을 때는 등대가 완전히 허물어져 있었다고 기록했다. 낮에는 햇빛을 반사하는 거울이 있고, 밤에는 불을 붙여 등대 역할을 하였다. 2세기경 로마 시대 로마인이 스페인에 세워 지금까지도 등대 역할을 하고 있는 헤라클레스의 탑(Torre de Hércules)은 파로스 등대의 모습을 완벽히 모방한 것이다. 1994년에 프랑스 고고학자들이 알렉산드리아 항구 동쪽 바닥에서 잔해를 발견했고, 이집트는 이 잔해를 중심으로 세계 최초의 수중 박물관을 만들 계획이라고 한다. 네덜란드 화가 필립 갈레(Philip Galle, 1537~1612)의 1572년 작품. 출처: Wikipedia. Public Domain

은 알렉산더 대왕이 "듣던 것보다 훨씬 아름답다."라고 극찬한 소그디아나의 유려한 도시 마라칸다(오늘날 사마르칸트)에서 그의 절친이면서 친위대장인 클레이토스(Cleitus the Black, BC 375~328)를 박트리아 총독으로 임명하고 이를 축하하기 위해 벌인 잔칫날이었다.

이 자리에서 클레이토스는 알렉산더 대왕이 그리스 문화가 아니라 페르시아 문화를 답습한다고 비난하였다. 실제로 알렉산더 대왕은 페르시아 정벌 이후 동서양 문화의 통합을 위해 솔선수범하여 페르시아 전통 칭호를 사용하고, 페르시아 옷을 입었으며, 페르시아 관습을 존중했다. 클레이토스의 비난이 자신의 철학에 맞지 않는다고 생각했는지, 술에 잔뜩 취한 알렉산더 대왕은 이에 격분하여 장창을 던져 클레이토스를 그 자리에서 죽여 버렸다.

술이 깨자 알렉산더 대왕은 자신의 행위에 엄청난 충격을 받고 사흘 동안 자신의 방에 틀어박혀 통곡했다는 일화가 있다. 이러한 알렉산더 대왕에 대한 평가

는 온전히 독자의 몫이다.

(5) 알렉산더 대왕의 최후

이제 알렉산더 대왕의 최후에 대해 이야기할 차례이다. 우선 알렉산더 대왕은 정복 전쟁을 무려 10년에 걸쳐서 전개했다. 그 결과 그리스뿐 아니라 이집트, 페르시아, 중앙아시아 등이 알렉산더 대왕 제국의 영토가 되었다. 알렉산더 대왕의 10년에 걸친 정복 전쟁 중 개인적으로 필자가 가장 이해하기 어려운 나라가 오늘날 이란 영토에 대한 점령이다.

알렉산더 금화 동전. 왼쪽은 무장한 말을 타고 있는 알렉산더 대왕. 오른쪽은 둥근 방패를 들고 전방을 주시하는 알렉산더 대왕. 알렉산더 대왕의 금화는 흔하게 발굴되는 것이 아니다. 리스본 굴벤키안 박물관 소장

오늘날 이란 영토는 독일, 프랑스, 영국을 합친 것보다 넓고, 국경 지대를 따라 엄청난 규모의 산맥이 놓여 있다. 즉 서쪽 국경에는 자그로스(Zagros) 산맥, 북쪽 국경과 카스피해 남쪽에는 엘부르즈(Elbourz) 산맥, 남쪽으로는 센트랄 마크란(Central Makran) 산맥이 버티고 있고, 엘부르즈 산맥 아래에는 카비르(Kavir) 사막이라는 거대한 소금 사막이 놓여 있다. 따라서 이란은 외부 침략이 거의 불가능한 천혜의 요새 국가이다.

대다수 이란 사람들 또한 3개 산맥의 산악 지대에 몰려 살고 있다.[39] 이 때문에 2000년대 초, 부시 행정부 내 강경파 인사들이 미군의 이란 침략을 대통령에게 건의했지만, 이란의 험준한 산세와 내륙의 황량한 사막 때문에 승산이 없다

39　■■■ 이 때문에 이란은 소수 민족의 독립 성향이 어느 나라보다 강하다. 대표적으로 대략 800만에 이르는 수니파 민족인 쿠르드족은 튀르키예 접경 지역의 자그로스 산맥에 거주하고 있는데, 쿠르드 독립국가의 꿈을 아직도 포기하지 않고 있다. 한편 이란은 산악 지형이 많아 항공기 이동 비중이 매우 높다. 이 때문에 이란에는 테헤란, 쉬라즈, 이스파한, 반다르아바스, 아바단 등 무려 5개 도시에 국제 공항이 있다.

는 결론을 내고 포기한 적이 있다.[40] 그만큼 지리적 여건 때문에 점령 자체가 곤란한 영토가 바로 오늘날 이란 영토이다.

하지만 알렉산더 대왕은 최첨단 미군도 정복이 불가능하다고 판단한 지리적 난관을 뚫고 오늘날 이란에 있던 페르시아 영토를 점령하였다. 페르시아 점령 후 BC 327년에는 중앙아시아, BC 326년에는 펀자브(Punjab) 유역의 인도로 진군했다. BC 326년, 알렉산더 대왕은 펀자브 지방에서 가장 큰 강인 젤룸(Jhelum)강 동쪽의 히다스페스(Hydaspes)에서 인도 제후들이 파우라바(Paurava) 왕국의 포로스(Poros, BC ?~317) 왕을 중심으로 결성한 코끼리 부대 연합군과 마주쳤다. 인도 제후 연합군은 알렉산더 대왕이 강폭이 800m에 달하는 거대한 젤룸 강을 건너지는 못할 것이라 보았지만, 알렉산더 대왕은 인도 제후 연합군의 예상을 깨고 강을 건너 인도군의 측면을 공격하여 대승하였다!!! 필자는 알렉산더 대왕의 신기에 가까운 지도력과 군사 기술에 그저 감탄을 금하지 못할 뿐이다.[41] 아마도 병사들이 반기를 들지 않았으면 스스로 그리스 신화의 명장인 아킬레우스의 후예라고 믿었던 알렉산더 대왕은 몽골 군대가 그러했듯이 세상 끝까지 정복 전쟁에 나섰을 것이다.

하여튼 알렉산더 대왕의 정복 전쟁은 단순한 영토 정복으로만 그친 것이 아니다. 알렉산더 대왕은 영토 정복을 통해 동서양 문화를 적극적으로 통합하려고 시도하였다. 예컨대 그는 동서양의 실질적 통합을 위해 마케도니아의 장수들과 페르시아 고위층의 딸들을 거의 강제로 결혼시켰다. 이에 따라 BC 324년 수사에서는 이들의 성대한 결혼식이 거행되었다. 알렉산더 대왕 자신도 왕비 록산느가 있었지만, 페르시아 여인 2명과 결혼식을 올렸다. 그리스 신화 체계도 아시아와 인도로 전파되었다. 인도의 산스크리트어 서사시인 『라마야나』에는 라바나가 시타 부인을 납치한다는 내용이 나오는데, 이는 트로이의 파리스 왕자가

---

40 팀 마샬, 『지리의 힘2』, 사이, 2021, pp. 67~68
41 이란을 점령한 외세는 알렉산더 대왕 외에 몽골족과 티무르 대왕이 있다. 오스만 제국, 러시아, 영국 모두 이란을 점령하는 데 실패한 대표적인 국가들이다.

헬레네를 납치한 일리아드의 내용에 영향을 받은 것이다. 헬레니즘 시대인 BC 400년경, 북부 아프가니스탄에 건설된 아이하눔^(Aihanum)에도 다음과 같은 그리스 델포이 신전의 격언이 기념물에 새겨지기도 하였다.

> "아이 시절에는 예의 바르게 행동하기를,
> 젊은 시절에는 자제력을 발휘하기를,
> 어른이 되어서는 공정하게 행동하기를
> 노인이 되어서는 현명하게 행동하기를,
> 죽어갈 때는 고통이 없기를."[42]

필자는 알렉산더 대왕이야말로 세계 시민이라는 개념을 처음으로 창조한 인물이 아닐까 생각한다. 한편 10년에 걸친 정복 전쟁 마무리 후 바빌론으로 돌아온 알렉산더 대왕은 이제 또다시 정복 전쟁에 나설 참이었다. 불행히도 그의 야망은 건강 상태로 인해 희망 사항에 그쳤다. 특히 그는 우측 상복부에 창으로 찌르는 듯한 극심한 고통을 느꼈는데, 이로 인해 그가 사망한 것이 독살 때문이라는 설도 있다. 혹자는 그가 폭음 때문에 급성 췌장염에 걸려서 사망했을 것이라 주장하기도 한다. 하지만 그가 고열에 시달렸다는 증상으로 보아 그의 사망 원인은 에이즈, 폐렴과 함께 세계 3대 전염병 중 하나인 말라리아일 가능성이 높아 보인다. 특히 그는 인도 점령을 위해 인도인들과도 고온다습한 인더스강 유역에서 전쟁을 벌였는데, 이 과정에서 아마도 말라리아에 감염되었을 가능성이 있다. [🏃 Fun Fun 상식]

하여튼 알렉산더 대왕 사후 제국은 후계자들인 4명의 디아도코이^(Diadochoi)들이 계승하여 4개로 분열된다. 그중 이집트의 지방총독이었던 프톨레마이오스 1세^(Ptolemy I, BC 367~283)는 미이라로 된 알렉산더 대왕의 시신을 멤피스에서 알렉산드

---

42   피터 프랭코판, 앞의 책, pp. 31~33

리아로 가져가 그곳에 시신을 안치하고 묘를 조성했다. 프톨레마이오스 1세 이후 275년간 지속된 프톨레마이오스 왕조의 왕들은 모두 신으로 추앙받던 알렉산더 대왕의 무덤 근처에 묻었다는 전설이 있다.[43]

나중에 카이사르의 양아들로 로마 최초의 실질적인 황제인 프린켑스가 된 옥타비아누스는 프톨레마이오스 왕조 최후의 여왕인 클레오파트라 7세와 그의 연인인 안토니우스[Marcus Antonius, BC 83~30]를 악티움 해전에서 격파하고 알렉산드리아를 찾아 알렉산더 대

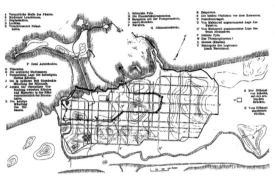

알렉산드리아 지도. 독일 고고학자 오토 퍼쉬스타인(Otto Puchstein, 1856~1911)의 1893년 지도. 출처: Wikipedia. Public Domain

왕의 지하에 있는 묘를 찾아 조문하기도 했다. 비슷한 시기 그리스 철학자 스트라본[Strabo, BC c.64~AD 24]은 당시 전 세계의 주요한 지리와 문물을 소개한 그의 저서 『지리학[Geographica]』에서 알렉산더 대왕의 무덤이 궁전, 도서관, 박물관 등이 위치한 "고대 도시[알렉산드리아를 지칭하는 것으로 해석]" 왕실 지구 안에 있었다고 기록했다. 구체적으로는 알렉산더 대왕의 묘가 위치한 왕실 지구는 알렉산드리아의 동서 메인 도로[카노푸스의 길, Canopic Way]와 남북 메인 도로가 만나는 교차점 북쪽에 있다고 기록했다.[44] 스트라본은 대왕의 무덤 옆에는 알렉산드리아 왕실의 매장 구역인 "세마[Sema]"가 있었다고도 기록했다.

이후 알렉산더 대왕의 묘는 4세기 무렵 나일강 홍수로 파괴되었고, 행방이 묘연해진다. 영국 고고학자 하워드 카터[Howard Carter, 1874~1939], 고대 도시 트로이

---

43 하지만 실제로 프톨레마이오스 왕조의 무덤은 단 한 기도 현재까지 발견되지 않았다고 한다.

44 이집트 공학자인 마흐무드 팔카이(Mahmud Ahmad Hamdi al-Falkai, 1815~1885)가 1866년에 제작한 알렉산드리아 지도가 있는데, 이 당시는 도시가 본격 난개발되기 전이라 고대 도시 형상을 대부분 그대로 형상을 간직하고 있었다. 이 지도를 토대로 분석한 결과 오늘날 알렉산드리아에는 동서 메인 도로와 남북 메인 도로가 만나는 지점에 샬랄랏 공원(Shallalat Garden)이 위치해 있다고 한다. 이곳은 현재 고고학자들이 25미터 이상 깊이로 발굴 중이다.

를 발견한 독일의 슐리만 (Heinrich Schliemann, 1822~1890), 심지어 프랑스 황제 나폴레옹까지 알렉산더 대왕의 무덤을 찾기 위해 고군분투했지만, 결국 아무도 찾지 못했다. 오늘날 고고학자들의 최대 꿈이 바로 알렉산더 대왕의 무덤을 찾는 것이라고 할 만큼 알렉산더 대왕의 무덤 찾기는 현재까지도 계속되고 있다. 하지만 현재의 알렉산드리아는 맨해튼 넓이의 5배 가까이 도시가 팽창하였고, 난개발이 지속되면서 발굴 작업 자체가 쉽지 않다. 스트라본이 기록한 왕실 지구도 현재까지 발견되지 않았다. 반면

알렉산더 대왕의 석관묘라고 추정되는 유물. 1887년 시돈에서 발견되었다. 일단 다수의 학자들은 이 석관묘가 알렉산더 대왕이 시돈의 총독으로 임명한 아드발로니무스(Abdalonymus, BC ?~c.311)의 석관묘라고 주장한다. 반면 소수의 학자들은 가우가멜라 전투에서 우측 기병을 이끌었던 사트라프였던 마자에우스(Mazaeus, BC ?~c.328)의 것이라고 한다. (마자에우스는 다리우스 황제의 후임으로 알렉산더 대왕을 인정함으로써, 알렉산더 대왕이 바빌론의 사트라프로 임명한다.) 하여튼 이 석관묘가 알렉산더 대왕의 것이 아님은 현대에 와서는 거의 일치하는 의견이다. 그럼에도 불구하고 이 유물의 명칭은 여전히 알렉산더 석관묘(Alexander Sarcophagus)이다. 이스탄불 고고학 박물관 소장. Licensed under the Creative Commons Attribution-Share Alike 4.0 International license. . Author:Kingbjelica. https://commons.wikimedia.org/wiki/File:Alexander_Sarcophagus,_Istanbul_Archaeological_Museums_2020.jpg

오늘날 이스탄불의 고고학 박물관에는 알렉산더 대왕의 석관묘라고 부르는 관이 전시되어 있다. 이 석관은 1887년 시리아의 시돈에서 왕실 가족묘에 보관되어 있던 것인데, 알렉산더 대왕의 시신이 진짜로 보관된 석관묘인지에 대해서는 논란이 많다.

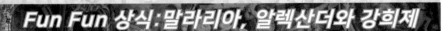

Fun Fun 상식 : 말라리아, 알렉산더와 강희제

말라리아는 아주 오래된 역병으로 고대 이집트의 투탕카멘도 말라리아로 사망했다는 설이 있다. 말라리아로 사망한 대표적 인물은 이탈리아 문호 단테, 교황 레오 10세, 영국의 정치가 크롬웰 등이 있다. 특히 교황청이 위치해 있던 곳에는 습지가 많아 주요 교황들이 말라리아에 많이 걸려 사망했다.

8살의 나이에 황제에 올라 61년을 통치한 청나라의 강희제[1661~1722]도 말라리아에 걸려 사망할 뻔한 적이 있다. 이때 예수회 선교사의 처방으로 간신히 말라리아를 치료했는데, 이후 강희제는 중국 황제로는 처음으로 중국 본토 내에서 선교사의 성당을 짓도록 허용하고는 이후로도 서양 문화에 매우 우호적이었다고 한다.

프랑스인 레셉스[Ferdinand Marie de Lesseps, 1805~1894]가 최초로 시도한 파나마 운하 건설이 실패한 이유도 바로 말라리아를 통제하지 못했기 때문이다. 이 당시에는 말라리아를 개미가 옮긴다고 생각하여, 공사 인부들의 침대도 높이고 침대 다리 근처 양철통에 물을 담아 개미 접근을 막았다고 한다. 하지만 모기가 양철통 물에 부화하면서 오히려 인부들의 말라리아 사망률은 극도로 올라갔다. 이후 파나마 운하 공사를 재개한 미국은 말라리아의 매개체가 모기라는 사실을 밝혀내고, 공사장 주변에는 성당의 성수조차 없애버리는 극단적인 조치를 통해 말라리아를 통제하여 10년 만에 파나마 운하를 완공했다. 말라리아는 태평양 전쟁 때 미군을 괴롭힌 주요한 질병이기도 하다. 즉 태평양 전쟁 초기 미군 사망자 중 말라리아 사망자는 전투 중 사망자보다 8~10배나 많았다고 한다.

하지만 말라리아 치료제 퀴닌의 원료 95%를 공급하던 네덜란드 동인도 제도의 기나나무[Quinine] 농장이 일본 지배로 들어가면서, 미국은 위기를 맞는다. 미국은 과학 역량을 총동원하여 말라리아의 원인인 모기를 퇴치하는 DDT를

개발해 이를 활용하여 말라리아를 통제하게 된다. 그런데 DDT는 독성이 워낙 강하여 모기뿐만 아니라, 주변 동식물을 완전히 파괴하는 부작용도 있었다.[45]

한편 강희제처럼 오랜 기간 통치한 인물로는 고구려 20대 왕인 장수왕 (394~491) 79년, 유럽 왕으로서 최장수 통치 기간을 보유한 왕인 프랑스의 루이 14세(Louis XIV, 1638~1715) 72년, 영국의 엘리자베스 2세(Elizabeth II, 1926~2022) 70년, 고대 이집트의 람세스 2세(Ramses II, BC 1279~1213) 66년, 영국 빅토리아 여왕(Queen Victoria, 1819~1901) 60년, 프랑스의 루이 15세(Louis XV, 1710~1774) 59년, 한국의 영조(1694~1776) 52년, 오스만 튀르크의 슐레이만 1세(Süleyman I, 1494~1566) 46년, 북한의 김일성(1912~1994) 46년 등이 있다. 통치자는 아니지만 무소불위의 권력자로서 미국의 FBI 국장인 에드거 후버(John Edgar Hoover, 1895~1972)도 1924년부터 사망한 1972년까지 무려 48년 동안 FBI 국장을 역임했다. 그런데 고구려 6대 왕인 태조(47~165)는 왕으로서의 재위 기간(53~165)이 92년이다. 이는 태조왕의 사망 연도가 『삼국사기』, 『삼국유사』 공히 165년으로 기록되어 있기 때문이다. 하지만 후한서에는 121년에 그가 사망하고, 이후 그의 아우 혹은 아들이 통치했다고 기록되어 있다. 필자가 보기에도 고구려 태조의 사망 연도는 고대인이 118세까지 산다는 것이 불가능하므로, 그가 74세가 된 121년

결혼식 연회에서 극장으로 입장하는 필리포스 2세의 등 뒤에 칼을 꽂는 파우사니아스. 프랑스 화가인 앙드레 카스테뉴(Andre Castaigne, 1861~1929)의 1898~1899년 작품. Public Domain

이 더 현실성이 있어 보인다. 이 경우에도 그의 통치 기간은 68년으로 장수왕, 루이 14세, 엘리자베스 2세 여왕에 이어 전 세계 4위 수준에 속한다.

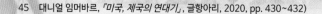

45 대니얼 임머바르, 『미국, 제국의 연대기』, 글항아리, 2020, pp. 430~432)

고대 그리스화폐 ② 스타테르(stater)와 드라큼(drachm)

바쎄 프리게(Bassae Frieze), 영국박물관 소장

(1) 고대 그리스 금화, 스타테르(stater)

부엉이를 조각한 아테네 은화 테트라-드라큼(Tetra-drachm) 동전, 좌측 상단은 아테네의 상징인 올리브 나무 잎사귀. AOE는 "아테네 사람 중에서(Of The Athenians)" 혹은 "아테나의 자식들(the Children of Athena)"이라는 뜻을 가진 약자. 이 동전의 구도는 오늘날 그리스의 1유로 동전에도 그대로 들어가 있다. BC 450~406년경. 영국박물관 소장

BC 6세기 전후 고대 그리스 금화의 기본 단위는 "스타테르(stater)"였다. 이는 그리스어로 "표준(standard)"이라는 뜻이다.[1] 달리 말하면 아테네에서 금은 곧 표준이었다. 금 스타테르의 무게는 지역별로 차이가 있었지만, 대략 14~16그램이었다. 스타테르를 처음으로 도입한 이는 리디아의 크로이소스 왕이다. 리디아와 그리스의 밀접한 정치·외교적 관계를 고려했을 때 리디아의 화폐 단위를 그리스가 그대로 사용한 것은 이상할 것이 없다. 특히 리디아는 당시 지중해를 아우르는 금융제국이었다. 그리스인들은 리디아 단위

---

1   유대인들은 스타테르를 쉐켈(shekel)이라고 불렀다.

를 차용하면서, 금의 무게 단위를 금 스타테르^(gold stater)
라 불렀다. 금과 은의 교환 비율은 약 1:13으로 지정
되어 있었지만, 시장에서 금과 은의 교환 비율은 금
채굴량에 따라 변동성이 컸다.

고대 그리스는 금이 매우 부족했다. 앞서 언급
한 대로 마케도니아와 북부의 일부 지역을 제외하
고는 고대 그리스 도시 국가들은 금화를 제조할
수 있는 금 자체가 부족했다. 이에 따라 대부분의
고대 그리스 도시 국가들은 은화를 기본 화폐로
삼았다. 고대 그리스 도시 국가는 대략 BC 540년
전후로 처음으로 은화를 주조한 것으로 추정된다.[2]
고대 그리스 도시 국가 은화의 기본 단위는 "드라큼, 드라
크마 혹은 드람^(silver drachm, drachma 혹은 dram)"이었다.
드라큼은 한 움큼^(handful)이라는 뜻이다.

드라큼의 무게는 도시 국가들마다 차이가
있었다. 예컨대 아테네의 가장 큰 경쟁 도시 국
가였던 아에기나^(Aegina)의 드라큼 은화 무게는
5.9~6.1그램이었다. 아테네 은화는 이보다 가벼
워서 1 드라큼이 4.3그램 내외였다. 하지만 일반
적으로 1 드라큼은 60 트로이 그레인^(troy grains)으
로 3.8~4.3그램 사이에 있었다.

시리아에서 발견된 은 잉곳.
기원전 6~5세기경 시리아
지방에서는 동전 문화가 아직
확산되지 않아, 이처럼 원반
모양의 잉곳을 주로 화폐로
사용했다. 다만 잉곳이 발견된
곳에서는 그리스와 튀르키예의
동전들도 같이 발견되었는데, 이는
기원전 5세기에는 동전과 잉곳이
공존하는 시기였음을 의미한다.
본문에서 언급한 대로 시리아를
비롯한 지중해 유역에 기게스와
그리스의 동전 문화가 확산하는
시기는 기원전 6세기 전후로
추정된다. BC 475년경, 시리아
출토. 영국박물관 소장

10 드라큼은 데카-드라큼^(Deka-drachm), 8 드라
큼은 옥타-드라큼^(Octa-drachm), 4 드라큼은 테트라-드라큼^(Tetra-drachm), 2 드라큼은
디-드라큼^(Di-drachm)이라고 불렀다. 아테네가 사용한 이 드라큼 단위들은 이후 로

---

2   Alain Bresson, 『*Electrum coins, currency exchange and transaction costs in Archaic and Classical Greece*』,
Revue Belge de Numismatique et de Siglillographie 140, 2009, p. 6

은 드라크마. 한 움큼이라는 뜻의 드라크마는 무게 단위로 도시마다 달랐다. 12, 13은 동화인 오볼(obol)이고, 나머지는 드라크마이다. 9번은 아테네의 드라크마로 4.18그램(BC 500년경), 10번은 아테네의 경쟁 도시 아에기나(Aegina)의 드라크마로 5.97그램(BC 500년경)이며, 아테네의 드라크마보다 무거웠다. 11번은 코린트의 드라크마로 코린트(Corinth)의 수호신 페가수스가 새겨져 있다. (BC 500년경) 12번은 아테네의 동화폐 오볼(BC 520년경), 13번은 아테네의 쿼터 오볼(BC 520년경)이다. 14번은 고르곤의 머리가 새겨져 있는 시지쿠스(Cyzicus)의 금 스타테르(BC 500년경), 15번은 황소를 공격하는 사자가 새겨진 아칸투스(Acanthus)의 테트라드라크(BC 490년경), 16번은 마케도니아의 영웅 레수스(Rhesus)가 새겨진 아에가에(Ageae)의 옥타드라크(BC 480년경). 영국박물관 소장

마, 시리아, 카파도키아, 이집트 등이 그대로 채용할 만큼 국제 표준이 된다. 드라큼은 국제교역을 위해 가장 많이 사용되었으며, 신전에 바치는 헌금으로도 사용되었다. 나아가 전쟁을 위해 군인들에게 지급되는 보수로도 광범위하게 사용되었다. 아테네의 이와 같은 은본위제는 후일 로마 제국의 은본위제 정착에 가장 결정적인 영향을 미쳤다.

그리스 도시 국가 중 규모가 가장 컸던 아테네의 경우, 은화를 제조하기 위한 은을 아테네 주변의 라우리온(Laurion) 은광에서 채취하였다. 라우리온 은광은 아테네 경제가 활력을 누릴 수 있게 충분한 피를 쉴 새 없이 공급하는 심장과 같은 존재였다. 아마 라우리온 은광이 없었으면 세계문화유산 1호인 파르테논 신전의 현재 모습은 없었을지도 모르겠다.

동(copper)의 경우에는 은과의 교환 비율이 1:6으로 정해져 있었다. 동의 화폐 단위는 "오볼루스 혹은 오볼(obolus 혹은 obol)"이라고 불렀다. 오볼은 꼬챙이(skewer)라는 뜻에서 파생된 단어이다. 꼬챙이는 제물로 바치는 가축을 요리하고 이를 참가자들에게 분배할 때, 고기를 꿰차는 철로 만든 꼬챙이이다. 대형 꼬챙이의 경우는 한쪽 끝에 디스크 모양으로 돌출된 부분이 있어서,

손으로 쉽게 잡을 수 있게 되어 있었다. 그리스인들은 이 작대기를 오벨로스(obelos)라고 불렀다.

이 오벨로스는 제우스, 아폴론 신전 등 신전과 그리스인들의 무덤에서 대량으로 발견된다. 그만큼 고대 그리스에서는 애용되는 물품이었다. 추정컨대 철로 만든 오벨로스가

아에기나(Aegina) 거북이 은화 스타테르. BC 570~550, 영국박물관 소장

코린트(Corinth) 그리핀 은화 스타테르. BC 560~540, 영국박물관 소장

사람들에게 매우 유용했던 만큼, 화폐로서의 역할도 충분히 했을 것으로 보인다. 따라서 이 오벨로스가 가장 소액의 기본 화폐 단위인 오볼루스로 진화했을 가능성이 매우 높다. 이 오볼로스는 거의 모든 도시에서 1/6 드라크마로 통용되었다. 즉, 오볼루스의 무게는 드라큠의 1/6로 약 0.65~0.72그램이었다. 동은 은화보다 작은 규모의 소액 결제에 주로 사용되었다.

이와 같은 은본위제 하에서 BC 6세기 전후 고대 그리스에는 대략 2,000개가 넘는 도시 국가가 있었다. 이 도시 국가 중 약 절반에 가까운 도시 국가들이 자신들의 주화 체계를 가지고 있었다. 이들의 주화는 리디아 주화 양식을 거의 완전히 모방하고 있었다. 즉 앞면에 도시의 상징 신을 새겨 넣었고, 뒷면에는 펀치 모양, 혹은 도시의 상징 동물이나 글자 모양을 새겨 넣었다.

아테네 고르곤 메듀사 은화 스타테르. BC 530~520, 영국박물관 소장

아테네의 사자 모양 은화 스타테르. 초기 아테네 은화 스타테르는 바펜뮌젠(Wapenmüngen)이라고 불렀다. BC 530~520, 영국박물관 소장

그리스 도시 국가 중 대표적인 아테네의 경우, 아테네의 상징인 아테나 여신을 앞면에, 아테나 여신의 상징인 부엉이를 동전 뒷면에

초기 그리스 동전들. 그리스 도시 국가들은 리디아를 모방하여 도시마다 그리핀, 말, 돌고래, 황소나 사자 등 자신들 도시의 상징을 동전에 새겨 넣었다. 이러한 추세는 알렉산더 대왕의 동서양 통합 이후 급속히 확대된다. 영국박물관 소장

새겨 넣었다.[3] 코린트 (Corinth)의 경우에는 페가수스, 오늘날 그 유명한 산토리니섬에 위치해 있던 고대 도시 테라 (Thera 혹은 타라스, Taras)는 돌고래, 로데스 (Rhodes)의 경우에는 장미, 타소스 (Thasos)와 아르투사 (Arthusa)는 요정, 라리사 (Larissa)는 말, 시프노스 (Sifnos) 섬은 독수리, 시라큐스 (Syracuse)는 전차, 에우보이아 (Euboea) 지역의 할키스 (Chalkis)는 독수리와 뱀, 테베 (Thebes)와 멘데 (Mende)는 와인의 신인 디오니소스 신이 새겨졌다.

미케네 문명 이후 그리스의 식민지가 된 크레타섬에서도 섬 곳곳에서 동전을 주조했다. 크레타섬의 동전은 주로 사람의 얼굴이나 새의 문양 등을 동전에 새겨 넣었다. 특히, 크노소스 궁전에서 발견된 금화 동전은 크노소스 궁전의 미로를 동전 앞면에 새겨 넣어 매우 독특한 문양을 하고 있었다.[4]

(2) 알렉산더 대왕의 금화

고대 그리스 도시 국가의 이와 같은 복잡한 화폐 체계는 알렉산더 대왕의 헬레니즘 제국이 등장하면서 극적인 변화를 맞이한다. 즉, BC 334년 페르시아 정복 전쟁이 시작된 이후, 알렉산더 대왕은 페르시아로 진격하면서 정복한 도시마

---

3 아테네 은화에 부엉이 모양을 삽입할 것을 제안한 이는 BC 6세기경 아테네 독재자 피시스트라테스(Pisistrates)이다.

4 크노소스 궁전의 미로 이야기는 『대체투자 파헤치기(중)-PEF의 역사』 編 참조

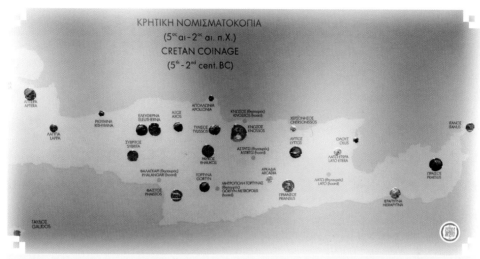

크레타섬의 동전, 지중해의 전설적인 크노소스 궁전이 있던 크노소스 동전에는 궁전의 미로 같은 모양을 그대로 새겨 넣었다. 기원전 5~2세기, 헤라클리온 고고학 박물관

다 동전을 주조한 이동 조폐소를 운영했다. 알렉산더 대왕은 군대를 운영하기 위한 기본적인 자금조차 부족한 상태에서 전쟁을 개시했기 때문이다. 따라서 점령한 도시에서 동전을 주조하여 추가로 필요한 전비를 조달해야만 했다. 이것이 전술한 알렉산더 대왕만의 독특한 "군자금 조달방식(military financing)"이었다.

이와 같은 알렉산더 대왕의 군비 조달 전략은 이 지역을 중심으로 동전 화폐가 점진적으로 통일되는 극적인 효과를 가져왔다. 예컨대 알렉산더 대왕이 리디아 지역을 넘어 실리시아(Cilicia, 혹은 킬리키아) 지방을 점령했을 때, 그는 페르시아 지방 총독인 사트라프(satrap)가 타르소스(Tarsus)에서 주조한 정교한 은화 동전 스타테르를 발견할 수 있었다. 그 동전에는 페니키아 지방 최고의 신인 바알(Baal)이 꽃으로 장식된 왕홀을 들고 의자에 앉아 있는 모습이 새겨져 있었다. 바알이 앉아 있는 배경에는 밀, 포도와 바알 신의 상징인 독수리가 새겨져 있었다.

그 결과 알렉산더 대왕은 바알을 제우스로 바꾸고 나머지 동전 조각의 구도는 그대로 유지하고 동전을 발행하게 했다.[5] 이에 따라 알렉산더 대왕의 동전은

---

5 J. Edward Taylor, 『Ancient Greek Coins Through the Time of Alexander the Great』, p. 2

앞면에는 사자 표피를 쓰고 있는 헤라클레스 신, 뒷면에는 왕을 상징하는 징표인 왕홀(王笏, imperial scepter)과 제우스 신의 상징인 독수리를 배경으로 앉아 있는 제우스 신이 그려져 있었다. 제우스 신이 앉아 있는 우측 측면에는 "Alexandros(ΛΕΞΑΝΔΡΟΥ)"라고 새겨 넣었다. 심하게 말하면 알렉산더 대왕은 페르시아 동전을 그대로 복사해서 이름만 바꾸어서 발행한 것이다.

알렉산더 대왕의 정복 전쟁은 거침이 없었다. 이에 따라 영토가 확장될수록 페르시아 동전을 복사한 알렉산더 대왕의 통일 주화는 제국 전역으로 확산하였다. 알렉산더 대왕의 정복 전쟁은 동전의 확산과 선순환 구조를 가지고 있었기 때문이다. 어떻게 보면 알렉산더 대왕이 이집트를 정복하고 인도까지 진출한 가장 중요한 경제적 원동력은, 바로 알렉산더 대왕이 정복 전쟁 과정에서 끊임없이 주조한 동전 화폐 때문이었다.

알렉산더 대왕의 제국이 확대되면서 알렉산더 대왕의 동전을 주조하는 주조소도 계속 늘어났다. 생전에는 그의 제국 26개 도시에서 알렉산더 은화가 주조되었고, 그의 사후에는 경제 통합이 진전되면서 동전 화폐의 주조가 더 증가했다. 가장 활발한 때는 그리스 지역에서 52개의 동전 주조소가 있었고, 제국 전체로는 약 100여 개의 주조소가 있었다고 한다.[6]

알렉산더 대왕의 동전은 그가 죽고 난 이후에도 약 250년 동안 주조가 계속되었다. 당초 자신의 군대를 유지하기 위해 페르시아 동전을 복제하면서 탄생한 알렉산더 대왕의 동전은 동양과 서양을 아우르는 헬레니즘 제국의 교역을 엄청난 규모로 확장시켰다. 알렉산더 대왕의 업적은 동서양을 아우르는 단순한 영토 확장에 있는 것이 아니라, 통일된 동전 유통을 통해 동서양을 경제적, 문화적으로 통합시킨 데 있는 것이다.

알렉산더 대왕의 헬레니즘 제국 건설은 동전과 같은 단일 화폐가 경제적 통합에 얼마나 중요한 요소인지 역사적으로 증명해 낸 역사상 최초의 사건이었다.

---

6   J. Edward Taylor, *Ibid*, p. 2

EC가 경제 통합을 내세우면서 1999년 최후의 단계로 제시한 단일 화폐 유로화
는 어쩌면 알렉산더 대왕의 헬레니즘 제국으로부터 학습한 역사적 교훈에서 비
롯된 것일지도 모르겠다. 2008년 이후부터 중국이 자국과 교역의 결제 수단으
로 위안화를 강요하는 등 위안화의 국제화를 위해 각고의 노력을 기울이는 이유
또한 알렉산더 대왕이 이룩한 제국의 찬란했던 성과 때문은 아닐까?

하여튼 BC 65년경 마지막 알렉산더 대왕의 동전 주조를 끝으로 알렉산더 대
왕의 동전 주조는 중단되었다. 이제 알렉산더 대왕의 동전은 박물관이나 개인
소장품을 통해서만 볼 수가 있다. 이 역사적인 통일 동전이 얼마나 엄청난 역사
적 통합을 이루어 냈는지, 알렉산더 대왕 자신은 생전에 예측할 수 있었을까?
아마도 페르시아 동전을 복사해서라도 자신들의 병사를 먹여 살려야겠다는 지
휘자로서의 충정이 통일 동전을 통한 최초의 동서양 경제 통합을 이루어 낸 진
정한 원동력이었을지도 모르겠다. 선한 의도가 선한 결말을 가져온 대표적인 역
사적 사례가 알렉산더 대왕의 동방 원정이라고 이야기하면 지나치게 서구 편향
적인 역사적 해석이라는 비판을 받을까?

07

고대 그리스의 국제무역 ①
와인과 지중해: *Oinops Pontos*

파르테논 북쪽 박공(pediment), 영국박물관 소장

(1) 렘노스(Lemnos)섬의 와인

그리스를 비롯한 지중해 유역에서 동전 화폐가 사용되기 전 국제무역은 기본적으로 물물교환으로 이루어졌다. 물물교환 방식이라면 진부한 방식이라고 생각하는 독자가 많을 것 같다. 하지만 절대 그렇지 않다. 오늘날에도 국제무역에서 물물교환 방식은 여전히 사용된다. 예컨대 2차 대전 직전인 1930년대 말, 독일은 황금이나 파운드와 같은 국제무역 결제 수단이 없어서 국제무역을 물물교환 방식으로 진행했다. 1975년 10월, 미국의 국무장관 키신저도 모스크바에서 미국산 밀과 소련의 원유를 교환하는 이른바, "배럴 & 부셸(barrels & bushels)" 거래 예비 협정서를 체결한 적이 있다. 키신저는 중동 원유 의존도를 낮추려고 하였고, 소련은 자국의 식량 사정을 완화하기 위해서 물물교환 협정을 체결한 것이다.[1]

2010년부터 2019년 9월 20일에 이란 중앙은행이 특별지정 제재 대상(Specially Designated Nationals And Blocked Persons List: SDN)에서 국제 테러 지원조직(Specially Designated Global Terrorist, SDGT)으로 변경 지정되기 이전까지, 우리나라와 이란 간 생필품 수출입도

---

1 미국은 자국 밀은 판매 시장이 넓다는 이유로 할인하려 하지 않았고, 소련산 원유는 신규 시장을 확보해 준다는 논리로 12% 할인을 요구했다. 소련이 이 제안을 거부하면서 실제 거래는 이루어지지 않았다.

기본적으로 물물교환 방식이었다.[2] 중간에 한국의 기업은행과 이란의 중앙은행이 결제 브로커 역할은 하지만, 실질적으로 이란이 우리에게 판 원유 대금으로 우리가 이란에게 수출한 생필품 대금을 상계(trade-off) 처리하는 방식이기 때문에 이는 본질적으로 물물교환 방식에 의한 국제 거래와 다름이 없다.[3] 특히 2023년 9월 13일, 러시아의 푸틴 대통령은 우크라이나 전쟁에 필요한 포탄과 탄약을 확보하기 위해 북한과 정상 회담을 개최했는데, 북한의 김정은은 이 정상 회담을 통해 러시아에게 우주로켓 기술과 핵잠수함 기술을 요청한 것으로 보인다. 이 또한 본질적으로 화폐가 개입되지 않은, 북한의 포탄·탄약과 러시아의 군사 기술을 맞바꾼 전형적인 물물교환 국제 거래이다.

이처럼 가장 원초적이면서 기본적인 국제무역 거래 방식인 물물교환 형태로 고대 그리스 주변에서 국제교역이 활발히 이루어졌음을 보여 주는 가장 오래된 문헌상 기록은 트로이 전쟁을 기록한 호머의 일리아드이다.[4] 호머의 일리아드(Illiad, VII, 468)에 따르면 에게해 북쪽, 트로이 서쪽 해상에 위치한 "렘노스(Lemnos) 섬에서 셀 수 없는 상선이 와인을 싣고 오면, 다른 지역의 그리스 사람들이 서둘러 그 와인을 사려고 몰려들었다. 이

때 교환되었던 물건들은 놋쇠(brass), 빛나는 철(gleaming iron), 동물의 가죽(히데스, hides),

---

2   ■■ 트럼프 행정부가 이란 중앙은행을 테러 조직으로 지정한 이유는 2019년 9월 14일에 사우디아라비아 정유시설을 공격한 드론 테러의 배후에 이란 중앙은행이 있었다고 판단했기 때문이다. 이 조치로 세컨더리 제재 하에서도 결제 브로커로서 이란 중앙은행이 개입되어 허용되던 생필품 무역마저 원칙적으로 금지되었다. 이후 한국과 이란의 생필품 무역은 오직 미국의 허락하에서만 가능하게 되었다.

3   ■■ 2020년 상반기 기준으로 이란이 한국에 매각한 원유와 초경질유(카스콘텐세이트) 대금 중 상계되지 않고 남아 있는 금액은 대략 80억 불 내외로, 이란이 해외에 매각한 원유 대금 중 가장 큰 금액이었다. 2023년 기준으로 이 금액은 70억 불 내외로 줄었는데, 이란 정부는 2023년 7월, 한국 정부를 상대로 우리은행과 기업은행에 보관된 이 돈의 반환을 촉구하는 결의안을 자국 국회에서 통과시키기도 했다. 이 동결 자금은 2023년 9월 11일, 이란이 억류하고 있는 미국 시민 5명을 석방하는 대가로 카타르 송금이 허락되어 결국 이란 품으로 돌아가는 듯 했다. 그러다가 2023년 10월 7일, 하마스가 이스라엘을 전격 기습 공격할 때 이란의 자금이 사용되었다는 의혹이 제기되면서, 카타르에 보관된 이 자금은 다시 동결되었다. .

4   J. J. Cater, Ibid, p 6

그리고 노예와 황소였다."[5]

　　일리아드에서도 알 수 있듯이 고대 그리스의 고대 교역 품목 중 가장 핵심적인 품목은 바로 와인이었다. 왜냐하면 그리스는 국토의 80%가 산악 지대로, 강이 있어 농사가 가능했던 지역은 오직 마케도니아 지방과 테살리아(Thessaly) 지방의 좁은 평야에 한정되어 있었기 때문이다. 이 때문에 오늘날 그리스도 식량의 대부분을 수입에 의존한다. 따라서 척박한 땅에서 잘 자라는 포도로 만든 와인은 고대 그리스의 거의 유일한 수출 품목이었다. 오히려 척박한 땅일수록 고급 와인에 필요한 포도가 더 잘 자라기도 하다. 특히 국토 대부분이 산악 지대였기 때문에 고대 그리스인들은 육상 교통수단에 대해서는 아예 포기하고, 처음부터 바다로 눈을 돌릴 수밖에 없었다. 그리스인들이 고대부터 뛰어난 항해사였고, 해상무역이나 해적 활동에 종사할 수밖에 없었던 이유가 바로 이것이다. 이처럼 주변 지역에서 그리스 와인을 구매하기 위해 상선을 타고 그리스 각지의 섬으로 구름처럼 몰려드는 데는 그만한 이유가 있었다.

우측 그림은 그리스 델포이에 위치한 아폴론 신전이다. 아폴론이 태어났을 때 제우스는 기뻐하여 그에게 예지 능력을 부여했다. 그 후 제우스는 아폴론에게 황금 왕관, 현악기 리라, 그리고 백조가 이끄는 마차를 주면서 피톤으로 가라고 명했다. 아폴론은 피톤에서 그곳을 지키던 커다란 뱀인 피톤(Python)을 죽이고는, 이름을 델파이로 바꾸었다. 아폴론이 델파이로 이름을 바꾼 후부터는 델파이는 미래를 예언하는 신탁의 도시로 바뀐다. 델파이의 신탁을 수행하는 이는 여성으로 피티아(Pythia)라고 불렀다. 피티아는 독신으로 정절을 유지해야 했으며, 신의 말을 전하는 신탁뿐 아니라 아폴론 신을 모시는 성전 행사를 주재하기도 했다. 피티아는 피톤에서 유래한 말로 추정되며, 오라클이라고도 불리었다. 한편 델포이 신전의 신관은 오라클이 신탁을 받아 중얼거릴 때, 그녀의 말을 받아 적는 역할을 했다. 그리스 델포이 소재

5　J. J. Cater, 『Paper on Ancient Currency, Monetary Systems, and Ancient Banking』, Blades East & Blades, Printers, 1899, pp 5~6

Codex Atlanticus: In Vino Veritas

와인은 인류 최초의 술이다. 와인은 인류 최초의 서사시 길가메시 서사시에 처음으로 등장한다. 이 서사시에는 길가메시 왕의 모친 닌순^(Ninsun)이 짐승과 같이 생활하며 짐승처럼 살던 엔키두^(Enkidu)에게 다음과 같이 말하는 장면이 나온다. "엔키두여, 빵을 들게. 빵은 생명의 양식이네. 와인을 들게. 와인은 땅의 관습이네.[6]" 닌순이 엔키두에게 이렇게 말하는 장면은 빵과 와인이 인간을 인간답게 만드는 먹을 거리라는 뜻이었다. 마치 단군 신화에서 환웅이 곰과 호랑이에게 마늘과 쑥을 먹어야 인간이 될 수 있다고 전한 것처럼.

와인은 길가메시 왕 여정의 또 다른 장면에서도 등장한다. 수메르 신화에 사랑의 여신으로 등장하는 이쉬타르^(Ishtar)는 길가메시 왕의 외모에 반하여 그에게 청혼을 하게 된다. 하지만 길가메시 왕은 이를 정중히 거절하면서 다음과 같이 말한다. "나는 당신에게 여왕의 지위에 맞는 빵과 음식을 기꺼이 주겠소. 여왕에게 적합한 와인도 줄 수가 있소.[7] 당신의 창고를 모두 채울 보리 또한 아낌없이 주고 싶소. 하지만 당신을 아내로 맞이하는 것은 나와 맞지가 않소."

나아가서 길가메시 서사시에는 와인을 만드는 여신이 따로 등장한다. 바로 시두리^(Sidouri)이다. 시두리는 바닷가의 정원에 살고 있었다. 여기서 바닷가는 오늘날 지중해일 가능성이 높다. 그리스 시대처럼 당시에도 와인은 지중해 유역에서 대량으로 재배되었기 때문이다.

---

6 "Eat bread, it is the staff of life; drink the wine, it is the custom of the land." Gilgamesh Epic Tablet 2

7 "I would give you wine to drink fit for a queen." Gilgamesh Epic Tablet 6

우리의 표준 다른 쪽 면, 가장 위쪽 편, 왼쪽에서 세 번째 앉아 있는 큰 인물은 수메르의 왕. 왕의 오른편에는 이자에 앉아서 와인을 음용하는 수메르인들 6명이 있다. 그 옆에는 악기를 연주하는 이와 가장 오른편에는 가슴에 노래를 부르는 이가 보인다. 이 작품은 붉은 석회암, 조개껍데기로 인물들을 모사하고 바탕은 라피스 라줄리로 처리한 우드의 표준(Standard of Ur) 다른 쪽 면이다. 우드의 표준은 직사각형 상자모양으로 왕의 무덤에서 발견되었는데, 그 용도는 지금까지 알려져 있지 않다. BC 2500년경, 우드 출토. 우드 영국박물관 소장

하여튼 길가메시 왕은 친구 엔키두가 죽으면서, 영생을 추구하기 위해 죽지 않고 영생을 누리고 있다는 우트나피시팀(Utnapishtim)을 찾기 위한 여행을 떠난다. 이 여행 중에 만난 이가 시두리이다. 시두리는 길가메시 왕에게 우트나피시팀을 찾기는 매우 어려울 뿐 아니라, 죽음은 인간의 피할 수 없는 숙명이니 현생을 즐기라고 조언을 한다.

길가메시 서사시뿐만 아니라 구약성서에도 와인이 등장한다. 대홍수가 끝나고 아라라트산에 도착한 후에 노아가 심은 첫 번째 식물은 포도나무였다. 노아는 자신이 재배한 포도나무로 와인을 만들었다. 오랫동안 와인을 먹지 않았던 탓인지 노아는 너무 많은 와인을 마셔, 만취한 상태로 옷도 입지 않고 나체로 누워 있었다고 한다. 그런데 대홍수가 일어났던 시기는 대략 1만 년 전이다. 이 시기에 호주와 파푸아 뉴기니, 한반도와 일본, 영국과 유럽대륙, 북미 대륙과 아시아 대륙이 서로 연결되어 있다가 해수면 상승으로 분리되었고, 호수였던 흑해도 지중해와 연결된 바다로 바뀌었다. 전설의 국가 아틀란티스도 아마 이 시기에 사라진 것으로 추정된다.

길가메시 서사시와 대홍수 전후 노아가 재배한 포도의 일화를 보건대, 포도는 대홍수가 일어났던 1만 년 이전부터 인간이 재배해 온 과일이 되는 셈이다. 『총, 균, 쇠』의 저자 제레드 다이아몬드는 인류가 최초로 재배에 성공한 4개 과일 중의 하나가 포도라고 주장했는데,[8] 필자가 보기에도 어느 정도 일리 있는 추정이라고 생각한다. 특히 포도는 척박한 땅에서도 잘 자란다. 따라서 포도는 발달한 농업 기술을 가지고 있지 않은 초기 인류가 재배하기에 가장 적합한 과일이었음에는 틀림이 없다.

님루드(Nimrud)의 무기고에서 발견된 아시리아의 와인 저장 단지. 이처럼 와인은 수메르에 이어 바빌론, 아시리아 전역에서 매우 인기 있는 음료였다. 이 단지의 표면에는 저장단지의 용량이 표시되어 있다. 즉, 1 호머(homer), 3 세흐(seah), 7 콰(qa). 오늘날 도량형으로는 약 300리터이다. BC 7세기경, 님루드 출토. 영국박물관 소장

---

8 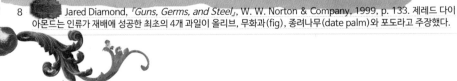 Jared Diamond, 『Guns, Germs, and Steel』, W. W. Norton & Company, 1999, p. 133. 제레드 다이아몬드는 인류가 재배에 성공한 최초의 4개 과일이 올리브, 무화과(fig), 종려나무(date palm)와 포도라고 주장했다.

In Vino Veritas

길가메시 서사시나 구약성서와 같은 비공식적 기록 말고 함무라비 법전과 같은 공식 기록에도 와인을 비롯한 상인들의 상거래에 관한 규정이 있다.[9] 예컨대 와인 값을 곡물로 치르지 못하게 하거나, 금전으로 받되 동일 가치의 곡물보다 작은 용량으로 와인을 팔면 그 상인들을 물에 던졌다. 범죄자가 와인을 파는 술집에 들어갔는데, 와인을 파는 상인이 그를 체포하여 왕궁으로 데려오지 않으면 그 와인 셀러는 사형에 처한다고도 했다. 나아가 신전에 거주하지 않는 女 사제(sister of God)가 와인 숍을 열거나 와인을 마시기 위해 술집에 들어가면 화형에 처한다는 규정도 있다. 이는 지금으로부터 4000년 전 메소포타미아 전역에 걸쳐 와인과 관련된 상업적 거래가 매우 활발했음을 보여 주는 사례이다.

메소포타미아 전역에 걸친 와인 교역으로 포도주는 동쪽으로도 전해져 중앙아시아로까지 전파되었다. 특히 중앙아시아의 월지국과 대완국(大宛國)은 한나라가 서역으로 파견한 장건(張騫, BC ?~BC 114)을 통해 한나라에 포도주를 전한 국가가 되었다. 즉, 장건은 월지국으로 가던 중간 기착점에 들른 대완국에 한혈마(汗血馬)라는 뛰어난 말들이 있다고 한 무제(漢 武帝, BC 156~87)에게 보고하였다. 북쪽의 기마 민족에 골치를 앓던 한무제는 장수 이광리(李廣利, BC ?~88)를 파견하여 대완국을 정벌하고는 한혈마를 확보했다. 이때 3,000여 마리의 한혈마가 한나라로 전해지는데, 한혈마와 함께 오이, 후추, 마늘, 참깨, 포도주 등도 같이 한나라로 전래된다.

특히 한 무제는 대완국에서 전해진 포도주를 매우 좋아하여 정원마다 포

---

9 함무라비 법전 19장, §108~111, §108: If a wine-seller do not receive grain as the price of drink, but if she receive money by the great stone, or make the measure for drink smaller for corn, they shall call the wine-seller to account, and they shall throw into the water. §109: If outlaws collect in the house of a wine-seller, and she do not arrest these outlaws and bring them to the palace, that wine-seller shall be put to death. §110: If a votary, who is not living in a convent, open a wine-shop or enter a wine-shop for a drink, they shall burn that woman. § 111. If a wine-seller give 60 ka of drink .... on credit, at the time of harvest, she shall receive 50 KA of grain.

도나무를 심으라고 명했다. 이후로 포도나무를 심은 이궁은 포도궁이라는 별칭으로 불리었다. 사기를 지은 사마천은 대완국의 포도주가 수십 년이 지나도록 썩지 않았다고 기록했는데, 현재 와인과 크게 다르지 않은 모습을 정확하게 기록하고 있어 매우 놀랍다. 한나라로 전해진 포도주는 이후에도 중국인들이 즐겨 마시는 술로 정착되었다. 6세기 남북조 시대의 산문가 양현지(楊衒之, ?~?)가 낙양을 기행하고 남긴 산문집 『낙양가람기(洛陽伽藍記)』에 따르면, 후한의 2대 황제인 명제(漢 顯宗 孝明皇帝 劉莊, 28~75)가 세운 백마사(白馬寺) 탑 앞에는 대추 알보다 큰 포도 열매가 열린 포도나무가 있었다고 한다. 중국에서 가장 오래된 종합 농서로 북위 농학자 가사협(賈思勰, ?~?)이 6세기경에 지은 『제민요술(齊民要術)』에는 아예 포도를 재배하는 방법과 저장하는 방법까지 기록되어 있다.

8세기 당나라 시인 왕한(王翰, ?~?) 또한 「양주사(涼州詞)」라는 시에서 "야광으로 만든 술잔에 아름다운 포도주, 마시려고 하니 비파 소리가 말 위에서 경쾌하네. 포도주에 취해서 모래 바닥에 누워도 비웃지 마시라. 예로부터 전장에 나아가 몇 명이나 살아서 돌아 왔나?(葡萄美酒夜光杯, 欲飮琵琶馬上催, 醉臥沙場君莫笑, 古來征戰幾人回)"라면서 감미로운 포도주의 맛을 인생의 무상함과 절묘하게 비교하여 극찬하기도 했다. 당나라의 대표 시인 이백(李白, 701~762)의 포도주 사랑도 끝이 없었는데, 그는 전유준주행이수(前有樽酒行二首)라는 시에서 "옥 항아리 속의 아름다운 포도주는 하늘처럼 맑구나(玉壺美酒淸若空)[10]"라고 포도주를 칭송했다.

메소포타미아 지역의 활발한 와인 교역으로 포도주는 서쪽으로도 전파되어 고대 지중해 전역에서 와인을 대상으로 한 국제 해상무역이 매우 활발했다. 특히 와인은 압착 후 신속하게 수송하지 않으면 신선도가 떨어지므로, 와인을 신속하게 수송하기 위한 해상무역의 발달이 필수적이었다. 지중해를 중심으로 고대부터 해상무역이 매우 활발했던 이유 중의 하나가 바로 와인 때문

---

10 여기서 미주는 포도주를 의미하는데, 왕한의 시인 양주사에서 인용한 포도미주(葡萄美酒)에서 유래한다.

In Vino Veritas

이라고 단언해도 과언은 아니라고 본다.[11]

와인은 종교적으로도 매우 중요한 의미를 가졌다. 그리스 와인의 신은 디오니소스(Dionysus)이다. 디오니소스의 모친은 테베의 왕녀 세멜레(Semele)이다. 세멜레는 제우스의 사랑을 받아 디오니소스를 잉태했으나, 헤라의 유혹에 넘어가 제우스에게 실제 자신의 모습을 보여줄 것을 요구한다. 약속대로 자신의 모습을 보여준 제우스의 번개불에 세멜라가 불에 타 죽자, 제우스는 그녀가 잉태한 디오니소스를 자신의 허벅지에 넣고 부활시킨 후 전령인 헤르메스(Hermes)가 키웠다. 디오니소스라는 명칭도 "두 번 (Dio)태어난(Nysos)"이라는 뜻을 가지고 있다는 설이 있다.

헤르메스가 디오니소스를 키운 곳이 뉘수스산(Mountain Nysus) 혹은 니사산(Mountain Nisa)이다. 뉘수스 혹은 니사산의 위치에 대해서는 설이 분분한데, 오늘날 인도라는 설과 튀르키예의 니사라는 설이 있다. 디오니소스가 자랐다는 뉘수스 산이 인도라는 설에 따르면, 디오니소스가 그리스의 신이 아니라 인도의 신일 가능성이 있다. 에우리피데스의 비극 『바카이(Bakchai)』 첫 구절에도 디오니소스는 자신이 엄청나게 부유한 동방에서 그리스로 왔다고 말한다. 우연의 일치인지는 몰라도 튀르키예의 니사는 오늘날 튀르키예에서 와인을 가장 많이 생산하는 도시이다.

하여튼 디오니소스는 이 뉘수스 혹은 니사산에서 어느 날 우연히 나뭇가지 하나를 발견한다. 그는 이 나

왼쪽이 풍요의 뿔(코르누코피아, cornucopia)을 들고 있는 디오니소스 신이고, 오른편이 그의 아내인 아리아드네(Ariadne). 디오니소스 신은 보통 그리스 성인의 겉옷인 히마티온(himation)을 흘러내릴 듯이 입는 특징이 있었다. 아리아드네는 크레타 왕 미노스와 왕비 파시파에 사이에서 난 딸이다. BC 325~300년경, 로두스 섬 출토. 영국박물관 소장

11 그리스어로 와인을 크라시(κρασι, krasi)라고 불렀다. 그리스인들은 주로 와인을 물과 섞어서 마셨는데, 이 때문에 와인을 혼합이라는 뜻의 크라시로 부른 것이다. 와인은 유럽 전역에서 win-, wei-, bi-, vin-, fi-로 시작하는 단어를 쓴다. 유럽에서 win-, wei-, bi-, vin-, fi- 이외의 다른 단어를 쓰는 나라는 헝가리 보르(bor)와 바스크어 아르도(ardo) 뿐이다. 헝가리는 인도-유럽 어족이 아닌 마자르 족이고, 바스크어도 기원을 알 수 없으므로 이해가 된다.

뭇가지를 새, 사자, 당나귀 뼈 속에 넣었다 빼서, 땅에 심었더니 포도나무가 되었고 이를 와인으로 만들었다. 디오니소스는 뉘수스 혹은 니사에서 그리스로 돌아왔는데, 이때 와인을 그리스의 목동 이카리오스(Ikarios)에게 전해 주었다. 이카리오스는 와인을 먹자 처음에는 새처럼 재잘거렸고, 나중에는 사자처럼 난폭해지더니 마지막에는 당나귀처럼 우매해졌다. 이카리오스는 이 와인을 주변 목동에 나누어 주었는데, 처음으로 취기를 느낀 목동들이 이를 독이라 생각하고 이카리오스를 죽였다고 한다.

그리스인들은 디오니소스를 와인과 함께 연극과 춤의 신으로도 숭배했다. 이에 따라 그리스인들은 올림포스산에서 4년마다 열리는 올림픽 경기에 디오니소스를 기리기 위한 노래인 "디튀람보스(Dythyrambos)"를 불렀다.[12] 아리스토텔레스는 이 디튀람보스에서 그리스의 비극이 발전했다고 평가했다. 후술하겠지만 아테네에서도 아크로폴리스 바로 아래의 대형 극장에서 매년 디오니소스를 기

아테네 아크로폴리스 남쪽 경사면에 있는 디오니소스 극장. 디오니소스는 고대부터 와인의 신으로 숭상되었는데, 그리스에서도 디오니소스를 숭배했다. 특히 그리스 참주 정치인들은 기존 정치 세력을 타파하기 위해 외국에서 수입된 디오니소스 신의 숭배를 장려하는 등 정치적으로 이용하기도 하였다. 한편 그리스 3대 비극작가인 소포클레스, 아리스토파네스, 에우리피데스의 비극 작품 또한 모두 디오니소스 극장에서 상영될 정도로 디오니소스 극장은 고대 그리스 예술의 중심지였다. 이 극장은 BC 6세기경 건립 당시 약 17,000여 명을 수용할 수 있는 대규모 극장이었다. 당시 아테네 인구가 10만을 약간 넘었으므로, 아테네 인구의 10% 이상을 수용할 수 있는 엄청난 규모였던 셈이다. 불행히도 이후 파괴되어, 현재 남아 있는 것은 로마 시대 때 복구된 것이다. 어떤 이는 디오니소스 극장이 인류 최초의 극장이라고 평가하기도 한다. 그렇다면 와인의 신 디오니소스 때문에 연극 극장이나 영화관이 생겨났다고 하면 지나친 평가일까?

12 ____ 디튀람보스는 기원전 7세기 시인 아르킬로코스(Archilochus)가 최초로 언급했다. 즉, "나는 술을 마시면 디오니소스 신의 노래인 디튀람보스를 지휘할 수 있다."

In Vino Veritas

리는 연극제가 열렸다. 와인의 신 디오니소스 때문에 호머의 일리아드나 오디세이가 탄생할 수 있었던 것이다.

공개적인 연극제와는 별도로 디오니소스를 기리는 특별한 종교의식에는 여성만 입장하여 술과 춤을 통한 광란의 황홀경 체험 행사가 비밀리에 행해졌다고 한다. 디오니소스를 숭배하는 여자 신도들을 마에나드   라 불렀는데, 마에나드는 여성들에 대한 사회적 억압을 디오니소스를 통해 해소한다는 의미에서 일종의 자유로운 저항의 상징이었다.

니체는 예술의 두 가지 원천을 아폴론과 디오니소스라고 정의하였는데 아폴론은 질서와 이성을, 디오니소스는 마에나드처럼 형식 파괴와 자유분방함을 상징한다. 아마도 무신론자인 니체 광기의 원천은 디오니소스에 대한 열정적인 추종이 아니었을까?

왼쪽부터 첫 번째와 두 번째 인물은 숲의 신 사티로스(Satyrs)들. 가장 왼쪽의 사티로스가 들고 있는 막대기는 디오니소스의 지팡이인 티르소스(Thyrsus)이고 그의 옆에는 표범이 포효하고 있다. 디오니소스를 상징하는 표범은 디오니소스가 동양에서 유래한 신일 가능성이 높다는 뜻이다. 중간의 사티로스는 파이프를 부르면서 음악을 연주한다. 제일 앞쪽에 노래하고 춤추는 이가 디오니소스의 여성 신도인 마에나드(Maenad). 마에나드가 고개를 완전히 뒤로 젖히고 황홀경에 빠져 춤추는 모습이 매우 인상적이다. AD 100년경, 로마. (로마인들은 디오니소스를 바쿠스라고 불렀다.) 영국박물관 소장

디오니소스 숭배는 정치적으로도 이용되었다. 즉, 그리스 귀족 정치에 반발하여 등장한 참주정은 기성 정치 세력인 귀족 정치를 견제하기 위해 디오니소스를 적절히 활용했다. 예컨대 시키온의 독재자 클레이스테네스 (Cleisthenes of Sycion, BC c.600~c.560) 는 혈족에 바탕을 둔 귀족 정치인의 기득권을 타파하기 위해, 디오니소스 숭배를 정식으로 인정하기도 하였다. [13]

하지만 디오니소스 축제는 로마의 콘스탄티누스 황제 시대 기독교가 공인

13   아르놀드 하우저, *앞의 책*, p. 161

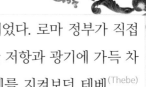
Codex Atlanticus

된 이후부터 음란과 외설이라는 이름으로 전면 금지되었다. 로마 정부가 직접 나설 만큼 디오니소스 축제는 그야말로 통제 불가능한 저항과 광기에 가득 차 있었나 보다. 실제 그리스 신화에서도 디오니소스 축제를 지켜보던 테베(Thebe)의 왕 펜테우스(Pentheus)를, 와인에 취해 제정신이 아닌 디오니소스 여신도인 마에나드가 팔다리를 찢어 죽이는 장면이 나오기도 한다.

역설적이게도 디오니소스 문화를 철저하게 억압한 기독교인들이야말로 로마 시대 이후부터 현대까지 와인 문화를 극적으로 보존한 주인공이었다. 필자는 예수가 최후의 만찬에서 와인을 자신의 피라고 부르지 않았으면, 와인은 서양 역사에서 흔적도 없이 사라졌을 것이라고 확신한다. 기독교와 같이 술을 엄격히 금지한 이슬람 권역에서는 와인이 흔적도 없이 아예 사라졌기 때문이다.[14] 예컨대 코란의 '식탁' 편에서는 포도주를 사탄에서 나오는 끔찍한 것이라는 저주의 말이 담겨 있다.

포도주 이야기를 하면 빼놓을 수 없는 서유럽의 인물이 있다. 바로 레오나르도 다 빈치이다. 레오나르도가 포도주와 무슨 관계인지 궁금해하는 사람들이 많을 것이다. 하지만 레오나르도 다 빈치는 화가이기 전에 매우 뛰어난 요리사였다. 그는 어렸을 때부터 먹성이 좋아 요리에 남다른 관심을 가지고 있었고, 스승인 베로키오로부터 독립했을 때 수입이 적어 피렌체의 "세 마리 달팽이"라는 식당에서 직접 요리사로 일한 적도 있다. 연구가 직성인 그의 본성에 따라 현재의 스파게티라고 불리는 요리를 직접 개발하기도 했다.

국수라고 알려진 것을 이탈리아에 처음 소개한 이는 마르코 폴로로 알려져 있다. 하지만 마르코 폴로는 국수가 먹을거리라는 것은 알리지 않았다. 이

---

14 그렇다면 이슬람인들은 전혀 알코올 음료를 마시지 않았을까? 아니다. 그들도 알코올 음료를 마셨다. 대표적인 음식이 아라크(Araq)이다. 아라크는 알콜이 40~60%로 상당히 독한 술이다. 아라크는 12세기 이슬람의 황금시대 때 화학 문명의 발달로 태어난 것으로 알려져 있다. 원래는 향기와 화장품을 만들기 위한 원료였으나, 나중에는 이를 음료로 마셨다. 주로 시리아, 레바논, 팔레스타인 등지에서 인기가 많았다. 페르시아인들은 아라크를 위장약으로 사용하기도 하였다. 아랍 지역을 통일한 몽골인들이 아라크를 동남아시아와 한국에 전했는데, 한국의 안동소주는 이렇게 해선 탄생한 것이다.

때문에 이탈리아인들은 국수를 먹지는 않고 식탁 장식용으로만 사용했다고 한다. 하지만 레오나르도는 당시에는 빈대떡처럼 넓었던 국수를 자신이 발명한 기계를 사용해서 얇게 썰어 먹는 현재의 스파게티로 만들어 식용으로 제공했다. 그가 자신이 개량한 음식에 붙인 이름은 "먹을 수 있는 끈"이라는 뜻의 "스파고 만지아빌레(spago mangiabile)"였다.

문제는 당시에는 스파게티를 먹을 수 있는 도구가 없었다는 것이다. 날이 2개인 포크가 있기는 했지만, 식사 때 사용하는 것이 아니라 주방에서나 사용하는 조리 도구여서 레오나르도가 만든 스파게티를 먹기란 여간 어렵지 않았다. 이에 따라 레오나르도는 날이 3개인 소형의 삼지창 포크를 직접 만들어 고객에게 제공했다. 마늘을 쉽게 까는 기구도 발명했는데, 오늘날 이탈리아에서는 마늘 까는 기구를 레오나르도라고 부르기도 한다.

한편 레오나르도가 일하던 식당이 불에 타자, 그는 친구인 보티첼리와 함께 음식점 겸 술집을 직접 열었다. 술집 이름은 "산드로와 레오나르도의 세 마리 개구리 깃발"이었다. 하지만 레오나르도가 개발한 음식은 당시로서는 너무 혁신적이어서 인기가 거의 없었다. 메뉴 또한 레오나르도 특유의 미러 라이팅 (mirror writing) 방식이어서 해독이 거의 불가능했다고 한다. 식당은 대실패로 끝난다.

식당이 실패하자 레오나르도는 본업인 화가 일에 매진할 수밖에 없었다. 하지만 그는 요리에 대한 열정을 포기하지 않았다. 피렌체에서 밀라노로 가서 루도비코 스포르차 공작의 후원을 받을 때에도, 레오나르도는 기회가 될 때마다 자신의 요리 실력을 루도비코 어르신에게 보이고 싶어 했다.[15] 예컨대 1491년 1월, 루도비코의 조카 딸인 안나 스포르차(Anna Sforza, 1476~1497) 결혼식 준비에 레오나르도는 루도비코 공작에게 자신이 개발한 메뉴를 설명한 적이 있다.

---

15   레오나르도는 자신의 노트에서 루도비코 공작을 루도비코 어르신이라고 불렀다.

그중에는 "찬 크림을 친 새끼 양 불알, 삶은 양 발톱, 민들레 잎 위에 올린 개구리 다리" 등이 있었다. 필자가 보기에도 너무 실험적인 요리이긴 하다. 루도비코 공작 또한 기겁을 하고서는. 원래 스포르차 공작 집안의 메뉴는 고르곤졸라 치즈, 베네치아산 굴, 송로버섯 등이라고 설명해 주고는 레오나르도의 제안을 거절하기도 하였다. 레오나르도는 그의 요리 노트에서 어르신이 연회에 자신이 추천한 음식은 거들떠보지도 않는다고 불평하면서, 자신이 제안한 담백한 요리가 언젠가 어르신의 연회에 오르는 날까지 포기하지 않겠다는 다짐을 하기도 했다.[16]

레오나르도의 이런 노력은 어느 정도 성과가 있었는데, 가장 대표적인 것이 바로 갖가지 "발가락 모듬 요리"이다. 레오나르도의 레시피에 따르면 양, 돼지, 소 각 한 마리와 레몬 세 개, 약간의 후추, 올리브유를 준비한다. 양, 돼지, 소의 발가락을 모두 잘라내고 후추, 올리브유를 섞어 세 개의 레몬을 짜낸 즙에 하룻밤 동안 함께 담궈 둔다. 약한 불에 이 발가락이 어두운 금색을 띨 때까지 굽고, 딱딱하게 굳은 폴렌타(poenta)에 넣어서 같이 먹는다.[17]

레오나르도가 개발한 이 발가락 요리는 루도비코 공작이 즐겨 먹는 요리가 되었으며, 1493년에는 독일 막시밀리앙 황제(Maximilian I. 1459~1519)가 밀라노를 방문했을 때 레오나르도가 목표한 대로 궁정 연회에서 실제로 제공되었다. 밀라노 궁정 연회에서 大 히트를 치면서 레오나르도는 이 음식을 밀라노에 있는 일반인들에게도 나눠 주었다. 즉 레오나르도는 그의 절친인 도나토 브라만테(Donato d'Aguolo Bramante, 1444~1514)와 함께 화려한 마차를 타고, 길거리에서 밀라노

---

16   레오나르도는 요리 재료를 많이 혼합하지 않고, 최대한 맛을 담백하게 내려고 노력했다. 그는 잡탕 요리를 야만족이나 먹는 음식이라고 매우 싫어했다. 예컨대 이탈리아 롬바르디아의 토끼 고기는 12가지 채소, 20개가 넘는 과일을 섞는데, 이 음식은 토끼 고기의 본래 맛이 온데간데 없이 사라지니 토끼 고기라고 부르면 안 된다고 주장했다. 요컨대 레오나르도는 토끼 고기이면 겉으로 토끼임을 알 수 있어야 하며, 이를 모르게 하는 요리법은 야만인의 요리 비법이라는 것이다. 그는 특히 개구리 요리에 관심이 많았다. 올챙이는 생후 5주가 가장 맛있으며, 개구리 다리 요리, 개구리 케이크 등에 많은 관심을 보였다. 레오나르도 다 빈치, 『요리 노트』, 노마드, 2019

17   폴렌타는 옥수수를 끓여서 만든 수프이다. 레오나르도 당시 이탈리아 사람들이 즐겨 먹었으며, 레오나르도는 이 폴렌타에 대해서도 『코덱스 로마노프』에서 다양한 요리 기법을 소개하고 있다.

시민들에게 이 발가락 요리를 무료로 제공하였다.[18]

이처럼 레오나르도가 요리와 식사에 몰두하고 있을 무렵, 밀라노의 산타 마리아 델 그라찌에 성당에서 식당의 벽화에 최후의 만찬 그림의 의뢰가 들어온 것이다. 루도비코 공작은 레오나르도를 추천했고, 레오나르도는 자신이 좋아하는 요리와 식사 장면이 담긴 그림을 그릴 수 있다는 사실에 흥분하고는 기꺼이 제안을 수락했다. 레오나르도는 이 그림에 무려 3년의 시간을 쏟아 부었다. 하지만 처음 1년 동안은 그 식당에서 긴 식탁을 들여 주고 먹을 것을 차려 달라는 요청만 하고, 거기서 식당 벽만 바라보는 일만 되풀이 했다. 특히 레오나르도는 걸작에 걸맞는 와인을 찾겠다며, 수도원이 보관하고 있던 포도주 전체를 일일이 맛을 보는 만행을 저질렀다. 답답한 수도원장이 레오나르도 때문에 수도원의 와인이 남아나지 않는다면서 루도비코에게 항의 편지를 쓰기도 했다.

결국 레오나르도는 수도원이 차려준 식탁에서 맛난 음식을 모두 즐기고는 단 3개월 만에 인류 역사 불후의 대작인 최후의 만찬을 완성했다. 그림 중앙에 앉은 예수의 눈은 식당 맞은편 끝 식탁에 앉으면 눈높이가 같도록 배치하여, 실제로 예수와 맞은편 정면에서 식사를 하는 느낌을 준다. 나아가 최후의 만찬에 그려진 식탁에는 그가 즐겨 먹었던 메뉴들이 그려졌다.

최후의 만찬에 그려진 와인 잔. 와인 잔을 왜 이렇게 물컵처럼 그렸는지 아무도 모른다.

대표적으로 작은 야고보의 왼팔 앞에 놓인 쟁반에는 생선 그림이 그려져 있는데, 이는 레오나르도가 즐겨 먹었던 장어 요리로 추정된다. 그는 평소에도 이 세상에 둘도 없이 맛있는 빵을 잘 만든다고 이야기하고 다녔는데, 최후의 만

18　브라만테는 건축가로서 레오나르도보다 먼저 밀라노에 머무르고 있었다. 루도비코 공작에게 레오나르도를 적극 추천한 인물 중 하나이며, 레오나르도와 매우 친한 친구 사이였다. 밀라노의 스포르차 공작 성의 디자인은 그가 한 것이며, 로마 베드로 성당 개축에도 적극 간여한 인물이다.

인류 최고, 최후의 걸작, 최후의 만찬. 이 그림은 숱한 화제를 뿌린 인류 최고, 최후의 걸작이다. 기존 화가들이 그렸던 최후의 만찬 형식을 모조리 파괴하고, 기존에 전혀 시도하지 않았던 템페라로 벽화를 그린 혁명적인 그림이기도 하다. 다 빈치는 소실점을 그리스도의 정면 왼쪽 귀 위편에 두었는데, 자세히 보면 그곳에 구멍이 나 있다. 이는 다 빈치가 그곳에 못을 치고, 그곳을 중심으로 그림을 그렸다는 증거이다. 다 빈치는 이 그림을 그리기 위해 밀라노의 그라찌에 성당의 와인 거의 전부를 마셨다는 설이 있다. 불행히도 이 그림은 완성 당시에는 혹평을 받았다. 계란을 이용해서 벽에 물감을 그린 탓에 얼마 지나지 않아, 그림이 훼손되기도 하였다. 사람들은 이 그림을 정말 다 빈치가 그렸는지 믿지를 않았다고 한다. 나폴레옹의 프랑스 군이 이탈리아를 점령한 1796년에는 이곳을 마굿간으로 사용하던 탓에 그림의 훼손이 더 심각해졌다. 이후 훼손이 너무 심하여 1520년에 다 빈치를 숭상하던 지오바니 피에트로 리졸리(Giovanni Pietro Rizzoli, 1495~1549)가 복사해 놓았던 그림을 보고, 후대에 다시 복원하여 원본 모습은 사실 보기가 어렵게 되었다. 특히 이 그림은 2차 대전 중인 1943년에 미군의 공중 폭격으로 식당이 완전히 폐허가 되었지만, 수도원장이 쌓아 놓은 모래 가마니 덕분에 파괴되지 않은 신비한 힘도 가지고 있다고 한다. 다 빈치가 1495년에 그리기 시작하여 1498년에 완성한 작품, 밀라노 산타 마리아 델 그라찌에 성당 소장

찬 식탁에도 그 빵이 그려져 있다. 그림에 그려진 식탁 또한 예수가 생존할 당시의 식탁이 아니라, 레오나르도가 살았던 당시 이탈리아에서 주로 사용한 기다란 식탁이다. 특히 최후의 만찬에 그려진 와인 잔은 다른 최후의 만찬 그림의 화려한 잔(chalice)이 아니라, 소박한 물잔 모양이다. 왜 와인 잔을 이렇게 그렸는지는 아직도 수수께끼이다.

최후의 만찬에 대한 세간의 평가는 그리 우호적이지 않았다. 사람들은 이 그림이 레오나르도의 그림이 아니라고까지 떠들고 다녔다. 2년 후가 되면서 벽화의 일부가 떨어져 나가는 일도 생겼다. 이 때문에 식탁에 그려진 음식들의 형체가 현재까지도 무엇

최후의 만찬 소실점. 벽에 구멍이 뚫려 있는 부분이 선명하게 보인다.

인지 정확히 분별하기가 어렵게 되었다. 하여튼 최후의 만찬은 요리사로서의 레오나르도 실력이 그대로 그림에 투사된 명작 중의 명작이다.

한편 최후의 만찬 완성 이후 이에 대한 보수 지급이 늦어지자, 레오나르도의 불만이 높아갔다. 루도비코 공작은 와인 광이었던 레오나르도의 성향을 감안하여, 돈 대신 레오나르도에게 와인 밭을 선물한다. 효과는 대 만점이었다. 레오나르도는 이 와인 밭에 엄청난 애착을 가지고 스스로 포도를 기른 후 와인을 직접 만들기도 했다. 레오나르도의 와인 비법은 그가 기록으로 남겼기 때문에, 레오나르도 메소드라 하여 오늘날에도 그 비법이 법으로 보호 받는다. 레오나르도는

최후의 만찬 식탁 위에 놓인 음식. 모두 다 빈치가 좋아했거나 실제로 만들 수 있는 음식이었다. 그림의 왼편 동그라미에는 다 빈치가 가장 자신 있게 만들 수 있었다는 빵이, 우측 동그라미에는 생선 요리가 그려져 있다. 이 생선 요리는 다 빈치가 좋아했다는 장어 요리라는 설이 있다.

와인 비법뿐 아니라 자신의 요리 비법도 기록으로 남겼다. 레오나르도의 요리 기록은 1981년 러시아의 에르미타쥬 박물관에서 발견되어, 『코덱스 로마노프

(Codex Ro   』라는 이름으로 세상에 알려졌다.

레오나르도의 와이너리는 이후 500년 동안 관리되지 않아 폐허로 남아 있었다. 그러다가 2015년에 밀라노 엑스포에서 레오나르도의 와인 밭을 복원하기로 결정하고, 포도를 다시 심은 후 레오나르도가 즐겼던 화이트 와인을 "타스토 아텔라노(Tasto Arellano)"라는 이름으로 세간에 출시했다.

다 빈치는 스포르짜 공작의 후원을 받아 그림을 그렸기 때문에 자신의 이름을 어디에도 남길 수 없었다. 하지만 그는 그림 한 곳에 자신을 상징하는 그림을 하나 넣었다. 바로 정면에서 보아 오른쪽 가장 아래 테이블 보의 매듭이다. 이 매듭은 중세 이탈리아어로 빈치(Vinci)라고 불렸는데, 이를 그려 넣은 이유가 바로 이 그림이 다 빈치 자신이 그렸다는 것을 보여 주기 위한 의도였다고, 한다.

와인을 숭상했던 유럽과는 달리 이슬람에서는 와인보다 커피를 숭상했다. 이슬람 창시자인 무함마드 또한 잠이 많았으나, 천사 가브리엘이 나타나 카바(Kdaba)와 같은 시커먼 빛을 띤 음료를 무함마드에게 주고 그를 구원했다고 한다. 이슬람인들은 이 음료를 자극하는 것이라는 뜻으로 "카베(Kaweh)"라고 불렀다. 이것이 '이슬람의 포도주'라 불리는 커피의 어원이다. 무함마드는 커피를 마실 때마다 "남자 40명을 안장에서 들어 올리고, 여자 40명과 동침할 만한 힘을 느꼈다."라고 한다. 이 때문인지 몰라도 이슬람인들은 와인은 아예 마시지 않고, 커피는 엄청나게 마셨다. 인류 최초의 커피숍으로 알레프의 하킴(Hakim)과 다마스쿠스의 쳄스(Dschems)가 1554년에 개장한 메크탑-이-이르판(Mekteb-i-irfan, 교양인들의 학교)"이 위치한 장소도 오스만 튀르크의 수도인 이스탄불이었다.[19]

유럽으로 커피를 전해 준 계기도 1683년 오스만 튀르크의 비엔나 원정 실패 사건이었다.[20] 즉, 오스만 군이 물러난 자리에 오스트리아 군은 남겨진 엄청난 양의 시커먼 씨앗을 발견한 것이다. 유럽인들은 이를 낙타 사료라고

---

19 하인리히 에두아르트 야콥, 앞의 책, pp. 42~95.  이슬람에서 커피가 제공되는 장소는 일반적으로 카베한이라고 불렸다. 한편 비엔나를 통해 유럽으로 전해진 커피는 그 당시 유럽인에게 그닥 인기가 없었고, 유럽 최초의 커피숍은 비엔나가 아닌 파리에 1672년에 세워진다.

20   오스만 제국은 비엔나를 2번 침공한다. 첫 번째 침공은 1529년이고 두 번째 침공이 1683년이다. 두 침공 모두 실패했는데 이는 비엔나가 300년 된 튼튼한 성벽으로 둘러싸여 있었기 때문이다.

생각했으나, 튀르키예 지역에서 살다 온 폴란드인 콜쉬츠키[Jerzy Franciszek Kulczycki, 1640~1694]

는 단박에 이를 커피임을 알아차렸다.[21] 그는 군인들로부터 쓸모없다는 낙타 사료를 받아 왔는데, 양이 너무 많아서 끓인 후 남은 커피 찌꺼기는 모두 버렸다. 나아가 쓴

다 빈치 와이너리는 최후의 만찬을 그린 후 그림값으로 다 빈치가 받은 것이다. 다 빈치가 와인을 워낙 좋아했기 때문에 와이너리로 그림값을 치룰 수 있었던 것이다. 다 빈치 와이너리는 다 빈치 사후에 500년 동안이나 관리가 되지 않다가, 최근에서야 다시 이탈리아 정부가 관리 중이다. 이 와이너리에서 만든 화이트 와인은 "타스토 아텔라노(Tasto Atellano)"라는 이름으로 판매 중이다. 밀라노 소재

맛을 중화시키기 위해 약간의 꿀과 우유를 커피에 섞었다. 이것이 오늘날 유럽 커피의 시초가 된다.

하여튼 서양에서 와인에 알코올이 들어가 있다는 사실은 19세기에 와서야 밝혀졌다. 따라서 19세기까지 유럽의 기독교인들은 아무런 죄책감 없이 와인을 즐겨 마셨다. 더구나 디오니소스나 예수 모두 부활했다는 점에서 공통점이 있는데, 두 사람 모두 와인을 중요하게 생각했다는 것은 와인이 부활의 상징일 수도 있기 때문은 아닐까?

그래서인지 중세 서유럽에서 와인의 제조법을 간직하고 발전적으로 계승한 이들은 기독교를 수호하고 신봉하던 수도원의 수도승들이었다. 특히 수도원은 로마 멸망 이후 갑자기 전 유럽을 덮친 중세 문화의 암흑시대에서 그나

---

21   콜쉬츠키가 태어난 곳은 삼보르(Sambor) 근처의 쿨키치(Kulchytsi)이다. 당시에는 폴란드-리투아니아 연방의 일부였으나, 지금은 우크라이나 땅이다. 그는 폴란드어뿐 아니라, 튀르키예어, 독일어, 헝가리어, 루마니아어, 세르비아어, 우크라이나어 등에 능통한 재주꾼이었다. 튀르키예에서 무역상을 하다가 튀르키예가 외국 무역상을 간첩 혐의로 몰아 탄압하자, 폴란드 시민이라고 주장하며 체포를 피해 비엔나로 피신했다. 우연히도 이때 오스만 튀르크의 커피가 비엔나로 전해진 것이다.

마 남아 있던 로마의 문화적 전통을 유지한 거의 유일한 기관이었다. 특히 수도사들은 기도와 독서가 육체노동과 같은 일과에 강제로 포함되어 있었고, 이 때문에 수도사들은 독자이자 사서이면서 동시에 서유럽의 저자이면서 인쇄업자였다.   나아가 고립된 수도원 생활과 지친 육체적 노동을 달래기 위한 와인은 수도사들에게는 없어서는 안 될 필수품이 되었다.

이에 따라 중세의 수도승은 자신이 거주하던 수도원 근처에 포도나무를 심고, 이를 수도원에서 압착한 후 와인으로 마셨다. 아울러 수도원은 토지를 개선하고 양조 기술을 개량하여 고급 와인을 생산하는 데 매우 중요한 역할을 하였다. 수도승들은 이와 같은 자신들만의 와인 제조기법을 문자를 통해 양피지 기록에 남겼고, 이 때문에 고급 와인제조 기법은 해를 거듭할수록 발전하게 되었다. 보르도 와인과 쌍벽을 이루는 프랑스의 부르고뉴 와인이 보르도 와인보다 훨씬 먼저 프랑스 왕실에 납품할 만큼 고급 와인이 되었던 이유도 수도승들의 피땀 어린 노력 덕분이었다.

서유럽에 와인을 본격적으로 전한 이는 로마의 카이사르[BC 100-44] 장군이었다. 카이사르가 오늘날의 프랑스인 갈리아를 정복하는 정복 전쟁을 벌인 후, 지휘관과 병사들에게 정복지의 농토를 하사하였던 것이다. 지휘관과 병사들은 카이사르로부터 받은 농토에 로마로부터 가져온 포도나무를 심어 와인을 만들어 마셨다. 파리 근교의 부르고뉴 와인은 이때부터 생산된 와인이다. 부르고뉴 최고의 와인이면서 한 병에 수천만 원을 호가하는 세계에서 가장 비싼 와인 "로마네 꽁띠(Romane Conti)" 와인의 로마네라는 이름은, 로마로부터 이식된 포도나무를 기리기 위한 포도원 이름에서 유래한 것이다.[23]

로마는 일찍부터 그리스로부터 전해진 와인을 즐겨 마셨다. 특히 로마인들

---

22   스티븐 그린블랫, 『1417년, 근대의 탄생』, 까치, 2016, pp. 40~41

23   꽁띠 왕자(Louis François, Prince of Conti, 1717~1776)는 루이 15세의 조카로 1760년에 로마네 와인을 구매한 프랑스 왕자이다. 당시 실력자였던 퐁파두르 부인의 눈을 피하기 위해 이 와이너리의 구매 사실조차도 철저히 숨겼다고 한다. 1760년 이후 이 와이너리와 와인은 로마네-꽁띠로 불린다.

In Vino Veritas

은 와인에 단맛을 내기 위해 아세트산 납(lead acetate)을 와인에 첨가했다. 로마인들은 납으로 만든 냄비에 포도즙이나 식초를 끓여 아세트산 납을 만들었다. 아세트산 납은 "납 설탕(lead sugar)" 혹은 "토성의 소금(salt of Saturn)"이라 불리었던 인류 최초의 인공 감미료였다. 토성의 소금이라 불리었던 이유는 납이 토성을 상징하였기 때문이다. 즉 로마 신 새턴, 그리스 신 크로노스는 납으로 된 저울을 사용해서 사후 세계에서 인간 영혼의 무게를 측정했는데, 이때부터 납이 토성을 상징하게 되었다고 한다. 하지만 아세트산 납에는 납 성분이 포함되어 있어, 와인을 즐겨 마셨던 로마인들은 쉽게 납중독에 걸렸다. 로마의 수도관도 모두 납으로 만들어졌는데, 네로 황제를 비롯한 로마의 지도자 중 일부는 와인과 물을 마시면서 흡수된 납 성분 때문에 환각, 두통, 불면증 등 심각한 납중독 증상에 시달려야 했다.

한편 로마 제국은 와인의 기후 조건도 좋아서 이탈리아 반도 전역에서 포도나무가 자랐다. 이런 로마인들이 갈리아를 정복하면서 자연스럽게 프랑스에 포도나무가 전해졌다. 후술하겠지만 갈리아 정복 이전에도 로마 상인들은 프랑스 지방에 포도나무를 심고 이를 로마에 팔아 왔었다. 이처럼 프랑스는 로마 때부터 와인 산업이 발전하기 시작했다. 프랑스의 고급 와인은 부르고뉴 지방과 론(Rhone) 강 유역에서 처음 생산되기 시작했다.

시간이 흘러 고대 그리스처럼 프랑스의 와인이 중세 유럽의 주요 교역 물품으로 등장하자, 지롱드강과 대서양 해안에 동시에 인접한 도시 보르도(Bordeaux)가 와인의 주요 교역항으로 부상하였다. 보르도는 고대 로마부터 와인이 재배되긴 하였지만, 중세 시대부터는 효율적인 교역을 위해 도시 근처에 와인을 직접 생산할 목적으로 포도밭을 대규모로 조성하기 시작했다. 기후 조건도 포도 재배에 절묘하게 적합하여, 보르도의 포도밭은 오늘날 세계 최고급 와인을 생산하는 전 세계의 대표적인 와인 산지가 되었다.

와인의 원료인 포도는 추운 지역에서는 자라지 않는다. 이에 따라 기후가

몰라도 보르도 와인은 국내보다 해외에서 명성이 더 높았다.

한편 1328년, 발루아 왕조를 개막한 프랑스의 필리프 6세(Philip VI of France, 1293~1350)가 왕이 되자, 영국의 에드워드 3세(Edward III of England, 1312~1377)는 프랑스의 왕위 계승에 문제가 있다고 이의를 제기했다. 자신의 이의 제기가 받아들여지지 않자, 에드워드 3세는 프랑스를 고립시키기 위해 영국에서 당시 프랑스 영토였던 플랑드르로 수출되는 양모의 수출을 전면 금지했다. 1337년, 필리프 6세는 이에 맞서 영국의 와인 공급지인 프랑스의 가스코뉴 지방을 몰수했다. 이에 따라 영국인에게 생명과 같은 와인 공급이 끊겼다. 영국은 프랑스를 침공하지 않을 수 없었다. 바로 백년 전쟁(1337~1453)의 시작이었다.

이처럼 백년 전쟁은 사실상 영국의 양모와 프랑스에 위치한 와인 산지를 둘러싼 영국과 프랑스 간 양모와 와인 전쟁이었다. 나아가 백년 전쟁은 자국의 정치·외교적 의사를 관철하기 위해 국제교역 물품인 양모와 와인을 무기로 하여, 서유럽 역사상 처음으로 전개된 대규모 무역 전쟁이기도 하다. 마치 2012년 조어도 영토 분쟁 이후 희토류 수출을 금지한 중국과 일본 사이의 분쟁, 2018년 자국의 일자리를 지키기 위해 캐나다와 멕시코를 제외한 모든 나라로부터 수입되는 철강에 대한 25% 관세를 부과한 트럼프 대통령의 조치, 2019년 강제징용 배상 문제와 한일청구권협정 갈등을 계기로 반도체 제조에 필수적인 불화수소 등의 수출심사를 신설한 일본과 한국 사이의 분쟁처럼.

백년 전쟁의 발단이 된 보르도 지역은 파리에서 멀리 떨어진 곳에 위치해 있다. 따라서 프랑스 왕실은 파리에서 지리적으로 가까운 부르고뉴 지방의 와인을 주로 마셨다. 보르도 지역 와인의 명성이 프랑스 전역으로 확산한 결정적인 계기가 된 곳은 보르도 지역의 뽀이약(Pauillac) 마을에 위치한 샤또 라피트(Chteaux Lafite)였다. 샤또 라피트는 백년 전쟁이 일어나기 백여 년 전인 1234년에 공보 드 라피트(Gombaud de Lafite)라는 귀족이 소유하기 시작했다. 1680년경 알렉상드르 세귀르가 이 샤또를 인수하면서 와인 생산이 본격화되었다.

Codex Atlanticus

샤또 라피트의 명성이 파리의 왕실에 전해지게 된 결정적인 계기는 루이 13세 때 프랑스 왕정의 실력자 리쉴리외 추기경의 손자인 마레칼 드 리쉴리외 (Maréchal de Richelieu, 원명 Armand de Vignerot du Plessis, 1695~1788) 공작이다. 1755년 보르도 지방의 행정장관으로 임명된 후, 루이 15세 (Louis XV, 1710~1774)가 부임을 마치고 돌아온 60세의 리쉴리외 공작 얼굴이 25세나 젊어 보인다고 칭찬하였다. 리쉴리외 공작은 샤또 라피트 와인을 마신 덕택이라면서, 루이 15세에게 이 와인을 '젊음의 묘약'이라고 소개했다. 그 후 루이 15세의 애인이자 프랑스 정치의 막후 실력자 퐁파두르 (Madame de Pompadour, 1721~1764) 부인이 샤또 라피트 와인을 프랑스 왕실 파티에 사용함으로써, 샤또 라피트 와인은 프랑스 왕실의 공식 와인으로 정착되었다. 1855년, 샤또 라피트는 나폴레옹 3세가 파리 박람회를 개최하면서 지정한 보르도 지방의 최고급 와인 (Grand Cru★) 등급에 가장 먼저 이름을 올렸다. 1868년에는 독일의 뱅커 로쉴드 가문의 막내로 프랑스에 진출했던 제임스 로쉴드가 샤또 라피트를 인수했다. 샤또의 명칭은 샤또 라피트 로쉴드 (Chteaux Lafite Rothschild)로 바뀌었다.

샤또 라피트 로쉴드 바로 건너편에는 샤또 무통 로쉴드 (Chteaux Mouton Rothschild)가 위치해 있다. 샤또 무통 로쉴드는 원래 이름이 샤또 브란 무통 (Chteaux Brane Mouton)이었다. 1853년, 독일의 뱅커 로쉴드 가문의 3남으로 런던에 진출했던 나다니엘 로쉴드 (Nathaniel Rothschild)가 인수하면서, 샤또 무통 로쉴드로 이름이 바뀐 것이다. 따라서 샤또 라피트 로쉴드와 샤또 무통 로쉴드는 친형제 가문이 운영하는 곳이다. 소문에는 두 가문의

루이 15세(Louis XV, 1710~1774)의 초상. 루이 15세는 그보다 정작 그의 애인이었던 퐁파두르 부인 때문에 더 유명하다. 본문에서 언급한 대로 보르도 지방의 이름 없던 샤또 라피트 와인은 루이 15세와 퐁파두르 부인이 프랑스 수도 파리에서 애용하면서 갑자기 고급 와인의 반열에 올랐다. 샤또 라피트의 프리미엄化는 모두가 루이 15세와 퐁파두르 부인 덕택인 셈이다. 월레스 컬렉션(Wallace Collection) 소장

사이가 좋지 않다고 한다. 프랑스 와인의 자존심인 보르도 와인을 영국 자본이 장악했기 때문일까? 이런 이유 때문인지 1855년 만국박람회 때 샤또 무통 로쉴드는 1등급이 아니라 2등급을 받았다.

하여튼 백년 전쟁에서 영국이 프랑스에 패하면서 보르도 지방의 와인은 영원히 프랑스의 와인이 되었다. 하지만 뱅킹을 통해 전 세계 금융을 장악한 영국이 설탕으로 축적된 자본을 동원하여 보르도 지방의 와인을 다시 점령한 것이 왠지 아이러니해 보이는 건 필자만의 느낌일까? 나다니엘 로쉴드 이외에도 19세기부터 보르도 지방의 샤또는 영국과 미국 뱅커들 자본의 주요한 인수 타겟이 되었다. 예컨대 보르도의 또 다른 1등급 와인인 샤또 오브리옹 역시 1935년 미국의 뱅커인 딜런(Dillon) 가문이 인수했다. 이처럼 보르도 샤또에 대한 외국 자본의 공세가 계속되자, 오늘날 프랑스는 자국 정부가 지정한 샤또에 대해서는 외국인의 인수를 금지하고 있다.

샤또 라피트나 무통 로쉴드와 같은 특 1등급(premier grand cru classe) 와인은 "200파운드"의 법칙이라는 것이 있다. 이 법칙은 특 1등급 와인의 최고 빈티지(prime vintage)의 도매가격이 병당 200파운드(2024년 환율 기준으로 대략 34만 원)를 하회하지 않는다는 법칙이

퐁파두르 부인. 그녀는 우울하고 지루함에 빠져 있던 루이 15세가 가장 신뢰하고 사랑했던 친구이자 연인이었다. 나아가 뛰어난 용모와 지략으로 그녀는 18세기 프랑스 왕실의 정치를 좌지우지한 막강한 정치적 권력을 소유하기도 하였다. 특히 파리를 요리와 문화의 유럽 중심지로 만드는 데 크게 기여한 여성이기도 하다. 프랑스 로코코 화가 모리스 쿠엔틴 드 라 투르(Maurice Quentin de La Tour, 1704~1788)의 1749~1755년경 그림. 루브르 박물관 소장. Public Domain

---

25  이후 나다니엘의 증손자 필리프 남작(Baron Philippe de Rothshild)은 1등급을 받기 위한 각고의 노력을 기울인다. 샤또 병입(mis en bouteille au chateau)이란 말을 처음으로 도입하고, 1945년부터는 피카소, 달리 등 당대 최고의 미술가들과 콜라보를 통해 와인 라벨을 제작하였다. 그 결과 1973년, 당시 농무부 장관으로 후일 프랑스의 대통령이 된 쟈크 시라크는 샤또 무통 로쉴드를 마침내 1등급으로 승격시켰다.

샤토 라피트 로쉴드 와이너리 전경. 샤토 라피트는 루이 15세에게 '젊음의 묘약'이라는 이름으로 소개되었고, 특히 프랑스 사교계의 실력자 퐁파두르 부인이 왕실 파티에 사용하면서 파리로 진출하여 고급 와인의 대명사로 자리 잡았다. 보르도 소재

다. 와인 케이스에 보통 12병이 들어가므로, 한 케이스당 2,400파운드를 하회하지 않는다는 것이다. 특 1등급에 속하는 5개 샤토 [26]의 2000년대 이전 백 빈티지 (back vintage) 중에서 최고의 빈티지는 설에 따라 조금씩 다르지만 대략 1990년, 1995년, 1996년, 2000년 4개 연도이다.

와인 테이스터로 가장 유명한 파커 (Robert M. Parker, Jr)는 보르도 와인 중 역사상 가장 좋은 빈티지가 2009년이었다고 언급한 적이 있다. 실제로 2009년 보르도 1등급 와인은 병입 전 와인 도매가격 (영 프리뫼르, En Primeur) 기준으로 900유로 (2023년 환율 기준으로 대략 130만 원)에 이르렀다. 참고로 2007년 가격은 350유로, 2008년은 130유로였으니, 2009년 빈티지가 얼마나 고가인지 짐작이 갈 것이다.

특 1등급 샤토의 와인은 상처가 나지 않는 포도알로 만든다. 특 1등급 샤토는 주변의 풍토 (테루아, Terroir)도 독특한데다, 포도알마저 건강하니 세계 최고의 맛이 될 수밖에 없을 것이다. 상처가 난 포도알로 만든 특 1등급 5개 샤토의 와인도 있다. 이 와인은 당연히 가격이 저렴하다. 하지만 맛은 거의 같다. 1등급은 아니지만 2~5등급 와인 중에서 맛이 뛰어난 샤토는 "슈퍼 세컨드 (Super Seconds)"라고 한다. [27]

2018년 말 기준 와인의 전 세계 생산량은 292.3억 리터로 생산량의 정점

---

26 Chteaux Lafit, Chteaux Mouton Rothschild, Chteaux Margaux, Chteaux Latour, Chteaux HabuBrion

27  Chteaux Lynch Bages, Chteaux Leoville Las Cases, Chteaux Cos d'Estournel, Chteaux Parker's Magical 20 등

을 찍었다. 2018년 이전에는 290억 리터를 기록한 2013년까지 생산량이 증가하다가 2014년부터는 전반적으로 와인 생산량이 줄었다. 다만 2018년에는 다시 와인 생산량이 최고 기록을 갱신했으나, 2018년부터는 다시 감소하여 2023년에는 244억 리터를 생산, 60년 만에 최저치를 기록했다. 재배 면적은 더 감소하여 2014년에 약 750만 헥타르를 정점으로, 2022년에는 740만 헥타르 아래로 떨어졌다. 이를 수치로 환산하면 2022년 기준 와인 공급은 약 260억 리터, 수요는 약 232억 리터로 20~30억 리터 초과 공급 상태가 10년 넘게 지속되고 있다.[28] 따라서 현재는 와인을 생산하는 것보다 파는 게 더 어려운 시대이다.

전 세계 와인 생산국 Big 3는 이탈리아, 프랑스, 스페인이다. 이 3개국이 전 세계 와인의 약 절반을 생산한다. 혹자는 이를 빗대어 유럽을 '와인의 호수(lake of wine)'라고 부르기도 한다. 이탈리아와 프랑스가 항상 와인 생산량 기준 1, 2위를 다툰다. 2018년에는 이탈리아가 54억 8,000만 리터를 생산하여 49억 2,000만 리터를 생산한 프랑스를 앞섰다. 2022년에도 이탈리아가 약 50억 3,000만 리터를 생산하여 44억 2,000만 리터를 생산한 프랑스를 밀어냈다.[29] 전술한 대로 이탈리아는 국가 전역에서 포도 재배가 가능한 천혜의 와인 생산국이므로 당연한 결과다.

샤토 딸보 와이너리의 정문. 샤토 딸보는 특등급 와인은 아니지만, 가격에 비해서 우아한 맛이 일품이다. 필자가 판단하기에 슈퍼 세컨드라고 불러도 전혀 손색이 없는 와인이다. 보르도 소재

---

28 Wine Autralia, Market Bulletin, Jan 2023

29 International Organization of Vine and Wine, 『World Wine Production Outlook』, 2022. 10., p. 5

이어서 『황금, 설탕, 이자 – 바빌로니아의 수수께끼 編〔下-2〕券』으로 이어집니다.

황금, 설탕, 이자

金糖利

 이 원 희 지음

황금, 설탕, 이자를 동시에 장악하는 자가 세상을 지배한다!!!

서양은 왜 동양을 지배하게 되었는가? 세계 질서는 왜 등장했는가?
미국, 중국 대결의 승자는? 황금, 설탕, 이자의 역사 탐구를 통해 그 대답을 찾다!!